河出文庫

決定版

第二の性

I 事実と神話

S・ド・ボーヴォワール
『第二の性』を原文で読み直す会 訳

河出書房新社

目次

第三部　神話

凡例

1 原注は、＊を付し、傍注とした。ただし、引用文の出典のみの場合は（　）で括って本文中に示した。

2 原注に加えて、本文中の人名・地名等で注釈が必要と思われる項目には訳注を付した。長い訳注となる事項には＊を付して傍注にまとめ、短い訳注は〔　〕で括って本文中に示してある。

3 訳文中、特に解説が必要と思われる用語には†を付し、「用語解説」としてまとめて巻末に示した。

4 本文に引用されている各文献は、邦訳があるものは可能な限りその邦題を当てた。

決定版　第二の性　I　事実と神話

ジャック・ボストへ

秩序と光と男を創《つく》った善の原理と、
混沌《こんとん》と闇《やみ》と女を創った悪の原理がある。
——ピタゴラス

これまで男が女について書いたことは
すべて疑ってみなければならない。なぜなら、
男は裁判官であると同時に当事者でもあるから。
——プーラン・ド・ラ・バール

序文

私は長いあいだ女性についての本を書くことをためらってきた。この主題はいらだたしい、とくに女にとっては。それに新しくもない。フェミニズムをめぐる論争は十分に書かれてきたし、今ではほぼ終わっている。この話はもうやめにしよう、というわけだ。けれども、相変わらず話題になる。それにこの百年のあいだ、実に多くのくだらない意見が次々に出されたが、問題はたいして解明されたように思えない。だいいち、問題はあるのか。あるとしたらどんな問題だろう。だいたい女なんているのだろうか。たしかに今でも永遠の女性的なもの[*1]という説を信奉する人たちはいて、彼らはささやく。「ロシアでも、女はやっぱり女ですよ」。しかし他の事情通たちは――ときに前と同じ人のこともあるのだが――ため息まじりに言う。「女がいなくなる。女がいなくなってしま

＊1　l'éternel féminin　ゲーテの『ファウスト』第二部の終わりに出てくる Das Ewig-Weibliche に相当するフランス語。男性を救済する聖母マリアのような女性を象徴的に表わしていたが、しだいに意味が転化して、女が女であるかぎり永遠にそなえている特質のことを言うようになった。

った」。いったい女はまだ存在するのか、これからも存在し続けるのか、それは望ましいことなのか否《いな》か、女はこの世界でどんな場所を占めているのか、どんな場所を占めるべきなのか、もうよくわからなくなっている。最近、ある雑誌が[*1]「女たちはどこにいったのか」と問いかけていた。しかし、まず、こう問うべきである――女とは何か、と。「女のすべては子宮にある（Tota mulier in utero）、すなわち、女とは子宮である」と言う人もいる。けれどもある女たちは、他の女と同じように子宮があるのに、女のことに詳しいという人たちから「あれは女ではない」と決めつけられることがある。人類に雌がいるのは誰もが一致して認めているし、雌は今も昔も人類のほぼ半分を占めている。それなのに私たちは、「女らしさが危機に瀕《ひん》している」と言われたり、「女でありなさい、女でいなさい、女になりなさい」と説教されたりする。つまり、雌の人間すべてが必ずしも女ではないことになる。女は、女らしさという神秘的で今や消滅しかけている現実を分かちあわなければならないのだ。この女らしさとは卵巣《らんそう》から分泌《ぶんぴつ》されるものなのか。それともプラトン的なイデアの天空に凝固しているものなのか。[*2]それを地上に引き下ろすには、フリルのいっぱいついたペチコートがあれば十分なのか。女らしさを体現しようと懸命になっている女たちはいるが、女らしさの手本が示されたことは一度もない。たいていそれは、占い女の語彙《ごい》から借りてきたような曖昧《あいまい》で思わせぶりな言葉で描写される。聖トマス[*3]の時代には、女らしさはケシの催眠効力と同じくらい正確に定義できる本質と考えられていた。しかし、概念論[*4]は衰退した。生物学でも社会科学でも、女性、ユダヤ人、黒人の性格といった特定の性格を規定する不変の実体が存在するとはもう信じられていない。これらの科学では、性格というものをある状況に付随する反応だと考える。今日もう女らしさが存在しないのは、これまで存在したためしがないからなのだ。

　これは、「女」という語には何の内容もないという意味だろうか。そう力説するのは、啓蒙《けいもう》哲学、合理主義、唯名論《ゆいめいろん》を支持する人たちである。彼らによれば、女とは人間のなかで「女」という語で恣意《しい》的に指示されるものにすぎない。とくにアメリカの女たちは、女というもの自体がもう存在しないのだと考えたがっている。遅れている女がまだ自分を女だと思っていたりすると、友人の女たちは、精神分析を受けてそんな固定観念から解放されるようにアドヴァイスする。『現代女性——失われた性』という題の、たしかにかなりいらいらさせる本について、ドロシー・パーカー[*5]は次のように書いている。「私は、女を女として扱っている書物に対しては公平になれない。私の考えでは、私た

＊1　〔原注〕『フランシーズ（率直）』という不定期刊行の雑誌。現在は廃刊になっている。

＊2　古代ギリシアの哲学者プラトンは、経験的、感覚的な現実世界の原型として、時空を超えた、永遠の実在であるイデアの世界があると考えた。ここでは女らしさの具体的な現象として、女性がスカートの下にはくペチコートを例に引いている。

＊3　十三世紀イタリアの神学者で、スコラ哲学を完成したトマス・アクイナス。

＊4　conceptualisme　普遍的なものは事物のうちに概念として実在する——たとえば「女らしさ」という概念は現実の女のうちに実在して女を特徴づける、と考える立場。

＊5　一八九三－一九六七、アメリカの女性作家。

ちはみんな、男であれ女であれ、人間として扱われるべきなのだ」。しかし、唯名論は少々短絡的な理論である。反フェミニストは、女と男は同じではないと苦もなく証明するだろう。もちろん女も男と同じ人間である。けれどもこうした主張は抽象的だ。すべての具体的な人間はつねに一人ひとり個別の状況におかれているのが事実だ。永遠の女性的なもの、黒人魂、ユダヤ人気質といった観念を拒否することは、現にユダヤ人、黒人、女性が存在するのを否定することではない。こうした否定は、当事者たちにとって解放にはならず、非本来的な†逃避にすぎない。どんな女も、自分の性を無視して自分を位置づけようとすれば、自己欺《ぎ》瞞《まん》†に陥るのは明らかだ。数年前ある著名な女性作家が、女性作家だけを対象にした写真シリーズに自分の写真が掲載されるのを拒否したことがある。男と同列に並べてもらいたかったのだ。しかし、その特権を手に入れるために彼女は夫の力を利用した。自分は男と同じであると主張する女たちも、やはり男の敬意や賛辞を求める。私はまた、若いトロツキスト*1の女性が騒然とした集会のさなか壇上に立って、見るからにか弱い姿にも似ずこぶしを振り上げんばかりにしていたことを思い出す。彼女はそうやって自分の女としての弱さを否定しようとしていたのだ。だが、それはある男性活動家を愛していたために、彼と同等でありたいと思ったからだった。アメリカの女たちがピリピリした挑戦的な態度にこり固まっているのも、逆に自分が女であるという意識にとりつかれている証拠である。実際、目を開けてそのあたりを歩いてみるだけで、人類は二つのカテゴリーに分かれていて、着るものから、顔、体つき、笑い方、歩き方、興味、仕事にいたるまで、はっきり違っているのが確認できる。おそらく、こうした違いは表面的なもので、やがてなくなるにちがいない。しかし、確かなのは、今のところこうした違いが歴然として存在することである。

女を定義するのに、雌の機能だけでは不十分だとしたら、また、「永遠の女性的なもの」によって説明することも拒否するとしたら、しかし仮にも地上に女がいることを認めるならば、私たちは次のように問うべきである。女とは何か、と。

こうした問いを発すること自体が、すぐさま私に第一の答えを示唆《しさ》する。私がこうした問いを立てること自体、重要な意味を含んでいるのだ。男だったら、人類のなかで男の占める特殊な状況についての本を書こうなどとは思ってもみないだろう。[*2] ところが私が自分を定義しようとすると、まず「私は女である」と表明しなければならない。この事実が基盤となって他のすべての主張が出てくる。男の場合はけっして自分がある特定の性に属する個人であると認めることから始めたりはしない。男であることは、わざわざ言う必要のないことなのだ。男、女、という項目が左右対称的に現われるのは、役所の登録簿や身分証明書類など、形式上のことにすぎない。男と女の関係は、電極や磁極の場合とは違って、男が陽性《プラス》と中性の両方をかねている。フランス語では「男

＊1　ロシアの革命家トロツキーの永続革命論を信奉し、プロレタリア世界革命をめざす人たち。
＊2　〔原注〕たとえばキンゼー報告は、アメリカ男性の性的な特徴を明らかにすることに限られたものであり、これはまったく別のものである。

(homme)」と言えば、人間を意味するほどである。ラテン語の男（vir）という語のもつ個別的な意味が人間（homo）という語の表わす全体的な意味に同化されてしまったのだ。女は陰性《マイナス》であり、あらゆる規定が制限として一方的に押しつけられる。抽象的な議論をしていて、男性に「あなたは女だからそんなことを考えるんだ」と言われていらいらさせられたことが何度かあった。しかし私は、「それが真実だからそう考えるのよ」と答えるのが唯一の防御策だとわかっていた。そうやって、自分の主観でものを言っているのではないことを示すのだ。「あなたは男だから反対のことを考えるのよ」とやり返すなどとんでもないことだった。なぜなら、男であることは特殊性ではないとされているからである。男は男であるから正しいのであり、間違っているのは女の方なのだ。いわば、古代人にとって絶対鉛直線があり、それを基準に斜線が決められたように、人間にも絶対的典型があって、それは男という典型なのだ。女には卵巣や子宮がある。こうした特殊な条件が女を自分の主観のなかに閉じ込めるというのである。よく、女は子宮で考える、と言われる。男は自分の身体《からだ》にもホルモンや精巣があることを見事に忘れている。男は自分の身体を世界との直接的で正常な関係として捉《とら》え、したがって世界を客観的に理解できると信じている。それに対して、女の身体はそれを特徴づけているもののせいで鈍重になっていて、いわば障害物や牢獄《ろうごく》であると見なされる。「雌は、ある種の性質が欠如しているゆえに雌である。女の性格には生まれながらの欠陥があると考えるべきである」とアリストテレス〔古代ギリシアの哲学者〕は言った。また聖トマスはその後を受けて、女とは「できそこないの男」、「偶然的な」存在であると決めつける。『旧約聖書』の「創世記」の物語はそれを象徴している。つまりイヴはアダムの骨から、ボシュエ〔十七世紀フランスの聖職者〕の言葉によれば、一本の「余分な骨」から作り出されたという。人間とは男であり、男は女をそれ自体としてではなく、自分との関係において定義する。女は自律した存在とは見なされない。「女、この相対的な存在……」とミシュレ〔十九世紀フランスの歴史家〕は書いている。ジュリアン・ベンダ氏[*1]も同じように、『ユリエルの報告』のなかでこう主張する。「男の身体は女の身体をぬきにしても、それ自体で意味をもつ。一方、女の身体は男のことを考えあわせなければ意味をもたないように見える……。男は女に関係なく自分について考えられるが、女は男なしには考えられない」。つまり、女とは男がこうと決めるものでしかない。たとえば、フランス語で女のことを「性《セックス》」というのも、女は男から見ると何よりもまず性《セックス》的な存在であるという意味なのだ。男にとって女は性《セックス》である、ゆえに女は絶対的に性《セックス》であるというのだ。女は男を基準にして規定され、区別されるが、女は男の基準にはならない。女は本質的なもの†に対する非本質的なもの†なのだ。男は〈主体〉であり、〈絶対者〉である。つまり、女は〈他者〉なのだ[*2]。

〈他者〉という範疇《カテゴリー》は、意識そのものと同様に本源的なものである。最も未開の社会、

＊1　一八六七－一九五六、フランスの思想家。『ユリエルの報告』は、人間の生態について調べるよう神に命じられた天使ユリエルの報告というかたちで書かれている。

最も古い神話のなかにも〈同一者〉と〈他者〉の二元性はつねに見出《みいだ》される。この〈同一者〉と〈他者〉の区別は、はじめは性別というかたちで対置されていなかった。こうした区別は経験的な事実に基づくものではまったくない。このことは、とりわけ中国思想についてのグラネ[*1]の研究や、インド、ローマについてのデュメジル[*2]の研究によって明らかになっている。ヴァルナとミトラ[*3]、ウラノスとゼウス〔ギリシア神話の神〕、太陽と月、昼と夜といった対のなかに、はじめは女性的要素はまったく含まれていなかった。善と悪、吉と凶、右と左、神と悪魔などの対立においても同じである。他者性とは人間の思考の基本的範疇なのだ。

　どんな集団も、自分を〈一者〉[†]として定めるときは、ただちに、必ず自分の前に〈他者〉を対立させる。列車の同じコンパートメントにたまたま三人の乗客が乗り合わせただけで、彼らにとって他の乗客全員が漠然と敵意を含んだ「他者」になる。村人にとって、自分の村に属さない人間はすべて疑わしい「他者」である。ある国に生まれた人間にとって、他国の住民は「よそ者」に見える。ユダヤ人は反ユダヤ主義者にとって、黒人はアメリカの人種差別主義者にとって、原住民は入植者にとって、無産者《プロレタリア》は有産階級にとって、「他者」である。レヴィ＝ストロースは未開社会の諸形態を徹底的に調査したうえで、次のように結論した「〈自然〉の状態から〈文化〉の状態への移行は、人間が生物学的関係をさまざまな対立体系のかたち、すなわち二元性、交互性、対立、左右対称などのかたちで考える能力をもつことによって、定義される。こうした対立は、明確なかたちで現われようとあいまいなかたちで現われようと、説明すべき現象というよりは、社会的現実の基本的かつ直接的な与件である」[*4]。こうした現象は、人間の現実が

＊2 〔17頁〕〔原注〕この他者という観念は、E・レヴィナスの『時間と他者』のなかで非常に明確に述べられている。彼は次のように書く。「他者性が一個の存在によって積極的に、本質として担《にな》われるような状況はないだろうか。同じ類に属する二つの種の対立にただ単に単純に含まれるのではない他者性とは、どんなものであろうか。私の考えでは、絶対的に相いれない反対者、自分と相手のあいだにどんな関係が成立しようとそれにまったく左右されずに反対する反対者、その項が絶対的に他者であり続けることを可能にするような反対、それは女性的なものである。性差は、なんらかの種差といったものではない……性の相違はまた、矛盾といったものでもない。性差はまた、相補的な二項からなる二元性といったものでもない。なぜなら、相補的な二項はあらかじめ存在する一つの全体を前提としているからである……他者性は女性的なもののうちに実現される。この女性的なものという項は、意識と同列のものであるが、意識とは対立する意味の項である」

　私は、レヴィナス氏が女もまた自分にとっては意識であることを忘れてはいないと思う。しかし、彼が主体と客体の相互性を指摘せずに故意に男の観点をとっているのは驚きである。彼が女は神秘であると書くとき、女は男にとって神秘だという意味を含んでいる。だから、こうした記述は客観的であろうとしながら、実際は男の特権を表明することになっている。

＊1 一八八四―一九四〇、フランスの社会学者。

＊2 一八九八―一九八六、フランスの神話学者。

＊3 インド最古の宗教文献『リグ・ヴェーダ』に登場する神。

＊4 〔原注〕C・レヴィ＝ストロース『親族の基本構造』を参照。この論文の校正刷を読ませてくださったC・レヴィ＝ストロース氏に感謝する。とくに本書の第二部「歴史」で大いに活用させていただいた。

連帯と友情にもとづく共存在《ミットザイン》＊1だけだとしたら理解できないだろう。反対にヘーゲルの言うように、意識そのもののなかに他のすべての意識に対する根本的な敵意を見出すなら、それは明快になる。主体は対立することによってのみ、自分を定める。つまり主体とは、自分を本質的なもの†として主張し、他者を非本質的なもの†、客体にしようとするものなのだ。

ただし他の意識もまた相互的に、この主体に対して同じ要求を対立させる。たとえばある国の人間が旅にでて、今度は近隣の国の人たちが自分をよそ者として見ているのに気づいてショックを受ける。村と村、氏族と氏族、国家と国家、階級と階級のあいだには、戦争やポトラッチ＊2、取引、条約、闘争などが存在するが、それらは〈他者〉という観念から絶対的な意味をとりのぞき、この観念が相対的なものであることを示している。よかれあしかれ、個人も集団も自分たちの関係の相互性を認めざるをえなくなる。ではいったいどうして男女のあいだにはこうした相互性が成り立たなかったのか。一方の項だけが自分を本質的なものとして主張し、相手に対するいっさいの相対性を否定し、相手を純粋な他者性として定義するようなことになったのか。なぜ女たちは男の支配に対して抗議しないのか。どんな主体も、いきなり自発的に自分を非本質的なものと定めたりはしない。〈他者〉が、自分で自分を〈他者〉と定義し、相手を〈一者〉と定義するのではない。〈一者〉が、自分を〈一者〉として定めるときに、〈他者〉を〈他者〉として定めるのだ。しかし、こうして定められた〈他者〉から〈一者〉への反転が行なわれないためには、〈他者〉が自分のではない他人の観点に服従しているのでなければならない。どうして女はこうした服従にあまんじているのだろうか。

一つのカテゴリーに属する人々が別のカテゴリーの人々をかなり長いあいだ絶対的支配下においた例は他にもある。こうした特権をもたらすのは、数の上での不均衡である場合が多い。多数者が少数者に自分たちの法を強要したり、迫害したりするのだ。しかし、女はアメリカの黒人やユダヤ人のような少数者ではない。地上には男と同じだけの女がいるのだ。また、二つの対立する集団がはじめは独立していて、つまり、かつては相手の存在を知らなかったり、互いの自治を認めあっていたのが、何か歴史的な事件によって弱い方が強い方に従属させられたという場合も多い。たとえばユダヤ人の民族離散《ディアスポラ》、アメリカの奴隷《どれい》制導入、植民地の征服などは日付のある出来事である。この場合、被抑圧者にはそれ以前が存在する。彼らは一つの過去、伝統、ときには宗教、文化を共有している。この意味では、ベーベル[*3]が示した女とプロレタリアの類似性は最も根拠のあるものと言えるだろう。プロレタリアもまた、数の上で劣勢ではないし、彼らだけで別個に共同体を形成したこともないからだ。しかし、階級としてのプロレタリアの存在は一つの事件によるものではないにしても、歴史的な発展によるものとして説明

＊1　他人とともにあること。ハイデガーの用語。
＊2　饗宴《きょうえん》や贈物によって互いの威信を競い合う北米インディアンの儀礼的行事。
＊3　一八四〇－一九一三、ドイツの社会主義者。『婦人論』の著者。本書第一部第三章を参照。

できるし、この人々がこの階級に配分されたことも説明がつく。プロレタリアはつねに存在したのではない。だが、女はつねに存在したのだ。女はその生理的な構造によって女である。そして、歴史がさかのぼれるかぎり昔も、女はつねに男に従属していた。この従属は事件、あるいは生成の結果ではない。それは起こったことではないのだ。女の他者性が絶対的なものに見えるのは、一つには、それが歴史的事実のもつ偶然的性格をまぬがれているからである。時代の経過のなかでつくられた状況は、時代が変われば解体されることもある。とりわけハイチの黒人の例[*1]がこれを立証している。反対に、自然的条件は変化を寄せつけないように見える。しかし実際には、自然も歴史的現実と同じで、不変の事実ではない。女がけっして本質的なものへと反転することのない非本質的なものに見えるのは、女自身がこの反転を行なわないからである。プロレタリアは「われわれ」と言う。黒人もそうだ。彼らは自分を主体として立てることで、ブルジョアや白人を「他者」に変える。女たちは——抽象的なデモンストレーションの域を出ないなんらかの会議の場は別として——「われわれ」とは言わない。男が「女たち」と言うので、女もそれを受けて自分たちを指すのにこの語を用いている。だが女は、本来的に[†]自分を〈主体〉として立てようとはしない。プロレタリアはロシアで、黒人はハイチで革命を起こし、インドシナ人はインドシナで戦っている。だが女の行動はいつも実質のない空騒ぎに終わった。女は男が与えてくれるものを手に入れたにすぎない。女は自分では何も獲得しなかった。受け取っただけである[*2]。

それは女たちが、他と対立することで自らを位置づけるような、一つの統一体《ユニテ》として団結する具体的な手段をもっていないからである。女は自分たちに固有の過去、歴史、宗教をもたない。また、プロレタリアのように労働や利害による連帯もない。アメリカの黒人、ゲットーのユダヤ人、サン・ドニ〔パリの北にある都市〕のルノー自動車工場の労働者たちは、一つの地域に集まって居住し、共同体を形成しているが、女にはそういう共通の空間もない。女は男たちのあいだに分散して生活し、他の女たちとのつながりより、住居や仕事、経済的利害、社会的地位などによる、特定の男性——父や夫——とのつながりの方が密接である。ブルジョアの女はプロレタリアの女とではなくブルジョアの男と連帯し、白人の女は黒人の女とではなく白人の男と連帯している。プロレタリアが支配階級を虐殺《ぎゃくさつ》しようと考えることはありうる。狂信的なユダヤ人や黒人が原子爆弾の機密を独占して、人類をユダヤ人や黒人だけにしようと夢想することもありうる。しかし、たとえ夢のなかであろうと、女が男を皆殺しにすることはありえない。女をその抑圧者たちに結びつけている絆《きずな》は比較にならないほど強い。というのも男女の区分は生物学的与件であって、人類の歴史的要因によって生じたものではないからだ。男女の対立が形をとったのは本源的な共存在《ミットザイン》の内においてであり、女はこの対立を打ち破らなかった。男女という対は二つの半分が互いに離れがたく結ばれた基本単位《ユニテ》であり、性に

＊1　一八〇四年フランスから独立。その後、共和国となる。
＊2　〔原注〕本書第二部Ⅴを参照。

よって社会を二分するのは不可能である。これが女を基本的に性格づけている。つまり女は、互いに不可欠な二つの項からなる一つの全体のなかで、〈他者〉なのだ。

こうした相互性は女の解放を容易にしたはずだとも考えられる。ヘラクレスがオムパレの足もとで羊毛を紡《つむ》いでいたとき、彼はオムパレへの欲望でがんじがらめになっていたではないか。どうしてオムパレは権力を持続させることができなかったのだろう。[*1]メデイアはイアソンに復讐《ふくしゅう》するために彼とのあいだにできた子どもたちを殺すが、この残酷な伝説[*2]は、男と子を結ぶ絆から女がおそるべき影響力を引き出せたかもしれないことを示唆している。アリストファネス〔古代ギリシアの喜劇作家〕も『女の平和』のなかで、男の女への性欲を共同で社会的な目的のために利用しようと企てる女たちの集会を痛快に描きだした。しかし、これは一篇の喜劇にすぎない。略奪されたサビニ族の女たちがかたくなに子を産まず、略奪者たちに抵抗したという伝説[*3]にしても、男たちが革ひもで打つと不思議にも彼女たちの抵抗はやぶられたと語っている。生物学的欲求——性欲と子孫保存の願望——は、男を女の支配下におくが、女を社会的に解放することはなかった。同じように、主人と奴隷も相互の経済的欲求で結ばれているが、この欲求が奴隷を解放することはない。というのも、主人と奴隷の関係において、主人は自分が奴隷を必要としていることを認めないからだ。主人は欲求をみたす力をもっているので、ことさらこの欲求を欲求として意識化しない。反対に、従属状態にある奴隷は、期待にしろ不安にしろ、主人を必要とする気持ちを内面化して、あたかも自分の一部であるかのように思いこむ。欲求の切実さは両者ともに同じであっても、つねに被抑圧者に対して不利に、抑圧者に有利に働く。たとえば、労働者階級の解放があれほど遅々としていたのもそのせいだ。

ところで、女は男の奴隷ではないまでも、少なくともつねに男の家来であった。男と女が世界を平等に分かちあったことは一度もない。女の地位は向上しつつあるとはいえ、いまなお、女は重いハンディキャップを背負っている。ほとんどの国で、男女の法的身分は同一ではなく、女にとって非常に不利になっていることが多い。理論的には女にさまざまな権利が認められている場合でも、古くからの習慣が妨げになって、それらの権利が風習のなかで具体的に生かされない。経済面では、男と女はほとんど別のカースト*4を構成している。条件はまったく同じでも、男たちは、新参の競争相手である女よりも有利な地位につき、給料も高く、出世のチャンスも多い。男たちは、産業界、政界その

*1　ギリシア神話の英雄ヘラクレスが、あるとき殺人を犯した罪により、リュディアの女王オムパレに奴隷《どれい》として売られた。女王の足もとで糸を紡《つむ》いだりして生活しているうちに子をもうける仲となったが、ヘラクレスは刑期を終えると去っていった。

*2　ギリシア神話の英雄イアソンが金の羊毛をさがすのを助けたメデイアは、彼とのあいだに子をもうけたが、他の女に心を移したイアソンに復讐《ふくしゅう》するためにその子どもたちを殺した。

*3　ローマの建国者ロムルスが近隣のサビニ族の女たちを略奪してローマ人の子を産ませ、国力を増強したという伝説がある。

*4　階級とは異なり、固定的で閉鎖された社会集団。

他で、女よりはるかに多くの場所を占め、しかもいちばん重要なポストは彼らが握っている。男には、こうした具体的な権力に加えて、子どものときの教育全体を通じて伝統として守られている威信が身についている。現在には過去が含まれており、過去において歴史はすべて男によってつくられてきたからだ。今では女も世界の建設に参加しはじめているが、この世界はまだ男の世界である。男はそれに疑問をもたず、女もほとんど疑問を感じない。仮に女が〈他者〉であることを拒否したり、男との共犯関係を拒否したりすれば、それは女にとって、上層カーストとの同盟が与えてくれる特典をすべてあきらめることになるだろう。主君である男の家来でいれば、男は女を物質的に保護し、その存在の意味づけまで引き受けてくれるはずだ。こうして女は、経済的な危険だけでなく、自らの目的を独力で見つけなくてはならない自由な存在につきものの形而上学的《けいじじょうがく》な危険をも回避する。実際、どんな人間にもそれぞれ自分を主体として主張したいという倫理的な要求とならんで、自由を逃れてモノになりたいという気持ちがあるからだ。だが、これは不幸な道である。なぜなら、受動的で、疎外《そがい》†され、自分を見失った人間は、超越†への道を断たれ、あらゆる価値をだまし取られて、他人の意志の餌食《えじき》になってしまうからだ。けれども、これは楽な道でもある。この道をとれば、各自が本来的に引き受けるべき実存の不安と緊張を避けることができる。したがって、女を〈他者〉と定める男は、女の奥底にひそむ共犯性に気づくはずである。このように、女は自分を主体として主張しない。それは、そのための具体的な手段をもっていないからであり、自分を男に結びつけている絆を不可欠のものと感じ、その絆の相互性を認めていないからであり、たいていは〈他者〉という自分の役割に満足しているからである。

しかし、すぐに一つの疑問が生じる。こうした歴史全体はどのようにして始まったのだろうか。性の二元性があらゆる二元性と同様に対立として現われたというのは理解できる。どちらか一方の性がその優越性を認めさせた場合には、その優越性は絶対的なものとして確立されただろうということもわかる。しかし、最初に勝ったのがなぜ男なのかの説明はまだついていない。女が勝利を手にしていたかもしれないし、争いの決着がつかないままということもありえただろう。どうしてこの世界はこれまでずっと男のものだったのか。最近になってようやく事態が変化しはじめたのはなぜなのか。こうした変化はよいことなのか。それによって男と女は世界を平等に分かちあうようになるのか否《いな》か。

これらの問いはことさら新しいものではないし、すでに多くの答えが出されている。しかしまさに女は〈他者〉であるということだけをとってみても、これまで男が示してきた論拠はすべて疑わしい。それらの論拠が男たちの利益にそったものであるのはあまりにも明白だ。「これまで男が女について書いたことはすべて疑ってみなければならない。なぜなら、男は裁判官であると同時に当事者でもあるから」[*1]と、十七世紀の、あまり名の知られていないフェミニスト、プーラン・ド・ラ・バールが述べている。いたるところで、あらゆるときに、男たちは自分が被造物の王だと感じる満足感をひけらかしてきた。「我らが主にして天地万物の主たる神は讃《ほ》むべきかな、主は私を女となし給《たま》わざりしゆえ」とユダヤ人の男は朝の祈りで唱える。一方、その妻たちはあきらめの境地でつぶやく。「主は讃むべきかな、主は私を御心《みこころ》のままにつくり給いしゆえ」。プラトンが神々に感謝した恵みの第一は、自分を奴隷ではなく自由人につくってくれたこと、第二は、女ではなく男につくってくれたことであった。ところで男たちは、もしこの特権が絶対的かつ永遠に確立されたものだと思えなかったら、それを十分に享受《きょうじゅ》できなかっただろう。そこで彼らは自分たちの優位を法律化しようとした。「法律を作成し集成したのは男たちであり、自分たちの性を優遇した。さらに法律家たちは法律を原理にまで変えてしまった」と、やはりプーラン・ド・ラ・バールが書いている。

立法者、聖職者、哲学者、作家、学者たちは、女の従属的な地位が天の意志であって、地上の世界にとっても有益であると熱心に証明しようとした。男たちがつくりあげた宗教にはこうした支配欲が反映されている。たとえば、イヴやパンドラの伝説〔一七一頁参照〕は女を攻撃するための材料として利用された。すでに引用したアリストテレスや聖トマスの文章でもわかるように、[*1]男たちは哲学や神学も自分たちの役に立ててきた。古代から、風刺作家やモラリストたちは女の弱点を描いては悦に入っている。フランス文学全体を通じて女の弱点に対していかに激しい非難があびせられてきたかは周知のとおりだ。たとえばモンテルラン[*2]は、精彩を欠いているものの、ジャン・ド・マン[*3]の伝統を受け継いでいる。こうした敵意は、ときに根拠があるように見えるが、大部分はいわれのないものである。実のところ、この敵意にはかなり巧妙につくろわれた自己正当化の意志が隠されている。「一方の性を非難するのは他方の性を弁護するより容易だ」と、モンテーニュも言っている。いくつかの場合には、そのやり方は明白である。たとえば、際立《きわだ》った例として、ローマ法が女の権利を制限するために「女の愚かさと弱さ」をもちだしたのは、家族制度の弱体化にともない、女が男性相続人の利益を脅《おびや》かすようになったときである。また十六世紀には、独身の女には財産管理の能力を認めておきながら、結婚した女は後見人の下におこうとして、「女とは堅実さも確実さも欠いた動物である」と聖アウグスチヌス*4の権威を借りて宣言している。モンテーニュは女に与えられた運命が恣《し》意的で不公平なのをよく理解していた。「この世界に導入されている規則を女たちが拒否したとしても、彼女たちに非はまったくない。男が女に無断でそれらの規則をつくったのだから。女たちとわれわれ男のあいだに策略や諍《いさか》いが起こるのも当然である」。しかし彼は女の擁護者になるところまではいかなかった。

心底から民主的な男たちによってこの問題が客観的に検討されるのは、ようやく十八

*1　(27頁)フランスの哲学者。『両性平等論』の著者。

*1　moralistes　フランス文学で、人間性の探究をめざし、人間観察や心理描写に重きをおく作家たちを言う。ここに名前のあがっているモンテーニュもその一人である。道徳家の意味ではない。

*2　一八九六－一九七二、フランスの作家、本書第三部第二章Iを参照。

*3　一二四〇頃－一三〇五、寓意《ぐうい》詩『バラ物語』の続編を書き、女性を痛烈に攻撃した。

*4　三五四－四三〇、古代キリスト教最大の教父。

世紀になってからである。なかでもディドロ〔フランスの啓蒙《けいもう》思想家〕は、女も男と同じ人間であることを熱心に証明しようとした。少しのちにスチュアート・ミル[*1]も熱烈に女性を擁護する。しかし、これらの啓蒙思想家の公平さは例外的なものにすぎなかった。十九世紀になると、フェミニズムをめぐる論争は新たに党派性をおびてくる。産業革命のもたらした結果の一つは女性の生産労働への参加であったが、この時から、女性解放の要求は理論的な領域を出て、経済的な基盤に立つようになる。それだけに敵の方もいっそう攻撃的になった。土地所有が部分的に崩壊したとはいえ、ブルジョア階級はまだ、私有財産の保証は家族の安定にありとする古いモラルにしがみついている。だから、女の解放がほんものの脅威になるにつれて、ブルジョア階級はますます厳しく女が家庭にとどまることを要求する。労働者階級の内部でさえ、男たちは女の解放にブレーキをかけようとした。というのも、女は低賃金で働くのになれていたから、いっそう危険な競争相手に見えたのだ[*2]。そこで反フェミニストたちは、女の劣等性を証明するために、それまでのような宗教、哲学、神学だけでなく、生物学、実験心理学などの科学も利用するようになった。彼らが同意できるのはせいぜい、他の性である女に「差異における平等」を認めることだった。大いにもてはやされたこの表現は非常に重要な意味を含んでいる。というのも、アメリカの黒人に関してジム・クロー法[*3]が用いているのもまさにこの表現なのだ。ところで、平等をめざすと称するこの分離策は、実際には極端な差別をもたらすのに役立っただけだった。

こうした一致はけっして偶然ではない。劣等な地位に追いこまれた人種、カースト、階級、性、いずれの場合についても、それを正当化するやり方は同じであり、「永遠の女性的なもの」は、「黒人魂」や「ユダヤ人気質」と対応している。もっとも、ユダヤ人の問題は全体的に見て他の二つの問題とは非常に異なっている。反ユダヤ主義者にとって、ユダヤ人は劣った者というより敵であり、この世界のどこにもユダヤ人のものである居場所を認めない。というより彼らはユダヤ人を抹殺したいと思っているのだ。一方で、女の状況と黒人の状況には強い類似性が認められる。今ではどちらも、同じ家父長的温情主義から自由になろうとしているが、かつての主人であったカーストは、女にも黒人にも「身のほど」をわきまえさせること、つまり自分たちが選んでやった場所にとどめておくことを願っている。どちらの場合にも主人のカーストは、無自覚で子供っぽくて陽気な魂をもつ「善良な黒人」、つまり忍従している黒人の美徳や、「ほんとうに女らしい」女、言い換えると、軽薄で幼稚で無責任な女、男に服従している女の美徳を、多少とも本心からほめちぎる。どちらに対しても、主人のカーストは自分たちのつくった現状を論拠にしている。バーナード・ショー[*4]の警句は有名だ。彼によれば、「要する

＊1　十九世紀イギリスの哲学者、経済学者。『女性の解放』で男女平等を説いた。
＊2　〔原注〕本書第二部二五八―二六〇頁参照。
＊3　アメリカで、公共施設全般にわたって黒人と白人を分離した法律。一九六四年の公民権法の成立によって廃止された。

に、アメリカの白人は黒人を靴みがきの地位に追いやっておいて、黒人は靴をみがくしか能がないと結論するのだ」。似たような状況ではいつも、こうした悪循環が見られる。ある個人またはその集団が劣った状況にとどめられているとき、その人間または集団が劣等であるのは事実だ。しかし、であるという語の意味するところについて合意を得ておく必要がある。この語にはヘーゲルの言うような動的《ダイナミック》な意味があり、これに何か固定した実体的な価値を与えるのは欺瞞《ぎまん》である。であるとは、なったということ、つまり現にあるようにつくられたということである。たしかに、現在、女は全体的に見て男より劣等である。これはつまり、女の状況が女にごくわずかの可能性しか開いていないということだ。問題は、こうした事態が永久に続くべきかどうかを知ることである。

多くの男が永続を望んでいる。まだ、すべての男が態度をやわらげたわけではない。保守的なブルジョア階級は相変わらず、女の解放は自分たちのモラルと利益を脅かす危険なものだと思っている。一部の男たちは、女との競争を恐れている。先日、『エブド・ラタン』という週刊誌に、「医師や弁護士の職につく女子学生はみんな僕たちから職を盗んでいるのだ」という男子学生の意見がのっていたが、彼はこの世界に対する自分の権利には疑問を投げかけていない。経済的な利害だけの問題ではない。抑圧が抑圧者に保証する利益の一つは、彼らのうちの最下層のものでも優越感をもてるということだ。アメリカ合衆国南部の「貧しい白人《プア・ホワイト》」は、自分が「卑《いや》しい黒ん坊」ではないと思うことでなぐさめられる。そして、もっと裕福な白人たちがこの自尊心を巧みに利用する。

同じように、男のなかで最も無能な者も女の前では自分を半神だと思いこむ。モンテルラン氏は、男たちのなかで男としての役割を演じなければならなかったときより、女たち（それも意図的に選んだ女たち）に立ち向かうときの方がずっと容易に自分を英雄だと思うことができたのである。もっとも、この男の役割は多くの女たちが彼よりも立派に果たしたのだったが。[*1]

同様に、クロード・モーリヤック氏[*2]——誰もがその強烈な独創性に感嘆している——も、一九四八年九月に『フィガロ・リテレール』紙にのせた論説の一つで、女について次のように書くことができた。[*3]「われわれは女性のなかで最も優秀な人の言うことを……礼儀正しい無関心な調子で（原文どおり！）聞きながす。その才気にしても、われわれから出た思想を、程度の差はあれ、見事に反映しているのはわかっているのだ」。相手の女性が反映しているのはモーリヤック氏ご本人の思想でないことは明らかだ。彼に思想があるとはまったく認められないから。その女性が、男性から出た思想を反映していることはありうる。男性のなかにも、自分で考えたのではない意見を自分のものの

＊4　（31頁）一八五六－一九五〇、イギリスの劇作家。
＊1　第二次大戦で、対独レジスタンスに参加して勇敢に闘った女性たちのことを言っている。暗にモンテルランの対独協力を批判している。
＊2　一九一四－九六、作家、評論家。フランソワ・モーリヤックの息子。
＊3　〔原注〕あるいは少なくとも、書くことができると彼は信じていた。

ように思っている人は少なからずいるのだから。クロード・モーリヤック氏も、ご自身と対話するより、デカルト、マルクス、ジッドのよき反映である女性と対話するほうが有益ではなかろうかと思われる。注目すべきことは、彼がわれわれというあいまいな言葉をつかって自分を聖パウロ、ヘーゲル、レーニン、ニーチェと同一化し、彼らの偉大さの高みから、あえて氏と対等に話そうとする女たちの群れを横柄《おうへい》にも見下していることだ。実を言えば、モーリヤック氏に「礼儀正しい無関心な調子」を許しておくほど忍耐強くはない女を、私は一人ならず知っている。

この例を強調したのは、男のこうした無邪気さにはあきれてしまうからだ。男が女の他者性を利用するもっと巧妙なやり方は他にもたくさんある。劣等感に悩むすべての男にとって、女の他者性こそは奇跡的な特効薬なのだ。自分の男らしさに自信のない男ほど、女に対して傲慢《ごうまん》で、攻撃的な、あるいは横柄な態度をとるものだ。同様に、自分と同類の男にひけを取らない男ほど、女を同類として認めようとする気持ちが強い。しかし、こうした男たちにとってさえ、〈女〉や〈他者〉の神話は多くの理由で貴重である。[*1]男たちがこうした神話から得ているあらゆる利益を自分から進んで手放さないからといって、非難はできないだろう。男たちは自分の夢見ている女をあきらめることで何を失うかは知っているが、いま変わろうとしている女が彼らに何をもたらすかは知らないのだから。自分を唯一《ゆいいつ》の絶対的〈主体〉として定めるのを断念するには、かなりの自己放棄が必要である。もっとも、大多数の男はこうした絶対的〈主体〉でありたいという要求をはっきり自覚していない。女を劣ったものとして定めることもない。現在では民主主義的な理想が十分に浸透していて、すべての人間が対等な存在として認められているからである。

家庭における女は、男にとって、子どものときも青年になってからも、大人の男と同じ社会的な権威を帯びて見える。やがて彼は性欲や恋愛を通じて、自分が求め愛する女の抵抗と自主性を身をもって知るようになる。結婚すると、女を妻として、母として尊重する。そして女も、夫婦の生活の具体的な経験のなかで、自分が自由な存在であることを男に対して主張する。こうして男は、男女のあいだにはもう社会的な序列はなく、違いはあっても、大体において女も対等な存在であると確信するようになる。しかし一方で、女が劣っている事実にもいくつか気づくので——そのうち最も重要なのは職業上の無能力である——、それを自然のせいにする。男が女に対して協力的で好意的な態度でいるうちは、抽象的な平等の原則を立てて、具体的な相違に気づいても、それを問題にすることはない。しかし、男と女のあいだに葛藤《かっとう》が生じると、状況は一転する。男は

＊1　〔原注〕これに関して、『カイエ・デュ・スュド』二九二号にのっているミシェル・カルージュの論文は意味深長である。彼は憤慨して次のように書いている。「女の神話など必要ない、快楽と実用の役に立つ一団の料理女と産婆《さんば》と娼婦《しょうふ》と女文士がいるだけでいい！」。つまり彼によれば、女は自分自身のために存在するのではないのだ。彼は女が男の世界で果たす役割しか考えない。女の目的性は男にある。だから、もちろん、何よりも女の詩的な「役割」が好まれることもありうる。問題は、まさに、なぜ女を男との関係において定義しなければならないのかを知ることである。

具体的な相違点を問題にして、それを根拠に抽象的な平等を拒否しようとさえするのだ。[1]

こうして多くの男が、ほとんど悪意はないのだが、女は男と対等であるから要求することは何もないはずだと主張するかと思えば、同時に、女はけっして男と対等にはなれないのだからいろいろ要求しても無駄だと主張する。というのも、男には、女に対するさまざまな社会的差別がいかに重大であるかを判断するのは困難だからである。こうした差別は、外から見ると取るに足りないものに思えるが、その精神的、知的レベルでの影響は女にとって非常に根深いものであるために、本源的な自然に起因しているように見えかねないのだ。[2] 女に対して最も好意的な男でも、女の具体的な状況をけっして十分に知ることはない。したがって、男たちが自分たちの特権の大きさを推し測ってみようともせず、ただ特権を守ろうとつとめているとき、彼らが何を言おうが信じる必要はない。だから私たちは、女に向けられる攻撃の数や激しさにおじけづかないようにしよう。「ほんとうの女」に与えられる打算的な賛辞にまるめこまれたり、自分では分かちあう気などまったくない女の運命に対して男がいだく感激につりこまれたりしないようにしよう。

しかし一方、フェミニストの議論にも同じように警戒しなければならない。というのも、相手を攻撃することに気をとられて、議論に何の価値もない場合が多いからだ。「女の問題」がこれほど無意味に見えるのは、男の傲慢さがこれを「論争」[3]にしてしまったからだ。言い争いになると、正しい推論ができなくなる。これまであきもせず証明しようとしてきたのは、女が男より優れているか、劣っているか、同等かということだ。女はアダムの後に造られたのだから明らかに副次的な存在だと一方が言えば、もう一方は逆に、アダムはほんの粗削りにすぎず、神はイヴを創造したときはじめて完全な人間を造るのに成功したのだと言う。女の脳の方が小さい。いや、相対的には女の脳の方が大きい。キリストは男に生まれたではないかと言えば、それはおそらく自らを卑下してであろうと言う。どの議論もすぐに反論を呼び起こすが、どちらも的外れであることが多い。問題をはっきりさせたいと思うのなら、これまでの習慣から抜け出さなければならない。これまでの議論をゆがめてきた優越、劣等、同等といったあいまいな概念をしりぞけて、あらたに出直さなければならない。

それではいったい、どのように問題を立てればいいのだろうか。だいいち、誰が問題

＊1　〔原注〕たとえば、男は、妻が職業をもたないからといって少しも値打ちが下がるとは思わない、家庭での仕事も同じように貴重だ……と断言する。ところが、喧嘩《けんか》になるとすぐ「僕がいないと、お前には生活費を稼ぐこともできないじゃないか」などと言うのである。

＊2　〔原注〕この過程を叙述することが、本書Ⅱ巻の目的である。

＊3　querelle　フランスの中世から大革命直前にいたるまでの四世紀のあいだ、「女性論争」と呼ばれる論争があった。これは女性のためというよりも、修辞学の訓練の観もあった。こうした歴史をふまえた言葉と考えられる。序文冒頭の「フェミニズムをめぐる論争」も同様である。また、文中にもあるようにquerelleには「論争のための論争」に堕した「無益な口論」というニュアンスも含まれている。

を提起すればいいのか。男は裁判官でもあり当事者でもある。女も同じだ。厳正中立な天使をさがすとして、どこにいけば見つかるだろう。だが実のところ、天使ではこの問題を語るのにふさわしくないだろう。天使は、問題になっている事実を何も知らないだろうから。両性具有者はどうか。これは非常に特殊なケースである。両性具有者は同時に男でも女でもあるというよりは、男でも女でもないのだ。私は、女の状況を明らかにするのに最も適した位置にいるのは、やはりある女たちだと思う。エピメニデス[*1]をクレタ人の概念に、クレタ人を嘘《うそ》つきの概念に閉じ込めようとするのは詭《き》弁《べん》である[*2]。何か神秘的な本質があって、それが男や女を誠実にしたり、不誠実にしたりするのではない。真実を探究しようという気持ちを左右するのは、男や女のおかれている状況なのだ。今日では多くの女が、人間としてのあらゆる権利を回復する機会に恵まれており、公平な立場で考える余裕をもっている。私たちはもはや先輩たちのような闘士ではない。大体のところ、私たちは勝負に勝ったのだ。女の社会的地位に関する最近の討論において、国連はつねに男女平等の完全な実現を強く要求してきた。そしてすでに私たちのうちの多くが、女であることを束縛とか障害とか感じないですむようになった。私たちは、女だけに関わる問題よりもっと重要な問題がたくさんあることを知っている。このように距離をおいた見方ができるのだから、私たちの態度は客観的なものでありうると期待できる。また一方、女の世界については、そこに根を下ろしている私たちの方が男たちよりずっと身近に知っている。私たちの方が、一人の人間にとって女であることがどんな意味をもつかをより直接に捉《とら》えられるし、その意味を知りたいと思う気持ちもいっそう強い。私はいま他にもっと重要な問題があると言ったが、それでも次のような問題、すなわち、女であることは私たちの人生にどういう影響を及ぼしたのだろうかという問題が私たちにとって重要であることに変わりはない。これまで女には実際のところどんな機会が与えられ、また拒否されてきたのか。これからの女はどんな運命を期待できるのだろうか、彼女たちをどういう方向に導くべきなのか。現在、女性の著作が全体として、権利を要求しようとするよりも問題を明らかにしようとして書かれているのは注目に値する。さわがしい論争の時代を終えようとしているいま、本書もまた、現状を明らかにしようとする試みの一つなのだ。

ところで、どんな問題でも、人間の問題を中立の立場で論じるのは不可能だろう。というのも、問題をどう立てるか、どういう観点をとるかということ自体、論者の関心に序列があることを物語っているからだ。質を云々《うんぬん》するときは必ず、価値観がはたらく。いわゆる客観的な記述にしても、なんらかの倫理的背景をもたないものはないからだ。ある程度はっきり前提にしている原則があるのなら、それを隠そうとするよりも、最初にそれを示しておく方がよい。そうすれば、優れている、劣っている、より良い、より

＊1　古代ギリシアの、クレタ島出身の哲学者。
＊2　エピメニデス＝クレタ人、クレタ人＝嘘つき、ゆえにエピメニデス＝嘘つき、という三段論法をふまえている。

悪い、進歩、後退といった語にどんな意味をもたせているかをページごとにいちいち説明しなくてもすむ。

女性について書かれた著作のいくつかを検討してみると、最も多く採用されている視点は公共の福祉、全体の利益という視点であることがわかる。実際にそれが意味しているのは社会の利益、すなわち各自がその存続あるいは新たな建設をのぞんでいる社会の利益である。私たちはどうかといえば、市民個人の福祉を保証するものがすなわち公共の福祉であると考える。そして、個人にどれだけ具体的な機会が与えられているかという視点で、制度の是非を判断する。私たちはまた、個人の利益という観念と幸福という観念を区別して考えるが、この幸福かどうかというのも、よく目にする視点である。ハレムの女は選挙権をもつ女より幸福ではないのか、主婦は女性労働者より幸福ではないのかというのだ。幸福という語が何を意味しているのかよくわからないし、そこにどのような本来的な価値が含まれているのかは、なおさらわからない。他人の幸福を推し測るどんな尺度も存在しないのだから、人に押しつけたい状況を幸福な状況だと宣言するのは簡単である。たとえば、とりわけ、人々を相も変わらぬ状況にしばりつけておいて、平穏無事こそ幸福なのだから、あなたは幸福だと断定するといったぐあいだ。だから私たちは、幸福かどうかを判断基準にはしないだろう。

私たちが採用する観点は、実存主義のモラルの観点である。すべての主体は、さまざまな投企《プロジエ†》を通して具体的に自分を超越として立てる。すべての主体は、新たな自由に向かってたえず自分を乗り越えることによってはじめて、自由を実現する。果てしなく開かれた未来へ向けての発展こそが、現に生きている実存を正当なものにするのだ。超越が内在†に陥るとき、実存は「即自†」に、自由は事実性†へと堕落する。この転落は、もし主体が同意したものなら、倫理的な過《あやま》ちである。無理に押しつけられたものなら、欲求不満や抑圧のかたちをとる。どちらにしても、それは絶対的な悪である。どんな個人も自分の実存を正当なものにしようとするとき、実存とは自分を超越しようとする無限の欲求であることを実感する。ところが、女の状況は特殊なやり方で規定されている。女は、人間として自律した自由な存在であるにもかかわらず、男たちから自分を〈他者〉として受け入れるように強いられている世界のなかで自分を発見し選択しなければならないのだ。つまり女の超越は、本質的で絶対的な別の意識によってたえず超越されるのであり、男たちは女を客体として固定し、内在にとどめておこうとする。女のドラマとは、つねに自分を本質的なものとして主張しようとする主体の基本的な要求と、女を非本質的なものにしようとする状況の要請とのあいだで繰り広げられる葛藤なのだ。こうした女の条件のもとで、どうすれば女は一人の人間として自己実現できるのだろうか。女にはどんな道が開かれているのだろう。どの道が行き止まりになっているのか。依存状態のなかにあって、どのようにして自立を回復するべきか。どんな事情が女の自由を制限しているのか、またそれを乗り越えることは可能か。こうしたことが、私たちの明らかにしたいと思っている基本的な問題である。つまり、個々の人間の可能性を問題にしつつ、それを幸福という観点からではなく自由という観点から定義していくつもりだ。

　こうした問題は、もし女が生理的、心理的、あるいは経済的な宿命を背負っていると仮定するなら、言うまでもなく、まったく意味を失ってしまうだろう。だから、まず、生物学、精神分析、史的唯物論が女についてどんな見方をしているかを検討することから始めたい。次に、どのようにして「女の現実」なるものがつくられたのか、なぜ女は〈他者〉と定義されたのか、さらに男の視点から見て、その影響はどのようなものであったかを実証的に示してみたい。その上で、女たちに与えられている世界をありのままに女の視点から描くことにする。[*1] そうすれば、女たちがこれまであてがわれてきた領域から脱して、人間の共存在《ミットザイン》に加わろうとしているいま、どんな困難に直面しているかを理解できるだろう。

＊1　〔原注〕これはⅡ巻で扱う。

第一部　運命

第一章　生物学的条件

「女？　簡単ですよ」と、単純な言い回しが好きな人たちは言う。「女とは子宮であり、卵巣《らんそう》である。女とは雌である。女を定義するにはこの言葉で十分ですよ」。この「雌」という言葉は、男の口をとおると侮辱的なひびきをもつ。そのくせ、男は自分の動物性は恥ずかしいと思わず、「あいつは雄だ！」と言われると、かえって得意になる。「雌」という語が軽蔑《けいべつ》的な意味になるのは、この語が女を自然のなかに位置づけるからではなく、その性《セックス》に閉じ込めるからである。罪もない動物の場合まで、雌が男にとって軽蔑すべき、敵視すべきものに見えるのは、明らかに男が女にいだく不安にみちた敵意のせいである。それなのに、男はそうした感情の根拠を生物学に求めようとする。雌という言葉によって、男はにぎやかなイメージの行列を思い浮かべる。先頭には、敏捷《びんしょう》に動く精子をつかまえて去勢する大きな丸い卵子。栄養をたらふく詰めこまれた巨大なシロアリの女王は奴隷《どれい》のような雄たちに君臨し、交尾に飽きたカマキリやクモの雌は相手を嚙《か》みくだき、むさぼり食う。さかりのついた雌犬はみだらな臭《にお》いをただよわせて路地をかけめぐり、雌猿は恥ずかしげもなく体を見せつけ、相手の気をひいては逃げる。さらに、トラ、ライオン、ヒョウのような最も尊大な猛獣でさえ、雌は雄の堂々とした抱擁に卑屈に身をまかせる。無気力でせっかち、悪賢くて間抜け、不感症で淫乱《いんらん》、残忍で卑屈と、男は女に、一度にあらゆる雌を投影する。そして、たしかに女は雌である。しかし、類型的な考え方を止《や》めようとすると、すぐに二つの問題が出てくる。すなわち、動物界において雌[*1]とは何なのか。また、女には雌としてのどんな特殊性があるのか。

*

雌と雄とは、一つの種のなかで生殖のために個体が二つの型に分化したもので、相関的にしか定義できない。しかし、まず最初に、種が二つの性に区分されている意味自体が明白ではないことを指摘しておかなければならない。

　こうした区分は自然界で普遍的に見られるわけではない。動物だけに限ってみても、滴虫《てきちゅう》類、アメーバ、桿菌《かんきん》などの単細胞生物では、増殖は基本的に性とは無関係で、細胞は単独で分裂し、それがさらに分裂していくことが知られている。いくつかの後生動物〔原生動物を除くすべての動物〕でも、生殖は分裂増殖によるもの、つまりもともと無性的に生じた個体が分裂して増えるものや、出芽増殖、つまりもとは有性現象によって生じた個体が分裂して増えるものがある。淡水ヒドラや腔腸《こうちょう》動物、海綿動物、線形動物、被嚢《ひのう》類などに見られる出芽や分割の現象は、後者の例としてよく知られている。単為生殖の現象では、未受精卵が雄の介入なしに発生[*2]して胚《はい》[*3]になる。雄は何の役も演じないか、単に副次的な役を果たすだけである。たとえば、ミツバチの未受精卵は分裂を繰り返して雄バチになる。アリマキでは、何世代かのあいだ雄がいなくて、未受精卵は雌になる。ウニ、ヒトデ、カエルなどでは、単為生殖を人工的に再現できる。しかし原生動物でも二つの細胞が合体して、接合子と言われるものを形成することがある。ミツバチの卵から雌が、アリマキの卵から雄が生じるためには受精が必要だ。一部の生物学者はこのことから次のように結論した。すなわち、一方の性だけで永続していくことが可能な種でも、異なる染色体が混じることによって生殖質[*4]が更新されれば、系統の若返りや活性化に役立つだろうし、さらに生命の最も複雑な形態においては性は欠くことのできない機能であることが理解されるだろうというのだ。また、下等な生物体だけが無性でも増殖できるが、その場合でもやはり活力は失われていく可能性があるというのだ。しかし、この仮説は今日ではまったく否定されている。観察結果によれば、無性生殖は無限に可

＊1　私たちが使用した改訂版（一九七六年）では女（femme）となっているが、文脈から、初版（一九四九年）のまま雌（femelle）と訳した。
＊2　se développer　受精卵または単為生殖による未受精卵、および無性的に生じた芽や胞子などから出発して、成体に到達するまでの過程を発生という。
＊3　embryon　多細胞生物の個体発生における初期の時代をいう。
＊4　生物体の遺伝と生殖に関与する要素。生殖細胞に含まれている。

能であり、いかなる退化も見られないことが証明された。この事実は桿菌において特に顕著である。単為生殖の実験は数も増え、より大胆に試みられており、多くの種において雄はまったく無用に見える。それに、たとえ細胞間の交換の効用が証明されるとしても、その効用そのものが根拠のない単なる事実にすぎないように見える。生物学は性が雌雄に分かれていることを確認する。しかし生物学は、目的原因説を信奉している場合でも、性の二分について、細胞の構造や、細胞の増殖の法則、その他いかなる基本的な現象からも説明できないでいる。

異質の〔すなわち、雌と雄の〕配偶子[*1]の存在だけでは、二つの異なる性を定義するのに十分ではない。実際、しばしば二つの生殖細胞の分化が種の性的二型分割をともなっていない場合がある。雌雄二種の生殖細胞が両方とも同じ個体に属していることもありうるのだ。これは雌雄同体の種の場合で、植物に非常に多いが、また多くの下等動物、特に環形動物や軟体動物でも見られる。この場合、生殖は自家受精で行なうのと他家受精で行なうのがある。この点に関しても、一部の生物学者たちは、既成秩序を正当化しようとした。彼らは、雌雄異体現象、つまり異なる生殖腺《せん》[*2]が別々の個体に属している方式を、雌雄同体現象が進化改良されたものだと考える。しかし逆に、雌雄異体現象を原初的なものと見なす生物学者もいる。雌雄同体現象は雌雄異体現象が退化したものということになる。いずれにしろ、ある方式が他の方式より高等であるというこうした考え方は、進化に関して、大いに議論の余地のある理論を前提にしている。確かに言えることとは、この二つの生殖方法が自然界に共存していること、それらはどちらも種の永続を実現させているということである。また、雌雄の配偶子が異質であることも、それぞれの生殖腺を備えた生物体が異質であることも、どちらも偶発的なものに見えるということである。個体が雌と雄に分離されていることは、それゆえ、厳然とした事実であると同時に偶然的な事実に見える。

　ほとんどの哲学は、このような雌雄の分離を当たり前のこととして受け入れ、説明しようとはしなかった。プラトンからでた神話によると、初めに男と女と両性具有者がいて、各人が二つの顔、四本の手、四本の足、二つの胴をもっていた。ところがある日、「卵を割るように」二つに割られてしまった。それ以来それぞれの半身は、互いに補いあうもう一方の半身と元通りに合体しようとする。のちに神々が二つの異なる半身を結合して新たな人間を創造することに決めたというのだ。しかしこの物語が説明しようとしているのは、単に恋愛の由来であって、雌雄の分離は初めから決まっていることとして受け取られている。アリストテレスも雌雄の分離についてプラトン以上に説明しているわけではない。というのも、あらゆる活動において質料と形相の協力が要請されるとしても、[*3] 能動と受動の要素が二つの異なるカテゴリーに属する個体に分配される必要はないからだ。同様に聖トマスも、女は「偶発的」存在であると断言している。これは結

＊1　〔原注〕合体して受精卵になる生殖細胞を配偶子という。
＊2　〔原注〕配偶子をつくる腺《せん》を生殖腺という。

果的に——男の観点からではあるが——性別というものの偶発的な性格を認めるものである。

ヘーゲルは持ち前の合理主義の妄想に忠実であろうとして、性別を論理的に根拠づけようと試みた。彼の考えでは、性別とは主体が自分を具体的に類[*1]として達成するための媒体である。「類は、主体が生きている個々の現実の不均衡に対抗する一つの効力として主体の内に生じる。また、主体が同じ種の他の個体と結合することによって、その個体のなかに自分自身を感じ、自分を補おうとする欲望として生ずる。そうすることによって、主体は、類を自分の本性のなかに取り込み、存在へと到達しようとする。これが性交である」(『自然哲学』第三部三六九章)。さらに少し先では次のように書いている。「その過程はこうである。二つの個体が本来そうである姿、すなわち、単一の類、単一の同じ主体的な生命であること、それを彼らはそうしたものとして認めるのだ」。そしてヘーゲルは、性交が行なわれるためには、まず二つの性の区別がなくてはならないと言う。しかし彼の論証には説得力がない。論証にあたっていつも三段論法の三つの契機を見つけようとする先入観が見えすぎるのだ。個体が種に向かって超越[†]することによって、個体と種がその真の完成をとげるというのだが、この超越は第三項なしで生殖者からその子への単純な関係でも実現できるはずだ。つまり、生殖は無性のものでもいいはずだ。あるいはまた、雌雄同体の種の場合のように、二つの個体の関係は二つの類似のものどうしの関係でありうる。その場合、差異は同型の個体の個性にあるだけだ。ヘーゲルの記述は、性別のもつ非常に重要な意義を明らかにしているが、彼の誤りはいつも意義を理由にしてしまうことである。

　人間はさまざまな役割を果たしながら、そこに意味と価値を創《つく》り出していくのだが、同じように、性的活動をとおしてはじめて二つの性とその相互の関係を定義できるのだ。ただし〔二つの性による〕性的活動は、人間の本性に必然的に含まれているわけではない。メルロ＝ポンティは『知覚の現象学』で、人間の実存は私たちに必然と偶然の概念の見直しをせまると指摘している。彼によれば、「実存には、偶然的な属性はない。また、実存にその形を与えるのに役立たないような内容はない。実存には単なる事実などとい

＊3　（49頁）アリストテレスは、すべての存在は二つの要素、すなわち「形相」と「質料」からなると考えた。簡単に言うと、「形相」とは、あるものを他のものと区別し、そのようなものとして規定する本質であり、「質料」は、そのように規定され形づくられるもとになる素材である。すべては「形相」と「質料」の結合体として理解されている。

＊1　genre　ヘーゲルの用語では Gattung。
『精神現象学』（ラッソン＝ホフマイスター四版、一三八頁）を参考に補足すると、本文中の引用は次のように理解できる。「生命とは、自分だけで存在する非連続的なものではなく、一つの統一、すなわち単一の類として存在する。個々人の生命は類という全体のなかに回帰することによって維持される。性交は、個としての主体が他の個体と結合することによって、二つの個体が本来そうである姿、言い換えれば、統一としての、単一の類としての生命を自覚し、そこに到達するための行為である」。個体は類に向かって自己を超越することによってはじめて、自己を再生産し、種を維持することができるというのである。

うものは認められない。なぜなら、実存とは事実を自分の責任で引き受ける運動だからである」。そのとおりだ。けれども、それがなければ実存ということそのものが不可能に見えるような諸条件があるのも本当だ。世界のなかに現存するということは、この世界にある一つの物であると同時に世界を見る一つの視点でもある身体、そうした身体の位置を絶対的に想定している。しかし、その身体がこれこれの特別な構造をもつことは要請されていない。サルトルは『存在と無』で、人間存在はその有限性のゆえに死を運命づけられているというハイデガーの主張を検討し、有限でありながら時間的には無限であるような存在が考えられることを論証した。しかしながら、もし人間の生命に死が宿っていなければ、人間の、世界や自分自身に対する関係は徹底的にくつがえされ、「人間とは死すべきものである」という定義は経験的真実とはまったく別のものになるだろうし、存在者が不死身の場合、もはや私たちが人間と呼んでいるものではなくなるだろう。人間の運命の重要な特徴の一つは、その束《つか》の間《ま》の生命の活動が、その前後に、無限の過去と未来を創り出すことだ。種の永続と個体の有限性は相関的であるように見える。こうして、生殖現象は存在論的に根拠のあるものと考えられる。しかし、言えるのはここまでだ。種の永続は性の区別をともないはしない。性の区別が実存者によって引き受けられ、今度はそれが実存の具体的定義の一部をなすということ、それはまあ認めよう。しかし、肉体のない意識とか不死身の人間を想定することが絶対に不可能であることに変わりはないとしても、単為生殖で繁殖したり、両性具有者で構成される社会を想像することは可能である。

二つの性のそれぞれの役割はどうかというと、この点についての意見は実に多様である。それらは初めまったく科学的根拠のない、単に社会的神話を反映したものにすぎなかった。長いあいだ、父親は子どもの受胎にまったく関わっておらず、祖先の霊が生命の種《たね》として母親の胎内に浸透するのだと考えられてきた。一部の母系制未開社会では、今でもそう考えられている。家父長制の時代になると、男は自分の子孫への権利を強く主張する。しかし、生殖における母親の役割を認めないわけにはいかないので、母親は生命のもとになる精液を宿らせ、肥《ふと》らせるだけであって、父親こそが創造者だということになる。アリストテレスは、胎児は精液と月経の出会いによって生じるのだと想像した。この結合において、女はただ受動的な質料を提供するだけで、力、活動、運動、生命といったものは雄の要素だという。ヒポクラテス[*1]の説でも、二種の精液を認め、弱い方が雌精液、強い方が雄精液だとしている。アリストテレスの理論は中世を経て、近代まで続いた。

十七世紀の終わりに、ハーヴィー[*2]が、交尾直後の雌鹿《めじか》を殺して子宮角《かく》の中にいくつかの小胞を発見し、それを卵子だと考えたが、実際は妊娠初期の胎児だった。デンマークのステノ[*3]は、それまで「女の精巣」と呼ばれていた雌の生殖腺を卵巣と命名し、その表

＊1　古代ギリシアの医師。医学の祖と呼ばれている。
＊2　一五七八－一六五七、イギリスの生理学者。

面に小胞があるのを認めた。グラーフ[*1]は一六七七年にこれらの小胞を卵子だと誤認して、自分の名をつけた。卵巣は雄の生殖腺に対応するものと考えられていた。ところがその同じ年に「精液極微動物」が発見され、それが子宮の中に入っていくのが確認された。しかし、それは子宮で栄養をとるだけで、個体はすでに精液の中で形づくられているのだと考えられていた。オランダのハルトゼーカーは一六九四年に精子の中に隠れている小人《ホムンクルス》の図を描いている。一六九九年には別の学者が、精子が一種の脱皮をして小さな人間が現われるのを見たと断言し、彼もまたその図を描いた。つまりこれらの仮説によると、女は、すでに完全に形成された活動的な生命要素をただ肥らせるだけであった。こうした理論は一般に受け入れられるには至らず、論争は十九世紀まで続いた。動物の卵子の研究が可能になったのは、顕微鏡の発明のおかげだ。一八二七年にベーア[*2]が哺乳《ほにゅう》類の卵子を確認するが、それはグラーフ卵胞の内部に含まれているものだった。やがて卵の分割の研究も可能になる。一八三五年には、サルコルヌすなわち原形質が、次いで、細胞が発見された。一八七七年には、ヒトデの卵子への精子の侵入を証明する観察が行なわれ、それ以来、雌雄の配偶子の核の類似性が明らかになった。核の融合の詳細は、ベルギーの動物学者によって一八八三年に初めて分析された。

しかし、アリストテレスの思想は、その影響力を完全に失ったわけではなかった。ヘーゲルは、二つの性は異なっているはずだと考える。一方は能動的で、他方は受動的であり、言うまでもなく、受動性が雌の分け前である。「二つの性の分化の結果は、男が能動的要素であり、一方、女は受動的要素である。なぜなら女は未発達の統一体のなかにとどまっているからだ」（『自然哲学』第三部三六九章）。さらに、卵子が能動的要素であることが確認されてからでさえ、男たちは相変わらず卵子の鈍重さと精子の敏捷さを対比させて考えたがった。今日では逆の傾向が見られる。単為生殖の発見によって、一部の科学者たちが雄の役割を単に物理・化学的な触媒の役割に限定するようになったためである。いくつかの種において、酸の作用や機械的な刺激だけで、卵分割を起こし、胚を発生させるのに十分なことが証明されたが、そこから、雄の配偶子は生殖に不可欠なものではなく、せいぜい一つの誘因にすぎないという大胆な仮説も現われた。おそらく、いつかそのうち生殖への男の協力は不要になるだろう。これが多くの女たちの願望であるように見える。しかし、こういう大胆な予測の根拠になるものは何もない。生命の特殊なプロセスを一般化できるような根拠はどこにもないからだ。無性生殖や単為生殖の現象が、有性生殖の現象に比べてより根本的であるとか、そうでないとかは言えない。有性生殖がアプリオリに〔十分な根拠もなく〕有利なわけではないこともすでに述べた。しかし、それを何かもっと基本的なメカニズムに還元できることを示す事実もまったくない。

＊3　（53頁）一六三八－八六、地質学者、解剖学者。
＊1　一六四一－七三、グラーフ卵胞の発見は一六七七年ではなく、七二年が正しい。
＊2　一七九二－一八七六、ドイツの動物学者。

以上のように、あらゆるアプリオリな学説、あやふやな理論を排除していくと、私たちは、存在論的な根拠を示すことも、経験論的に証明することも、また、その意味するところをアプリオリに納得することもできない一つの事実に向かいあう。私たちがこの事実の意味を引き出そうと望むならば、具体的な現実における検討が必要である。そうすることによっておそらく「雌」という言葉の内容も明らかになるだろう。

私たちはここで一つの生命哲学を提唱するつもりはないし、目的論と機械論を対立させる論争で、急いでどちらかに味方するつもりもない。しかし、どの生理学者、生物学者も生命現象になんらかの意味を与えようとして、多少とも目的論的な言語を使用していることは注目に値する。私たちも彼らの用語を採用するだろう。生命と意識の関係について結論的なことを言うつもりはないが、すべての生命事象は超越を示しており、すべての活動には投企《プロジェ》がからみついていることは断言できる。私たちの記述が前提としているのはこの点だけである。

*

大部分の種では雌雄の生物体が生殖のために協力する。雌雄の生物体は基本的にはそれぞれが作りだす配偶子によって定義される。ところが、ある種の藻類や菌類では卵を作るために接合するこれらの細胞が同形である。このような同形配偶子生殖の例は、配偶子が基本的に同等であることを示している点で重要である。一般的に、配偶子には雌雄の区別があるが、それでもそれらの配偶子間の類似は驚くほどである。精子と卵子はもともと同一の細胞が分化して出来上がったもので、雌性原細胞の卵母細胞への発達と精母細胞の発達は、原形質現象から見ると異なるが、核現象はほとんど同じである。一九〇三年に生物学者アンセルが発表した説は現在でも有効だと考えられている。すなわち、「未分化の始原生殖細胞が、発現の際に生殖腺の中で出会う条件に応じて、雄または雌の配偶子になる。この条件は、一定数の上皮細胞が特別な物質を生成する栄養細胞に変化することで決定される」。この最初の類似は両方の配偶子の構造に現われており、配偶子は種によって同数の染色体をもつ。受精すると、二つの核はその基質を融合し、各々《おのおの》の染色体は減数分裂して、もとの数の半分になる。減数分裂は雌雄の核で同じように行なわれ、卵子が最後の二回の分裂で極体を形成するのと、精子の最後の分裂は対応している。

今日では、種によって、雄あるいは雌の配偶子が性を決定すると考えられている。たとえば哺乳類では、精子が他と異なる染色体をもち、雄になるか雌になるかの可能性を左右する。遺伝形質の伝達については、メンデル[*1]の統計的法則によると、父親と母親によって同等に行なわれる。重要なことは、二つの配偶子が出会うときにどちらか一方が

＊1　一八二二－八四、オーストリアの修道士、植物学者。

他方より優位であるということはない、ということだ。両者ともにその個別性を犠牲にし、受精卵が両方の基質を全部、吸収する。したがって、よく見受けられる二つの偏見は――少なくともこうした生命の根本レベルでは――誤りであることがわかる。第一の偏見は、雌の受動性という偏見である。生命の火花は二つの配偶子のどちらに含まれているのでもなく、両者の出会いによって燃えあがる。卵子の核は精子の核とまったく対等の生命要素なのである。第二の偏見は一つ目の偏見と矛盾するが、それにもかかわらず、二つの偏見はしばしば共存する。つまり、種の維持は雌によって確保されており、雄要素は爆発的、瞬間的な存在であるというのだ。しかし実際は、胚《はい》は母親の生殖質も父親の生殖質も同じように受け継いで、それをまた子孫へと、雄のかたちをとったり、雌のかたちをとったりしながら、両方の生殖質をともに伝えていく。体質（soma）[*1]が個体としての生命を終えた後も、いわば両性具有の生殖質が次の世代へと生き続けていくのである。

こう述べたうえで、卵子と精子のあいだに見られる非常に興味深い二次的な相違を指摘しておこう。卵子の最も重要な特性は、胚を養い、保護するための物質がつまっていることである。卵子は、胎児がその組織を作るために使うたくわえ、有機質ではなく無機質のたくわえを蓄積している。そのため、球状か楕円《だえん》状のどっしりした形をし、比較的大きい。鳥の卵がどのくらいの大きさに達するかは周知のとおりだ。人間の場合、卵子は直径〇・一三ミリメートルである。一方、精液一立方ミリメートルに六万個の精子が見出《みいだ》される。精子の質量はごく小さくて、糸状の尾と小さな細長い頭があり、他に動きを鈍くするようなものは何もない。全身が生命である。こうした構造によって精子はもっぱら運動性に適している。他方、卵子の方は、胎児の将来がその中に納められており、固定され動かない要素である。卵子は、雌の体内にこもっているか、あるいは外界でじっとして、受精を受動的に待っている。雄の配偶子の方が卵子をさがしにいく。精子はつねにむきだしの細胞だが、卵子の方は種によって、膜で保護されていたり、いなかったりする。いずれの場合も、精子は卵子に接触するや、体当たりし、揺さぶり、その中に侵入する。こうして、雄の配偶子は尾を切り捨て、頭部をふくらませ、回転しながら卵子の核にたどり着く。このあいだに卵子はただちに膜を形成し、他の精子を入れないよう閉ざしてしまう。棘皮《きよくひ》動物では受精が体外で行なわれるが、じっと浮かんでいる卵子のまわりに、精子が殺到し、光輪のように並ぶのが容易に観察できる。この競争はほとんどの種において見られる重要な現象である。精子は卵子に比べてずっと小さいが、一般にかなり多量に放出されるので、一つの卵子にたくさんの求婚者がいる。

このように卵子は、その主要な要素つまり核においては能動的でありながら、表面的には受動的に見える。卵子の自閉的でねばねばした塊《かたまり》から連想されるのは、即自存在の†深い闇《やみ》と休息である。古代人が想像した世界や原子も球状をしていた。世界は丸く閉じ

＊1　生物体を構成する、生殖質を除くすべての要素。

られたものとして、原子は不透明な丸いものと考えられていたのだ。卵子は不動のまま、待っている。これに反して、開放的で、小柄で、敏捷《びんしょう》な精子は、実存の焦燥と不安を象徴している。比喩《ひゆ》の楽しみにひきずりこまれないようにしよう。しばしば卵子は内在†に、精子は超越にたとえられてきた。精子は雌の要素のなかに侵入するとき、その超越性、その運動性を放棄するというのだ。精子は、鈍重な塊に食らいつかれ、去勢され、尾を切りとられ、吸い込まれる。これはすべての受動的な行為がそうであるように、魔術的で、不気味な行為である。一方、雄の配偶子の行動は合理的で、時間的、空間的に測定できる運動であるというのだ。だが実際には、こういったことはたわごとにすぎない。雄の配偶子と雌の配偶子はともに卵の中に溶け込むのである。それらはともに自己を押し殺して、全体のなかに溶け込む。両者を一つにする行為のなかで互いの個別性は失われる。だから、卵子が雄の配偶子をむさぼり食ってしまうと主張したり、雄の配偶子が雌の細胞のたくわえを勝者として横領するというのは、どちらも同じように間違っている。機械論的な考え方によれば、精子の運動はおそらく非常に合理的な現象に見えるだろう。しかし、現代物理学にとって、それは遠隔作用と同様、自明の考えではない。それに、受精にいたる物理・化学的作用についても詳しいことはわかっていない。それでも、こうした卵子と精子の対比から、次のような教えを引き出すことは有効だろう。すなわち、生命には〔維持と超越という〕互いに一体化する二つの運動があること、生命は維持するためには超越しなければならず、また、維持するという条件でしか超越しないこと、維持と超越という生命の二つの要因は必ず同時に働くのだから、それを別々に分けるのは空論にすぎず、ときには一方が優勢になり、ときにはもう一方が優勢になるということである。二つの配偶子は結合することによって、同時に自己を超越し、自己を維持する。だが、卵子は構造上、将来の必要を見越している。自分の中に芽生える生命を養育するようにつくられているのだ。逆に精子には、自分が呼びさます生命の芽の成長を保証するようなものは何も備わっていない。そのかわり卵子には、生命の新しい爆発をひきおこす変化を生みだす力はない。一方、精子の方は出向いていく。卵子の用意周到さがなければ、精子の活動は無駄であろうし、精子のイニシアチブがなければ、卵子はその生命の可能性を実現できないだろう。それゆえ、次のように結論できる。二つの配偶子の役割は根本的に同一のものであり、それらはともに一つの生命体を創造し、その中に両者とも自己を消滅し、自己を超越するのだと。しかし、受精を条件づける二次的、表面的な現象だけを見ると、新たな生命が生まれるために必要な状況の変化は雄要素によって行なわれ、この生命の芽生えを安定した生物体として定着させるのは雌要素であるということになる。

以上のような考察から女の居場所は家庭であるという結論を引き出すのは大胆すぎるだろう。だが、そういう大胆な人もいるものだ。かつてアルフレッド・フイエ[*1]は、その

＊1　一八三八－一九一二、フランスの哲学者。

著書『気質と性格』で、卵子から女の全体を、そして精子から男を定義しようと考えた。いかにも深遠らしく見える多くの理論が、こういう疑わしい類推の遊戯に基づいている。こういう似非《えせ》思想はいったいどういう自然哲学を根拠にしているのだろうか。遺伝の法則から考えれば、男も女も同じように精子と卵子から生まれる。こういう明晰《めいせき》さを欠く頭脳には中世的な古い哲学の名残りがただよっているように思える。それによれば、宇宙とは人体という小宇宙をそのまま反映したもので、卵子は小さな雌であり、女は巨大な卵子だと考えられるのだ。錬金術の時代以降は顧みるものもないこのような荒唐無稽《こうとうむけい》な考えと、一方で彼らがよりどころにしている説明の科学的正確さは奇妙な対照をなしている。現代生物学と中世式象徴主義はうまく調和しない。しかし、この人たちはあまり子細に検討しない。もう少し綿密であれば、卵子から女までは長い道程があることに同意するだろう。卵子には雌の概念そのものがまだ含まれていない。ヘーゲルが的確に指摘しているように、性的関係を雌雄の配偶子の関係に帰するわけにはいかないのだ。そこで、雌の生物体を全体として研究しなければならない。

すでに述べたように、多くの植物やいくつかの下等動物、とくに軟体動物では、各個体が卵子と精子の両方をつくるので、配偶子の雌雄を特定することで個体の雌雄を特定することはできない。雌雄が分離している場合でも、両者のあいだには、種と種を分割しているような厳密な仕切りはない。雌雄の配偶子がもとは未分化の組織から発してそれぞれの特徴をもつように、雄と雌もむしろ共通の基盤に立つ変異であるように思われる。ある種の動物では――最も典型的な例はボネリムシだが――胚は最初は無性で、成長の際の偶然によって後から性が決定される。今日では大部分の種において、性の決定は卵の遺伝子構成によることが認められている。単為生殖によって増殖するミツバチの未受精卵からはもっぱら雄が生じ、アリマキの未受精卵は同じ条件では雌ばかり生じる。受精した卵の場合は――おそらくクモ類のいくつかを除くと――産み出される雌雄の個体数がほぼ等しいというのは注目に値する。性の分化は、二つの型の配偶子の一方に異形の染色体があることに由来する。たとえば哺乳類では、精子の方が雄になるか雌になるかの可能性をにぎっている。精子または卵子が形成されるとき、いったい何が雌雄の配偶子の特性を決定するのかはよくわかっていないが、ともかく、メンデルの統計的法則は、それが規則正しく配分されていることを十分に示している。

　雌雄とも、受精過程と胚の発生の初期は同じように進行する。成長すると生殖腺になる上皮組織は、最初は性分化していない。ある程度の成熟段階になって、精巣《せいそう》がはっきりしてくる。卵巣が形を取りはじめるのはもっと遅い。このことは、雌雄同体と雌雄異体のあいだに多くの中間段階があることを説明する。一方の性がもう一方の性の特徴である器官を備えていることがよくある。最も顕著な例はヒキガエルの場合である。ヒキガエルの雄にはビダー器管と呼ばれる卵巣の痕跡《こんせき》が観察され、人工的に産卵させることができる。哺乳類においても、性的両能性[*1]の痕跡がある。主な例をあげると、雄では、有柄《ゆうへい》または無柄の水胞体[*2]、男性子宮、乳腺《にゅうせん》、雌では、ガルトナー管〔雄の輪精管に相当する部分が残存したもの」、クリトリスなどである。性の区分が非常にはっきりしている種でさえも、同時に雄であり雌であるような個体が存在する。間性[*1]の例は動物にも人間にも多い。また、蝶《ちょう》類や甲殻類では、雌雄の形質が一種のモザイクのように並存している雌雄モザイク現象の例が見受けられる。これは、遺伝子型では決定されていても、栄養をとる環境によって大きく影響されるからである。よく知られているように、アリ、ミツバチ、シロアリでは、幼虫が完全に成熟した雌になるか、あるいは性的成熟が止まって働きアリや働きバチになるかは、栄養のとり方によって決まる。この場合、影響は生物体全体に及ぶ。昆虫の場合、体質（soma）はかなり早期に性決定がなされ、生殖腺には左右されない。脊椎《せきつい》動物では、主に、生殖腺から分泌《ぶんぴつ》されるホルモンが調節の役割を果たす。多くの実験の結果、内分泌環境を変化させることで性の決定を左右できることが証明された。その他、動物の成体に移植や去勢の実験を行なうことで、性に関する新しい学説が導き出された。すなわち、脊椎動物では、雌雄とも体質は同じであり、中性的な要素と見なしうること。これに性的特徴を与えるのは生殖腺の活動であり、分泌されるホルモンは、あるものは刺激剤として、あるものは抑制剤として働くこと。生殖器そのものも体質でできており、発生学的には、両性的原型から発して、ホルモンの影響を受けながら、明確な形をとることなどである。ホルモンのバランスが保たれず、二つの性的可能性のどちらもはっきり実現されなかった場合に、間性が生じるのである。

種において平等に分配され、同一の源から発して同様に成長した雌雄の生物体は、形成が完了すると、完全に対をなしているように見える。両者は、配偶子をつくりだす生殖腺、つまり卵巣と精巣の存在によって特徴づけられるが、すでに見たように、精子形成と卵子形成のプロセスは類似している。これらの生殖腺は管の中に分泌物を放出するが、種の進化段階によって管の複雑さは多少異なる。雌の場合は、卵を輪卵管を通してじかに送り出すか、排泄腔《はいせつこう》の中や分化した子宮〔輪卵管の一部がさらに分化した器官〕の中に留めてから排出する。雄は、精液を外部に放つか、あるいは交尾器官を備えていてそれで雌の胎内に導入する。このように、静的に見れば、雌と雄は相補う二つの型であることがわかる。それらの特性を把握するためには、機能の面から考察しなければならない。

雌という概念について、一般的にあてはまる説明をするのは非常に難しい。卵子をもつものが雌、精子をもつものが雄、という定義では不十分である。というのも、生物体の生殖腺との関係はきわめて多様だからである。逆に、配偶子の差異が直接、生物体全体に影響することはない。卵子の方が大きいので精子よりも大きい生命力を消費すると

＊1　(63頁) bipotentialité sexuelle　雌雄異体の動物でも、生殖細胞や個体はもともと雌雄のどちらにでも発生しうる能力をもつと考えられる。この能力を性的両能性という。

＊2　(63頁) hydatide　雌では発達して輪卵管になるが、雄では退化してミュラー管とよばれる管の頭端部が残存したもの。内部に液を満たしており、水胞体をなす。

＊1　intersexualité　雌雄異体の種で、ある個体が完全な雌でも雄でもなく中間的な異常を示すこと。ただし、雌雄モザイク現象とは異なり、体を構成する細胞の遺伝子構成は性形質に関して一様である。

言われることがある。しかし、精子は非常に多量に分泌されるから、両性における消費は均衡を保っていることになる。精子形成に浪費の例を、排卵に節約の模範を見ようとする人がいる。しかし、排卵現象にも不合理な濫費《らんぴ》がある。大多数の卵子は受精されないのだ。ともかく、配偶子や生殖腺は生物体全体の縮図ではない。生物体を直接に検討しなければならない。

動物の階級の諸段階を見わたすとき、最も目立つ特徴の一つは、下から上にいくに従って、生命が個体化することである。下の段階では生命は種の維持のためにのみ用いられるが、上の段階では個々の個体を通して消費される。原初的な種においては、生物体はほとんど生殖器につきるが、この場合には、卵子が、つまり雌が優位である。生命の単なる繰り返しをまかされているのは特に卵子だからである。しかし、雌といってもほとんど腹以外の何ものでもなく、その生存はすさまじい排卵作業によってすべて食いつぶされる。雌は雄に比べると巨人的な大きさに達するが、四肢はたいてい未発達で、体は不格好な袋にすぎない。すべての器官が卵に有利なように退化しているのだ。実際には、二つの異なる生物体を構成しているとはいっても、その場合、雌も雄もほとんど個体とは見なされない。それらは、諸要素が分かちがたく結びついて一つの全体を形成しているにすぎない。これは雌雄同体と雌雄異体の中間の場合である。たとえば、カニに寄生しているエントニスクスでは、雌は数千の卵を包む孵化膜《ふかまく》におおわれた白っぽい腸詰めのようなもので、これらの卵に囲まれて、微少な雄とその予備軍に当てられる幼虫が見られる。エドリオリドヌスにおいては、小さな雄の隷属《れいぞく》はさらに徹底している。雄は雌の口〔蓋板《がいばん》〕の下にぴったりくっつき、固有の消化管をもたず、その役割はもっぱら生殖である。しかし、これらいずれの場合も、雌も雄と同じように隷属している。雌は種に隷属しているのだ。雄がその配偶者に縛りつけられているように、雌もまた栄養をとるために寄生している生物体とか鉱物質とかに縛りつけられている。雌は身をすりへらして卵を産み、それを小さな雄が受精させるのだ。

生命がもう少し複雑な形態をとると、個体の自律性が芽生え、雌雄を結ぶ絆《きずな》がゆるむ。しかし、昆虫類ではまだ、雌雄とも、卵に強く従属している。カゲロウの場合のように、しばしば雌雄の配偶者は、交尾と産卵を終えるとすぐに死んでしまう。ときには輪虫類《ワムシ》や蚊類のように、消化器のない雄は授精の後すぐに命をおとすが、雌は養分をとれるので生き残る。これは卵の形成と産卵にいくらか時間を要するからで、母親も次代の運命が保証されるとまもなく死んでしまう。多くの昆虫類において雌がもっている特権は、一般に授精のプロセスはごく短いのに対して、排卵と孵化は時間のかかる作業であるからだ。シロアリ類に見られるように、無理やり栄養をつめこまれ、毎秒一個の卵を産み続けたあげく、産めなくなると無残に虐殺《ぎゃくさつ》される巨大な女王アリは、その腹に付着して卵が排出されるのに応じて授精する小さな雄と比べて、いずれ劣らぬ奴隷である。アリやミツバチが構成する家母長社会では、雄は余計者であり、繁殖シーズンごとに無残に殺される。婚姻飛翔《ひしょう》の時期には、すべての雄アリが巣から出て雌に向かって飛んでいく。

雌に追いつくと、授精し、力つきて死んでしまう。そうでない場合にも、働きアリは生き残った雄を巣には入れない。入口で殺すか餓死させるのだ。しかし、受精した雌も悲しい運命を背負っている。独りで土の中にもぐり、一回目の産卵で衰弱して死ぬ場合も多い。新たに巣を作るのに成功すると、そこに十二年間も閉じこもって休みなく産卵を続ける。働きアリは性的機能の萎縮《いしゅく》した雌だが、四年の寿命であり、その一生は幼虫の養育にささげられる。ミツバチの場合も同様である。婚姻飛翔中の女王バチと交尾した雄バチは地面に落下し腹が裂ける。他の雄バチは巣にもどるが、何もせず、ただ場所塞《ふさ》ぎの日々を送る。そして、冬の初めに処分される。しかし、性的に未成熟の雌バチは、働きバチとして、休みない労働によって生きのびる権利を手に入れる。女王バチは、実際は、巣の中の奴隷であり、たゆみなく産卵するのだ。老いた女王バチの死については、相続権を争えるようにいくつかの幼虫が育てられ、初めに羽化したものが他の幼虫をその場で殺してしまう。女郎グモの場合、雌は卵が成熟するまで袋の中に入れている。雌は雄よりもずっと大きく頑丈で、交尾の後、雄を食い殺してしまうことがある。カマキリにも同様の習性が見られ、そこから男を餌食《えじき》にする女という神話が形成された。卵子は精子を去勢し、雌のカマキリは夫を殺す。こうした事実は女の去勢願望を表わしているというのだ。しかし実際は、カマキリの雌がこれほどの残酷さを示すのは、とくに、捕らわれの状態のときであり、十分に食料のある環境に放されているときに雄を餌食にすることはほとんどない。カマキリの雌が雄を食べるのは、群れにはぐれたアリがよく自分の卵をいくつか食べてしまうことがあるのと同じように、産卵し、種を維持する体力を得るためなのだ。

これらの事実に、個体どうしを争わせる「両性の闘争」のしるしを見るのはばかげている。アリも、ミツバチも、シロアリも、クモやカマキリの場合も、雌が雄を奴隷にし、餌食にするのだとは言えない。種が雌雄両方を異なったやり方で餌食にしているのだ。雌は雄よりも長生きし、勢力があるように見える。しかし雌は何ら自律性をもっていない。産卵、孵化、幼虫の世話が雌の運命の全体を占め、その他の機能は全面的、あるいは部分的に萎縮してしまっている。反対に、雄には個体としての生活のきざしが見える。受精において、たいていは雌よりも雄の方が主導権をとる。雌を探しにいき、襲い、触れてみて、捕らえ、交尾を強いるのは雄であり、ときには他の雄たちと闘わなければならない。相関的に、移動、触覚、捕捉《ほそく》の器官は、たいてい雄の方が発達している。雌の蛾《が》には翅《はね》のないものが多いが、雄には翅がある。雄の方が色彩も、翅鞘《ししょう》〔甲虫類のかたくキチン化した前翅〕も、脚も、把握器も発達している。こうした富に、いたずらにぜいたくで派手な色合いのおまけがつくこともある。束《つか》の間《ま》の交尾の他は、雄の生命は無益であり、無意味である。働きバチの勤勉さに比べて、何もせず暇なのは雄バチの特権である。しかし、こんな特権は不当である。そこで、独立のきざしの見えるこうした軽薄さの罰として、雄はしばしば生命を奪われる。種は雌を奴隷状態に縛っておき、逃れようとする雄も罰する。情け容赦なく抹殺するのだ。

生命がより完成した形態をとるようになると、生殖は〔単なる種の再生産ではなく〕他と異なる〔個としての〕生命体の生産になる。すなわち、生殖は二つの面をもつようになる。種を維持すると同時に、新個体を創造するのだ。この革新的な側面は、個体の独自性が確立するにつれて明確になる。このとき、維持と創造という生命の二つの要因が明白に分割される。この分割についてはすでに卵の受精のところで示したが、生殖の現象全体に認められる。それは卵子の構造そのものからくるのではない。雌は雄と同じようにある程度の自律性をもち、雌と卵子の結びつきがゆるやかになるのだ。魚類、両生類、鳥類では雌は単なる腹ではない。母親と卵の関係が緊密でなくなればなくなるほど、出産の作業がかかりきりの仕事ではなくなればなくなるほど、親と子の関係も決定的なものではなくなる。新しく生まれた生命の養育を父親が引き受ける場合もありうる。これは魚類でよく見られる。水は卵子と精子をただよわせて、それらの出会いを確実なものにする要素である。水中での受精はほとんどいつも体外で行なわれる。魚類は交尾しない。せいぜい、刺激しあうために体をすりつけあう魚類がいる程度だ。母親は卵子を排出し、父親は精液を排出する。彼らの役割は同じである。母親が父親以上に卵を自分のものだと思う理由はない。いくつかの種では、卵が両親に見捨てられ、独力で成長する。ときには、母親によって巣が準備されていたり、受精の後も母親が卵を見守ることがある。しかし、たいてい卵の世話をするのは父親である。父親は授精をするとすぐに、母親が卵を食べようとするのを遠くへ追いやり、少しでも近づくものには荒々しく立ち向かって卵を守る。隔離物質で包まれた泡を出して、保護用の巣のようなものを作る魚もいる。また、卵を口の中とか、タツノオトシゴのように腹のひだの中で孵化させるものも多い。両生類でも同じような現象が見られる。それは真の交尾ではない。雄が雌に抱きつき、その刺激で産卵をうながす。卵が排泄腔から出るにつれて雄は精液を出す。非常にしばしば――とくにサンバガエルという名がついているカエルでは――父親が自分の足に数《じゆ》珠《ず》状の卵を巻きつけて持ち運び、孵化を見とどける。鳥類では、雌の体内での卵の形成はかなり長くかけて行なわれ、卵も比較的大きく、かなり苦労して排出される。卵と母親の関係は、短時間の交尾によって受精させただけの父親との関係よりもずっと緊密であり、一般には雌が卵をかえし、雛《ひな》の世話もする。しかし、父親もしばしば巣作りや雛の保護、養育に参加する。かなり珍しいケースだが――たとえば、燕雀《えんじやく》類では――父親が雛をかえし、育てる。ハトは雌雄ともに喉《のど》の餌袋《えさぶくろ》の中に乳のようなものを分泌し、それで雛を養う。父親が養育の役を果たすこれらすべてのケースで注目すべきことは、子のために献身している期間には精子形成が中断されることである。生命の維持に専念しているとき、雄はもはや新しい生命を生みだす衝動をもたないのだ。

生命が最も複雑な形態をとり、最も具体的に個体化されるのは哺乳《ほにゆう》類においてである。このとき、維持と創造という生命の二つの要因の分割は最終的に雌雄の分離というかたちで現われる。母親が子と最も緊密な関係を保ち、父親が子に対してますます無関心になるのは、この動物門――ここでは脊椎動物門だけを考察する――においてである。雌の生物体全体は母性の義務に適合させられ、この義務に支配される。一方、性行為の主導権はもっぱら雄が握っている。雌は種の犠牲になっているのだ。場合によって一度または二度の繁殖期のあいだ、雌の全生活は性周期すなわち発情周期——その持続期間および継起リズムは種によって異なる——に規制される。この周期は二期に分かれる。第一期には、卵子が成熟し（その数は種によって異なる）、子宮内に卵着床用の組織が作られる。第二期には、脂肪細胞の壊死《えし》が起こり、せっかく作られた組織が白みがかった流動物になって排出される。発情期はさかりの時期に相当する。だが雌のさかりは受動的な性格をおびている。雌は受け入れる準備をして、雄を待つのである。哺乳類でも——ある種の鳥類のように——雌が雄に働きかけることもある。とはいっても、鳴き声や、自分を目立たせたり、見せびらかす動作で誘いかける程度であって、雌の方から雄に交尾を強要することはありえない。要するに、決定するのは雄なのだ。すでに見たように、雌が全面的に種の犠牲になることで、あれほど大きな特権を確保している昆虫類でさえ、ふつう受精を誘導するのは雄である。魚類では、たいてい雄がそばにつき添ったり接触したりして雌の産卵を促す。両生類では雄が産卵を刺激する働きをする。しかし、とりわけ鳥類と哺乳類においては、雄が雌に強要する。たいてい雌は雄を無頓着《むとんちゃく》に受け入れるか、あるいは抵抗することもある。たとえ雌が挑発したり合意するにしても、結局は雄が雌を捕らえる。雌は捕らえられるのである。この語はしばしば、まさにそのとおりの意味をもつ。それに適した器官を雄が備えているからか、雄の方が力が強いからか、雄は雌を捕らえて身動きできなくするのだ。交尾の動作を能動的に行なうのは雄である。昆虫類の多くや、鳥類、哺乳類では、雄が雌に性器を挿入する。そのため、雌はあたかも犯される内在性のように見える。

雄が犯すのは種ではない。なぜなら種は新しく生まれ変わることによってしか存続できず、卵子と精子が合体しなければ滅亡してしまうからである。ところが、卵を保護する役をになう雌は卵を自分の内部に閉じ込め、卵子の避難所になった雌の身体《からだ》は卵子を雄の授精行動からも守る。つまり雌の身体は突破しなければならない妨害物になる。一方、雄は雌の体内に侵入することによって、能動性を体現する。雄の支配は交尾の体位で現わされる。たいていの動物において、雄が雌の上になる。また、雄の用いる器官はたしかに物質ではあるが、生命を備えたものに見える。つまり、それは道具なのだ。一方、この行為において、雌の器官は生命のないただの容器に他ならない。雄がそこに精液を入れ、雌はそれを受け入れる。このように、雌は生殖において基本的には能動的な役割を果たしていながら、性器挿入と体内受精によってその自律性を奪われる交尾を強いられるのだ。発情期の雌が雄を求めることもあるのだから、雌は性的欲求を個的欲求として感じてはいる。ただし、雌は性行為をじかに内的な出来事として体験するのであり、世界や他者との関係として体験するのではない。しかし、哺乳類の雄と雌の根本的な違いは、雄の生命は精子を通じて自己超越し、他者になるが、その同じ瞬間に、精子が雄とは別のものになり雄の身体から離れるという点である。したがって雄は自らの個体性を超越するまさにその時に、ふたたび個体性を堅持することになる。反対に卵子は、成熟し、卵胞から出て輸卵管内に降りるとき、雌から分離し始めていたのだが、外来の配偶子に侵入されると子宮内に落ち着く。つまり、雌はまず犯され、次に疎外《そがい》†されるのである。雌は胎児が成熟期に達するまで胎内に宿している。成熟期は種によって異なり、たとえばモルモットはほとんど成体で生まれ、犬はまだ胎児同然の状態で生まれる。自分の身体から栄養をとって育つ他者を宿している雌は、妊娠期間中ずっと自分自身であると同時に自分以外のものでもある。出産後も、雌は自分の乳房から出る乳で赤ん坊を養う。だから、赤ん坊をいつ自律的なものと見なせるのか、よくわからない。受精、誕生、離乳、どの時点なのだろうか。雌が個体として分離したものに見えてくるにつれて、逆に、生命の連続性がますます絶対的なものとして、あらゆる分離を越えて確立されることは注目に値する。未受精卵にしろ受精卵にしろ、卵を排出する魚類や鳥類は、哺乳類の雌ほど子の犠牲にならない。哺乳類の雌は子が誕生すると自律性を取り戻す。雌と子のあいだに距離が生じるからだ。そして、雌の子に対する献身は分離した時から始まる。雌は自主的に、工夫して子の世話をし、他の動物から守るために戦う。攻撃的にさえなる。だが通常、雌は自分の個体性を主張しようとはせず、雄にも他の雌にも敵対しない。雌には闘争本能がほとんどない。[*1] 今日では疑わしいとされているダーウィンの説に反して、雌は立候補してくる雄をあまり選択せずに受け入れる。それは雌が個体性を備えていないということではない。まったく逆である。母性の義務を免れている期間には、雌はときに雄に匹敵しうる。雌馬は種馬と同じくらい速く走り、雌の猟犬は雄と同じくらい鼻がきき、雌猿は、テストしてみると、雄猿と同等の知能を示す。ただし、この個体性は主張されない。つまり雌は、種の要求にしたがって、個体性の主張を放棄するのだ。

雄の運命は非常に異なっている。少し前に述べたように、雄はまさに自己を超越するときに、自己を分離し、かつ自己を堅持する。この特徴は昆虫類から高等動物にいたるまで変わらない。群れをなし、集団にとけこんで生活している魚類や鯨類でさえ、発情期には群れから離れ、他の雄に対して攻撃的になる。雌においては直接的である性行為は、雄においては間接的になる。欲求とその充足とのあいだには距離があり、その距離を能動的に埋めるのだ。雄は移動し、物色し、雌に触れ、愛撫《あいぶ》し、雌を身動きできなくしてから性器を挿入する。関係機能、移動機能、捕捉機能をになう諸器官は、たいてい雄の方が発達している。雄の生命の衝動が、体内での精子の増殖だけでなく、色あざやかな羽毛、きらきらした鱗《うろこ》、角、枝角、たてがみの発生、さえずり、元気旺盛《おうせい》さとなって現われるのは注目に値する。雄が発情期にまとう「婚衣」や求愛の誇示行動に自然淘《とう》汰《た》上の目的があるとは、もう考えられていない。それらは、その時期に、わけもなく豪《ごう》奢《しゃ》に開花する雄の生命力の現われなのである。こうしたあふれるばかりの生命力、交尾

＊1　〔原注〕雌鶏《めんどり》のなかには飼育場でいちばんよい場所を奪いあい、嘴《くちばし》でつつきあって序列を作りあげるものがいる。また、雄牛がいない場合、力ずくで群れの長になる雌牛もいる。

を目指して繰り広げられる活動、そして交尾そのものにおける雌に対する支配力の居丈高な主張、これらはすべて、雄の生命が自己を超越するときに個体を個体として確立するのに役立っている。

その点で、ヘーゲルが、雌は種に包み込まれたままであるのに対し、雄には主体的要素があると見ているのは正しい。主体性と分離は直ちに対立を意味する。攻撃性は発情期の雄の特徴の一つであるが、この攻撃性は雌を獲得するための競争ということでは説明がつかない。というのも、雌の数は雄とほぼ同じなのだから。むしろ競争の方が、こうした闘争意欲によって説明づけられる。雄は生殖を行なうに先立って、種を存続させる行為を自分に固有の行為として主張し、同種の雄との闘争を通して自らの個体性を確認しようとしているかのようだ。種は雌に宿って、雌の個体としての生命の大部分を拘束する。雄は反対に種の生命力を自分の個的生命に取り込む。たしかに雄も自分の力を越えた法則に支配されており、その体内で精子形成がなされ、定期的に発情する。しかし、これらの過程が生物体全体に影響する度合いは雌の発情周期に比べるとはるかに小さい。精子形成は、厳密な意味での卵子形成と同様に、つらい仕事ではない。雌にとって手間のかかる仕事は、卵が発育して成体になる過程である。交尾は短時間の行為であり、雄の活力を減退させはしない。雄はほとんどいかなる父性本能も示さない。[*1] たいてい雄は交尾の後、雌を置き去りにする。雄が家族集団（一夫一妻制家族、ハレム、あるいは群れ）の長として雌のそばにとどまっている場合も、雄が保護者や養育者の役割を果たすのは共同体全体に対してである。雄が子に直接的に関心を示すのは稀《まれ》である。個的生命の開花に適した種においては、自主性をめざす雄の努力は――下等動物の場合は自滅の原因となるが――首尾よく成功する。雄は一般に雌よりも大きく、たくましく、敏捷《びんしょう》で、大胆である。雌よりも独立した生活をし、気ままな行動をする。勝ちほこり、いばっている。動物社会で指揮をとるのは、つねに雄なのだ。

自然界においては完全に明白なものは一つもない。雌雄という二つの型も必ずしもはっきり区別できるわけではない。ときに雌雄で異なる形態――毛色、斑点《はんてん》や模様の配置――が見られることもあるが、この雌雄二形現象は全く偶発的なものに思える。反対に、先に魚類について見たように、雌雄がはっきり識別できず、雌雄の機能がほとんど分化していないこともある。しかし全体的には、そして、とくに高等動物においては、雌雄は種の生命の異なった二面を体現している。だが雌雄の対立は従来言われているような能動性と受動性の対立ではない。卵核が能動的であるというだけでなく、胚《はい》の発生も一つの生命過程であり、機械的な展開ではないからだ。雌雄の対立を変化と持続性の対立と定義するのは単純すぎるだろう。精子はその生命力が卵の中に維持されるからこそ創造する。卵子は自己を超越することによってしか自己を維持できない。さもなければ退化し、衰退してしまう。ただし、創造と維持というともに能動的な二つの作用において、

＊1　一匹の雄と多数の雌からなる永続的な集団。

生成の綜合《そうごう》作業が同じ仕方では行なわれないのも確かである。維持するとは各瞬間の分散を拒否すること、各瞬間のほとばしりのなかに連続性を確立することであり、創造するとは時間的統一のなかに確固とした、分離した現在を出現させることである。また、雌においては、分離に逆らって生命の連続性の実現に努めているのも確かである。一方、新しい、個別的な力への分離は雄の主導によって引き起こされる。こうして雄は自己の自律性を確立することができる。雄は種のエネルギーを自分自身の生命に組み込む。反対に雌の個体性は種の利害によって抑制される。雌は外的な力に支配されているように見える。つまり疎外されているのだ。そして、だからこそ、生物体の個体性がいっそう明確になっても、雌雄の対立は緩和されない。その反対なのである。雄は自分の自由にできる力を費やすのにますます多様な手段を見出《みいだ》す。雌はますます自分の隷属《れいぞく》状態を痛切に感じ、雌自身の利害と雌に宿っている生殖力の利害との対立が激化する。牛や馬の出産はハツカネズミやウサギの出産よりはるかに苦痛で危険である。雌のうちで、最も個体化している人間の女は、また、最も弱く傷つきやすい雌であるように思われる。自分の運命を最も深刻に生き、最も根本的に雄と異なっている雌であるように思われる。

人類では、大部分の種と同様に、男女の個体の出生数はほぼ同じである（女児一〇〇に対し男児一〇四）。胎児の発達は男女とも似ている。ただし原上皮が中性にとどまっている期間は女の胎児の方が長い。その結果、女の胎児の方がホルモン環境の影響を長く受け、発生が逆転する場合も多い。両性具有者の大部分は遺伝子型では女だったものが後で男性化したらしい。雄性の生物体がすぐに男であることを引き受けるのに対し、雌性の胎児は女であることを受け入れるのをためらっているかのようである。しかし、こうした胎児の生命の初期の模索段階は未知の部分があまりにも多いので、何らかの意味づけをすることはできない。形成の完了した生殖器は男女で対をなしている。男性ホルモン、女性ホルモンはいずれも同じ化学族すなわちステロール類に属し、もっと細かくいうとコレステロールから作られる。身体に現われる第二次性徴を指令するのは、これらの性ホルモンである。だがホルモンの組成や解剖学的な特異性が人間の雌を女として規定するわけではない。

　女を男と区別するのは、機能面の発育である。女に比較すると男の発育は単純である。出生時から思春期まで、男はほぼ同じテンポで発育する。十五、六歳頃に精子形成が始まり、これは老年期まで持続的に行なわれる。精子形成の開始にともなって、〔身体を構成する〕体質（soma）に男性的特質を与えるホルモンの生成が始まる。それ以後、男は自分の個としての生命に順調に組み込まれた性生活を送る。性欲や性交における、男の種に向かっての超越は、彼の自己超越の主体的契機と一体になっている。つまり、男は自分の身体である。[*1] 女の場合ははるかに複雑である。すでに胎児期に一生分の卵母細胞がたくわえられる。卵巣《らんそう》には約五万の卵子がそれぞれ卵胞に包まれて入っている。そのうち約四〇〇の卵子が成熟に達することになる。生まれるとすぐに、女は種に占領されて、種の権利が主張される。すなわち、誕生と同時に女は第一次思春期とでも言えるものを通過し、卵母細胞が急に成長する。次いで、卵巣は約五分の一ほど縮小する。まるで子どものうちはいったん休息をとらせてやるかのようである。生物体が成長していくのに対し、生殖器系はほとんど変化せずにとどまる。卵胞のいくつかが大きくなるが、成熟には達しない。子どものうちは、女の子の発育は男の子とほとんど同じである。同年齢で男の子より身長や体重が上まわっている場合も多い。しかし思春期と同時に種がふたたび権利を主張する。卵巣分泌物《ぶんぴつぶつ》の作用を受けて、成長過程に入る卵胞の数が増加し、卵巣が充血して大きくなり、卵子のうちの一個が成熟に達して月経周期が始まる。生殖器系は最終的な大きさと形をとり、身体が女性化し、内分泌系のバランスが確立する。こうした出来事が危機というかたちをとるのは注目に値する。女の身体は抵抗もせずに種に占領されてしまうわけではない。そして、この抗争が女を衰弱させ、危険にさらすのだ。思春期までは男子と女子の死亡率はほぼ同じである。だが、十四歳から十八歳では男子一〇〇人に対し女子一二八人、十八歳から二十二歳では男子一〇〇人に対し女子一〇五人となる。鉄欠乏性貧血、結核、脊柱側彎症《せきちゅうそくわん》、骨髄炎などにかかるのは、たいていい、この時期である。人によっては思春期が異常に早く来ることがあり、四、五歳で来ることもありうる。反対に思春期が始まらないこともある。そういう場合は、発育不全で、無月経症または月経困難症に苦しむ。また、男性化の徴候が現われることもある。これは、副腎《ふくじん》で生成される分泌物が過剰になり、男性的性質をもたらすためである。

これらの異常はけっして種の横暴に対する個体の勝利を意味するものではない。種から逃れる方法はない。なぜなら種は個体の生命を隷属させると同時に養うのであるから。この二重性は卵巣機能の面に現われている。男の活力が精巣に由来しているのと同じように、女の活力は卵巣に由来している。男女いずれの場合も、去勢された個体は不妊になるだけではなく、退化し、衰退する。「成熟」しなかったり、成熟が不十分だったりすると、生物体は全身的に貧弱になり、不安定になる。生殖器系の成熟によって、はじめて生物体は成熟するのである。だが一方、生殖現象の多くは個体の個的生命に何の利益をもたらさず、むしろ危機に陥《おとしい》れることさえある。たとえば、思春期に発達する乳腺《にゅうせん》は女の身体の個体的調和には何の役割も果たしていない。生涯のいかなる時期に切除してもさしつかえないのである。多くの卵巣分泌物が目的とするのは卵子であり、卵子を成熟させること、卵子の要求に子宮を適応させることである。女の身体を全体として見

＊1　（79頁）être「である」は英語のbe動詞にあたる自動詞だが、サルトルはこれを他動詞的に用いて「を存在する」という意味をもたせることがある。この場合、身体は他動詞の直接目的語の位置にある。すなわち、意識（対自）である男にとって、身体は対象（即自）である。しかし、ボーヴォワールは八五頁の＊1〔原注〕にもあるように、メルロ＝ポンティの「私は身体である」を念頭において書いているようにも見える。その場合、身体は自動詞の属詞であり、「私は身体として存在する」という意味になる。サルトルにおいては永遠に融合しない二元的なものであった意識と身体が、メルロ＝ポンティにおいては、不可分の連続するものとして捉《とら》えられている。すなわち、実存者にとって、「身体は一つの物であると同時に世界を見る一つの視点でもある（本書五二頁参照）」のだ。

れば、それらの分泌物は調整よりはむしろ不安定の要因であり、女は自分自身よりも卵子の要求に適応させられているのだ。思春期から閉経期まで女は、自分の内部で進行し、しかも個人的には自分と関わりのない出来事に占領される。アングロ・サクソン人は月経のことを《the curse》つまり「呪《のろ》い」と呼ぶ。たしかに、月経周期にはなんら個人的な目的性はない。アリストテレスの時代には、受胎した場合に子どもの血と肉になるはずの血が毎月流出するのだと考えられていた。この古い説の正しいところは、女が休みなく妊娠の準備をしているという点である。他の哺乳類《ほにゅう》では、発情周期は繁殖期中しか出現せず、血液の流出もない。発情周期が毎月、苦痛と出血のうちにめぐってくるのは高等猿類と人間だけである。*1

およそ十四日間で、卵子を包んでいるグラーフ卵胞のうちの一個が大きくなり成熟する。一方で卵巣は、卵胞の部位から、卵胞ホルモンと呼ばれるホルモンを分泌する。十四日目に排卵が行なわれる。すなわち、成熟した卵胞の膜が破れ（軽い出血をともなう）、卵子が輸卵管に降りる。一方で膜の傷あとが変化して黄体を形成する。こうして第二期または黄体期が始まる。この時期は、プロゲステロンと呼ばれる子宮に作用するホルモン〔黄体ホルモン〕の分泌を特徴とする。子宮が変化し、子宮内膜の毛細血管が充血し、内膜には皺《しわ》や襞《ひだ》ができてレース細工のようになる。こうして子宮内に、受精卵を着床させるための揺籃《ゆりかご》が形成される。この細胞変化は不可逆的であるため、受精が起こらなかった場合でも、この卵着床用組織は吸収されない。おそらく他の哺乳類の場合には、不用の残存物はリンパ管によって排出されるのであろう。だが人間の場合は、子宮内膜のレース状の組織がくずれるときに、粘膜の剝離《はくり》が起こり、毛細血管が破れて多量の血液がにじみ出る。ついで、黄体が退化する一方で、粘膜が再生され、新たな卵胞段階が始まる。こうした複雑な過程は、細部はまだあまり明らかでないが、生物体全体に大きな影響を与える。というのも、この過程はホルモンの分泌をともない、それによって甲状腺や脳下垂体、中枢《ちゆうすう》神経系や自律神経系に作用し、その結果、すべての内臓に作用するからである。大部分の女――八五％以上――が、この期間に変調をきたす。血圧は出血の開始前に高くなり、ついで低くなる。脈拍は速くなり、たいてい体温も高くなる。発熱する場合も多い。腹部が痛くなる。便秘しがちになり、次いで下痢をする傾向も見られる。また、肝臓肥大、尿閉、蛋白《たんぱく》尿症になることも多い。鼻粘膜の充血（咽頭《いんとう》の痛み）をともなうことも多い。また、聴覚や視覚の変調を訴える場合もある。汗は分泌量が増え、月経開始時に独特の臭《にお》いをともなう。この臭いは非常にきついこともあり、月経期間中ずっと続くこともある。基礎代謝量は増加する。赤血球の数は減少する。その一方、血液はふつう組織内にたくわえられている物質、とくにカルシウム塩を運搬

＊1　〔原注〕「こうした現象の分析は、女性に起きる現象と、高等猿類、とくにアカゲザル類において観察される現象とを比較することによって、ここ数年間に進展を見ることができた。もちろん、高等猿類において調査する方がずっと容易である」とルイ・ガリアンは書いている（『セクシュアリテイ』）。

する。このカルシウム塩は卵巣に作用し、また、甲状腺に作用して肥大させ、子宮粘膜の変化をつかさどる脳下垂体に作用して活動性を高める。このように内分泌腺が不安定な状態にあるために神経面が非常に脆《もろ》くなる。中枢神経系が刺激されて、よく頭痛が起こり、また自律神経系が過敏に反応する。中枢神経系による自動制御が弱まり、そのために反射、痙攣《けいれん》群への抑制がきかなくなり、強度の情緒不安定となって現われる。普段よりも感じやすく、神経質で、怒りっぽくなり、強度の精神的トラブルをきたすこともある。女が最も痛切に自分の身体《からだ》を、疎外された不透明なモノと感じるのは、この時期である。女の身体は、自分のなかに毎月、揺籃を作っては壊す、頑固な外来の生命の犠牲になっている。毎月一人の子どもが生まれる準備をととのえては、赤いレース細工がくずれて流産する。女も、男と同じように、自分の身体である。[*1] しかし、女の身体は女自身とは別のモノなのである。

受精卵が子宮に降りて、そこで発育するとき、女はより深刻な疎外《そがい》を体験する。たしかに、妊娠は正常の現象であり、ふつうの健康・栄養状態のもとで進行する場合には、母親にとって害にならない。母親と胎児のあいだに、母親にとって好ましい、いくつかの相互作用が生じることさえある。しかし、その社会的効用性の見えすいた楽観的学説とは反対に、妊娠は重労働であり、女にとって個的な利益とはならず[*2]、逆に多大な犠牲を強いるのである。最初の数ヵ月は食欲不振と嘔吐《おうと》をともなう。これはどんな家畜の雌にも見られないことで、自分を占領している種に対する生物体の抵抗を示すものだ。体内の燐《りん》・カルシウム・鉄が欠乏し、しかも鉄の不足分は後で取り戻すのが困難である。過度の代謝活動が内分泌系を刺激する。自律神経系は興奮状態になる。血液は比重が低下し、貧血状態となり、「絶食中の人や、飢餓状態の人、繰り返し採血された人、回復期の病人の血液」[*3]に似たものとなる。健康で栄養状態のよい女でも、期待できるのは、出産後に、これらの消耗物をあまり苦労せずに回復することぐらいである。しかも、妊娠中には、重大な故障が生じたり、そこまでいかなくても危険な変調が生じることが多い。また、丈夫でなかったり、健康管理が行き届かなかったりすると、出産によって身体の変形や、老化が早まることになる。よく知られているように、とくに農村部ではこうした例が多い。出産はそれ自体が苦痛であり、危険である。身体はいつでも種と個を同時に満足させるわけではないことが、こうした危機のうちに、きわめて明白に見てとれる。子どもが死ぬこともあるし、子どもが生まれるときに母親を死なせてしまったり、出産がもとで母親が慢性病になることもある。授乳もまた、体力を消耗する仕事である。一連の要因——その主なものは、おそらくプロゲステロンというホルモンの分泌である

＊1　〔原注〕「したがって私は、少なくとも私がある既得物をもっているという限りにおいて、私の身体である。また逆に、私の身体は自然的な主体のようなもの、私の全的存在の暫定《ざんてい》的な素描のようなものである」（メルロ＝ポンティ『知覚の現象学』）。

＊2　〔原注〕私はここでは、もっぱら生理学的な見地に立っている。もちろん、心理的には母親であることは女に非常な利益をもたらすこともあるし、災難をもたらすこともある。

＊3　〔原注〕H・ヴィーニュの説（ロジェ、ビネ監修『生理学概論』第一一巻所収）を参照。

——があいまって、乳腺に母乳が分泌される。最初の母乳の分泌は苦痛であり、しばしば発熱をともなう。母親は授乳によって自分自身の活力を犠牲にし、赤ん坊に栄養を与えるのである。出産のときに劇的なかたちで現われる種と個の対立は、女の身体を不安定で脆いものにしている。よく、女は「病気を腹にしまっている」と言われるが、たしかに女は自分のなかに敵対要素、つまり女を侵食する種を抱えこんでいる。女の病気の多くは外因性の感染によるのではなく体内の変調によって生じる。たとえば子宮内膜炎は卵巣の異常な刺激に対する子宮粘膜の反応によって生じる。また、黄体が月経後も吸収されずに残存していると、卵管炎や子宮内膜炎などの誘因となる。

女は種の支配を脱するときにも、ふたたび厳しい危機を経なければならない。四十五歳から五十歳にかけて、思春期の現象と逆の閉経期の現象が起きる。卵巣機能がおとろえ、やがて消滅するが、この機能の消滅は個体の活力の減退を招く。このため、異化作用[*1]を行なう甲状腺や脳下垂体のような内分泌腺が卵巣の機能不全を補おうとするらしい。それで、閉経期の抑鬱《よくうつ》状態とならんで、のぼせ、高血圧、神経過敏といった昂進《こうしん》現象が観察される。ときどき性欲の再燃も見られる。脂肪のつく女もいるし、男性化する女もいる。多くの女は内分泌系のバランスを取り戻す。こうして女は雌であることによるさまざまな拘束から解放されるのだ。閉経後の女を精巣機能を失った男と比べることはできない。というのも、女の場合、活力はそのままなのだから。それどころか、女はもう自分の手に負えない力の犠牲者ではなく、自分自身と完全に一致するのである。年をとった女は「第三の性」である、と従来よく言われる。たしかに、彼女たちは雄でもないし、もはや雌でもない。そして、この生理的自律性は、以前にはもちあわせなかった健康、安定性、力強さとなって現われることが多いのである。

女には、厳密に性的な差異に加えて、多かれ少なかれ直接的にこの差異に由来する特性がある。女性的体質を決定するのはホルモン活動である。平均的に女は男よりも、背が低く、体重が軽く、骨格がきゃしゃで、骨盤は妊娠と出産の機能に適応して広い。結合組織[*2]に脂肪がついて、身体つきは男よりも丸みをおびている。体形、皮膚、体毛など、全体的な外見は男女ではっきり異なっている。筋力は女の方がずっと弱く、男の約三分の二である。肺活量も少ない。女の方が肺、気管、咽頭が小さいからだ。咽頭の違いにともない音声も違っている。血液の比重も女の方が低い。ヘモグロビンの含有量が少ないからである。それで、女は男ほど丈夫でなく、貧血になりやすい。女の方が、脈拍が速く、循環器も不安定である。だから女は顔が紅潮しやすいのだ。不安定さは女の身体全体の顕著な特徴である。とくに、男の場合はカルシウム代謝が安定している。女はカルシウム塩の体内量がはるかに少ないにもかかわらず、これを月経と妊娠の期間中に消

＊1　catabolique　異化作用（catabolisme）とは、生体内の物質交代において、化学的に複雑な物質（同化物質）をより単純な物質に分解する反応。一般に異化の反応過程はエネルギー放出反応である。

＊2　tissu conjonctif　身体の組織を上皮組織、結合組織、筋組織、神経組織の四つに大別した場合の一つで、繊維性結合組織のほか、軟骨組織、骨組織、造血組織などを含む。

耗する。卵巣がカルシウムに関して異化作用をするらしい。こうした不安定さのために、卵巣や、女の方が男より発達している甲状腺が変調をきたす。そして、内分泌腺の分泌不順が自律神経系に作用して、神経と筋肉のコントロールが不十分になる。このような不安定性とコントロール不足のために女は情緒過敏になる。これは、動悸《どうき》、赤面といった循環器系の変動にも直結している。また、そのために、女は涙、高笑い、神経発作といった痙攣性の症状を示しがちである。

これらの特徴の多くもまた、女が種に従属していることに由来している。これが、以上の検討の最も明瞭《めいりょう》な結論である。女は、あらゆる哺乳類の雌のうちで、最も徹底的に疎外されていて、しかも、この疎外を最も激しく拒否している雌なのである。生殖機能への生物体の隷属《れいぞく》がこれほど絶対的で、それを受け入れるのにこれほどの困難をともなう雌は他にはいない。思春期と閉経期の危機、月毎《ごと》の「呪い」、長期にわたり困難も多い妊娠、苦しく、時には危険な出産、病気、故障。これが人間の雌の特徴である。女が個としての自己を主張して自分の運命に抵抗すればするほど、ますます、その運命は重みを増すようだ。人間の雌と雄を比べると、雄の方がはるかに有利に見える。その性生活は個としての生活の妨げにはならないし、中断されることなく、危機もなく、だいたいにおいて順調に進行していく。平均して女は男と同じくらい長く生きる。しかし女の方がずっと病気になりやすく、自分の思うままにならない期間も多い。

以上のような生物学的条件はきわめて重要である。これは女の歴史において最重要の役割を演じ、女の状況の主要な要素となっている。この後の記述でも、つねに、この点を考慮する必要があるだろう。身体は、私たちが世界に対して働きかける道具であり、世界は、私たちがそれをどういうやり方で把握するかに応じてまったく異なる姿を現わすからである。だからこそ、私たちは生物学的条件をこれほど長く検討してきたのだ。この条件は女というものを理解する鍵《かぎ》の一つである。ただし、私たちは、生物学的条件が女にとって固定した運命だとする考え方には同意できない。この条件だけでは男女の上下関係を説明できない。なぜ女は〈他者〉なのかを説明できない。女は生物学的条件によってこの従属的な役割を永久に保っていくよう強いられているわけではないのだ。

＊

個人としての成功の可能性《チャンス》は二つの性において同じであるかどうか、また、種においてより重要な役割を果たしているのはどちらの性であるか。これらの質問に答えられるのは生理学だけであると、従来しばしば主張されてきた。しかし、一つ目の問題は、人間の女と他の雌とではまったく異なる問題である。なぜなら、動物の種は既定のものであり、静態的記述が可能であるからだ。たとえば、雌馬は種馬と同じくらい速く走るか否《いな》か、チンパンジーの雄は知能テストの成績が雌よりよいかどうかを決定するには、観察記録をまとめればすむ。それに対して、人間はたえず生成している。かつては、もっぱら静態的な方法で問題を設定しようとした唯物論《ゆいぶつろん》の学者もいた。彼らは心身並行説を信じこみ、雌雄の生物体の数量的比較を行なおうとした。彼らは、そうした測定値が直ちに雌雄生物体の機能的能力を明示するものと考えていた。この方法が引き起こした無意味な論争の一例を示しておこう。脳はなにか不思議な方法で思考を分泌するものと推測されていたので、女の脳の平均重量は男の脳より軽いか否かを決定することが非常に重要に思われた。女の脳は一〇〇〇～一五〇〇グラム、男の脳は一一五〇～一七〇〇グラムで、平均すると前者は一二二〇グラム、後者は一三六〇グラムとなることがわかった。しかし絶対重量では意味がない。そこで相対重量を考慮することになった。相対重量は男が一／四八・四、女が一／四四・二であることがわかる。すると女の方が有利ということになる。そんなわけがない。さらに修正しなければならない。こうした比較方法では、小さい方の個体がつねに有利になるようだ。二つの個体群を比較する際に体格差を正確に排除するためには、当の個体群が同じ種に属している場合、脳の重量を体重の〇・五六乗で割る必要がある。男と女は二つの異なる型であると見なせる。すると、次のような結果が出る。

男……体重の0.56乗＝498　1360／498＝2.73

女……体重の0.56乗＝446　1220／446＝2.74

結局、等価ということになる。しかし、この念入りな議論の興味をそいでいるのは、脳の重量と知能の発達との関係がまったく論証できていないことである。男性ホルモン、女性ホルモンを規定する化学的組成の心的解釈などは、なおさら、できるはずがない。私たちとしては、心身並行説のような考え方は断固として拒否する。こうした学説の論拠は、ずっと以前に、しかも決定的にくつがえされている。私がこの学説に言及するのは、それが哲学的、科学的に破綻《はたん》してしまっていながら、相変わらず多くの人々の脳裏にこびりついているからである。前にも述べたように、遠い過去の遺物がいまだにある人々のうちに生き残っているのだ。また、私たちは、たとえば進化の序列のような、諸価値の自然的な序列の存在を前提とする準拠体系もすべて拒否する。女の身体は男の身体より小児的であるか否か、女の身体の方が高等霊長類に類似しているか否かということを問題にしても無意味である。漠然とした自然主義がそれ以上に漠然とした倫理学や美学と混じりあっているこうした類《たぐい》の論文は、まったくのおしゃべりにすぎない。人類について雌雄の比較が可能なのは、唯一、人間という観点に立つ場合だけである。ところで、人間を定義すると、人間とは与えられた存在ではなく、みずから自分が現にあるところのものになる存在である。メルロ＝ポンティがきわめて的確に述べているように、人間とは自然の種ではなく、歴史的観念なのだ。女は固定した現実ではなく、生成である。女を男と比較する場合も女を生成として捉《とら》えなければならない。つまり、女の可能性を明確にするべきなのである。多くの議論が誤りに陥るのは、女の能力を問題にしていながら、女をその過去や現在の姿に押し込めようとするからである。たしかに、能力は発揮されてはじめて、はっきり証明されるというのは事実である。しかし、自己超越する、つまり自分を乗り越えていく存在を考察する場合には、けっして計算をしめくくってしまってはならない。

とはいえ、私が採用する観点——ハイデガー、サルトル、メルロ＝ポンティの観点——からすると、身体は物ではないとしても、一つの状況である、と言えるだろう。すなわち、身体は世界への私たちの働きかけの手がかりであり、私たちの計画の素描である。女は男より弱い。男より筋力が弱く、赤血球も少なく、肺活量も少ない。男より速く走れず、重いものも持ちあげられず、男と競いあえるスポーツはほとんどない。格闘で男に対抗することはできない。こうした弱さに加えて、前に述べたような不安定性、コントロール不足、脆さがある。これらは事実である。したがって、世界への女の手がかりは男より制限されている。種々の計画において、男より意志力、粘り強さに欠け、また、それを実行する能力も乏しい。つまり、女の個的生活は男ほど豊かではないということになる。

たしかに、これらの事実は否定できない。しかし、これらの事実はそれ自体では意味をなさない。私たちが人間という観点を受け入れて、身体を実存に基づいて定義するとき、直ちに生物学は抽象科学となる。生理学的条件（筋力の劣等性）が意味をもつとき、その意味は必ず全体的背景に左右されている。「弱さ」は、人間がみずから定めている目標、もちあわせている道具、自らに課している規範に照らしてはじめて弱さとして現われる。人間が世界を把握しようと望んでいなければ、事物への手がかりという観念そのものが意味をなさないだろう。世界の把握のために体力を最大限に使用する必要がないときには、つまり、もちあわせている範囲内の体力しか必要でないときには、体力の相違は無に等しくなる。また、慣習が暴力を禁じているところでは、筋力は支配の基盤とはなりえないだろう。弱さの概念が具体的に規定されるためには、実存的、経済的、倫理的な価値基準が必要である。人類は反自然である、と言われてきた。この表現は完全に正確とは言えない。なぜなら、人間はあらかじめ与えられている条件を否定することはできないからだ。しかし人間は、その条件をどう引き受けるかによって、そこから現実を作り上げる。自然は人間の行動によって捉えなおされる限りにおいてのみ人間にとって現実となるのだ。人間自身の自然も例外ではない。女のもつ世界への手がかりと同様に、生殖機能が女に負わせる負担も抽象的には測定できない。母性機能と個的生活の関係は、動物においては発情周期と繁殖期によって自然に定められている。この関係は女の場合には明確でない。それを決定できるのは社会のみである。社会の要求する出生数の多少に応じて、また、妊娠、出産が行なわれる衛生条件に応じて、種への女の隷属の密度はちがってくる。したがって、高等動物における個的生活は絶対的に雌より雄の方が確立されていると言えるが、人類における個的「可能性」は経済的・社会的条件に左右されるのである。

いずれにしても、雄のもつ個体的な利点が必ずしも種の内部で雄に優越性をもたらすとはかぎらない。雌は母親になることで、雄とは別種の自律性を取りもどすのだ。時には、雄が自分の優位を認めさせることもある。たとえばズッケルマンの研究した猿類の場合がそうである。しかし、たいてい、つがいの雌と雄は別々に生活する。もっとも、ライオンの雄は雌と平等に家族の世話を分担する。だがやはり、ここでも、人類の場合は他のどんな動物とも置きかえてみるわけにはいかない。人間はまず個として定義されるのではない。男と女が一対一で戦ったことはない。男女の対は本源的な共存在《ミットザイン》なのである。そして、この対そのものが、つねに、より大きな集団の固定的あるいは暫定《ざんてい》的な要素として現われている。こうした社会において、種にとって最も必要なのは、雄、雌のどちらなのか。配偶子のレベル、性交・妊娠の生物学的機能のレベルでは、雄性要素は維持するために創造し、雌性要素は創造するために維持する。この区分は社会生活においてはどうなるのか。他の生物体あるいは栄養基体に寄生している種や、自然から栄養物を豊富に苦労せずに手に入れられる種では、雄の役割は授精に限定される。子に必要な栄養物を確保するために、獲物を追跡し、捕らえ、戦わなければならない場合には、たいてい雄も子の養育に協力する。母親が授乳をやめてからも長いあいだ子が自分の必要物をまかなえない状態にとどまっている種では、こうした雄の協力は絶対に欠かせないものとなる。この場合、雄の働きがきわめて重要になる。雄が授けた生命は雄がいなければ維持されないだろう。毎年、多数の雌に授精するには単数の雄で事足りる。しかし、子が出生後も生きのびるには、子を敵から守り、子の必要とするものすべてを自然から奪いとるには、複数の雄が必要である。生産力と生殖力の均衡は、人間の歴史のさまざまな経済的要因に応じて異なるやり方で実現されてきた。こうした経済的要因は父親と子、母親と子の関係、ひいては男女の関係を条件づけている。しかし、ここからは生物学の領域外のこととなる。生物学に照らしてみるだけでは、種の存続に果たす役割に関して男と女のいずれが優越しているかを定めることはできない。

要するに、社会は種ではない。人間という種は、社会のなかで、実存として自己を実現する。人間は世界に向かって、また、未来に向かって自己を超越する。人間の習性は生物学からは推論できない。各個体はけっしてその自然にゆだねられているのではない。各個体は第二の自然すなわち習慣に従うのであり、この第二の自然には、各個体の存在論的態度の表われである欲求や不安が反映されている。主体が自己を認識し、自己を実現するのは単なる身体としてではなく、禁忌《タブー》や掟《おきて》に縛られた身体としてである。主体が自己を評価するのは特定の価値の名においてのことである。そして、ここでもやはり、価値の根拠になるのは生理学ではない。むしろ、生物学的条件の方が実存者によって付与される価値をおびるのだ。もし女が男にいだかせる尊敬や恐怖が、女に暴力をふるうことを禁じるなら、男の筋力の優越性は権力の源とはならない。もし――あるインドの部族の場合のように――若い娘がみずから夫を選ぶという慣習であれば、あるいはまた、結婚を決定するのが父親であるとすれば、男の性的攻撃性は男にいかなる主導権も、いかなる特権ももたらさないだろう。母親と子どもの緊密な関係は、子どもに与えられるさまざまな評価に応じて、母親にとって尊厳の源とも侮蔑《ぶべつ》の源ともなるだろう。前に述べたように、この母と子の関係自体が、社会的先入観に応じて認められたり、認められなかったりするだろう。

以上のように、生物学的条件は存在論的、経済的、社会的、心理的な背景全体に照らしあわせて理解しなければならない。種に対する女の隷属状態、女の個的能力の限界は、きわめて重要な事実である。女の身体は女がこの世界で占めている状況の主要な要素の一つである。しかし、身体だけでは、やはり、女を定義することはできない。身体は、行動を通じて、社会のなかで、意識によって引き受けられる限りにおいてのみ、生きた現実性をもつのである。生物学だけでは、私たちの頭を占めている問題、なぜ女は〈他者〉なのかという問題に答えを出すことはできない。歴史の流れのなかで、女における自然がどのように捉えられてきたのかを知る必要がある。また、人類が人類の雌をどのようなものにしたのかを知る必要がある。

第二章　精神分析の見解

精神生理学に精神分析がもたらした大きな進歩は、精神生活に関わることがらはどれも必ず人間的な意味をおびていると考えた点である。現実に存在するのは、科学者によって記述されたモノとしての身体ではなく、主体によって生きられる身体である。女は自分を雌と感じるかぎりにおいて雌なのである。生物学的には非常に重要だが、女の体験には関係のない条件もある。たとえば、卵子の構造は体験に反映しない。反対に、生物学的にはあまり重要でないクリトリスのような器官が、体験上は非常に重要な役割を演じる。女は自然によって定義されるのではない。自然をどのように感じ、自分のものにするかによって、女が自らを定義するのである。

こうした観点から、一つの体系が築かれた。ここではその全体を批評するのではなく、女性研究に影響した点だけを調べてみたい。精神分析なるものを詳細に検討するのは容易な企てではない。あらゆる宗教――キリスト教、マルクス主義など――と同じように、精神分析も、厳格な概念を基盤にする一方で、やっかいな融通性を見せるからである。

そこでは言葉が、ある場合は非常に狭い意味で使われ、たとえば男根《ファルス》という語は雄の性器である肉塊そのものをさすが、別の場合は無限に拡大されて、象徴的な価値をおびる。つまり、男根は男の性格と状況のすべてを表わすことになる。この学説の字句を批判すると、精神分析家は、それは内容を誤解しているからだと言う。しかし内容を認めたとなると、たちまち字句のなかに閉じ込めようとする。また、精神分析は一つの方法論だから、学説は重要ではないと精神分析家は言う。しかしその方法が成功すると、学説信奉者は信仰をますます固めることになる。それに、精神分析の真の姿は、精神分析家以外のどこに見つければいいのだろうか。ところが、彼らのなかにもキリスト教徒やマルクス主義者たちと同様に、異端者はいる。「精神分析の最悪の敵は、精神分析家である」と言い放つ精神分析家も少なくない。また、しばしば衒学《げんがく》的なまでに細かいところにこだわり綿密であるのに、多くのあいまいな点は解消されていない。サルトルとメルロ＝ポンティが指摘したように、「セクシュアリティは実存と同じ外延をもつ」という命題は非常に異なる二通りの解釈ができる。実存する者のいかなる変容《アバター》にも性的意味がある、とも、性現象にはすべて実存的意味がある、ともとれる。この二つの主張に妥協点を見つけることもできるだろう。だがたいていはどちらか一方に片寄ることになる。それに、「性的」と「性器的」とを区別したとたんに、セクシュアリティの概念はあいまいになってしまう。「フロイトのいう性的なものとは、性器体制[*1]を開始させる内在能力である」とダルビエは言う。しかし、「能力」の観念つまり可能の観念ほどあいまいなものはない。可能性の確証を与えるのは現実だけだからである。フロイトは、自分は哲学者ではないからと自分の体系を哲学的に論証することを拒否した。そうすることで形而上学《けいじじょうがく》的次元からのあらゆる攻撃をかわしたのだ、と弟子たちは言っている。だが、彼の主張はすべて形而上学的前提を背景にしている。つまり、彼の言語を使用することは、いやおうなく一つの哲学を採用することになるのだ。こうした混乱があるからこそ批評が困難なのであり、また批評がぜひとも必要となるのである。

　フロイトは女の運命にあまり関心がなかった。彼がまず男の運命を説明し、それをもとにいくつかの特徴を修正しただけで女の運命を記述したのは明らかだ。フロイト以前にも、性科学者マラニョン[*2]がこう説明していた。「リビドー〔性的欲動のもとになるエネルギー〕は、特異なエネルギーであり、男性的方向をもつ力だと言える。オルガスムスについても同様である」。マラニョンによれば、オルガスムスに達するのは「男性的な」女である。性衝動は「一方向的」であり、女は道半ばにいるにすぎないというのだ[*3]。フ

＊1　le génital　リビドー発達の最終段階。口唇《こうしん》期、肛門《こうもん》期など、前性器体制を経て、性器帯を中心にリビドーの組織化が達成される。ボーヴォワールは、この後の記述で、性器期（phase génitale）という用語も用いている。

＊2　一八八七－一九六〇、スペインの医者、作家。

＊3　〔原注〕この説がD・H・ロレンスに見られるのは興味深い。『翼ある蛇』のドン・シプリアーノは愛人がけっしてオルガスムスに達しないように気をつける。女は男の同意のもとに快楽を感じなければならず、自分かってに感じてはならないのだ〔本書四五六頁参照〕。

ロイトはそこまでは言っていない。彼は、女の性欲《セクシュアリティ》*1が男の性欲《セクシュアリティ》と同じくらい発達していることを認めている。けれども女の性欲《セクシュアリティ》をそれ自体としてはあまり検討していない。彼は書いている。「リビドーとは男性的要素で、男であろうと女であろうといつも決まった規則的な現われ方をする」。彼は女のリビドーの独自性を認めるのを拒否している。したがって、彼には女のリビドーが人間一般のリビドーの複雑に逸脱したかたちと見えたのも当然である。フロイトは次のように考えた。まず人間一般のリビドーが男女ともに同じように発達する。すなわち、子どもはみな同じように母の乳房に執着する口唇《こうしん》期を通り、次に肛門《こうもん》期を経て性器期に達する。男女の違いが出てくるのはこの最後の時期である。フロイトは、彼以前にはまったく重要性を認められていなかった一つの事実に光をあてた。それは、男の性感はペニスに極限されるということである。これに対し、女にははっきりと二つの性感の系統があるというのだ。一つは幼児期に発達するクリトリス系統、もう一つは、思春期を経て初めて成熟するヴァギナ系統である。男の子の発達は性器期に達したときに完成する。彼は、自分ひとりで快楽を追求する自体愛的態度から、対象（それは一般に女であるが）と快楽を結びつける愛他的態度に移っていく。この移行は、思春期に、ナルシシズム期をとおして行なわれる。だがペニスは、幼児期におけると同様に、特権的な性感の器官であり続ける。女もまたナルシシズムをとおして自分のリビドーを男に向けるようになる。しかしそのプロセスはもっと複雑だ。なぜならクリトリスの快感からヴァギナの快感に移行しなければならないからである。男には性器期は一つしかないのに、女には二つある。このため女のほうが性の発達を最後までとげられず、幼児期にとどまったままでいたり、神経症になる危険性が高いというのである。

　幼児は自体愛の段階ですでに、程度の差はあれ強く対象にひかれる。男の子の場合には母に執着し、父と同一化しようとする。彼はこうした思いあがりにおびえ、父が自分を罰するために去勢するのではないかと恐れる。「エディプス・コンプレックス」[*2]から「去勢コンプレックス」が生まれるのだ。その結果、父に対して攻撃心を発揮するが、同時に父の権威を内化する。こうして〈超自我〉が形成され、近親相姦《そうかん》的傾向を検閲する。近親相姦的傾向は抑圧され、コンプレックスは清算される。実のところ息子は、精神的規制というかたちで父を自分のうちに住まわせていたのだが、その父から解放される。〈超自我〉は、エディプス・コンプレックスが明確に現われ、それと徹底的に闘う

＊1　sexualité　生物学的な本能としての性欲に対して、フロイトが精神分析学で用いた用語。フロイトは性欲《セクシュアリティ》を、単に性器の働きに関係する自然的活動や快感としての性欲と区別して、人間の成長や精神生活に大きな影響力をもつものとして位置づけた。
　なお、性欲《セクシュアリティ》では意味が狭くなると思われるときや、より広く、人間が性をもつことから発するさまざまな性現象を指すと思われるときは、セクシュアリティと訳した。

＊2　エディプス王の神話をもとにフロイトが唱えた。異性の親への性的欲望と同性の親への殺したいほどの憎しみを言う。後出の陰性エディプス・コンプレックスは、その逆に、同性の親への愛と異性の親への嫉妬《しっと》と憎しみを言う。

ほど強固になる。フロイトは最初、女の子の場合もこれとまったく対をなすものとして記述したが、後に、幼児期コンプレックスの女性形態に「エレクトラ・コンプレックス」[*1]の名称を与えた。しかし彼は明らかに、エレクトラ・コンプレックスをそれ自体としてよりも、男性形態をもとに定義したのだ。もっとも、彼は男の子と女の子のあいだに非常に重要な違いを認めている。それは、女の子が最初は母に愛着するのに対し、男の子には性的に父に魅《ひ》かれる時期はまったくないということである。母への愛着は口唇期のなごりである。そのとき子どもは父と同一化している。だが五歳頃になると女の子は性器の解剖学上の違いを発見する。そして自分にペニスがないことに一種の去勢コンプレックスの反応を示し、自分が去勢されたと思い苦しむというのだ。それから男になりたい欲求をあきらめて母に同一化し、父を誘惑しようとする。去勢コンプレックスとエレクトラ・コンプレックスは補強しあい、父を愛し父に似たいと思えば思うほど、少女の満たされぬ思いは痛切になる。そしてこの無念さが、逆に、父への愛を強めることになる。少女が自分の劣等性を埋め合わせることができるのは、父のなかに芽生えさせる愛情をとおしてであるからだ。母に対しては、対抗意識や反感をいだくようになる。やがて少女のうちにも〈超自我〉が形成され、近親相姦的傾向は抑圧される。けれども、この〈超自我〉は男の子の場合に比べると弱い。最初の愛着が母へのものであったため、エレクトラ・コンプレックスはエディプス・コンプレックスほど明確ではないからだ。それに、父は自分自身がみずから禁じた愛の対象であるので、その禁止はライバルである息子に対するほどには娘に対して力をもたない。女の子の性のドラマは全体として、性器発達と同じく、男の子より複雑だということがわかる。ときには去勢コンプレックスへの反動として、自分の女らしさを拒絶し、あくまでもペニスを欲求し父と同一化しようとすることもある。こうした態度は女の子をクリトリス段階にとどまらせたり、不感症にしたり、同性愛に向かわせたりする。

以上のフロイトの説明には二つの根本的な批判が向けられるが、それはどちらも、彼の記述が男を基準にしていることからきている。フロイトは、女が自分を去勢された男だと思っていると推測している。しかし、この切除という考えには、他のものとの比較や価値づけが含まれている。今日では多くの精神分析家が、女の子はペニスがないのを残念がっているが、それを切除されたとは思っていないことを認めている。残念に思う気持ちそのものもそれほど一般的ではない。それにこれは、単に解剖学上の対比から生まれるものではない。ふつう女の子が男の身体の構造を発見するのは、ずっと後になってからのことである。また発見するにしても視覚をとおしてだけである。男の子は自分のペニスから誇りを引き出すだけの生きた経験をもっている。しかしそうした誇りは、彼の姉妹たちの屈辱と直接的な関係はない。彼女たちは外側からしか男性器官を知らないからだ。この余分な付属物、その脆《もろ》そうな肉茎に彼女たちは無関心であるか、場合に

＊1　娘の、母親への憎しみと父親への愛を言う。これに「エレクトラ・コンプレックス」の名称を与えたのはユングである。

よっては嫌悪《けんお》感《かん》しかもたない。羨望《せんぼう》をいだくとしたら、それはあらかじめ男らしさの価値を知っていたからである。フロイトは、ここでこの羨望について説明しなければならないはずなのに、それを当然のことと前提している。[*1]

もう一つの批判は、女のリビドーを独自に説明しようという発想がないために、エレクトラ・コンプレックスの概念が非常にあいまいな点である。男の子の場合でも、純粋に性器次元でのエディプス・コンプレックスの存在はあまり一般的ではない。まして父が娘の性器的刺激の原因になるとは、ごく稀《まれ》な例外はあるにしても、認めがたい。女の性感の重大問題の一つは、クリトリスの快感が孤立していることである。というのも、女の体内のさまざまな性感帯は、思春期になってからのヴァギナの性感と関連してはじめて発達するのである。十歳の少女にとって父のキスや愛撫《あいぶ》がクリトリスの快感を引き起こす「内在能力」をもっているなどとは、ほとんどの場合根も葉もない主張である。「エレクトラ・コンプレックス」に認められるのは非常に漠然とした感情的性格だけだとしたら、感情性という一大問題に取り組むことになるが、感情性は性欲《セクシュアリティ》といったん区別すると、フロイト理論では説明がつかない。いずれにしても、父を神格化するのは女性リビドーではない。母が息子のなかに芽生えさせる欲望によって、神格化されたりしないのと同じである。女の欲望が絶対的存在に向けられるという事実は女の欲望に独特な性格を与えている。しかし、女は欲望の対象を自分で形成するわけではない。押しつけられるのだ。父の絶対性は社会的次元のことである。しかしフロイトはそれを説明できなかった。いかなる権威が歴史上のある時点で、父が母より優位を占めると決めたのかを知るのは不可能だ、とフロイトはみずから認めている。この決定は、彼によれば一つの進歩を示すものだが、その原因はわかっていない。「この場合それは父の権威とは言えない。この権威が父に授けられたのは、進歩のおかげなのだから」と、彼は最後の著作に書いている。*2

アドラー*3がフロイトのもとを去ったのは、人間生活の発達を性《セクシュアリティ》欲の面だけから見ようとする学説は完全でないことがわかったからである。彼は人間の生活をふたたび全人格と結びつけようとする。フロイトにとって人間行為のすべては欲望すなわち性的快楽の追求によって引き起こされるものだが、アドラーにとっては人間はつねに何らかの目的をめざしている。彼は衝動的動機《モビル》よりも理性的動機《モチフ》、合目的性、計画を問題にする。知性を非常に重視するため、性的なものは彼にとって申しわけ程度の価値しかもたない場合が多い。彼の理論によれば、人間のドラマは三つの局面に分けられる。まず、すべての人間には力への意志があるが、それには劣等コンプレックスがともなう。次いで、この力への意志と劣等コンプレックスとの葛藤《かっとう》によって、人間はあれこれ逃げ口上を用

＊1　〔原注〕この議論はⅡ巻第一章でもっと詳しく取り上げる。
＊2　〔原注〕A・ベルマン訳『モーセとその民』〔これは『人間モーセと一神教』のことと思われる。本文中でもそのように訳した〕。
＊3　一八七〇－一九三七、オーストリアの精神分析学者。

いて、乗り越えられそうもない現実の試練を避けようとする。こうして主体は、自分と、自分が恐れている社会とのあいだに距離を設けるようになるのだ。社会的感覚の障害である神経症が生じるのはそこからである。女の場合、劣等コンプレックスは、自分の女らしさを恥じそれを否定するかたちで現われる。このコンプレックスを引き起こすのは、ペニスの不在ではなく、状況全体である。少女が男根を羨《うらや》ましく思うのは、それが少年に与えられている特権の象徴であるからだ。父親が家族で占めている位置、一般にいきわたっている男性優位、教育、こうしたものすべてによって少女は男のほうが優れていると思い込む。のちに性関係をもつようになると、女が下になる性交体位までが新たな屈辱となる。彼女は「男性的抗議」で対抗する。男のようにふるまおうとしたり、女の武器で男に挑戦してみたりする。母親になってやっと女は、ペニスの代用物を子どものうちに見出《みいだ》すことができる。だがそれは彼女が、まず自分を完全に女として認めること、したがって自らの劣等性を引き受けることを前提としている。女は男よりずっと深刻に自己分裂しているのだ。

アドラーとフロイトの理論上の相違点や和解の可能性についてここでことさら取り上げる必要はない。衝動的動機による説明も、理性的動機による説明もけっして十分ではないからである。それに、どんな衝動的動機にも何らかの理性的動機が想定されるし、また理性的動機のほうも何らかの衝動的動機をとおしてしか把握できない。そうなると、アドラー理論とフロイト理論の統合も実現可能に思われる。事実アドラーは、目的とか合目的性の概念を導入しながら、心的因果関係という考えはそのまま使っている。彼とフロイトの関係は、エネルギー論[*1]と機械論の関係のようなものである。物理学者は、衝撃というにせよ、引力というにせよ、いずれにしても決定論を認めている。そしてこの決定論こそはすべての精神分析家に共通の前提になっているものである。彼らは、人間の歴史はあらかじめ決定された要因の働きによって説明されると考えている。そこで精神分析家はみな、女に同じ運命を与えるのだ。女のドラマとは、「男性的」傾向と「女性的」傾向との葛藤ということになる。「男性的」傾向はクリトリス系統に、「女性的」傾向はヴァギナ性感に現われる。幼児期には女は父に同一化するが、やがて男に対して劣等感をいだくようになり、二者択一を迫られる。自律性を維持し男性的にふるまうか（この場合は劣等コンプレックスによる緊張を引き起こし、神経症を誘発するおそれがある）、あるいは従属的な愛のなかに幸福な自己実現を見出すかである。こちらの方が女にとっては、かつて至高の父に愛情をいだいたことがあるので、楽な選択である。恋人や夫に女が求めるのは至高の父なのであり、性愛は女にあっては支配されたい欲求をともなう。母親になることで、別種の自律性を取りもどし、報われるだろう。女のドラマには特有のダイナミズムが働いているように思われる。それはあらゆる出来事の影響をこうむりながらも、それらの出来事を貫いて展開していく。そして、女は誰も受け身

＊1　自然現象をすべてエネルギーの変化に還元しようとする学説。

でそのドラマを甘受するのだ。

精神分析家は自分たちの理論に経験的な裏付けを与えるのに有利な立場にいる。周知のとおり、プトレマイオス〔古代ギリシアの天文学者〕の天動説をかなり巧妙に複雑化することによって、惑星の位置が正確に説明できると長いあいだ主張されてきた。これと同じように、エディプス・コンプレックスに陰性エディプス・コンプレックスも加えて、あらゆる不安のなかに性的欲望を見ていくと、フロイト理論とは矛盾する事実もそこに取り込むことができるだろう。何らかの基盤から出発しなければ形態はけっしてつかめない。そしてその形態の把握の仕方をとおして、形態の背後に基盤が具体的な輪郭をもって浮かびあがるのである。したがって、個々の事例をあくまでフロイト的な見方で記述しようとするなら、その背後にフロイトの図式が見えてくるだろう。ただし、一つの学説からあいまいで恣意《しい》的ないく通りもの副次的な解釈ができたり、観察によって通例と同じだけ異例を発見するような場合には、古い枠組は捨てたほうがいい。それで今日では、精神分析家はフロイトの概念をそれぞれ自己流にゆるやかに解釈し、折衷を試みている。たとえば現代のある精神分析家は次のように書いている。「コンプレックス〔複合〕があるという以上、その語義からしていくつもの構成要素があるということだ。コンプレックスはそれら雑多な要素の集合であって、そのうちの一つの要素が他の諸要素によって表現されることをいうのではない[*1]」

しかし、諸要素の単なる集合という考えは承認できない。精神生活は寄木細工ではないからだ。精神生活は全体としてその諸要因の一つひとつのなかに含まれているのであり、その統一性を尊重しなければならない。それには雑多な事実をとおして、実存の根源にある志向性を再確認しなければならない。この根源にまでさかのぼらなければ、人間とは、方向性のない偶発的な欲動と禁止の対立する戦場のようなものになってしまう。精神分析家はみな、選択という考え方、およびそれに関わる価値の概念を一貫して拒絶する。これこそはこの学説の本質的な弱点である。欲動と禁止を実存的選択から切り離したため、フロイトはそれらの起源を説明するのに失敗した。それらをもともと与えられているものと見なしたのである。彼は価値の概念を権威の概念に置き換えようと試みた。しかし『人間モーセと一神教』では、この権威を説明する方法は何もないことを認めている。たとえば、近親相姦は父が禁じたから禁じられたのだとしているが、なぜ禁止するのかはわからないままだ。〈超自我〉は絶対的な権力から発せられる命令と禁止を内化する。一方、本能的性向も確かにそこにある。だが、なぜなのかはわからない。道徳と性欲《セクシュアリティ》を無関係なものとしたために、超自我と本能的性向というこれら二つの現実は異質のものに見える。これでは人間の統一性はバラバラにされ、個人と社会とのつながりがなくなってしまう。そこでフロイトは両者をつなぎあわせるために突飛な作り話[*2]をしなければならなかった[*3]。アドラーには、去勢コンプレックスは社会的状況のな

＊1　〔原注〕ボドゥアン『子どもの心と精神分析』。

かでしか説明できないことがよくわかっていた。彼は価値づけの問題に近づいたのだ。だが、社会によって認められている諸価値の存在論的根源まではさかのぼらなかったので、いわゆる性欲《セクシュアリティ》そのものも価値づけされていることを理解しなかった。その結果、彼は性欲《セクシュアリティ》の重要性を見誤ることになったのである。

たしかに、性欲《セクシュアリティ》は人間の生活のなかでかなり大きな役割を演じている。それは人間生活全体に深く入りこんでいると言うことができる。精巣《せいそう》や卵巣の生命が体質[*1](soma)の生命と一体化していることは、すでに生理学が私たちに明らかにしてくれた。実存者とは性をもつ一個の身体である。したがって、実存者とやはり性をもつ身体である他の実存者との関係には、性欲《セクシュアリティ》がつねに関わってくる。しかし、身体と性欲《セクシュアリティ》が実存の具体的表現であるとすれば、それらの意味を発見できるのもまた、実存を出発点にしてなのだ。このような視点を欠いているために、精神分析は解明されていないことを当たり前のことと見なしてしまう。たとえば、女の子はお尻《しり》を出してしゃがんでおしっこをするのを恥じる、という。だが、恥じるとはどういうことだろうか。同じように、男にはペニスがあるから誇りをもつのか、それとも、男の誇りがペニスに現われているのか。それを問う前に、まず、誇りとは何なのか、さらに、どうして主体の自己主張が一つの物によって具現されうるのか、を知る必要がある。性欲《セクシュアリティ》をこれ以上還元できない、一つのあらかじめ与えられた事実と見なしてはならない。実存者には「存在の探求」という本源的な要求があり、性欲《セクシュアリティ》はそうした「存在の探求」のさまざまな様相の一つにすぎない。これが『存在と無』でサルトルが明らかにしたことであり、また、ガストン・バシュラール〔二十世紀フランスの哲学者〕が〈大地〉、〈空気〉、〈水〉について書いた著作で述べていることである。すなわち、精神分析家は、人間の基本的な真実とは自分と自分自身の身体との関係、および社会における他の人間の身体との関係であると考えるが、人間が最初にいだく関心は自分をとりまく自然界をかたちづくる物質に対する関心であり、人間はそうした物質を仕事や遊び、「活発な想像力」の全経験のなかで発見しようとする。人間は、可能な限りのあらゆる方法で世界全体を理解し、それをとおして具体的に存在に到達しようとするのだ。土をこねること、穴を掘ること、これらは抱擁、性交と同じくらい本源的な活動である。だから、そうした活動に性的象徴だけを見るのはまちがっている。穴、粘り気、切れ目、硬さ、無傷なことは根源的な現実である。人間はリビドーに命じられてそれらの現実に関心をいだくのではなく、む

＊2　（109頁）〔原注〕フロイト『トーテムとタブー』を参照。

＊3　（109頁）原始遊牧民の群れの長である父親を息子たちが共謀して殺害し、父親が独占していた部族内の女たちを争って手に入れようとするが、無益で際限がないことをさとり近親相姦《そうかん》を禁じたという、外婚制の成立に先立つ「父殺し」の説を指していると思われる。

＊1　体細胞に含まれている要素。生物体を構成する細胞のうち、生殖のために特別に分化し、次代の生物個体の出発点となる生殖細胞以外のものを体細胞という。精巣《せいそう》、卵巣などの生殖器がつくる精子や卵子は生殖細胞であるが、これらの生殖器そのものは体細胞からできている（第一章「生物学的条件」六四ページ参照）。

しろ、それらの現実が人間によってどのように見出されるかその見出され方をとおして、リビドーのほうが色づけられるのだ。無傷なことが人間を魅惑するのは、それが女の処女性を象徴しているからではない。無傷なことを好ましく思う気持ちが、人間にとって処女性を貴重なものにしているのである。労働、戦争、遊び、芸術は世界における存在の仕方を規定し、それらは他のいかなる存在の仕方とも置き換えられない。そうした存在の仕方が明かす性質と性欲《セクシュアリティ》があらわにする性質とは関係しあっているのだ。個人は、こうした存在の仕方と性愛の経験の両方をとおして自分を選択する。とはいえ、存在論的観点に立つことによってのみ、この選択の統一性は回復できるのである。

こうした選択の概念を、精神分析家は、決定論と「集合的無意識」[*1]の名において断固として拒絶する。この無意識が人間に既成のイメージや普遍的な象徴性を与えるというのだ。夢、挫折《ざせつ》した行為、妄想、寓意《アレゴリー》、人間の運命などの類似性を説明するのもこの無意識である。自由について語るのは、これらの信じがたいほどの一致を説明する可能性をあきらめることになるだろう。しかし実際は、自由の観念は何らかの恒常性が存在することと両立しないわけではない。精神分析の方法が理論上の誤りにもかかわらずしばしば豊かな成果をもたらすのは、どんな個別の事例にも、誰もその一般性を否定しようとは思わない条件があらかじめ含まれているからである。状況と行為は繰り返される。決意の瞬間は、この一般性と反復のただなかに出現するのである。「身体構造、それは一宿命だ」と、フロイトは言った。この言葉にメルロ゠ポンティの言葉「身体、それは一般性だ」が呼応する。実存は個々別々の実存者を貫いて一つなのだ。つまり、実存は互いに類似した人体のうちに現われるということである。だから、存在論的なものと性的なものとのつながりには一般的傾向があるはずだ。ある一定の時代の、ある共同体の技術や社会経済構造はその成員すべてにとって同じ一つの世界として現われる。それゆえ、セクシュアリティと社会形態のあいだにも恒常的な関係があるだろう。類似の状況におかれた類似した個々人は与えられた条件のなかに同じような意味をつかむだろう。この類似は厳密な普遍性の根拠となるものではないが、それによって、個々の事例のなかに一般的な類型を見出すことはできる。

　象徴は、不可解な無意識によって作りあげられた一つの寓意《アレゴリー》として私たちの前に現われるのではない。それは、類比物《アナロゴン》つまりある意味を表わす具体的な対象物をとおして一つの意味を把握することなのである。すべての実存者を貫く実存的状況の同一性と実存者が立ち向かわなければならない事実性†の同一性によって、意味は多くの個人にとって同じ仕方で現われる。象徴性は空から落ちてきたのでも大地の底から突如出現したのでもない。それは言語とまったく同様に、共存在《ミットザイン》であると同時に分離でもある人間の現実によって作りあげられたのである。そして、このことは個々人の創意もまたこうした人間の現実に根ざしていることを説明している。したがって、実際上、精神分析的方法

＊1　l'inconscient collectif　「個人的無意識」に対して、人類に共通する、より深層の無意識。「普遍的無意識」と訳されることもある。ユングの用語。

も、学説が公認しようとしまいと、この事実を認めざるをえなくなっている。私たちはこうした見方をすることで、たとえば、ペニス*1に一般的に与えられる価値を理解できるのである。主体には疎外†の傾向があるという実存的事実から出発しなければ、これを説明することはできない。主体は自由への不安から事物のなかに自分の姿を求めようとする。これは自己逃避の一つの方法である。これは非常に基本的な傾向で、子どもは離乳後すぐに、つまり〈全体〉から切り離されるとすぐに、鏡や、両親の視線のなかに疎外《そがい》された自らの実存を捉《とら》えようとする。未開社会の人々はマナ*2やトーテム*3に自分を疎外する。文明人は個人の魂や自我、名前、所有物、作品に自分を疎外する。これこそは非本来性†の最初の誘惑である。ペニスは幼い男の子にとって、「分身の」役割を果たすにはまさに最適である。それは、男の子にとって自分自身であると同時に自分以外のものなのだ。ペニスはおもちゃであり、人形であり、自分の肉体である。両親や乳母はそれを一つの小さな人格のように扱う。こうして、ペニスは子どもにとって「たいてい、当の個人よりずっとずるく、かしこく、ぬけめのないもう一人の自分《アルテル・エゴ》*4」となることが理解できる。排尿機能と後に見られる勃起《ぼっき》は、意志的行為と自然的作用の中間にあることから、つまり、ペニスは主観的に感じる快楽の源泉ではあるが自分ではほとんどどうにもならない気まぐれなものであることから、主体はペニスを自分自身でありながら自分とは異なるものと見なす。種としての超越†はペニスにおいて具体的に把握できるかたちで現われ、ペニスは誇りの源泉となる。男根は自分とは別個のものでもあるので、男はそこからあふれ出る生命を自分の個別性に取り込むことができる。こうして、ペニスの長さ、おしっこを飛ばす能力、勃起、射精が男にとって自分の価値をはかる尺度となることが納得できる[*5]。

このように、男根が肉体をとおして超越を具現していることは明らかだ。また、子どもが父によって超越されたと、つまり父によって自分自身の超越が奪われたと感じるのも確かであり、そうなると、「去勢コンプレックス」というフロイト的な考えにふたたび出会うことになる。このようなもう一人の自分《アルテル・エゴ》をもたない少女は目に見える対象に自分を疎外することができないし、自己を回復することもない。こうして、少女は完全な客体になるように、自分を〈他者〉と見なすように仕向けられる。女の子が自分を男の子と比較するかどうかの問題は二の次である。重要なのは、意識しようとしまいと、ペニスがないことは女の子にとって性としての自分を自覚する妨げになっていることだ。

＊1　〔原注〕このテーマについてはⅡ巻第一章でさらに詳細に論じる予定である。
＊2　人や物などあらゆるものにこもり畏怖《いふ》の念を起こさせる超自然的な力。原始的な信仰のもとと考えられる。
＊3　未開社会で、部族の祖先として崇拝される動物や植物、またはそれをかたどった像。
＊4　〔原注〕アリス・バラン『子どもの内面生活』。
＊5　〔原注〕大便を比べて遊んでいた農家の子どもたちのことを教えてくれた人がいる。一番量が多く固い糞便《ふんべん》をしたものが遊びや喧嘩《けんか》で勝ったものよりいばっていられたということだ。この例では糞便がペニスと同じ役割を演じていた。ここにも同じように疎外《そがい》がある。

この事実はさまざまな結果をもたらすだろう。しかし、ここで指摘したこうした一般的傾向はそれにもかかわらず一つの運命を決定するものではない。つまり、男根は別の領域で実現されている絶対的な権力を象徴しているから、高い価値をおびるのだ。もし女にも自分を主体として主張することができるならば、彼女は男根の等価物を見つけているだろう。たとえば、子どもの将来の希望を具現する人形がペニスよりも貴重な持ち物になることもありうる。[*1]共同体がそこに自己を疎外する仮面を女たちが独占している母系制社会も存在する。このような場合には、ペニスの栄光の大部分は失われてしまう。人間の状況を全体として把握するときはじめて、身体構造上の特権が人間にとってほんとうの特権になる理由も明らかになるのだ。精神分析も歴史的背景を考慮に入れるときはじめて、そのほんとうの意味が明らかになるだろう。

　女とは雌であるというだけでは十分でないのと同じように、女自身、自分が女であることをどう自覚しているかによって女を定義することもできない。女がそうした自覚をするのは彼女もその一員である社会のなかにおいてであるからだ。精神分析は、用語そのものからして、無意識や精神生活をもっぱら内面的なものとすることによって、個人のドラマはその個人の内側で展開されるのだと示唆《しさ》している。コンプレックスとか性向といった言葉はそのことを示している。しかし、一つの人生は世界との一つの関係であり、世界をとおして自分自身を選ぶことによって、個人は自分を定めていくのである。私たちの関心事である問題に答えるためには、世界に目を向けなければならない。とくに、精神分析はなぜ女が〈他者〉であるのかを説明するのに失敗している。というのも、フロイトでさえ、ペニスの威信は父の絶対性によって説明されると認めながら、男の優位の起源についてはわからないと告白しているからである。

精神分析にはいくつもの豊かな発想が認められるので、その成果をひとまとめに否定するわけにはいかないが、その方法論には賛成できない。まず第一に、私たちは性欲《セクシュアリティ》をあらかじめ与えられた事実と見る立場はとらない。このような観点が不十分であることは、女のリビドーに関する記述の貧しさにはっきり現われている。すでに述べたように、精神分析家は女のリビドーに正面から取り組んだことがなく、ただ男のリビドーから出発して研究したにすぎない。彼らには女が男の魅力に引きつけられるときの根本的な両面性がわかっていないようだ。フロイト主義者やアドラー主義者は、女が男の性器に対して感じる不安は抑圧された欲望の裏返しだと説明する。シュテーケル[*2]は、そこに独自の反応があることをもう少しよく理解しているが、表面的な説明しかしていない。すなわち、女は処女性の喪失、ペニスの挿入、妊娠、苦痛を恐れていて、これらの恐れが女の欲望を抑制しているらしいというのである。この説明はあまりにも合理的すぎる。欲望が不安という形をとっているのだとか、恐れに打ち負かされているのだと

＊1　〔原注〕この見解についてはⅡ巻でさらに検討するつもりである。ここでは方法論として示しておくだけにする。
＊2　一八六八－一九四〇、オーストリアの精神分析医。

かいう説を認めるかわりに、女の欲望そのものである、こうした切迫しながらもおどおどした呼びかけを女にそなわった独自のものと見なすべきなのだ。女の欲望の特徴は、愛着と嫌悪《けんお》が不可分に一体となっていることである。動物の雌の多くが交尾をそのかす瞬間にそれから逃げようとするのは注目すべきことだ。ところが、雌はそれを嬌態《きょうたい》とか欺瞞《ぎまん》的だとか非難される。しかし、原初的な行為を複合的な行動と同列において説明しようとするのは不合理である。逆に、嬌態とか欺瞞とかよばれる女の態度は原初的な行為に起因しているのである。リビドーとは男を基準にして、欲動、エネルギーと定義されているのだから、「受け身のリビドー」という考えも訳がわからない。それにしても、人はアプリオリに〔ひと目見て〕一つの光が黄色でもあり青色でもありうるとは考えないだろう。直感的に緑色を見るのもやむをえない。「エネルギー」という漠然とした語でリビドーを定義するのではなく、性欲《セクシュアリティ》の意味するものと人間の他の態度——取る、つかむ、食べる、作る、耐えるなど——の意味するものとを比較してみれば、現実のもっと明確な輪郭を描くことができるだろう。というのも、性欲《セクシュアリティ》とはある対象を把握するためのさまざまな方法の一つだからである。また、性的対象を単に性行為におけるものとしてだけでなく、一般的な知覚の対象としてその諸性質を研究するべきだろう。この検討は、性愛をこれ以上還元できないものと見なしている精神分析の範囲を越えるものである。

他方、私たちはまったく異なる方法で女の運命の問題を考察してみたい。女を価値の世界のなかに位置づけ、女の行為に自由という次元を与えてみたいのだ。女も自己超越の主張とモノへの自己疎外とのあいだで選択しなければならないと私たちは考える。女は矛盾する欲動にもてあそばれるものではない。女は倫理的序列をともなうさまざまな解決法を発明するのである。精神分析は価値を権威に、選択を欲動に置き換えることによって、倫理の代用品を示す。つまり、正常という観念である。この観念はたしかに治療法においては非常に有効である。ところが、精神分析全体に不気味なほどに拡大されてしまった。概略的説明がまるで一つの法のようになってしまう。それにたしかに、機械論的な心理学には、倫理の発明という考えを受け入れることはできないだろう。せいぜいマイナスのものについては説明できても、プラスのものについてはまったく説明できない。せいぜい挫折は認めても、創造はまったく認めない。主体が全体的に見て正常と見なされる発達をとげていなければ、発達は途中で止まったとされ、この停止は欠陥、消極性と解釈され、積極的決意だとはけっして解釈されない。こういったことが偉人たちについての精神分析をとりわけひどいものにしている。精神分析によると、彼らのなかでしかじかの転移、しかじかの昇華がうまく行なわれなかったのだということになる。彼らの方がそれを拒否したのかもしれないとか、そうするには相応の理由があったのかもしれないとは考えないのだ。彼らが自由に定めた目的にそって行動したのだとは考えようともしない。個人を説明するのはつねに過去との関係においてであって、人間がみずから投企《プロジェ》†する未来との関係においてではない。要するに、精神分析家は人間の非本来的な姿しか示さない。そして、人間を非本来性のなかにとどめるかぎり、正常かどうか以外の基準をあてはめることはできないだろう。女の運命についての記述にはとりわけこうした見方が顕著である。精神分析家が理解する意味における母親または父親との「同一化」は、〔女にとって〕一つの模範への自己疎外であり、自分自身の実存の自発的な動きよりも、自分ではない別のイメージを優先することである。それは存在を演じることである。そこに示されるのは、二つの形の疎外のあいだで惑わされる女の姿である。しかし、男であることを演じることが、女にとって挫折の原因となるのは明らかである。しかし、女であることを演じるのもまたまやかしである。女であること、それは客体であること、つまり〈他者〉になることであるが、〈他者〉は主体であることを放棄してもなお主体でありつづけるからである。

女にとって本当の問題は、これらの逃避を拒否し、自らの超越を実現することだ。それゆえ、いわゆる男性的態度、女性的態度は女にとってどんな可能性を開くのかを見きわめることが重要になる。子どもが父であれ母であれ親の指示する道を進むとき、その子どもは自発的に親の意図を引き継いだのかもしれない。子どもの行動は、目的に動機づけられた選択の結果なのかもしれない。しかしアドラーにおいてさえ、〔女の子の〕権力への意志は一種の訳のわからないエネルギーにすぎないとされる。彼は超越が具体的に現われるあらゆる企てを「男性的抗議」と名づける。女の子が木に登ったとすると、アドラーによれば、それは男の子と対等になるためだということになる。彼は木登りがその女の子の気に入っているからだとは思わない。母親にとって子どもは「ペニスの等価物」などではありえないし、絵を描く、文章を書く、政治をする、といったことは単なる「良い昇華」ではない。そこには自分自身で望んだ目的があるからだ。これを否定することは人間の歴史そのものを歪曲《わいきょく》することである。私たちの記述と精神分析の記述にある類似を認める読者がいるかもしれない。それは、男の観点から――男女を問わず精神分析家が採用している観点であるが――自己疎外の行為は女性的なもの、主体が自己超越を確立する行為は男性的なものと見なすからである。女の歴史を研究した歴史学者ドナルドソンは、「男は雄の人間であり、女は雌の人間である」という定義がゆがめられ非対称的になってしまった、と指摘している。男を人間、女を雌と定義するのは精神分析家に特有である。女は人間として行動するたびに、男を真似《まね》ていると言われる。精神分析家は、幼い女の子や娘が父や母に同一化するようにそそのかされ、「男性的な」傾向と「女性的な」傾向のあいだで引き裂かれている姿を描いてみせる。一方、私たちから見ると、若い娘は、彼女に示される客体つまり〈他者〉の役割と自由への要求のあいだでためらっているのである。このように、いくつかの事実については精神分析と一致することもあるだろう。とくに女の前に差しだされる非本来的な逃避の道を考察するときには。しかしながら、私たちはけっしてそれにフロイト理論やアドラー理論と同じ意味を与えない。女は、私たちにとって、価値の世界で価値を求める人間と定義されるが、そうした世界の社会的、経済的構造を知ることは必要不可欠である。私たちは次章でそれを、世界の全体的状況をとおして、実存主義的観点から研究しようと思う。

第三章　史的唯物論《ゆいぶつろん》の見解

史的唯物論《ゆいぶつろん》の理論は、非常に重要ないくつかの真実を明らかにした。たとえば、人類は単なる動物種ではなく、歴史的現実であること。人間社会は反・自然であり、あるがままの自然に受動的に従うのではなく、人間の立場から自然を捉《とら》えなおすのだということ。この捉えなおしは内面的・主観的な作業ではなく、実践をとおして客観的に行なわれること、などである。だから、女についても単に有性の生物体と見なすわけにはいかない。生物学的条件のうち、行動において具体的な価値をおびるものだけが重要なのだ。女の自己認識は、その性別だけで決定されるのではなく、〔女が置かれている〕状況を反映しており、この状況は、社会の経済構造、すなわち、人類が到達した技術発展の段階を示す構造によって左右されている。すでに述べたように、生物学的に見て女の主要な特徴は、世界に働きかける手がかりが男に比べて限られていること、女の方がより厳しく種に隷属《れいぞく》させられていることの二点である。しかし、これらの事実は、経済的・社会的背景に応じて、まったく異なる価値をおびる。人類の歴史においては、世界に対する働きかけはけっして裸の身体によって決定されるのではない。というのも、手は、物をつかむ親指があることで、すでに単なる手にとどまってはおらず、素手の何倍もの力を与えてくれる道具に向かって自らを乗り越えるからである。先史時代のどんなに古い遺物を見ても、人間はいつも武器をたずさえている。重い棍棒《こんぼう》を振りまわしたり、野獣を追いつめたりしなければならなかった時代には、女の肉体的な弱さは明白な劣等性であった。女が完全に無能に見えるには、女の出せる力が道具を扱うのに必要な力にほんの少し足りないだけで十分なのだ。けれども逆に、男と女をへだてる筋力の差が技術によって解消されることもある。豊富であることが優越性の根拠になるのは、それが必要なものだという観点から見るときだけであって、ありすぎることが十分にあることより良いとは言えないからだ。このように、現代の多くの機械を操作するには男の能力の一部分だけで十分であり、最小限必要な力が女の能力を越えていなければ、女は仕事において男と対等になる。実際、現在では、ボタンを押すだけで巨大なエネルギーの使用をコントロールできる。母親であることによるさまざまな拘束についても、その度合いは慣習によって非常に異なっている。もし女が多くの心配事を背負わされて、誰の助けもなく子どもを養育しなければならないとしたら、それは耐えがたい重圧となる。もし女が自分の意志で自由に子どもを産むことができて、社会が妊娠中の援助をし、子どもの世話を引き受けてくれるなら、母親の負担は軽くなり、職業面でも容易に埋め合わせができる。

エンゲルスが[*1]『家族・私有財産・国家の起源』で女の歴史を描いているのも、この観点、すなわち、女の歴史は何よりも技術の歴史に左右されるという観点からである。石器時代には、土地は氏族の成員すべての共有物であったが、当時の鋤《すき》や鍬《くわ》は原始的なもので、農業の可能性は限られていた。女の体力は庭を耕すのに必要な労働にちょうど見合っていたのだ。こうして成立した原始的な分業では、すでに男と女はいわば二つの階級を構成しているが、これらの階級のあいだは平等だった。男が狩りや漁に出かけているあいだ、女は家に残っているが、家での仕事には土器の製作、織物、畑仕事などの生産労働が含まれ、それによって女も経済生活に大きな役割を果たしている。銅・錫《すず》、青銅、鉄が発見され、牛馬にひかせる犂《すき》が出現すると、農業の範囲は広がる。森林を開墾し、畑から収穫するには、集中的な労働力が必要になる。そこで男は、他の男たちを使用するようになり、彼らを奴隷にする。私有財産の出現である。奴隷と土地の主人になった男は、女も所有する。これこそが「女性の歴史的大敗北」であるというのだ。この敗北は、新しい道具の発明の結果、男女の分業に急激な変動が生じたことによって説明される。「これまで女に家庭内での権威を保証していた理由、つまり、女が家事労働だけに専念するというこの同じ理由が、いまや家庭内での男の優位を保証している。その時から女の家事労働は、男の生産労働のかたわらで見る影もなくなっていく。後者がす

＊1　一八二〇－九五、マルクスとともに科学的社会主義を創設したドイツの革命家、思想家。

べてであり、前者は取るに足りない添えものになった」。こうして、父権が母権にとってかわり、領地の相続はこれまでのように女から氏族へではなく、父から息子へと行なわれる。私有財産に基づいた家父長制家族の出現である。このような家族においては、女は抑圧される。絶対権力をもって君臨する男は、とりわけ性的な気まぐれをほしいままにする。彼は奴隷や娼婦《しょうふ》とも寝る。つまり一夫多妻である。慣習が女にも相互性〔同等の行為〕を認めるようになると、さっそく女も不貞で応酬する。結婚は必然的に姦通《かんつう》をともなうことで完成する。これは、女が縛りつけられている家内奴隷の状態に対する女の唯一の防衛策である。女が受けている社会的な抑圧は、経済的な抑圧の結果なのだ。平等は、男女が法的に平等な権利を得るときにはじめて回復される。しかし、そうした解放のためには、すべての女が公的な産業に復帰することが必要だ。「女が社会的にかなりの規模で生産に参加することができ、もはやごくわずかの家内労働しか要請されなくなったとき、はじめて女は解放される。そしてこれは、女の労働を大規模に受け入れるだけでなく、さらにそれをはっきりと要求する近代的大工業によってはじめて可能となった」とエンゲルスは記している。

以上のように女の運命と社会主義の運命は密接に結びついているが、このことはベーベルが女性について論じた大著〔『婦人論』〕のなかにも見られるとおりである。ベーベルは「女とプロレタリアは、どちらも被抑圧者である」と述べている。機械化がもたらした大変動に始まる同じ経済の発展こそが、両者をともに解放することになるだろう。

女の問題は、女の労働能力の問題に帰着する。女は、技術が女の能力に見合っていた時代には権力をもっていたが、技術を使いこなせなくなったときその権力を失った。そして現代社会において、ふたたび男との平等を回復する。まだ大多数の国でこの平等の具体的な達成が妨げられているが、それは旧弊で資本主義的な、家父長的温情主義が抵抗しているためである。この抵抗がうち破られるとき、平等は具体的に達成されるだろう。ソ連ではすでに達成されていると、ソ連の宣伝《プロパガンダ》は主張している。そして、世界中に社会主義社会が実現されれば、もはや男も女もなく、存在するのは互いに平等な労働者だけになるだろう。

エンゲルスによって試みられた理論的総合は、先に検討したものに比べれば一歩進んではいるが、やはり私たちを失望させる。というのも、最も重要な問題がすどおりされているからだ。歴史全体の回転軸は、共有財産制から私有財産制への移行である。しかし、どうしてこのような移行が可能だったのかについてはまったく示されていない。エンゲルス自身、「現在までのところ、この点については何もわかっていない」（『家族・私有財産・国家の起源』）と記しており、それについての歴史的詳細を知らないばかりか、なんの解釈も示唆《しさ》していない。同様に、私有財産が必然的に女の隷属をもたらしたというのも自明ではない。史的唯物論は、説明しなければならないことを当たり前のことと見なしている。たとえば、人間を所有物に結びつける利害関係を、それについて検討もせずに認めてしまうのだ。しかし、社会制度の根源であるこの利害そのものの根源はどこにあるのだろうか。このように、エンゲルスの説明は皮相なものにとどまっていて、そこに明らかにされた事実は偶然的なことのように見える。これらの事実をもっと深く追求するためには、史的唯物論の枠から出なければならない。史的唯物論だけでは、先に示したような問題を解明することはできない。なぜなら、こうした問題は経済的人間《ホモ・エコノミクス》という抽象観念だけに関わることではなく、人間の全体に関わることだからだ。

たとえば、個別的所有という観念そのものが意味をなすのは、それが実存者の本源的な条件に由来しているからに他ならないことは明らかである。個別的所有という観念が生じるためには、まず、主体のなかに自分を根本的な個別性として認める傾向、すなわち他から分離し自律した存在としての主張がなければならない。こうした主張は、人間がその主張を客観的に満足させるための現実的な手段をもたないかぎり、主観的、内面的なままで、事実をともなわなかったが、それは理解できる。人間は初め、適切な道具をもたないうちは、世界に対する自分の力を実感することもなかったし、自然や集団のなかに埋没し、受け身で、脅《おびや》かされていると感じ、得体のしれない力にもてあそばれていたのだ。あえて自分を意識するにしても、それは単に自分と氏族全体を同一視することでしかなかった。トーテムやマナや土地は集団的な現実なのである。

青銅の発見は、人間が苦しい生産労働の試練をとおして、創造者としての自分を発見することを可能にした。いまや人間は自然の支配者であり、もはや自然を恐れはしない。さまざまな抵抗を克服し、その成果を前にして、大胆にも自分を自律した能動性として捉え、個別性としての自己を実現する。[*1] しかし、こうした自己実現も、もし人間に最初からそうした願望がそなわっていなかったなら、けっして現実のものとはならなかっただろう。労働の教訓も、受動的な主体には刻みこまれなかった。つまり、主体は、道具を作り、大地を征服することによって、自分自身を鍛え、征服したのだ。他方、主体でありたいという主張だけでは所有を説明できない。たしかに、挑戦や闘争や決闘において、各々《おのおの》の意識が自分を主権者にまで高めようとすることはある。しかし、挑戦がポトラッチ、言い換えれば経済的な競争のかたちをとったからには、またその結果、まず氏族の長が、次いで氏族の構成員が私有財産を要求したからには、人間にはもう一つ別の本源的な傾向があるにちがいない。すでに前章で述べたように、実存者は自己を疎外《そがい》†することによってのみ、自己を把握できる。実存者は世界のなかの、自分以外のものに自分の姿を求め、それを自分のものにする。氏族がトーテムやマナや領地のなかに見出《みいだ》すのは、その疎外された実存である。個人が共同体から分離するとき、彼は自分の個別性を具現するものを求める。こうして、マナはまず氏族の長に、次いで各個人のうちに個

＊1　〔原注〕ガストン・バシュラールは『大地と意志の夢想』で、とりわけ鍛冶屋《かじや》の仕事について示唆《しさ》に富む研究をおこなっている。彼は、ハンマーと鉄床《かなとこ》を使うことによっていかに人間が自分を確立し、他と分離するかを示している。「鍛冶屋にとっての瞬間は、孤立し、同時に拡大された瞬間である。それは、一瞬のもつ激しさによって、労働者が時間を制御するのを助ける」。また、もっと後のページでは「鉄を打つ者は、自分に対立する宇宙の挑戦を受け入れる」と書いている。

別化される。それと同時に、各個人はなにがしかの土地や、仕事の道具や、収穫物を私有化しようと試みる。自分のものになったこれらの富のうちに人間が見出すのは自分自身なのだ。というのも、それらの富のうちに自分を疎外したのだから。人間が自分の生命にも匹敵するほどの根本的な重要性をそれらの富に与えるのも、こうして理解できる。このとき、人間のその所有物に対する利害は、理解可能な関係となる。とはいっても、こうしたことは単に道具だけでは説明できない。道具をもった人間の態度全体、すなわち存在論的下部構造を前提とする態度全体を把握する必要があるのだ。

　同様に、私有財産から女の抑圧という結論を引き出すこともできない。この点でもエンゲルスの見解が不十分なものであるのは明らかだ。エンゲルスは、青銅器や鉄器との関係においてのみ、女の筋力的な弱さが具体的な劣性になったということを十分に理解していた。しかし彼は、女の労働能力の限界がそれだけで具体的に不利になるのは、ある観点に立つときに限られていることには気づかなかった。人間は超越†であり野心をいだく存在であるからこそ、新たな道具を手にすると必ず新たな要求を企てるのである。実際、人間は青銅器を発明すると、もはや庭を耕すだけではあきたらず、荒地を開墾し、広大な田野を耕作したいと望んだ。もちろん、こうした意欲は青銅そのものから湧《わ》き出たわけではない。女の無能力が女に没落をもたらしたのも、男が、富を増し勢力を拡大しようとする企てをとおして女に能力がないと判断したからである。さらに、こうした企てだけではまだ、女が抑圧されたことを説明するのに十分ではない。というのも、性別による分業によって、男女が仲良く協力することもありえたからである。もし、もともと人間とその仲間との関係がもっぱら友好的な関係だったとしたら、どのようなかたちの隷属も説明がつかないだろう。隷属という現象は、自分の絶対権力を客観的に実現しようとする人間の意識の帝国主義の結果なのだ。もし人間の意識に、〈他者〉という本源的な範疇《カテゴリー》が存在しなかったら、〈他者〉を支配しようとする本源的な主張がなかったとしたら、青銅器の発見が女の抑圧をもたらすことはありえなかっただろう。エンゲルスはまた、この抑圧の特異な性格についても説明していない。彼は男女の対立を階級闘争に還元しようとした。もっとも、たいした確信があってのことではなく、この理論には根拠が不足している。性別による分業とその結果生じる抑圧が、いくつかの点で階級区分を連想させるのは事実だが、それらを混同してはならない。階級間の分裂には、生物学的な根拠はまったくない。労働において、奴隷は主人に対して自己を意識する。プロレタリアはつねに自らの条件を反抗のなかで痛感し、そうすることによって本質的なものへと復帰し、搾取者《さくしゆしや》たちを脅かしてきた。プロレタリアがめざしているのは、階級としてのプロレタリアの消滅である。

すでに述べたように、女の状況はこれとは非常に異なっている。というのも、とくに、生活や利害を共有することによって女は男と連帯しているし、男が女のうちに見出すのは共犯性であるからだ。女には革命を起こそうという願望などまったくないし、性としての自分を抹消することもできない。女はただ、女という性の特質がもたらすいくつかの結果が廃止されることを要求しているだけなのだ。もっと重大なことは、女を単に一人の労働者として考えるのは欺瞞《ぎまん》であるということだ。女の再生産〔生殖〕機能は、個人生活においても社会経済においても、女の生産能力と同じくらいに重要であり、犂を扱うよりも子どもをつくる方が役に立つ時代もある。エンゲルスはこの問題を簡単に片づけて、社会主義共同体では家族は消滅するだろうと表明するにとどめている。これではまったく抽象的な解答である。ソ連では、当面の生産需要と人口増加の要求の均衡がさまざまに変動するにつれて、家族政策をいかに頻繁にまた根本的に変更する必要に迫られたかは、周知のとおりである。だいいち、家族を廃止しても、それは必ずしも女を解放しない。というのも、スパルタやナチスの例が証明しているように、女が国家に直接結びつけられたからといって、そのために男による抑圧が弱まるわけではないからだ。自由を殺すことなく正義を求め、個性を押しつぶすことなく個人に責任を負わせるという真に社会主義的な倫理にとっても、女の条件が提起する問題はかなりの難問であるだろう。妊娠を、労働や、兵役のような義務と単純に同一視することはできない。女に子どもを産めと強要することは、市民の職業を規制することよりも、女の生活をずっと深いところで侵害する。実際、あえて義務的な性交を制度化した国家はこれまで一つも存在しなかった。女は、性行為や妊娠・出産に、単に時間と労力を投入するだけではなく、基本的な価値を投入しているのだ。合理主義的な唯物論が、セクシュアリティのもつこのドラマチックな性格をいくら無視しようとしても、無駄である。性本能を規制することはできないのだ。性本能にはもともと充足への拒否が含まれていないかどうかは確かでない、とフロイトは述べている。確かなのは、性愛には、時間に対する瞬間の、普遍性に対する個別性の反抗が含まれているので、性本能は社会的なものに組み入れられはしないということだ。性本能を一定方向に誘導したり、利用しようとすると、それを殺してしまう危険がある。というのも、無機物を思いどおりに用いるように、生きている自発性を思いどおりにすることはできないからだ。また、自由を強制できないのと同じように、自発性を強制することもできない。女に子どもを産むように直接、強要することはできない。できることは、女にとって母になることが唯一《ゆいいつ》の逃げ道であるような状況に女を閉じ込めることだ。たとえば、法律や慣習によって女に結婚を強制したり、避妊手段や中絶を禁止したり、離婚を禁じたりするのである。今日ソ連が復活させたのは、まさにこうした旧来の家父長制的な拘束である。ソ連は家父長的温情主義的な結婚理論をよみがえらせ、それによって、女にふたたび性愛の対象物になるよう要求するにいたっている。たとえば、最近のソ連の演説では女性市民に向かって、身だしなみに気をくばり、化粧をし、色っぽくふるまって、夫の気をひき欲望をかき立てるようにと呼びかけていた。

この例でもよくわかるように、女を単に生産力と見なすことはできない。女は男にとって、性のパートナーであり、生殖をになう者、性愛の対象物、男が自分自身を見出すための仲介となる一人の〈他者〉なのだ。全体主義的あるいは独裁的体制が満場一致で精神分析を禁止し、集団の献身的な一員である市民には個人的なドラマなどないと宣言してみても無駄である。性愛とは、つねに個別性によって一般性が捉《とら》え直される、そうした経験なのだ。民主主義的な社会主義では、階級は廃止されても個人がなくなることはなく、個人の運命に関する問題は重要性を保ちつづけるだろう。したがって、性的な差異もその重要性を保ちつづけるだろう。女を男に結びつけている性的関係は、男が女に対して保っている性的関係と同じものではないし、女を子どもに結びつけている絆《きずな》は、他のどんな絆にも換えがたいものである。青銅器だけが女をつくったのではないし、機械だけで女を廃止することはできないのだ。女のために、人間一般のすべての権利、すべての機会を要求することは、女に特有の状況に目をつぶらなければならないという意味ではない。そして、女の状況を知るためには、男と女を経済的な存在としてしか見ない史的唯物論の枠の外に出なければならない。

このように私たちは、同じ理由で、フロイトの性的一元論もエンゲルスの経済的一元論も認めない。精神分析家は、女の社会的な諸要求をすべて「男性的抗議」の現象と解釈するだろう。逆に、マルクス主義者にとっては、女のセクシュアリティは、女が置かれている経済的状況を多少とも複雑な回り道をして表現しているものにすぎない。けれども、「クリトリス」とか「ヴァギナ」というカテゴリーにしろ、また、「ブルジョア」とか「プロレタリア」というカテゴリーにしろ、生きている一人の具体的な女をその中に閉じ込めることはできないのだ。人類の経済史と同様、個人のドラマにおいても、その基盤には実存的下部構造が存在しており、これこそが、生命というこの個別な形態をその全体像において理解させてくれるのである。フロイト学説に価値があるのは、実存者が一つの身体であるからだ。つまり、他の身体を前にして、実存者が身体としての自分をどのように感じるか、その感じ方に人間の実存的状況が具体的に表われるからである。同じように、マルクス主義理論のなかで正しいのは、実存者のもつ存在論的要求が、実存者に与えられている物質的可能性、とくに技術によって開かれる可能性によって、具体的なかたちをとるという点である。しかし、セクシュアリティにしても技術にしても、それらを全体的な人間の現実のなかに組み込まなければ、それだけでは何も説明できない。フロイトが述べている〈超自我〉の課す禁止や、〈自我〉の欲動が偶然的なことのように見えるのはこのためである。また、家族の歴史に関するエンゲルスの説明でも、最も重要な出来事が不可解な偶然の気まぐれによって不意に起こるように思われるのだ。女を探究していくうえで、私たちは生物学、精神分析、史的唯物論のもたらした功績を否定するわけではない。ただ私たちは、身体も、性生活も、技術も、人間が自分の実存の全体的な展望のなかで把握するかぎりにおいて、人間にとって具体的な意味をおびるのだと考える。筋力、男根《ファルス》、道具の価値は、一つの価値体系においてはじめて決定されるものである。すなわち、価値は、存在に向かって超越する実存者の、根源的な投企《プロジェ》†によって支配されているのである。

第二部　歴史

I

この世界はいつも男のものだった。これまでいろいろな理由が示されたが、私たちにはどれも十分とは思えなかった。実存主義哲学の光のもとで先史学や民族誌学の資料を再検討してはじめて、男女の序列がどのように確立したのか理解できるだろう。すでに示したように、二種のカテゴリーの人間が向かい合うと、どちらも相手に自分の主権を押しつけようとする。どちらも同じようにこの要求を押しとおす力があると、そこには、敵対的なり友好的なり、いずれにしても緊張をはらんだ、相互性の関係が生じる。だが、一方が有利な場合には、有利な側が相手を打ち負かし、相手を抑圧しつづけようと努める。だから、男が女を支配しようとする意志をもったことは理解できる。しかし、どんな利点によって男はこの意志を実現できたのだろうか。

人間社会の原始形態について民族誌学者が提供する情報はひどく矛盾している。情報量が豊富なうえに系統だっていないから、なおさらそうなのだ。農耕期以前の時期における女の状況を想像するのはとりわけ難しい。今とは非常に異なる生活条件のもとで、女の筋肉組織や呼吸器官が男ほど発達していなかったかどうか、それさえわからない。厳しい労働が女にまかせられ、とくに、重い荷物を運ぶのは女だった。しかし、この事実は次のようにも解釈できる。おそらく、この役目が女に割り当てられたのは、移動するとき男はいつ襲ってくるかわからない動物や人間に対して防戦できるように両手をあけておいたからなのだと。つまり、男の役割の方が危険で、より強い体力を必要としていたことになる。とはいえ多くの場合、女は戦士たちの遠征に参加できるほど頑強で耐久力があったようだ。ヘロドトス[*1]の物語やダオメー[*2]のアマゾネス[*3]に関する伝説、その他数多くの古今の証言によれば、女も血なまぐさい戦争や仇討《かたきう》ちに参加することがあった。女たちは男と同じ勇気と残酷さを発揮した。敵の肝臓にかぶりついた女の例もあげられている。それでもやはり、当時も今と同じように男の方が体力的に有利だったのが事実のようだ。棍棒《こんぼう》と野獣の時代、つまり自然の抵抗力が最も大きく、道具が最も初歩的なものだった時代には、この体力的優越はきわめて重要だったにちがいない。いずれにしても、女たちが当時いかに頑強であったにしろ、苛酷《かこく》な外界との闘いのなかで、生殖上のさまざまな拘束は女にとって相当なハンディキャップになっていた。アマゾネスは自分の乳房を切り取ったと語られているが、これは彼女たちが、少なくとも戦士として生活していた期間は、母になるのを拒否していたことを意味する。一般の女にとって、妊娠、出産、月経は労働能力を減退させ、長期間にわたる身体的な不自由を強いるものであった。敵から身を守り、自分と子どもの生活を確保するには、戦士の保護や、男の仕事となっていた狩猟や漁労からの産物を必要とした。もちろん産児調節などまったくされていなかったし、他の哺乳類《ほにゅう》の雌とは違い、自然は人間の女に不妊期間を保証してはいないので、度重なる出産で女たちの体力や時間の大部分は使いつくされてしまったにちがいない。彼女たちは自分が産んだ子どもの生命を保証することさえできなかった。これこそは重大な結果をもたらす第一の事実である。人類の出発は多難だったのだ。採集民、狩猟民、漁労民たちはやっとのことで土地からわずかな産物を手に入れていたが、それには厳しい努力を払わなければならなかった。生まれてくる子どもは共同体の資産から見て多すぎた。途方もない多産のせいで、女は資産を増やすのに積極的に協力できず、一方で新しい需要を際限なく生み出していたのだ。種の保存に必要とはいえ、女は過剰に種を保存した。再生産〔生殖〕と生産のバランスを保ったのは男である。このように、創造者である男に対して、女は生命を維持する特権さえもっていなかった。女は、精子に対する卵子の役割、男根《ファルス》に対する子宮の役割を演じていたのではない。女は、人類が自らの存在をたゆみなく継続していく努力の一部分を担《にな》っていただけである。そし

＊1　前四八四頃－前四二五、ギリシアの歴史家。「歴史の父」と呼ばれる。
＊2　アフリカ西部のベナン人民共和国の旧称。
＊3　ギリシア神話。戦闘と狩りを好んだ女人族。

て、この努力が実際に成果をあげたのは男のおかげなのだ。

とはいえ、子殺し、犠牲《いけにえ》、戦争という代価を払いながらも、生産と再生産〔生殖〕のバランスはいつもうまく保たれているのであるから、集団の存続という観点からは男も女も同じように必要なのだ。食料の豊富な時期には、子どもの保護者かつ養育者という女の役割が、男を母としての女に従属させたと仮定することさえできるだろう。動物の雌には、母になることによって完全な自律を手に入れるものもいる。なぜ人間の女は母性を栄光の台座とすることができなかったのだろうか。労働力の必要が開発すべき原材料の必要を上回って、人類が子どもの誕生を最も熱心に望んでいた時期、母性が最も畏《い》敬《けい》されていた時代でさえ、母性は女に第一位の座を獲得させることはできなかった。[*1] その理由は、人類が単なる自然の種ではないということである。人類は自らを種として維持しようとしているのではない。人類の投企《プロジェ》†は停滞ではない。人類がめざしているのは自らを超越†することなのだ。

原始遊牧民には子孫への関心がほとんどなかった。一つの地域に釘《くぎ》づけにされることもなく、何も所有せず、何か安定したものに自己を具現化することもないので、彼らは永続性についてどんな具体的な考えも抱きえなかった。死後の生を気にかけることもなく、子孫のなかに自分を認めることもなかった。死を怖れず、相続者も必要としなかった。子どもは彼らには重荷でこそあれ、宝ではなかった。その証拠に、遊牧民族のあいだでは絶えず数多くの子殺しが行なわれていた。殺されなかった新生児も、多くが不衛生のために死んでいったが、誰も気にとめなかった。そういうわけで、女は子どもを産んでも創造の誇りを知らない。自分が得体の知れない力に受動的にもてあそばれていると感じ、苦しい出産は無益なばかりかわずらわしい出来事でさえあった。後になると、もっと子どもに価値が与えられるようになる。しかしいずれにしても、出産や授乳は生産活動ではない、それは自然的な機能である。そこにはどんな投企《プロジェ》も投入されてはいない。だから女はそこに自分の実存を誇り高く主張するための動機を見出《みいだ》せない。女は自分の生物学的運命に受動的に従うだけなのだ。母性の任務と唯一《ゆいいつ》両立できるからという理由で女に割り当てられる家事は、女を反復と内在†に閉じ込める。家事は日々、同じかたちで繰り返され、代々ほとんど変化なしに続いていく。家事は何も新しいものをもたらさない。男の場合は根本的に違っている。男が共同体を支えるのは、働きバチのように単なる生命維持に必要な過程としてではなく、自分の動物としての条件を超越する行為によってである。ホモ・ファーベル〔工作する人〕は、当初から発明者である。男が果実を叩《たた》き落としたり、動物を殴り殺すために武器とした大小の棍棒からしてすでに、世界への手がかりを拡大する道具である。男は海で獲《と》った魚を家へ運ぶだけにとどまってはいない。まず、丸木舟をくりぬき、水の領域を征服しなければならない。世界の富を自分のものにするために、世界そのものを併合するのだ。こうした行動をとおして男は

＊1　〔原注〕社会学は現在ではバッハオーフェンの労作になんら信をおいていない。

自分の能力を実感する。目的を定め、それに向かって道筋を立てる。実存者として自己を実現するのだ。維持するために、男は創造する。現在を越えて、未来を拓《ひら》く。漁労や狩猟のための遠征が神聖な性格をおびているのはこのためである。遠征の成功は祭礼や凱旋式《がいせんしき》で迎えられる。男はこうして自分が人間であることを確認するのだ。今でも、ダムや超高層ビルや原子炉を建設したときに、男はこの誇りを顕示する。男は単に既存の世界を保存するよう努めたのではない。その世界の境界を打ち砕き、新しい未来の基礎を築いたのだ。

男の行動にはもう一つの次元があり、それが男に至高の地位をもたらす。つまり、多くの場合その行動には危険がともなうということである。もし血が食料にすぎなかったら、それは乳よりも高い価値をもちはしないだろう。しかし、狩猟者は屠殺者《とさつしゃ》ではない。彼は野獣との闘争で危険を冒すのだ。戦士は自分の属している遊牧部族《ホルド》や氏族《クラン》*1の威信を高めるために、自分の生命を賭《か》ける。そうすることによって、人間にとって最高の価値は生命ではないこと、生命は生命そのものよりもっと重要な目的のために役立てなければならないことを見事に証明するのだ。女に重くのしかかっている最大の不運は、女がこうした戦士たちの遠征から除外されていることである。人間が動物を凌駕《りようが》するのは、生命をもたらすからではなく、自分の生命を危険にさらすからである。人類においては、産む性ではなく、殺す性に優越性が与えられているのはそのせいである。

ここにすべての謎《なぞ》を解く鍵《かぎ》がある。生物学のレベルでは、種が自分を維持するのは、ただ単に自分を新たに創造することによってである。だがこの創造は、異なる形態をとった同じ〈生命〉の反復にすぎない。ところが人間は、〈実存〉によって〈生命〉を超越することで〈生命〉の反復を確保する。この超越によって、人間は、単なる反復にはいっさい価値を認めないという価値観をつくりだすのだ。動物にはいかなる投企《プロジェ》も宿っていないので、気まぐれで多様な雄の活動は意味をなさない。種に役立っていないとき、動物の行為は無に等しい。一方、人間の雄は種に役立つと同時に、世界の様相をつくりかえ、新しい道具を作り出し、発明し、未来を築く。男は自分を絶対者として定めることによって、女自身のなかに共犯者を見出す。というのも、女もまた実存者であり、超越は女にも宿っているからだ。女の投企《プロジェ》もまた反復ではなく、別の未来に向かっての超越である。女は自分の存在の奥底で男たちの野望を追認する。女は男たちの成功や勝利を祝う祭りに加わり、彼らと連帯する。女の不幸は、自分の目にも〈生命〉はそのままでは存在理由にならず、生命そのものよりも存在理由の方が重要だと見えるのに、生物学的には〈生命〉を反復するように運命づけられてきたことである。

ヘーゲルが主人と奴隷《どれい》の関係を定義するのに用いている弁証法のいくつかの箇所は、男と女の関係により適切に当てはまるだろう。ヘーゲルによれば、〈主人〉の特権は彼が自分の生命を危険にさらすことによって〈生命〉に対して〈精神〉を主張した結果得

＊1　共通の祖先をもつ単系の親族集団。〔「部族」よりも下位の集団〕。

られたものである。しかし実際には、敗北した奴隷もこの同じ危険を経験したのだ。一方、女はもともと、〈生命〉というものを生み出すだけで自分の生命を危険にさらすことのない実存者である。男と女のあいだには、闘争は一度もなかった。ヘーゲルの次の定義はこうした女にとくに当てはまるものなのだ。「もう一方（の意識）は依存する意識であり、この意識にとっての本質的な実在とは、動物的生命、すなわち他の実体によって与えられた存在である」。しかし、男女の関係は抑圧の関係とは区別される。なぜなら、女もまた、男によって具体的に達成される諸価値を目標とし、認めているのだから。未来を拓くのは男であるが、女もまたその未来に向かって自己を超越するのだ。事実、女は女の価値を男の価値に対立させたことなど一度もない。こうした価値区分は、男の特権を維持したがる男たちが考え出したものなのだ。彼らが女の領域——生命と内在の世界——をつくりだそうとしたのは、そこに女を閉じ込めるために他ならない。しかし、あらゆる性的特性の限定を越えて、実存者は超越の運動のなかで自分の正当化を追求する。女の従属さえもその証拠である。いま女たちが要求しているのは、男と同じ資格で実存者として認められることであって、実存を生命に、人間をその動物性に従属させることではない。

実存主義の見地は、このように、原始遊牧民の生物学的、経済的状況がどのようにして男たちの優位をもたらしたかを私たちに理解させてくれた。雌は雄以上に種の餌食《えじき》になっている。しかし人類はいつも種としての運命から逃れようと努めてきた。道具の発明により、生命を維持することは男にとって行動と投企《プロジェ》になった。一方、女は母になることで、動物と同じように自分の身体に釘づけにされてきた。女に対して男が自分を主人と定めたのは、人類が自分の存在のあり方を問題にするから、つまり、生命よりも生きる理由の方を選ぶからなのである。男の投企《プロジェ》は時間のなかで反復することではない。それは、瞬間を支配し、未来をつくりあげることなのだ。男の行動が価値観をつくりだし、実存こそを価値あるものと定めた。男の行動は生命の混沌《こんとん》とした力に打ち勝ち、〈自然〉と〈女〉を従属させたのだ。これから私たちは、どのようにしてこの状況が何世紀ものあいだ続いてきたのか、また変化してきたのかを見ていかなければならない。人類は、その内部で〈他者〉として定義された人類それ自身の女という部分に、どんな位置を与えてきたのだろうか。どんな権利がこの部分には認められたのか。男たちはこの部分をどのように定義したのだろうか。

II

以上のように、原始遊牧民の女の境遇は非常に厳しいものであることがわかった。動物の雌の場合は生殖機能が自然に制限されていて、この機能が働いているときの個体は他の労役をほとんど完全に免除される。家畜の雌だけが時として貪欲《どんよく》な飼い主のもとで、繁殖用として、また個々の能力に応じて、力尽きるまで働かされる。敵対する外界との闘いのために共同体の資産を最大限に活用することが必要とされていた時代には、おそらく人間の女の場合もそうだった。絶え間ない過度の出産という労役に、家庭内のつらい仕事が加わった。ところが、この段階では男の優位は最も目立たなかったと主張する歴史家たちもいる。むしろこう言うべきだろう。男の優位は直接的に体験されていたのであって、まだ定められても意図されてもいなかったのだ。また、男は女のハンディキャップになっているひどく不利な点をあえて補おうとはしなかったが、のちの家父長制におけるように女を抑圧しようともしなかったのだ、と。どんな制度も男女の不平等を認めていない。制度というものがないのだ。私有財産も、遺産相続も、法律もない。宗教は中性的で、性別のないトーテムが崇拝されていた。

遊牧民が土地に定住し農耕民になったときから、制度や法律が現われる。人間はもう敵対する力に対して激しく抵抗するだけにとどまってはいない。自分が世界に与える姿をとおして具体的に自己を表現し、世界や自己に思いをめぐらしはじめるのだ。この時点で、性の区別が共同体の構造に反映されるようになるが、その構造は共同体によって個別の性格をもつ。たとえば農業共同体では、しばしば女がなみなみならぬ威光をおびる。この威光は、土地労働を基盤とする文明では子どもがそれまでにない重要性をもつということからだいたいの説明がつく。一つの地域に定住するようになると、人間はそこを占有する。共有のかたちで土地所有が現われ、そのため土地所有者たちは子孫をもつことが必要になり、母性が神聖な機能となる。多くの部族は共同体制のもとで生活していたが、これは女が共同体のすべての男たちのものであるという意味ではない。乱婚が行なわれていたことがあるとは、いまではほとんど考えられていない。しかし、男も女も集団としての宗教的、社会的、経済的生活しか営んでいなかった。男女の個体性は単なる生物学的事実にとどまっていたのだ。結婚もまた、一夫一妻制、一夫多妻制、一妻多夫制など、どんな形態をとるにしても、俗事にすぎず、いかなる神秘的な絆《きずな》もつくりださない。結婚は妻にとって何ら拘束の原因とはならず、妻は依然として自分の氏族《クラン》に組み込まれている。同じ一つのトーテムのもとに集まった氏族《クラン》全体が、神秘的には同じ一つのマナをもち、物質的には同じ一つの領地の共用権をもつ。すでに述べた疎外《そがい》†の過程のとおり、氏族《クラン》はこの領地のなかに客観的かつ具体的な姿として自分を把握する。土地の永続性によって、氏族《クラン》は、そのアイデンティティが時間の散逸を貫いて存続していく統一体として実現されるのだ。このように実存主義的な考え方によってはじめて、いまでも残っているクランあるいはゲンス[*1]と呼ばれる氏族や、家族と所有地との同一視は理解できる。瞬間というものしか存在しない遊牧民の考え方にかわって、農業共同体は、過去に根を下ろし、未来をも併合するような生命を考える。トーテムの祖先が崇拝され、氏族《クラン》の成員にその名がつけられる。また、氏族《クラン》は子孫に強い関心をもつ。氏族《クラン》は、

＊1　本書でボーヴォワールは、文脈によって、クランは母系出自に基づく親族集団を、ゲンスは父系出自に基づく親族集団を指している。

子孫に受け継がれ、子孫が耕す土地をとおして存続していくことになる。共同体はその一体性について考え、現在を越えて自らが存在することを望む。子どものなかに自己を認め、子どもを自己のものと認め、子どもにおいて自己を完成し、自己を超越†するのだ。

しかし、多くの原始民族は子どもをつくるのに父親が果たしている役割を知らない。彼らは、子どもとは祖先の霊の生まれかわりで、ある種の木や岩のまわりや神聖な場所に漂っている霊が女の体内に降りてくるのだと考えている。このような侵入が可能となるには女は処女であってはならないと考える民族もあれば、鼻孔や口から侵入するのだと思っている民族もある。いずれにしても、処女膜を破るのはここでは副次的なことで、さまざまの神秘的な理由から、それが夫の特権であることは稀《まれ》だった。母親は明らかに子どもの誕生に不可欠である。母親がその胎内で種子《たね》を守り、育てる。だから、目に見える世界では、母親によって氏族《クラン》の生命が繁殖していくのである。したがって母親は最も重要な役割を演じていることになる。たいてい子どもは母親の氏族《クラン》に属し、その氏族名を名のり、その権利、なかでも氏族《クラン》が保有する土地の用益権にあずかる。共同体の財産はこうして女たちによって伝えられる。女たちは畑や収穫物を氏族《クラン》の成員に保証する、逆に言えば、氏族《クラン》の成員は母親によってそれぞれの領地に配されるのだ。それゆえ、大地は神秘的に女たちのものだと考えられ、女たちは耕作地とその収穫物に宗教的かつ法的な支配力をもつ。女と大地を結びつける絆は単なる所属関係以上に緊密なものである。母系制の特徴は女と大地をまったく同一視していることである。女と大地のうちに、本質的に生成である生命が、さまざまに変転しながら、その永続性を実現するのだ。遊牧民は出産をほとんど偶発事としか思っていなかったらしいし、土地のもつ富もまだ知らなかった。しかし、農耕民は畑の畝《うね》や母親の胎内で開花する繁殖の神秘に感嘆する。彼らは自分も家畜や収穫物と同じように生み出されたということを知っていて、自分の氏族《クラン》が他にもっと人間を生み出して、その人間たちが畑の地力を永続させ、氏族《クラン》を永続させるようにと望む。農耕民には自然全体が母のように思える。大地は女であり、女には大地と同じ謎めいた力が宿っている。[*1] 農作業が女に任されるのは一つにはこのためである。体内に祖先の霊を呼びよせることのできる女には、種まきをした畑から果実や麦穂を生み出させる力もあるからだ。どちらの場合も、創造的作業というよりは魔術的儀式である。この段階では、人間はもはや土地の産物を収穫するだけにとどまってはいないが、まだ自分の力を知らず、技術と魔術のあいだでためらっている。人間は自分が受け身で、存在と死をでたらめにふりまく〈自然〉に左右されていると感じている。たしかに、性行為や、土地活用の技術の有用性は多少とも認めている。しかし、それでも相変わらず、子どもや収穫物は超自然の賜物《たまもの》であると思っている。そして、生命の神秘な源泉に埋れている富をこの世にひきよせるのは、女の身体《からだ》から発する神秘的な力なのだ。このような信仰はいまでも、インド、オーストラリア、ポリネシアの多くの部族のあい

＊1　〔原注〕「栄えあれ、大地よ、人間の母親よ。神の抱擁のうちに実り、人間のための果実で満ちあふれよ」とアングロ・サクソンの古い呪文《じゅもん》は言っている。

だに生きている。[*1] この信仰は共同体の実際的な利害と調和しているので、よけいに重要性をおびている。母であることは女に家の中にこもりがちの生活を強いる。男が狩りをし、漁をし、戦いをするのに対し、女は家に残っている方が自然だ。しかし、原始民族では村の境界内のごく小規模な畑を耕しているだけであり、畑仕事は家事の一つになっている。石器時代の道具はたいした労力を必要としない。経済と神秘が一致して農作業を女にまかせることになる。家内工業が生まれはじめるにつれて、それも女の役割になる。女たちは敷物や掛け物を織り、土器を製造する。商品の交換をつかさどるのも女である場合が多い。商業は女たちの手中にある。したがって、女たちによって氏族《クラン》の生命が維持され繁殖するのだ。子どもや、家畜、収穫物、道具など、集団の繁栄のすべては女たちの労働と魔力にかかっている、女は集団の魂なのだ。これほどの大きな力は、男に恐怖の入りまじった尊敬の念を抱かせ、それが彼らの信仰に反映される。女のなかに外的な〈自然〉のすべてが要約されていくのだ。

すでに述べたように、人間は〈他者〉を考えなければ自分を考えられない。人間は世界を二元性のしるしのもとに捉《とら》える。その二元性ははじめは性的な性格をおびていなかった。しかし、女は、自己を同一者と見なす男とは自然的に異なっているので、〈他者〉のカテゴリーに分類される。〈他者〉が女を包含する。はじめ女は単独で〈他者〉を具現するほど重要ではなかったので、〈他者〉のなかにも区分が現われていたのだ。古い宇宙発生論では、同一の要素が同時に男と女の姿をとって具現化されることが多い。

たとえばバビロニア人のあいだでは、宇宙の混沌は男の大洋と女の海という二重の姿で現われている。女の役割が大きくなると、女は〈他者〉の領域をほとんどすべて吸収する。こうして女神たちが誕生し、女神たちをとおして豊穣《ほうじょう》の観念が崇拝されるようになる。スーサ[*2]で発見された最古の〈大女神〉像は、長い衣をまとった〈太母〉で、髪を高く結いあげているが、別の像は頭に塔の形をした冠をかぶっている。クレタ島の発掘からも同じような女神像がいくつも出ている。それらの女神像は、臀部《でんぶ》が肥大していてしゃがんだ姿勢のものもあれば、もっとほっそりして立っているものもあり、衣をまとっているものもあるが、たいていは裸で、ふくらんだ胸元で腕を組んでいる。〈太母〉は天国の女王であり、鳩《はと》がそれを象徴している。〈太母〉はまた冥府《めいふ》の女帝でもあり、そ

＊1　〔原注〕ウガンダやインドのバンタ族では、不妊症の女は菜園にとって危険なものと見なされている。ニコバル群島では、妊婦が収穫作業をすると収穫量が増えると考えられている。ボルネオでは、女たちが種子を選別し、保管する。「人々は女と種子のあいだに自然の親和力を感じているらしい。女は子を宿している種子を言いあてる。稲が芽を出す頃になると、ときおり女たちは田で夜を明かす」（ホースおよびマクドゥガル）。インドでは以前、裸の女たちが夜のあいだに畑のまわりを鋤《すき》で耕していた。南米先住民オリノコ族は種子をまいたり苗を植える世話は女にまかせていた。というのも「女には子どもをはらみ、産みだす力があるように、女たちの植える種子や球根は、男が植えるよりも豊かな果実をもたらした」（フレーザー）からである。フレーザーの著書〔『金枝篇』〕には同じような例が多数あげられている。

＊2　古代オリエント時代のエラム（ギリシア名、スシアナ）の首都。先史時代からペルシア帝国時代にいたるイラン文明の中心地。

こから這《は》い出てくる。ヘビがその象徴である。〈太母〉は、山や森、海や泉に姿を現わす。いたるところに生命を生み出し、殺しても、また生命を与える。それは〈自然〉と同様、気まぐれで、淫乱《いんらん》で、残酷で、恵み深いと同時に恐ろしい神であり、ギリシア全域、フリギア、シリア、アナトリア、西アジア全域に君臨する。バビロニアではイシュタル、セム族ではアスタルテ、ギリシアではガイア、レア、キュベレという名で呼ばれ、エジプトではイシスの姿で現われる。男の神々はこの〈太母〉に従わされている。天国や冥府の遥《はる》かなところで最高の崇拝の的とされる女は、地上でも、あらゆる神聖なものと同じようにタブーに取り囲まれ、女自身がタブーとなっている。女がそなえもつ能力のせいで、女は魔術師や呪術師《じゅじゅつし》と見なされる。女は祈禱《きとう》に結びつけられ、古ケルト民族のドルイド尼僧《にそう》のような女祭司になることもある。場合によっては部族の統治に参与し、女だけで治めることさえある。これら遠い昔の文献は何も伝わっていない。しかし、大家父長制時代の神話や遺跡の伝承の中に、女が非常に高い地位を占めていた時代の形跡が残っている。女の立場から見ると、インドのバラモン教の時代は『リグ・ヴェーダ』の時代よりも、さらに『リグ・ヴェータ』の時代はその前の原始的な段階よりも後退している。イスラム教時代以前のベドウィン族〔アラブ系遊牧民〕の女は、『コーラン』が女に与えている地位よりも高い地位を占めていた。ニオベ[*1]やメデイアのような偉大な女性像は、母親がわが子を自分の宝だと思い誇りにしていた時代をほうふつとさせる。また、ホメロス[*2]の詩にうたわれたアンドロマケ〔トロイアの総大将ヘクトルの妻〕やヘカベ〔ヘクトルの母〉には、ギリシア古典期の女性部屋の闇《やみ》に隠された女たちにはもう見られない威厳がそなわっている。

こうした事実から、原始時代には女の真の〈天下〉があったという仮説が生まれた。バッハオーフェン[＊3]によって提出されたこの仮説はエンゲルス[＊4]によって引き継がれる。エンゲルスにとって家母長制から家父長制への移行は「女の歴史的大敗北」であると思われた。しかし実際は、この〈女〉の黄金時代は神話にすぎない。女が〈他者〉であったということは、男と女のあいだに相互的な関係は存在しなかったということである。〈大地〉、〈母〉、〈女神〉である女は、男にとって同類ではなかった。女の権能が確立されたのは、人間の領域とは別のところにおいてである。つまり女は人間の領域の外にいたのだ。社会はつねに男のものだった。政治権力はいつも男の手中にあった。「公的権威[＊5]あるいは単に社会的権威はいつも男に属している」と、レヴィ＝ストロースは未開社

＊1　ギリシア神話。夫とのあいだに多数の子を生み、それを誇っていたが、一男一女しかいない女神レトの怒りを買い、子どもを殺された。

＊2　前九世紀頃、ギリシアの叙事詩人。トロイア戦争を題材とした『イリアス』『オデュセイア』の作者。

＊3　一八一五－八七、スイスの歴史家。『母権論』の著者。人類の原始的段階において、父権制（家父長制）社会より前に母権制（家母長制）社会が存在したと主張。

＊4　本書第一部第三章「史的唯物論《ゆいぶつろん》の見解」を参照。

＊5　『親族の基本構造』では、「公的権威」ではなく、「政治的権威」となっている。

会に関する研究〔『親族の基本構造』〕の末尾で断言している。同類とか他者というのは、また同一の者でもあり、相互的な関係が成立する相手であるが、男にとってそれはいつも男の個人であった。どんなかたちをとるにしても、共同体のなかに見出《みいだ》される二元性は、男の集団どうしの対立である。そして女は、男が所有する財産、男どうしの交換の道具とされる財産の一部なのだ。誤解は、絶対的に相いれない他者性の二つの形態が混同されたことから来る。女が絶対的な〈他者〉として、つまり――女の魔力がどんなものであろうと――女が非本質的なもの[†]として考えられているかぎり、女をもう一方の主体として見るのはまったく不可能なことである[*1]。だから女は、男の集団に対して自分たちを対自[†]として立てるような別の集団をつくったことは一度もない。女たちは、男たちとのあいだに直接的で自律的な関係をもったことはない。「結婚の基盤をなす相互性の絆は男と女のあいだに結ばれるのではなく、男どうしのあいだに、女を介して結ばれるのであり、女はただその主要な誘因となっているにすぎない」とレヴィ＝ストロースは言っている[*2]。女の具体的な地位は、女の属している社会で優勢な出自形態によって左右されることはない。それが父系、母系、双系、または無差別形態（無差別出自はけっして厳密なものではない）であろうと、女はつねに男の後見のもとにおかれる。問題はただ、結婚後も父親もしくは長兄の権限のもとにとどまるか――その権限は彼女の子どもにも及ぶ――、それとも夫の権限のもとに移るかという点だけである。いずれの場合でも、「女はその家系を象徴するものでしかない……母系出自とは、女の父または兄の手が、義理の兄弟〔＝女の夫〕の村にまでのびるということなのだ」[*3]。女は権利の仲介者にすぎず、権利の保有者ではない。実際、出自制によって規定されるのは二つの男の集団どうしの関係であって、男と女の関係ではない。現実には、女の実質的な地位が出自形態にともなういずれかの型の権利と一定の結びつきをもっていることはない。

　母系制においては、女が非常に高い地位を占めることもある。しかし、部族の長が女首長や女王であるからといって、他の女たちもみな権力をもつわけでは絶対にないという点に注意しなければならない。ロシアのエカテリーナ女帝〔在位一七六二―九六〕が即位してもロシアの農婦たちの境遇はまったく変わらなかった。相変わらず汚辱のうちに生きていく女が多いのだ。さらに、女が自分の氏族《クラン》のもとにとどまって、夫には束の間《つかのま》のしかも内密の訪問しか許されないという例は、ごく稀である。たいていは、女の方が夫の家に住みに行く。男の優位を示すにはこの事実だけで十分である。「出自様式が変動していく背後で父方居住が恒常的であるのは、人間社会の特徴をなす根本的に不均衡

＊1　〔原注〕こうした区別が続いてきたことがわかるだろう。女を〈他者〉と見る時代は、女を人間として社会に組み入れるのを最も強く拒否する時代でもある。今日、女は神秘的なオーラを失ってこそ、もう一つの同類になれるのだ。反フェミニストたちはつねにこの両義性を当て込んできた。彼らは、女の他者性を絶対的で解消しえないものと定め、女が人間の共存在《ミットザイン》に立ち入るのを拒否するために、女を〈他者〉として崇《あが》めることに意図的に同意するのだ。

＊2　〔原注〕レヴィ＝ストロース『親族の基本構造』参照。

＊3　〔原注〕レヴィ＝ストロース『親族の基本構造』参照。

な男女の関係を証明している」とレヴィ＝ストロースは言っている。女は子どもを自分のそばにおいておくので、部族の土地組織とトーテム組織は合致しなくなる。後者は厳密に築かれたもので、前者は偶発的であるが、実際上は前者の方が重要である。というのも、人々が働き生活する場所の方が、宗教的所属よりも重視されるからだ。最も広く行きわたっている中間的な諸制度では、宗教的な法と、土地の領有や耕作に基づく法という二種類の法が互いに入り組んでいる。結婚は非宗教的な制度であるからといっても、社会的に重要であることに変わりないし、婚族は宗教的な意味づけはされていなくても人間的な面ではしっかり存在している。性的にかなりの自由が見られる共同体においてさえ、子どもを産む女は結婚している方がよいとされている。母親と子どもだけで自律した集団を構成しようとしてもうまくいかない。また、女の兄弟による宗教上の保護だけでは十分ではない。夫がいることが必要なのだ。夫にはふつう子どもに対する大きな責任がある。子どもは夫の氏族《クラン》に属してはいないが、養い育てるのは夫である。夫と妻、父と子のあいだには、同居し、働き、共通の利害をもち、愛し合う者どうしの絆が生じる。結婚の儀式の多様さからもわかるように、こうした宗教色のない家族とトーテム氏族《クラン》との関係は非常に複雑である。最初のうちは、夫が他の氏族《クラン》から妻を買うか、あるいは少なくとも氏族《クラン》と氏族《クラン》のあいだで贈与の交換がなされ、一方が氏族《クラン》の一員を引き渡し、他方が動物や果物、賦役《ふえき》などを提供した。しかし、夫は妻とその子どもたちの養育を引き受けるので、妻の兄弟から報酬を受け取ることもあった。宗教上の生活と経済上の生活の均衡は一定していない。男は甥《おい》よりも自分の息子の方にずっと強い愛情を抱くのがふつうだ。父としての立場を主張できるようになれば、男はそうした立場を主張する方を選ぶだろう。社会の発展につれて男が自己を意識し、自分の意志を押しとおそうとするようになると、あらゆる社会が家父長的形態へと向かう理由はここにある。

しかし、まだ男が〈生命〉や〈自然〉や〈女〉の神秘を前に茫然《ぼうぜん》としていた頃でさえ、男はけっして自分の権力を手放しはしなかったことは強調しておかなければならない。女が秘めている危険な魔力に恐れを抱き、女を本質的なものと†定めるときでも、そう定めるのは男である。そして、男はみずから同意するこの疎外のなかで、自分を本質的なものとして実現するのだ。繁殖力は女のなかに満ちているにもかかわらず、男は、肥沃《ひよく》な大地の主人であるのと同様に、女の主人でありつづける。女は〈自然〉の魔術的な豊穣を体現しているが、〈自然〉と同じように、女もまた服従させられ、所有され、利用される運命にある。男の目に女がおびているように見える威光も、女はそれを男から授かるのだ。男たちは〈他者〉の前にひざまずき、〈母なる女神〉を崇拝する。しかし、その女神にどんなに権力があるように見えても、それは男の意識が形成する概念をとおして捉えられるものである。男たちが作りだした偶像はどれも、どんなに恐ろしい姿に作られていようと、実際は男に従属している。だから男はそれらの偶像を破壊することもできるだろう。原始社会では、この従属はまだ認識も定立もされず、それ自体として直接的に存在している。男がもっと明確に自分を意識するようになれば、そして、自分を主張し、自分を対立させるようになれば、この従属はすぐに間接化されるだろう。実際に、男は自分を定められた、受け身の、雨や太陽の気まぐれにさらされるものとして捉えている時でさえ、同時に自分を超越として、投企《プロジェ》†として実現しているのだ。すでに彼のなかでは、精神と意志が生命の混沌《こんとん》や偶然性に対して、自らを主張している。女がさまざまな姿で体現しているトーテムの祖先は、その動物や木の名前からして、程度の差はあれ明らかに男性的要素である。女はその祖先の肉体的存在を永続させていくが、その役割は単に養育者であって、創造者ではない。どの分野においても女は創造しない。女は子どもを産み、糧《かて》を与えることによって、部族の生命を維持するが、それだけのことである。女は内在†に運命づけられたままである。女は社会の静的な、内に閉ざされた面だけを体現している。一方、男はこの社会を、自然に向かって、また人間の共同体全体に向かって開く役割を独占し続ける。男にふさわしい仕事とは、もっぱら戦争であり、狩猟であり、漁労である。男は外部の獲物を征服し、それを自分の部族に併合する。戦争、狩猟、漁労は、存在の拡張を、世界へ向かっての自己超越を表わしている。男だけが依然として超越の体現者である。男はまだ〈女—大地〉を完全に支配するための実際的な手段をもたず、まだ対抗して立ち上がる勇気がない。しかしすでに男は〈女—大地〉から身を引き離したがっている。私の考えでは、このような意志のなかにこそ、母系社会にあれほど広く見られる例の外婚制の慣習の根源的な理由を求めるべきなのだ。

男は自分が生殖において果たしている役割を知らないにしても、結婚は男にとってたいへん重要である。というのも、結婚によって大人の威厳に到達し、世界の一部を分け前として受け取るからだ。男は母親をとおして自分の氏族や祖先、そして自分自身の実質を形成しているものすべてに結びつけられている。しかし、世俗的なあらゆる自分の役割、労働、結婚などにおいて、男はこの枠から抜け出し、内在に対して超越を主張し、自分が根を下ろしていた過去とは違う未来を自分に拓《ひら》こうとするのだ。さまざまな社会に見られる帰属の型に応じて、近親婚の禁止がとる形態もさまざまだが、近親婚の禁止がもつ意味は原始時代から現代に至るまで同じである。つまり、男が所有したいと望むのは、自分がそうであるものではないものなのだ。彼は自分にとって自分とは別の〈他者〉と思われるものに結びつく。それゆえ、妻は夫のマナに参与していてはならず、妻は夫にとって外部のもの、つまり夫の氏族《クラン》の外のものでなければならないのだ。原初の結婚は、現実にであれ、象徴的にであれ、略奪に基づいていることがある。なぜなら、他人に対する暴力がいちばん明確に他人の他者性を表わすからである。妻を力ずくで獲得することによって、戦士は外部の富を自分のものにし、生まれつき定められていた運命の境界線を突破したことを証明する。さまざまな形態での——貢《みつ》ぎ物、賦役の提供などによる——花嫁の購入も、華々しさには劣るが同じ意味を表わしている[*1]。

　少しずつ男は経験を間接的に表わすようになり、男性的要素が男の実生活においても表象においても支配的になった。〈精神〉が〈生命〉に、超越が内在に、技術が魔術に、理性が迷信に打ち勝ったのだ。女の価値の低下は、人類の歴史における必然的な一段階をなしている。というのも、女が威光を得ていたのは、女のもつ積極的な価値のためではなく、男の弱さのためだったからだ。女には不気味な自然の神秘が体現されていた。だから男は自然から解放されるとき女の支配力からも逃れる。石器から青銅器への移行は、男が労働によって土地を征服し、自分自身をも征服することを可能にする。農耕者は大地や発芽、季節の偶然性に従い、受け身であり、魔除《まよ》けをし、待っている。トーテムの精霊たちが人間の世界に住みついていたのはこのためだ。農民は自分をとりまくこれらの力の気まぐれを耐え忍ぶ。これに対して職人は、自分の目的にあわせて道具を作る。職人は道具を自分の手で自分の意図したとおりの形にする。無気力な自然、抵抗はしても結局は屈する自然に対して、自分を最高の意志として確立する。鉄床《かなとこ》でせっせと打ち鍛《きた》えれば、道具の仕上がりは早まる。一方、麦の実りを早めることは何ものにもできない。職人は作るものをとおして責任を学ぶ。自分の動作が器用か不器用かで、仕上がったり壊れたりするからだ。用心深く、巧みに、完成点までもっていき、それを誇らしく思う。自分の成功は神々のはからいではなく、自分自身にかかっている。仲間に挑戦し、うまくいけば自慢に思う。そして、祭式にまだ何らかの余地を残しておくにしても、職人には正確な技術の方がずっと大切であると思われる。神秘的な価値は後退し、実利が前面に出る。彼は完全には神々から解放されていない。しかし、神々から自分を引き離すことによって、神々を自分から引き離すのだ。神々をオリンポスの空に遠ざけて、地上を自分のものとして確保する。人間が打ちおろす金槌《かなづち》の最初の響きとともに偉大な牧神パンは力を失いはじめ、人間の支配が始まる。人間は自分の力を知る。物を作る腕と作られる物との関係から、因果関係を体験する。まいた種子は芽を出すときと出さないときがあるが、金属は火の具合や、焼入れ、機械作用にいつも同じように反応するからだ。この道具の世界は明晰《めいせき》な概念のなかに閉じ込めておける。こうして、理性的思考、論理、数学が出現する。世界の様相全体がくつがえされる。

女性崇拝は、農業の時代、すなわち、抗しがたい時間の持続、偶発性、偶然、待機、神秘の時代に結びついていた。ホモ・ファーベルの時代は、人間が空間と同じく時間を

＊1　（161頁）〔原注〕すでに引用したレヴィ＝ストロースの論文〔『親族の基本構造』〕のなかに、この考えについて、少し違ったかたちでの確証が見出される。彼の研究によれば、近親相姦《そうかん》の禁制はけっして本源的な事象ではなく、近親相姦を禁止するために外婚制が生じたのではない。そうではなくて、外婚制への積極的な意志を近親相姦の禁制が消極的なかたちで反映しているのである。女が自分の氏族の男と交渉をもつことで不浄になる直接的な理由はまったくない。ただ、女が贈与の品の一部になることで、各氏族が閉鎖的にならず、他の氏族との相互関係を築くことができれば社会的に有用である。「外婚制は消極的というよりは積極的な価値をもっている。……外婚制が同族結婚を禁止しているのは……血族結婚が生物学的な危険をともなうからではなくて、族外結婚が社会的な利益をもたらすからである」。集団は、その財産の一つである女を私的に消費するべきではなく、交流の道具とするべきである。同族の女との結婚が禁止される「その唯一《ゆいいつ》の理由は、女が他者となるべき（したがって、なりうる）ときに同一者としてとどまるからだ。……奴隷《どれい》として売られた女と原始時代に贈与品にされた女は同じものだと言えるかもしれない。どちらにとっても他者性のしるしだけが必要なのであり、そのしるしは構造内における位置から生じるものであって、生まれつきの性質から生じるのではない」。

も克服できる時代であり、必然性、投企《プロジェ》、行動、理性の時代である。人間は、大地に立ち向かうときも、以後は技術者として立ち向かう。土地を肥沃にできること、土地を休耕するとよいこと、場合に応じた種まきの仕方があることを知る。作物を育てるのは人間なのだ。人間は水路を掘り、土地に水を引き、あるいは干拓し、道を作り、寺社を建てる。世界を新しく作り出すのだ。母なる女神の支配下にとどまっている民族、母系制が存続している民族は、原始文明の段階にとどまっている。女が崇拝されたのは、男が自分の恐怖心の奴隷《どれい》になり、自分の無能力の共犯者となっていたあいだに限られていたからである。男が女を崇拝していたのは、恐れからであり、愛からではないのだ。男が自己を実現するためには、まず女を王座から追放しなければならなかった。[*1]こうして男は、創造力、明晰、知性、秩序などの男性的要素を至上のものと認めることになる。母なる女神のかたわらに、息子あるいは恋人として男神が出現する。この男神はまだ女神の下位にあるが、女神にそっくりで、女神と結束している。男神もまた繁殖原理の化身である。すなわち、雄牛であり、ミノタウロス〔ギリシア神話の人身牛頭の怪物〕であり、エジプトの平野を肥沃にするナイル川である。男神は秋に死に、春に再生する。死を悼《いた》む不死身の母なる妻が全力をつくしてその遺体を探し出して、生命を蘇《よみがえ》らせるのだ。クレタ島に出現するこうした一対の男女神は、地中海沿岸のいたるところで見出される。エジプトではイシスとホルス、フェニキアではアスタルテとアドニス、小アジアではキュベレとアッティス、そして古代ギリシアではレアとゼウスである。やがて太母は失墜する。エジプトでは女の地位がなお例外的に高かったので、空の化身の女神ヌートと、ナイル川・オシリスの妻である肥沃な大地イシスは、依然としてたいへん重要な女神だった。しかし最高位の王は光と男性的精力の神、太陽神ラーである。バビロニアではイシュタルはもはや美男神マルドゥックの妻にすぎず、事物を創造し、それらの調和を保つのはこの男神である。セム族の神は男である。ゼウスが天上を支配するようになると、ガイア、レア、キュベレなどの女神は退位しなければならない。デメテル女神にはまだ大きな神性が残されているとはいえ、二流の神でしかない。『ヴェーダ』の神々にも妻がいるが、彼女たちは男神と同じようには崇拝されない。ローマのユピテル〔ローマ神界の最高神〕に比肩《ひけん》しうるものはいない[*2]。

このように家父長制の勝利は偶然でもなければ、暴力革命の結果でもなかった。人類の初めから、男たちは自分たちの生物学的特権によって自分たちだけを至上の主体として確立することができたのだ。彼らはこの特権を放棄することはなかった。その実存の一部を〈自然〉や〈女〉のなかに疎外《そがい》したが、あとからそれを取り戻した。〈他者〉の役割を演じることを強いられた女は、また、かりそめの権力しか握れないことを強いら

＊1　〔原注〕もちろん、これは必要条件であって十分条件ではない。父系制の文明でも未開段階にとどまっているものがあるし、他にも、マヤ文明のように衰弱してしまったものもある。母系制社会と父系制社会のあいだに絶対的な上下関係があるわけではないが、ただ後者だけが技術的にも思想的にも進歩した。

れたのだ。奴隷であるにしても偶像であるにしても、そうした定めを選んだのは女ではなかった。フレーザー[*1]は、「男が神をつくり、女がそれを崇拝した」と言った。男が、彼らの至高の神は女神であるか男神であるかを決めるのだ。女が社会で占める位置はいつも男が女にあてがう位置である。いつの時代にも、女は女自身の法を押しつけたことはなかった。

だがおそらく、生産労働が女の体力の範囲内にとどまっていたならば、女は男とともに自然の征服を達成していたにちがいない。人類は神々に対抗して、男も女もそれぞれ自分を主張していただろう。しかし、女は道具が約束してくれる未来を自分のものにできなかった。女の失墜についてエンゲルスは不完全な説明しかしていない。青銅や鉄の発明が生産力の均衡を根底から変えてしまったこと、それによって女の劣等性が生じたとするだけでは不十分である。この劣等性だけでは女がこうむった抑圧を説明するには不十分である。女にとって不運だったのは、働く者として男の仕事仲間になれなかったために、人間の共存在《ミットザイン》から除外されたことである。だが、これを、女は体力がなく、生産能力が劣っているからということでは説明できない。男が女を同類として認めなかったのは、女は男の仕事の仕方や考え方を共有しないとされ、いつまでも生命の神秘に服従させられていたからである。男が女を受け入れず、女が男から見て他者の次元を保っていた以上、男は女の抑圧者になるしかなかった。拡張と支配への男の意志は、女の無能力を宿命的不運に変えた。男は新しい技術によって開かれた新しい可能性を探求しつくそうとした。そこで男は奴隷労働力の援助を求めて、同類を奴隷にした。奴隷の労働は女の提供できる労働よりもずっと効率がよく、女は部族のなかで果たしていた経済上の役割を失ってしまう。そして、主人は奴隷との関係で、女に対してもっていたあいまいな権威よりはるかに徹底した支配力を確認する。女の方は、その繁殖力のために敬われ、かつ恐れられているがゆえに、男にとっての他者であり、他者というものの不気味な性格をおびているがゆえに、男に依存しながらも、ある意味で男を自分に依存させていた。主人—奴隷の関係の相互性は現実には女のために存在し、それによって女は奴隷状態を免れていたのだ。奴隷の方は、何のタブーによっても保護されていない、ただの隷属する男であり、異なっているのではなく劣っているのだ。主人との関係の弁証法的作用が現実化されるには何世紀もかかるだろう。組織化された家父長制社会では、奴隷

＊2 （165頁）〔原注〕次のような指摘は興味深い（『心理学ジャーナル』一九三四年、ブグーアン氏の論文による）。オーリニャック文化期〔後期旧石器時代の代表的文化の一つ〕には、性的特性が極端に誇張された女性の小さな彫像が数多く見られる。それらはどれも太りぎみで、外陰部が強調されているのが特徴である。さらに洞窟《どうくつ》には外陰部だけが大雑把に描かれた絵も見出される。ソリュトレ＝マドレーヌ文化期〔後期旧石器時代中葉〕になると、こういう像は姿を消す。オーリニャック文化期には男性の彫像は非常に稀《まれ》で、男性器だけが表現されている例はまったくない。マドレーヌ文化期には女性の外陰部を表わしたものがまだいくつか見つかるが数は少ない。かわりに、数多くの男根像が発見されている。

＊1 一八五四—一九四一、イギリスの人類学者、『金枝《きんし》篇《へん》』の著者。一五三頁＊1〔原注〕も参照。

は人間の顔をした家畜にすぎない。主人は奴隷に対して専制的な権威をふるい、それによって主人の自尊心は高まる。そしてその自尊心を女に向ける。男が獲得するものはすべて、女の利益に反している。男が権力をもてばもつほど、女は失墜する。とくに、男は土地を所有するようになると、女を所有することまで要求する。かつて男はマナというものや、〈大地〉というものに支配されていた。今や彼は一つの魂といくつかの土地を所有する。〈女〉というものから解放されて、男は一人の女と自分の子孫をもつことを要求する。男は自分の畑のために使っている家族労働が完全に自分のものとなることを望むが、そのためにはそれらの働き手が自分のものにならなければならない。つまり、男は妻子を自分に隷属させるのだ。男は、財産の遺贈を受けることで地上での自分の生命を引き継いでくれ、死後には魂の安息に必要な儀礼を尽くしてくれる相続人を必要とする。家の守護神の信仰は私有財産の形成と重なりあい、相続人の機能は経済的であると同時に神秘的なものである。こうして農業が本質的に魔術的な作業ではなくなり、何よりも創造的な労働となった日から、男は自分に生殖力があることを知る。男は自分の収穫物を要求すると同時に自分の子どもを要求するようになる。[*2]

原始時代に父系親族関係が母系親族関係にとってかわったことほど、重大なイデオロギー革命はない。以後、母親は乳母や召使いの地位におとしめられ、父親の主権が強められる。諸権利を保持し、それを伝えていくのは父親である。アポロンは、アイスキュロス[*3]の『エウメニデス』のなかで、こうした新しい事実をはっきり宣言している。「世間で言われるように母親が子どもをつくるのではない。母親はその胎内に注ぎ込まれた種を育てるだけだ。つくるのは父親である。女は受託者として外から種を受け取り、それが神のお気に召せば保管する」。もちろんこの断言は科学的な発見によるものではない。それは一つの信仰告白である。おそらく男は技術上の因果関係の経験から自分の創造能力に確信をもつようになり、生殖には母親に劣らず男も必要であると認識するにいたる。思考が観察を導いたのである。ところで観察からわかるのは、父親が母親と同程度の役割を与えられているということだけである。つまり、自然現象を観察すると、妊娠の条件は精子と月経の出会いであると想定されるのだ。一方、アリストテレスの表明している考え、すなわち、女は質料でしかなく、「生まれいずるすべての存在において、男性的なものである運動原理の方が優れていて、崇高である」という考えは、一切の知識を凌駕《りょうが》する権力の意志を示している。自分の子孫を自分だけのものと主張することによって、男は女性なるものの影響力から完全に解放され、女に対抗して世界の支配権を

＊1　〔原注〕本書第一部第三章参照。
＊2　〔原注〕こうして、女が畑と同一視されていたように、男根も鋤と、また逆に鋤も男根と同一視されるようになる。カッシート期〔バビロニア〕の、鋤を描いた絵には生殖行為のシンボルが描かれている。さらに、男根＝鋤の同一性はしばしば彫刻にもなっている。アジア・オーストラリア系のいくつかの言語ではイアク（Iak）という語が同時に男根と鋤を意味する。「その鋤もて大地に実りを与えし」という、神に捧《ささ》げられるアッシリア語の祈りもある。
＊3　前五二五－前四五六、ギリシアの悲劇作家。

獲得する。出産と補助的な仕事に献身するよう定められ、実生活での権威も神秘的な威光もはぎとられた女は、もはやただの召使いにしか見えない。

こうした征服を、男たちは激しい闘争の成果として描いてきた。最も古い宇宙生成論の一つであるアッシリア＝バビロニアの宇宙生成論は、七世紀にそれ以前のずっと古い伝説を採録した文書で、男の勝利をこう物語っている。大洋の男神アトゥムと海の女神ティヤマートは、天と地とその他の偉大な神々をすべて生み出した。しかし、その神々があまりに騒がしいので、滅ぼしてしまおうと決心した。そこで、母なる女ティヤマートが、自分の子どものなかで最も強く最も美しい男神マルドゥックに闘いをいどんだ。彼は彼女に立ち向かい、激しい戦闘の末に彼女を殺してしまい、その身体を二つに切り裂いて、一方の半身で天空をつくり、他の半身で地上世界の土台をつくった。ついで、宇宙を編成し、人類を創造したのだという。母権に対する家父長制の勝利を物語る『エウメニデス』の悲劇でも、オレステスが母親のクリュタイムネストラを殺す。[*1]こうした血なまぐさい勝利によって、男の力、秩序と光明の太陽の威力が、女の混沌を打ち破る。神々の裁きはオレステスの罪を許し、彼はクリュタイムネストラの息子である前にアガメムノンの息子であったと宣言する。古い母権は滅びた。それを死滅させたのは男の勇敢な反抗だというのだ。実際は、すでに見たように、父系制への移行はゆるやかな移りかわりを経て完成された。男による征服は再征服であった。というのも、男はすでに自分が手にしていたものを手中におさめたにすぎないからだ。男は権利を現実と調和させたのである。闘争も、勝利も、敗北もなかった。しかし、以上のような伝説には深い意味がある。男が自分を主体かつ自由として確立するとき、〈他者〉という概念が意識化されるようになる。その日から〈他者〉との関係はドラマとなる。〈他者〉の存在は脅威であり、危険である。古代ギリシアの哲学は、他者性とは否定と同じものであり、したがって〈悪〉であることを明らかにしている。プラトンもこの点に関しては反論していない。〈他者〉を定めることは善悪二元論を明確に示すことである。宗教や法典が女に対してあれほどの敵意を示しているのはこのためである。人類がその神話や法律を文字で編纂《へんさん》するところまで進歩したとき、家父長制は決定的に確立される。法典を作成するのは男たちだからだ。彼らが女に従属的な地位を与えるのは当然である。しかし、彼らが女を考慮するのに子どもや家畜に対するのと同じくらいの好意はもっていただろうと考えられるかもしれない。ところが、まったく違うのだ。立法者たちは、女の抑圧を企てる一方で、女を恐れてもいる。女がおびている両面的な威力のうち有害な側面がことさらにとりあげられる。女は聖なるものから不浄なものへと変わるのだ。アダムの伴《はん》侶《りょ》として与えられたイヴは人類を堕落させた。異教の神々は人間に復讐《ふくしゅう》しようとするときに、女を発明する。人類が苦しんでいるあらゆる災禍を箱から解き放ったのは、こうして創《つく》られた最初の女、パンドラ[*2]である。〈他者〉とは、能動性に対する受動性、統一

＊1　夫アガメムノンのトロイア戦争遠征中に、部下と密通し、共謀して夫を暗殺した。
＊2　ギリシア神話に登場する地上最初の女。

性を破る多様性、形相に対する質料、秩序にさからう無秩序である。このように女は〈悪〉に運命づけられている。「秩序と光と男を創った善の原理と、混沌《こんとん》と闇《やみ》と女を創った悪の原理がある」と、ピタゴラスは言う。マヌ法典[*1]は女を奴隷にしておくにふさわしい卑小な存在と定義する。『旧約聖書』の「レビ記」は女を家長が所有する家畜と同一視する。ソロン法[*2]は女に何の権利も与えない。ローマ法は女を男の後見下におき、その「愚かさ」を主張する。教会法は女を「悪魔の門」と見なす。『コーラン』は女を徹底的に軽蔑《けいべつ》して扱う。

とはいえ、〈善〉には〈悪〉が、観念には質料が、光には闇が必要である。男は自分の欲望を満たすために、また自分の存在を永続させるために、女が必要不可欠であるのを知っている。女を社会のなかに組み入れなければならない。女は男たちの打ち立てた秩序に従うかぎり、本来もっている穢《けが》れを清められるというのだ。この考えはマヌ法典にはっきり表明されている。「女は正規の結婚により、川が大洋に注ぐにも似て、夫と同じ素質を身につける。そして、死後も同じ天国に入るのを許される」。こうして『聖書』も、「有能な妻」の肖像を称賛をこめて描く。キリスト教は、肉体への嫌悪《けんお》にもかかわらず、神に身を捧《ささ》げた処女や貞節で従順な妻には敬意を払う。祭式と結びついて、妻が宗教的に重要な役割をもつことさえある。インドのバラモン僧の妻や、ローマの神官の妻は夫と同様に神聖である。夫婦のあいだで支配するのは男であるが、男性的要素と女性的要素の結合が、生殖のメカニズムや生命や社会秩序にとって必要なことには変わりないのである。

こうした〈他者〉と〈女〉の両面性は、その後の女の歴史に反映されている。現代に至るまで女は男たちの意思に服従している。しかし、その意思は矛盾している。完全に併合されてしまえば、女は物の域におとしめられる。ところが、男は自分が征服し所有するものに自分と同じ威厳を与えようとするのだ。〈他者〉は男の目にその原始的魔力をわずかながら保っている。いかにして妻を召使いかつ伴侶にするか、これは男が答えを探し続けていく問題の一つである。男の態度は何世紀ものあいだに変遷《へんせん》し、それにともなって女の運命も変遷していく。[*3]

III

私有財産の出現によって女の権威が失われると、女の境遇はその後何世紀ものあいだ

＊1　古代インドの法典。紀元前二世紀から紀元二世紀のあいだに成立し、長くインド階層社会を規定した。

＊2　古代ギリシアの政治家ソロンが定めた法律。

＊3　〔原注〕私たちはこうした変遷《へんせん》を西洋の例で検討することにする。オリエント、インド、中国における女の歴史は実際、長く変わることのない隷属状態の歴史だった。中世から現代までについては、代表的な例としてフランスを中心に見ていく。

私有財産に左右されるようになる。女の歴史の大部分は相続の歴史と一体になっている。有産者は自分の存在を財産に疎外†するということを頭に入れておけば、私有財産制度の根本的な重要性がわかる。有産者は自分の命よりも財産に執着する。財産はかりそめの命という狭い限界を越えて、肉体が朽ちたあとも存続する。財産とは不滅の霊魂が現世的な目に見える形で表わされたものである。しかしこの不滅性は、財産が所有者の手に残されていなければ現実のものとはならない。所有者が、その人をとおして生きながらえ、その人のなかに自分を認める人たち、すなわち自分のものである人たちに財産が属しているのでなければ、財産は死を越えてその所有者のものとはなりえない。父祖の地を耕すこと、父祖の霊を礼拝すること、それが相続人にとって同じ一つの義務なのである。相続人は先祖がこの世とあの世で生き延びることを保証する。だから、男は財産や子どもを女と分かち合うのを承知しないのだ。こうした主張を男が全面的にいつまでも押しとおせるわけではない。しかし家父長制が強力な時代には、男は財産の保持と譲渡に関するあらゆる権利を女から剝奪《はくだつ》する。もっとも、そうした権利を女に拒むのも当然のように思える。ある女の産んだ子どもがその女のものでないとされれば、同時に子どもはその女の出自集団とはなんの絆《きずな》もないことになる。そうなると、女はもう結婚によって氏族《クラン》から氏族《クラン》へ貸与されるのではない。自分の生まれた集団から徹底的に引き離されて、夫の集団に組み入れられるのである。夫は家畜か奴隷《どれい》を買うように妻を買って、自分の家の神々を妻に押しつける。そして妻の産む子どもは夫の家のものとなる。だから、女が相続人になると父方の富を不当に夫の家に伝えてしまうことになる。だから、女は注意深く相続からはずされるのだ。ところで相続しないとなると、女は何も所有しないために一個の人格の尊厳に高められない。女は男の資産の一部になる。つまり、最初は父親の、次には夫の資産の一部になるのだ。厳格な家父長制下では、父親は、男の子だろうと女の子だろうと、生まれた子を殺すことができる。だが男の子の場合は、たいていい社会が父親のそうした権限を制限する。五体満足に生まれた男の子は、みな生きることを認められるのだ。他方、女の子を遺棄する慣習は非常に広く行き渡っている。アラブ人のあいだでは大量の子殺しが行なわれていた。女の子は生まれるとすぐ穴に投げ込まれたのである。女の子を受け入れるのは、父親にしてみれば自由で寛大な行為なのだ。女はこうした社会にいわばお情けを受けて入るのであり、男のように入るべくして入るのではない。いずれにしても子どもが女の子だったとき、母親の出産の穢れは男の子の場合よりもはるかにゆゆしいものだったようである。「レビ記」によれば、ヘブライ人のあいだでは女の子の場合、男の子を出産したときの二倍の清めの期間が求められている。

「血の代償金」の慣習のある共同体でも、被害者が女のときはわずかな額しか要求できない。男に対する女の価値は、自由人に対する奴隷の価値のようなものなのだ。娘時代は父親がすべての権限を握っている。結婚すると父親はその権限を全面的に配偶者に渡す。妻が奴隷や家畜や物同然の所有物であるからには、男は何人でも好きなだけ妻をもてるのは当然である。一夫多妻を制限するのは経済的理由だけである。夫は気の向くままに妻たちを離縁できるのであり、社会は彼女たちにほとんど何の保証も与えない。それなのに女は厳しく貞操に縛りつけられる。母系制社会ではタブーはあっても風紀の乱れにはたいへん寛大である。結婚前の貞操はめったに要求されず、姦通《かんつう》はそれほど厳しく見られない。反対に女が男の所有物になると、男は女が処女であることを望み、厳罰を科して全面的な貞節を要求する。自分の血のつながっていない子に相続権を与えてしまう危険を冒すことほど悪い罪はない。だから家長には罪を犯した妻を殺す権利があるのだ。私有財産の続くかぎり、夫婦間の不貞は、妻が犯せば反逆罪と見なされる。あらゆる法典が現代に至るまで姦通に関して不平等のままになっているが、その理由は、妻が過《あやま》ちを犯すと一族に非嫡出子《ひちゃくしゅつし》をもたらすおそれがあり重大だからとされている。そしてアウグストゥス帝[*1]以降、復讐する権利は廃止されていたが、ナポレオン法典[*2]ではまた、裁きをした夫に対して陪審団が寛大な処置をとってもいいことになっている。女が父方の氏族と婚家に同時に属していたときは、もつれ合い対立さえする二系統の紐帯《ちゅうたい》のあいだで、女は二つの系のそれぞれを互いに後ろ楯《だて》にして、かなり大きな自由を保つことができた。たとえば、結婚は社会の深層構造に影響を及ぼさない世俗的な出来事にすぎなかったので、女は気の向くままに夫を選べる場合が多かった。しかし家父長制では女は父親の所有物なので、父親が自分の思いどおりに娘を結婚させる。結婚すれば女は夫の家に縛りつけられ、もはや夫の物、迎え入れられた氏族《ゲノス》〔ゲンスのギリシア語読み〕の物でしかなくなる。

家族と個人資産が異論なく社会の基盤であり続けるかぎり、女も全面的に疎外《そがい》され続ける。まさにイスラムの世界がそうだった。その構造は封建的である。言いかえれば、さまざまな部族を統一して従属させるだけの強力な国家が出現しなかったということである。家長の権力を抑える権力がないのだ。アラブ人が戦い征服していた時代にできた宗教は、女を最大限に蔑視してはばからなかった。「男は女より優れている。男には神が優位を与えるだけの長所があるからであり、また男が女に持参金を持たせるからである」と『コーラン』〔四章三四節〕は言っている。女は実際の権力も神秘的な威信も保持したことがない。ベドウィン族の女の仕事は厳しい。鋤《すき》をあやつり、重い荷物を運ぶ。そのために夫と互いに依存しあった関係を築きあげる。ヴェールで顔を隠すこともなく、自由に外出するのだ。ヴェールをつけて閉じこもっているイスラムの女は、だいたいどの社会階層でも、いまなお一種の奴隷である。チュニジアの穴居人村の地下洞穴で四人の女がうずくまっていたのを思い出す。片目で歯の抜けた、ひどくやつれた顔の年老いた人妻が、目にしみる煙に巻かれながら小さな炭火で練り粉を焼いていた。もう少し若いけれどもほとんど同じくらい醜い二人の人妻が、子どもを抱いてあやしていた。そのうちの一人は乳をやっていた。絹や金銀をみごとに着飾った人形のような若い女が、織

＊1　前六三－後一四、ローマ帝国初代皇帝。
＊2　一八〇四年に制定されたフランスの民法典。

機の前に座って羊毛の糸屑《いとくず》を結んでいた。この薄暗い洞窟《どうくつ》――内在の王国、母胎、墓場――を去るとき、私は、光に向かって上るようになっている回廊で、白い服を着た、まばゆいほど身ぎれいで晴れやかな輝かしい男とすれちがった。彼は市場からの帰りで、他の男たちと世界情勢について話し合ってきたのだった。自分が所属し、切り離されていない広い世界のなかの、自分の所有物であるこの隠れ家で何時間かを過ごそうというのだろう。萎《しな》びた老婆《ろうば》たちや、同じように急速に老いる運命にある若妻には、煙のたちこめる地下室以外に世界はなかった。そこからは、夜、ひっそりと、ヴェールをつけなければ外出できない。

聖書時代のユダヤ人の風習は、アラブ人の風習とほとんど同じだった。族長は一夫多妻で、ほとんど気まぐれに妻を離縁できる。若妻は処女のまま夫に委《ゆだ》ねられることが求められ、違反すれば厳罰に処せられる。姦通すると石で打ち殺される。『聖書』に描かれている有能な妻の像が証明するとおり、妻は家の仕事に忙殺される。「羊毛と亜麻を求め……夜の明ける前に起き出して……灯は夜も消えることがなく……怠惰のパンを食べることはない」〔「箴言《しんげん》」三一章一三～二七節〕。貞節で勤勉であっても女は穢れたものであり、タブーに取り巻かれている。裁判でも女の証言は受け入れられない。「伝道の書」は極度の嫌悪感をこめて女について語っている。「私は、女が死よりも苦々しいことに気づいた。その心は罠《わな》であり網、その手は枷《かせ》……私は、千人に一人の男を見出《みいだ》したが、千人の女に一人として、良い女は見出《みいだ》さなかった」〔七章二六～二八節〕。夫が死ぬと、法律をもちださないまでも、しきたりによって、未亡人は故人の兄弟と結婚するように求められた。

この嫂婚《そうこん》制[*1]の慣習は、オリエントの多くの民族に見られる。女に後見をつける制度において生じる問題の一つに、寡婦の処遇がある。最も極端な解決法は夫の墓で生贄《いけにえ》にすることだ。しかしインドでさえも、かつて法律がこのような犠牲を強制していたというのは正しくない。マヌ法典も妻が夫より長生きするのを認めていた。この劇的な自殺は、貴族階級の風潮にすぎなかった。寡婦は夫の相続人の自由裁量に委ねられる場合の方がはるかに多い。嫂婚制が一妻多夫のかたちを取ることもある。寡婦暮らしが不安定なのを見越して、一人の女に一家の兄弟全員を夫として与えるのである。この慣習は、夫が不能の場合には一族を守るのにも役立つ。カエサル[*2]の著作〔『ガリア戦記』〕によれば、フランスのブルターニュ地方では、一家の男全員が何人かの女をそのように共有したようである。

家父長制は、どこでもこのように徹底した形態で確立していたわけではない。バビロニアではハンムラビ法典[*3]が女にある程度の権利を認めていた。女は父親の遺産の一部を受け取り、結婚するときには父親が持参金を持たせる。ペルシアでは一夫多妻が慣例で、

＊1　子のない寡婦《かふ》が、亡夫の兄弟か最近親者と結婚することを定めた制度。
＊2　前一〇〇頃－前四四、古代ローマの軍人、政治家。
＊3　バビロン第一王朝の王ハンムラビ（在位前一七九二－前一七五〇）が制定した法典。

女は適齢期になるとすぐ父親が選ぶ夫に対して絶対服従の義務がある。それでもペルシアの女はオリエントの大部分の民族の女よりは敬われている。近親相姦は禁止されず、兄弟姉妹間の結婚が頻繁にあった。女は子どもの教育を、男の子なら七歳まで、女の子の場合は結婚するまで受けもつ。息子が夫の遺産を受けるにふさわしくないと判明した場合には、妻はその一部を受け取ることができる。夫が成人した息子を残さずに死んだ場合、「特権妻」であれば未成年の子どもの後見と財産管理を任される。結婚の諸規則は、子孫のあることが一家の長にとってどんなに大切であるかをはっきり示している。結婚には五つの形態があったようだ。[*1] 一、女が両親の同意を得て結婚すると「特権妻」と呼ばれ、子どもは夫に属した。二、女がひとり娘のときは、彼女の第一子が代わりに彼女の両親に渡され、その後彼女は「特権妻」となった。三、男が独身のまま死ぬと、家族が外部の女に持参金を設定して結婚させた。彼女は養女妻と呼ばれ、その子どもの半数は故人に、残りの半数は健在である夫に属する。四、子のない寡婦が再婚すると奉仕妻と呼ばれ、二度目の結婚で生まれた子どもの半数は亡夫方に渡さなければならない。五、両親の同意なしに結婚した女は、成人した長男が彼女を「特権妻」として彼の父親に与えるまで、両親の相続はできなかった。もし夫がその前に死んでしまえば彼女は未成年と見なされ後見がついた。養女妻と奉仕妻という身分規定は、すべての男が、必ずしも血縁で結ばれるとはかぎらない子孫のなかで生き延びていける権利を確立するものである。これは前に述べたことと符合する。つまりこの絆は、男が人生を終えてからもこの世とあの世で不滅を手に入れたいと望んだときに、男によっていわば考案されたものなのだ。

　女の地位が最も高かったのはエジプトである。母なる女神たちは、妻になってからも威信を保ち続けた。宗教的にも社会的にも夫婦が単位で、女は男の同志であり補完者だったようだ。女の魔力にはほとんど敵意が感じられないので、近親相姦の恐怖さえ乗り越えて、姉妹を妻と混同してはばからない。[*2] 女は男と同じ権利、同じ法的能力をもち、相続し、財産を所有する。この特異な幸運は偶然でもなんでもない。古代エジプトでは、土地は王と、神官および軍人の上層カーストのものだったからである。一般人にとって不動産とは、単に用益権があることだった。土地は譲渡不能のままだから、相続によって伝えられる財産といってもわずかな価値しかなく、それを分け合ったところで何の不都合もなかった。世襲財産がないので、女は人格としての尊厳を保っていたのである。女は自由に結婚し、寡婦になれば意のままに再婚できた。男は一夫多妻を実践していた。とはいえ、子どもはすべて嫡出子になるが、本妻は一人だけで、本妻だけが宗教儀式に参与し、夫と法的に結ばれていた。他の妻たちはあらゆる権利を剝奪された奴隷にすぎなかった。本妻は結婚しても身分が変わらず、自分の財産を所有し、自由に契約を結ぶことができた。ボケンラネフ王[*3]が私有財産制を確立したとき、女はそのために追い払わ

＊1　〔原注〕これは、『古代ペルシアとイラン文明』中の、C・ユアールの報告の部分より転載。
＊2　〔原注〕少なくともある場合には、兄弟が姉妹と結婚しなければならない。

れることもないほど強力な地位を占めていた。ボケンラネフが契約の時代の幕を明け、結婚そのものも契約によるものとなった。契約結婚には三種類の型があった。その一つは隷属的結婚を内容とするもので、女は男の所有物になったが、自分以外に内縁の妻をもたないように夫にはっきり言いわたすこともあって、正妻は夫と同等と見なされ、全財産が夫婦の共有だった。離婚の際には、夫が妻に一定の金額を支払う義務を負った。やがてこの習慣から女にとりわけ有利な契約の型が生まれた。夫が妻に事実上の債権を認めたのである。姦通には厳罰が科せられたが、離婚は夫婦ともにほとんど自由だった。契約を実行することで、一夫多妻は大きな制約を受けた。女たちは財産を独占して子どもに譲渡し、それが、金権政治家階級の出現を招いた。プトレマイオス四世〔前二四四頃－前二〇三〕が、女はもう夫の許可なしに財産譲渡をしてはならないという布告を出して、女たちを終身未成年者としてしまった。実に、古代社会で唯一《ゆいいつ》の特権的身分を手にしていた時代でさえも、女は男と社会的に平等ではなかったのだ。女が宗教儀式や行政に参与して摂政《せっしょう》の役を果たすこともできたが、王《ファラオ》は男だった。聖職者と軍人も男で、女は公的生活に補助的にしか参画しなかった。そして私生活では一方的に貞節が要求された。

ギリシア人の慣習はオリエントの慣習にたいへんよく似ている。しかし一夫多妻ではない。なぜなのか正確にはわからない。実のところ、ハレムを維持していくのはいつも大変な負担だった。広大な後宮の贅沢《ぜいたく》を楽しめるのは豪勢なソロモン[*1]のような君主か、

『千一夜物語』のスルタンや、王、首領、富豪地主たちである。ふつうの男は三、四人の女で満足していた。農民は二人以上の女をもつことはほとんどなかった。一方、――私有財産のないエジプトを除いて――世襲財産を手つかずのまま残そうという配慮から、父方の相続については長男に特別な権利が認められるようになる。こうして主たる相続人の母親は、他の妻たちをはるかにしのぐ威厳を身につけ、女たちのあいだに序列ができた。女は自分自身の財産を所有していたり持参金を持たされれば、夫にとって一つの人格となり、男は宗教的にその女とだけ結ばれることになる。たぶんここから、一人だけ配偶者を認める慣習が確立したのだろう。ただし、ギリシア市民は、街娼《がいしょう》や女性部屋の召使い女を相手に欲望を満たすことができたのだから、実際は快適に一夫多妻を続けていたことになる。「私たちは精神的快楽のためにはヘタイラ〔高級娼婦〕を、肉体的快楽のためにはパラケー〔妾《めかけ》〕を、息子を得るためには妻をもっている」とデモステネス[*2]は言った。妻が病気や生理中、妊娠中や産褥《さんじょく》中の場合、パラケーは主人のベッドで妻の代わりをした。こんなふうなので女性部屋とハレムには大した差がない。アテナイの女は自分の住居に閉じ込められ、法律によって厳しく拘束され、特別な役人によって監視されていた。彼女は生涯、終身未成年のままである。つまり、後見人の権力下におかれ

＊3　（181頁）ギリシア名はボッコリス、前八世紀、第二四王朝第二代王。
＊1　前十世紀、イスラエルの王。
＊2　前三八四－前三二二、政治家。

るのである。後見人になるのは父もしくは夫、あるいは夫の相続人であり、また以上の者がいない場合は、役人に代表される国家である。こうした後見人が彼女の主人であり、彼女を商品のように意のままに扱い、後見人の権限は個人の身柄およびその財産にまで及んだ。後見人はその権利を意のままに譲渡することができる。たとえば父親は養子縁組や結婚のかたちで娘を与える。夫は妻を離縁して新しい夫に引き渡すことができる。けれどもギリシアの法律は、女の持参金が女の生活費となり、結婚解消の際には全額返還されることを保証している。ギリシアの法律はまた、非常に稀《まれ》ながら、ある場合には女の方から離婚を求めることを許している。しかし社会が女に授ける保証はこれだけである。もちろん相続財産はすべて男の子どもに受け継がれるのだが、持参金は親子関係によって得られる財産ではなく、後見人に課せられる一種の任務なのである。とはいえ持参金のしきたりがあるおかげで、寡婦が相続財産の一つと見なされて夫の相続人たちの手中に移ることはもうない。自分の親の後見下に戻るのである。

男系親族関係を基盤にした社会で生じる問題の一つは、男の子孫がいない場合の遺産の落ち着き先である。ギリシア人のあいだでは家付き娘制[*1]の慣習ができていた。女の相続人は父方の氏族《ゲノス》のなかで最年長の親族と結婚しなければならなかったのである。こうすれば父親から遺贈された財産は同じ集団内の子どもに伝えられ、領地は氏族《ゲノス》所有のままとなる。家付き娘とは相続人ではなく、男の相続人を産む機械にすぎなかったのだ。この慣習は家付き娘を全面的に男の意のままにするものだった。彼女は、親族の男の最年長者に機械的に引き渡され、その男はたいてい老人だった。

女が抑圧される理由は、家族を永続させ世襲財産を無傷に保とうという意志にあるのだから、女が家族から逃れれば逃れるほどこの絶対的な従属からも逃れることになる。社会が私有財産を認めないことによって家族を否定すれば、女の境遇はそのためにかなり改善される。スパルタは共通財産制が支配的で、女が男とほとんど同等に扱われた唯一の都市国家である。少女は少年と同じように育てられ、妻は夫の家に閉じ込められてはいなかった。夫は夜陰にまぎれて妻を訪れるのが許されるだけだ。しかも妻はほとんど夫に拘束されなかったので、他の男が優生学の名のもとに彼女との肉体的結びつきを求めることもできた。相続がなくなれば姦通の観念そのものがなくなる。子どもはみな同じように都市国家全体のものとされるので、女たちもまた汲々《きゆうきゆう》として一人の主人に仕えることはない。あるいは逆に、市民は個人財産も個別の子孫も所有しないので女を所有することもない、と言うこともできる。男に軍事の義務があるように、女には出産の義務がある。しかしこの市民としての義務を果たすこと以外に、女の自由はどんな束縛も受けない。

いま述べた自由な女と、氏族《ゲノス》のなかで生活する女奴隷《どれい》――族長が絶対的な所有権をもつ――の他に、ギリシアには売春婦がいる。原始民族のあいだには、たぶん神秘的な理

＊1　男子相続人がいない場合に、娘が父親の遺産の受託者となる制度。

由から行きずりの客に妻を譲る歓待売春と、受胎の神秘的な力を共同体のために解放するのを目的とした神殿売春があった。古代ギリシア・ローマ時代にはこうした慣習が存在した。ヘロドトスの報告によれば、紀元前五世紀には、バビロンの女は誰でも、一生に一度はミュリッタ[*1]の神殿内で見知らぬ男に身を任せて硬貨一枚を受け取り、それを神殿の宝物庫に納めなければならなかった。そのあと女は家に帰り貞節を守って暮らすのだった〔『歴史』第一巻一九九節〕。宗教的な売春はいまに至るまで、音楽家と舞踊家の名誉あるカーストであるエジプトのアルメ〔舞踊家の一種〕や、インドのバヤデル〔舞踊家の一種〕に受け継がれている。しかしエジプト、インド、西アジアでは神殿売春の大部分が合法的な売春に変わり、聖職者階級はこの商売に金儲《かねもう》けの手段を見出すようになった。ヘブライ人のあいだにさえ金で買える売春婦がいた。ギリシアでは、とくに海岸や島、大勢の外国人がやってくる都市には、ピンダロス[*2]の命名によれば「外国人を歓待する娘たち」のいる神殿があった。彼女たちが受け取る金は祭礼に、すなわち聖職者に、そして間接的には彼女たちの生活費にあてられる。実際は、善意をよそおって——とりわけコリントスでは——船乗りや旅行者たちの性的欲求につけいっていたのであり、これはすでに金銭がらみの売春なのだ。これを制度化したのはソロン[*3]である。彼はアジア人の女奴隷を買って、アテナイの、港からそう遠くないアフロディテの神殿近くにある「ディクテリオン」〔公営の売春施設〕に収容し、施設の財務担当「ポルノトゥロポス」にその管理を任せた。女たちはそれぞれ給料を受け取り、総利益は国家のものになった。ついで民営の施設「カペレイア」ができた。勃起《ぼっき》した赤い男根《ファルス》がその看板だった。そこには間もなく女奴隷の他に下層のギリシア人の女が住み込みで入った。ディクテリオンは不可欠なものと考えられたので、不可侵の特権をもつ慰安所に認定されていた。しかし売春婦は恥知らずとされてどんな社会的権利ももたず、売春婦の子どもは母親を扶養する義務がなかった。売春婦は花束をつけたけばけばしい配色の特殊な服装をして、髪をサフラン色〔黄色〕に染めなければならなかった。

ディクテリオンに収容されていた女たちの他に自由な売春婦たちもいて、彼女たちは三つに類別される。今日の公娼に似たディクテリアード、踊り子であり笛の奏者でもあるアウレトリデス、そしてそのほとんどがコリントス出身で、ギリシアの最有力の名士たちと公認の関係を結び、現代の「裏社交界の女」にあたる社会的役割を演じていたヘタイラである。第一の部類の女たちは解放奴隷やギリシアの下層階級の娘たちだった。売春斡旋人《あっせんにん》の食い物にされ悲惨な生活を送っていた。第二の部類は音楽家としての才能のおかげで成功して財をなす者が多かった。そのなかでも最も有名なのは、エジプトの王プトレマイオス一世〔前三六七／六頃―前二八三〕の愛人で、のちにプトレマイオスを征服したマケドニアの王デメトリオス一世〔前三三七？－前二八三〕の愛人となったラミア

＊1　ギリシアのアフロディテに相当する女神。
＊2　前五二二／一八－前四四二／三八、ギリシアの叙情詩人。
＊3　前六四〇頃－前五六〇頃、政治家。

である。第三の部類には周知のとおり、その愛人の栄光に与《あず》かったものが何人もいる。自分の身と財産を思うままに使い、知的で教養豊かで芸術の才能もあるヘタイラは、進んで交際を求めてくる男たちから一個の人格として扱われている。ヘタイラは家族から逃れて社会の周縁に身をおいているために、男からも逃れていたのである。だから男にとっては、同類もしくはほとんど同等のものと思えるのだ。アスパシア[*1]、フリュネ[*2]、ライース[*3]を見れば、解放された女の方が家族の良き母よりもはるかにすばらしいことははっきりしている。

これらの輝かしい稀な例外を除けば、ギリシアの女は半奴隷状態に追いやられて、それを憤慨する自由もない。かろうじてアスパシアが、そしてもう少し情熱的にサッフォー[*4]が、いくばくか抗議の声をあげたにすぎない。ホメロスの作品には女がいくらか権能をもっていた英雄時代の名残りがある。とはいっても戦士たちは女をつれなく家に追い返している。これと同じ侮辱はヘシオドス[*5]にも見られる。「女を信じるのは、泥棒を信じるのと同じである」。古代ギリシア最盛期には、女は女性部屋にしっかり閉じ込められる。「最良の女とは、男の口の端《は》にのぼることが最も少ない女である」とペリクレス[*6]は言った。都市国家の行政に既婚女性《マトローヌ》の助言を認め、少女に自由な教育をしようと思い描くプラトンは例外で、アリストファネスに嘲弄《ちょうろう》される。『女の平和』のなかで、政治情勢を尋ねる妻に夫は「お前に関係ない。黙りなさい。さもないと殴るぞ……お前の布を織りなさい」と答えている。アリストテレスが、女は欠陥があるからこそ女なのであり、家に閉じこもって男に従って生きるべきである、と明言するときは一般的な意見を表明しているのだ。彼はまた、「奴隷は考える自由を完全に奪われている。女は考える自由はあるが、浅はかなもので役に立たない」とも断言している。クセノフォン[*7]によれば、妻と夫はどこまでいっても通じあうものがない。「妻以上に話し相手にならないものがいるだろうか」「めったにいないだろう」というわけである。『家政論』[*8]で女に求められているのは、注意深く慎重で倹約家でミツバチのように働き者の主婦、つまり模範的な管理人になることだけである。女を低い地位に追いやってもまだ、ギリシア人は心の底から女嫌いである。すでに紀元前七世紀に、アルキロコス〔攻撃的な嘲弄を武器とした詩人〕は女に対して辛辣《しんらつ》な風刺詩を書いた。アモルゴス出身のセモニデスには、「女は神が創《つく》られた最大の悪である。ときに役立つように見えてもすぐ主人の気苦労の種となる」という文章がある。またヒッポナクス[*9]には「妻が喜ばせてくれる日は生涯に二日し

＊1　前五世紀、アテナイで芸術家や政治家と交遊し、ペリクレスの愛人となる。
＊2　前四世紀、アテナイの娼婦。その美しさ故《ゆえ》に裁判で無罪になったと言われる。
＊3　同名の有名な娼婦は複数いて、政治家、哲学者らと交遊、多くの逸話が伝えられている。
＊4　前六一二頃－前五八〇頃、ギリシアの叙情詩人。
＊5　前八世紀頃、ギリシアの詩人。
＊6　前四九五頃－前四二九、アテナイの政治家。
＊7　前四三〇頃－前三五四頃、アテナイの文筆家、軍人。
＊8　クセノフォンの著作。家政を主題にした最古のもの。

かない。結婚の日と埋葬の日である」という文章もある。イオニア人はミレトス〔イオニアの植民市〕の物語のなかで最も攻撃的な態度を見せる。なかでもエフェソスの人妻の話[*1]はよく知られている。この時代の女はとくに怠惰、気難しさ、浪費をとがめられたが、これらはまさに女に要求される美質を欠いたものなのである。「陸にも海にも怪物はたくさんいるが、そのなかで一番すごいのは、やはり女である」とメナンドロス[*2]は書いている。「女とは、どこまでも付きまとってくる苦しみである」。持参金制度によって女がある程度の力をもつようになると、こんどはその傲慢《ごうまん》さが嘆かれるようになる。これはアリストファネスや、とりわけメナンドロスによく出てくるテーマの一つである。「私は持参金つきの魔女と結婚した。彼女に畑と家があるのでめとったのだ。すると、おお、アポロンよ、最悪！」「結婚というものを思いついた人間と、真似《まね》をした第二、第三、第四、すべての人間に、呪《のろ》いあれ」「もしあなたが貧乏で、金持ちの女と結婚すれば、いっぺんに奴隷と貧乏人になってしまう」。ギリシアの女は非常に厳格に管理されていたので、素行のことではとがめようがなかった。だから肉体のことでは誹謗《ひぼう》されていない。男には、とりわけ結婚の責任と義務が重くのしかかる。とすれば、女は女の条件の厳しさにもかかわらず、またほとんど何の権利も認められていなかったにもかかわらず、家庭で重要な座を確保し何らかの自律性を享受《きょうじゅ》していたにちがいないと思える。服従する運命にありながら背くこともできた。喧嘩《けんか》、涙、お喋《しゃべ》り、ののしり言葉で夫を打ち負かすこともできた。妻を隷属させることになる結婚は夫にとっても鎖だった。クサンチッペ[*3]という人物には、口やかましい妻に対する、また不幸な夫婦生活に対するギリシア市民の不満のすべてが集約されている。

＊

ローマの女の歴史を決定しているのは、家族と国家の軋轢《あつれき》である。エトルリア人は母系社会を形成していた。そしておそらく王政時代のローマはまだ母系制に依拠した外婚制だった。なぜなら、古代ローマの王たちは政権を世襲によって伝えていないからである。確かなのは、タルクイニウス[*4]の死後に父系制が確立したことである。農地や私有地、つまり家族が社会の核となった。女は世襲財産に、したがって家族集団に厳しく従属させられるようになる。ギリシアの女には認められていた保証が法律によってすべて取り上げられ、ローマの女は無能と拘束のうちに生涯を過ごす。もちろん公務からは外され、どんな「男の職務」につくことも厳しく禁じられた。そして市民生活では終生未成年者

＊9（189頁）前六世紀、エフェソスの街頭をさまよった詩人。
＊1　夫の死を深く嘆き、貞淑の鑑《かがみ》とまで言われたが、他の男に心を移してしまう。
＊2　前三四二頃－前二九二頃、ギリシアの喜劇詩人。
＊3　哲学者ソクラテスの妻。悪妻として有名。
＊4　古代ローマ王政最後の王、在位前五三四－前五一〇?。

である。父方の相続の取り分は直接拒否されるわけではないが、策略によって自由に使えないようにされてしまう。つまり後見人の権限に委《ゆだ》ねられてしまう。「後見は後見人自身の利益のために制定された。それは、後見人を推定相続人としている女が、遺言で後見人から相続財産を取り上げたり、譲渡や負債で相続財産を減らしたりしないようにするためである」とガイウス*1は言っている。女の第一の後見人は父親である。父親がいなければ父系親族がこの任務を果たす。結婚すると、女は夫の「手中」に渡る。結婚には三つの形態がある。第一に、夫婦が、神官の立合いのもとに、カピトリウムの神殿に祭られたユピテル神像に麦菓子を供《そな》えるコンファレラチオ。第二に、平民の父親が売却行為を擬した儀式を通じて娘を夫に「譲渡する」コエンプチオ。第三に、一年間の同棲《どうせい》の結果として得られるウスス〔使用権という意味〕。三つとも「夫権《マヌス》」がついている。つまり夫が父親または父系親族の後見人にとって代わるのだ。妻は夫の娘の一人として扱われ、以後、夫は妻の身柄と財産に全権をもつようになる。だが十二表法時代*2以降、ローマの女が生家の氏族《ゲンス》と婚家の氏族《ゲンス》に同時に属していたために紛争がもち上がるようになり、これがローマの女の法的解放の源となる。実際、「夫権」つきの結婚は父系親族の後見人の財産をはぎ取ってしまう。そこで父方の親族の利益を守るために夫権抜きの結婚が出現する。この場合、妻の財産は後見人のもとにとどまり、夫は妻の身柄についてのみ権利をもつ。その権限自体も家長と分けあうので、父親は娘に対して絶対的権威を保持することになる。家内裁判法廷が父親と夫を対立させせかねないもめごとの調停にあたった。こうした制度によって女は父親から夫へ、夫から父親へと拠《よ》り所を求めることができる。女は一個人の物ではないのだ。そのうえ、公的な裁判所から独立したこのような法廷があること自体が証明しているように氏族《ゲンス》は非常に強大ではあるが、家長である一家の父親はまず何よりも一市民である。一家の父親の権威は無制限で妻子を絶対的に支配するとはいえ、妻子は彼の所有物ではない。むしろ公共の利益のために妻子の生活を管理しているのである。子どもを産み、しばしば農作業まで含む家事をこなす女は国にとってたいへん有用で、非常に尊重されていた。

ここで、歴史の流れ全体を通じて見られるきわめて重要な事実に気づかされる。すなわち、抽象的な法律だけでは女の具体的な状況を明確にすることができない。ということだ。女の状況は女の果たす経済的役割にかなり左右される。そして、多くの場合抽象的な自由と実質的な権限は逆方向を向いているのだ。ローマの女はギリシアの女より法的には隷属の度合いが大きいが、はるかに深く社会に組み込まれている。家では、女性部屋の奥に追いやられているのではなく、住まいの真ん中にある中央広間《アトリウム》に座を占める。奴隷の仕事をしきるのは女である。女が子どもの教育の主導権を握り、子どもへの影響力はしばしば子どもが年配になるまで及ぶ。夫の仕事と心配事を分かちあい、夫の財産の共有者と見なされる。「あなたがガイウスであれば、わたしはガイアです[*3]」という結

＊1　一一〇頃－一八〇頃、ローマの法学者。
＊2　前四五一－前四五〇年に制定されたローマ最古の成文法。

婚の決まり文句は、空疎《くうそ》な決まり文句ではないのだ。結婚した女は「女主人《ドミナ》」と呼ばれる。彼女は家庭の女主人であり、宗教儀式に参与し、男の奴隷ではなく伴侶《はんりょ》である。女を男に結びつける絆《きずな》は非常に神聖なので、五世紀の間ただの一件の離婚も見られない。女は部屋に閉じこもってはいない。会食や祭りに加わり、芝居に出かける。路上では男が道をゆずり、執政官《コンスル》や先導警吏《リクトル》も、女が通りかかると端によける。諸伝説は歴史のなかで女に際立《きわだ》った役割を与えている。たとえばサビニの女たち[*1]、ルクレチア[*2]、ウェルギニア[*3]の伝説はよく知られている。コリオラヌス[*4]は母親と妻との懇願に屈する。ローマの民主制の勝利を認めたリキニウス法[*5]〔前三六七〕は、リキニウスが妻から着想を与えられたものらしい。グラックス兄弟の精神力をきたえたのはコルネリア[*6]である。カトー[*7]は、「いたるところで男が女を支配しているが、あらゆる人間を支配しているわれわれを支配しているのは、われわれの妻である」と言った。

　ローマの女の法的な状況は少しずつ実情と合致していく。血統貴族《パトリキ》の寡頭《かとう》政治の時代には、家長はそれぞれ共和国のなかの独立した君主だった。しかし国家権力が確立すると、国家権力は富の集中、有力家族の傲慢さに抗して闘う。家内裁判法廷は公的な裁判所の前に消える。そして女は少しずつ大切な権利を手に入れていく。最初は四つの権力が女の自由を制約していた。すなわち父親と夫が女の身柄を、後見人と夫権が女の財産を意のままにしていた。国家は父親と夫の対立を口実に両者の権利を制限して、国家の裁判所が姦通、離婚などの事件を裁くようになる。同様にして、夫権と後見を互いに弱体化させてしまう。後見人の利益のために夫権はすでに結婚から切り離されていた。やがて夫権は、女が後見人から解放されるために利用する方便となる。偽装結婚の契約をしたり、父親や国家から寛大な後見人を得たりするのだ。帝政下の法制では後見は全面的に廃止される。それと同時に女は実際的な自立の保証を得る。持参金を認めることが父親の義務となったからである。持参金は結婚解消後に父系親族に戻されることはないし、夫のものになることもけっしてない。女はいつでも、だしぬけに離婚することによって持参金の返還を要求できるので、男を手玉にとるようになる。「男は持参金を受け入れて、権力を売り渡した」とプラウトゥス[*8]は言っている。共和制末期以降、母親も父親と同じように子どもに関する権利を認められる。後見がいる場合や夫の素行がよくな

＊3　（193頁）コンファレラチオの際に唱えられる言葉。ガイウスは男の、ガイアは女の代表的な名前。
＊1　サビニ人とローマ人の戦闘の際に両軍のあいだに割って入り、和平を訴えた。
＊2　ローマ王の子に強姦《ごうかん》されて自害。それをきっかけとして、ブルータスが民衆をローマ王への反逆にかりたてた。
＊3　クラウディウスに横恋慕され、平民である父の手に掛かり死ぬ。
＊4　前五世紀、ローマの将軍。反乱を企てた。
＊5　前二世紀、社会改革運動家の兄弟。
＊6　兄弟の母。前一八〇頃－前一一〇頃、ローマ人の理想の母親像。
＊7　前二三四－前一四九、政治家、文人、カルタゴ殲滅《せんめつ》を主張。
＊8　前二五四頃－前一八四、喜劇作家。

い場合には、母親に子の監護権が認められる。ハドリアヌス帝〔七六－一三八〕治世下では元老院決議により、母親に三人の子どもがある場合には後継者なしに死亡した子どもについて無遺言相続の権利が母親に認められる。そしてマルクス＝アウレリウス帝〔一二一－一八〇〕治世下で、ローマの家族は変貌《へんぼう》を遂げる。すなわち一七八年以降、母親の相続人として、子どもが父系親族よりも優位に立つことになるのだ。家族は以後、血縁に基づいて形成されるようになり、母親は父親と同等となり、娘も兄弟と同じように相続するようになる。

だが、ローマ法の歴史にはこれまで述べたことに反する動きも見られる。つまり、中央権力は女を家族から独立させておいて、自らが女の後見役を務めるのである。この権力が、女をさまざまな点で法律上無能力にしてしまう。

実際、女が裕福になると同時に独立までしてしまったら憂慮すべき勢力をもつようになるだろう。だから、一方の手で与えたものをもう一方の手で取り戻そうとするのだ。ローマの女に贅沢《ぜいたく》を禁じたオピウス法はハンニバル[*1]がローマを脅《おびや》かしていた時期に可決されたもので、危険がなくなると女たちはその廃止を求めた。カトーは有名なある演説でこの法の続行を求めた。しかし公共広場に集まった既婚女性の示威運動の方が勝った。その後いっそう風紀が乱れていくのでいっそう厳しいさまざまな法律が提案されたが、たいした成果は上げず、せいぜい不正行為を生み出すのがおちだった。ただ、女が他人のために「仲介する[*2]」ことを禁じ、女から民事能力をほとんどすべて奪ってしまったウエレイウスの元老院令[*3]だけは成功した。女が事実上最も解放されている時に、その性は劣っていると宣言される。これは私がこれまで述べてきた男の正当化のやり方のなかでもきわだった例である。つまり娘、妻、姉妹としての女の権利を制限しないようにするかわりに、女が性として男と対等であることを否認するのである。「愚かな性、弱い性」を口実として女に嫌がらせをするのだ。

実のところ、既婚女性は新しい自由をそれほどうまく活用したわけではない。しかし、それはこの自由を積極的に活用することができないようにされていたからでもある。次の二つの相反する傾向――女を家族から引き離す個人主義的な傾向と、個人としての女を痛めつける国家管理主義的な傾向――があるせいで、女の状況は均衡を欠いたものとなる。女は相続人になり、子どもに関しては父親と同等の権利をもち、遺言をし、持参金制度のおかげで結婚の拘束を免れ、気の向くままに離婚し、再婚することができる。しかし自分の権限を具体的にどう使えばいいのかまったく示されないので、解放されても消極的なかたちをとるしかない。経済的に自立しても何ら政治的な能力を生み出すわけではないので、現実性がない。したがってローマの女は行動することができないので

＊1　前二四七－前一八三、カルタゴの将軍。
＊2　〔原注〕つまり、契約により他人と関係を結ぶこと。
＊3　女が金銭貸借の保証人になることを禁じたもの。ウェレイウス＝パテルクルス（前一九頃－後三一頃）はローマの歴史家。

示威をする。騒々しく町に繰り出し、裁判所に押しかけ、陰謀を煽動《せんどう》し、命令を下し、内乱をあおる。行列をつくって〈神々の母〉の像を迎えに行って、テベレ川沿いにお伴をしながら戻り、こうしてローマに東方の神々を招き入れる。一一四年にはウェスタリス〔竈《かまど》の女神ウェスタに仕える巫女《みこ》〕たちが騒ぎを起こし、その組織は廃止される。女は公的な生活、公的な徳行から遠ざけられているうえに、家族の崩壊によってこれまでの私的な徳行が無意味で時代遅れなものになってしまうと、もう女に示される道徳は何もなくなってしまう。二つの選択肢のうちどちらかを選ぶことになる。祖母や曾祖母《そうそぼ》と同じ価値観をかたくなに遵守《じゅんしゅ》するか、あるいはもう何も認めないかである。

一世紀末ないし二世紀初頭には、共和制時代と同じように、夫の伴侶かつ協力者となっている女が数多く見うけられる。プロチナはトラヤヌス帝〔五三頃－一一七〕の栄光と責任を共にする。サビナ[*1]は善行によって非常に有名になり、生前から数々の彫像によって神格化されたほどである。チベリウス帝〔前四二－後三七〕の治世下では、セクスチアがエミリウス・スカウルス[*2]に先立たれてあとを追い、パスケアはポンポニウス・ラベウスのあとを追う。パウリナはセネカ[*3]と一緒に自分の手首の血管を切る。小プリニウス[*4]は、「ほら、パエトゥス、ちっとも痛くはないわ」と〔自分の胸を刺して〕言う妻アルリアの言葉を有名にした。マルチアリス[*5]はクローディア・ルフィナ、ウェルギニア、スルピキアのうちに、完璧《かんぺき》な妻と献身的な母を讃《たた》えている。とはいえ母親になることを拒み、離婚を繰り返す女も大勢いる。法律は相変わらず姦通を禁じている。結婚した女のなかには放蕩《ほうとう》しやすいようにと売春婦の登録をするものさえいる。[*6] それまでラテン文学は、いつも女を尊重してきた。ここに至って風刺作家たちは女に怒りをぶちまける。もっとも彼らは女一般ではなく、主として同時代の女たちを攻撃している。ユウェナリス〔二世紀前半の風刺詩人〕は女の色欲と大食を非難する。女が男の仕事をやりたがるといってとがめる。女が政治に関心をもち、訴訟記録に没頭し、文法学者や修辞学者と議論し、狩りや馬車レース、剣術、格闘技に熱中しているというのである。実のところ女が男と張り合うのは気晴らしを求めたり、悪趣味からなのだ。もっと高度な目標をめざすには十分な教育を受けていない。そのうえ目的というものが女にはまったく示されない。行動は禁じられたままである。共和制時代のローマの女は地上に居場所をもってはいるが、抽象的な権利も経済的な自立もなしに、そこに縛りつけられている。頽廃《たいはい》期のローマの女

＊1　八六頃－一三六、ハドリアヌス帝妃。
＊2　前一六三／一六二－前八九、執政官。
＊3　前四頃－後六五、ストア派哲学者。
＊4　六一／六二－一一四、トラヤヌス帝治世下の執政官、自死する。
＊5　四〇頃－一〇四頃、風刺詩人。
＊6　〔原注〕ローマもギリシアと同じように、表面的には売春を大目に見ていた。売春婦には二つの階級があった。一つは娼家《しょうか》に閉じ込められて暮らしていた。もう一つの「良い売春婦」の方は、自由に商売をしていた。彼女たちは、結婚した女と同じ装《よそお》いをするのは禁じられていた。流行、慣習、芸術の面で何らかの影響を及ぼすことはあったが、アテナイのヘタイラ〔高級娼婦〕ほど高い地位を占めることはけっしてなかった。

は、男が依然として実質的に唯一《ゆいいつ》の主人であり続ける世界で、空洞化した自由をもつだけの、うわべだけ解放された女の典型である。彼女は「無益に」自由なのだ。

IV

女の地位は引き続き向上したのではなかった。民族大移動とともに文明全体がゆらぎだす。ローマ法そのものがキリスト教という新しいイデオロギーの影響をこうむり、また、以後数世紀にわたって蛮族の法律[*1]が優位に立つ。経済、社会、政治の状況は一変し、女の状況もその影響を受ける。

キリスト教イデオロギーは女の抑圧を少なからず助長した。たしかに「福音書」には、ハンセン病患者にも女たちにも行きわたる慈悲の息吹《いぶき》がある。福音の教えに夢中ですがるのは、下層の人々、奴隷《どれい》、そして女たちなのだ。キリスト教のごく初期、教会の軛《くびき》に従っている場合には、女は比較的尊重されていた。女も男のかたわらに殉教者として名を連ねた。しかし女は補助的な役割でしか宗教儀式に参与できなかった。「女執事」に許されていたのは、病人の看護や貧しい人々の救済といった世俗的な務めを果たすことだけだった。また、結婚はお互いの貞節を要求する制度だと見なされてはいても、結婚生活で妻が夫に完全に従わなければならないのは明らかなようだ。たとえば、聖パウロの口をとおして、断固として反フェミニズム的なユダヤの伝統が主張される。彼は女に謙譲と慎みを命じ、『旧約・新約聖書』に基づいて、男への女の従属という原則をうちたてる。「男が女から引き出されたのではなく、女が男から引き出されたのであり、男が女のために造られたのではなく、女が男のために造られたのです」〔「コリントの信徒への手紙二」十一章八〜九節〕。そして別のところでは「教会がキリストに仕えるように、妻もすべての面で夫に仕えるべきです」〔「エフェソの信徒への手紙」五章二四節〕と言う。肉欲が呪《のろ》われる宗教では、女は最も恐るべき悪魔の誘惑と見なされる。テルトゥリアヌス[*2]は「女よ、汝《なんじ》は悪魔の門である。汝は悪魔もあえて正面から攻撃できない者を説得した。神の子が死なねばならなかったのも汝のせいだ。喪服と襤褸《ぼろ》をまとって永久に立ち去るがいい」と書く。聖アンブロシウス[*3]は「アダムがイヴによって罪に導かれたのであり、その逆ではない。女が自分から罪に導いた者を絶対的存在として受け入れるのは当然である」と書く。聖ヨアンネス・クリュソストモス[*4]も「あらゆる野獣のなかで女ほど害になるものはない」と書く。四世紀に教会法が制定されて、結婚が人間の弱点〔肉欲など〕に対する譲歩と見なされるようになると、結婚はキリスト教の徳の完全な実践とは相い

＊1　ローマ人からみたゲルマン人などの異民族。
＊2　一六〇頃－二二二頃、初期キリスト教教父。
＊3　三四〇頃－三九七、ミラノの司教。
＊4　三四七頃－四〇七、コンスタンチノープルの総主教。

れないものとなる。「斧《おの》を手にとり、結婚という不毛の木を根元から切り倒すべし」と聖ヒエロニムス[*1]は書いている。教皇グレゴリウス六世〔在位一〇四五―四六〕の頃から、聖職者に独身生活が課されるようになると、女の危険な性格はもっときびしく強調される。初期教会の教父たちはみな、女は汚《けが》れたものであると公言している。この伝統に忠実に、聖トマスが、女は「偶然的」で不完全な存在であり、できそこないの男のようなものだと決めつける。「キリストが男の頭《かしら》であるごとく、男は女の頭である」「女は男の支配下に生きる定めであって、女には自分の主人に対していかなる権限もないのは明白である」と、彼は書いている。教会法もまた、女を無能で非力にする持参金制度を除いては、いかなる夫婦財産制も認めていない。女は男の職務につくことが禁止されていただけでなく、裁判に訴えることも禁止され、女の証言はその価値を認められていない。歴代ローマ皇帝は、それほど強くはないが初期教会の教父たちの影響を受けている。ユスチニアヌス法典[*2]は、妻として母としての女を尊重するが、この役割に女を縛りつけている。女の無能力はその性に由来するのではなく、家族内でのその状況に由来しているのだ。離婚は禁止され、結婚は公事とされる。母親は子どもに関して父親と同じ権限をもち、子どもの相続についても同じ権利をもつ。夫が死んだ場合、妻は子どもの法的後見人になる。ウェレイウスの元老院令が修正され、それ以後、妻は第三者のために仲介できるようになるが、夫の代理として契約を結ぶことはできない。妻の持参金は譲渡不能になる。それは子どもの資産とされ、妻がそれを任意処分するのは禁止される。

蛮族に占領された地域では、こうした法律にゲルマン人の慣習が併存している。ゲルマン人の慣習は独特だった。首長が存在したのは戦時中だけで、平和時には家族が一つの自治社会となっていた。この家族は母系出自に基づく氏族《クラン》と家父長制の氏族《ゲンス》との中間形態だったようだ。母親の兄弟が父親と同じ権力をもち、どちらも自分の姪《めい》、自分の娘に対して、その夫と同等の権限をもっていた。あらゆる権能が暴力に由来するような社会では、女は事実上まったく無力だった。しかし、女にもいくつかの権利が認められていた。そうした権利は、女が二重の家内権力に従属していたために、女に保証されたものだった。女は従属しているとはいえ、尊重されていたのである。夫は妻を買ったが、この買い値が妻の財産である寡婦資産の一部になった。そのうえ、父親は娘に持参金を持たせた。娘は父親の相続の分配に与《あずか》り、両親が殺された場合には、殺害者が支払う示談金の一部を受け取った。家族は一夫一婦制であり、姦通《かんつう》はきびしく罰せられ、結婚が尊重されていた。妻はつねに後見下にあったが、夫と固く結ばれていた。「平和なときも戦争のときも妻は夫の運命を分かちもつ。夫とともに生き、夫とともに死ぬ」とタキトゥス[*3]は書いている。妻も従軍し、戦士に食料を運び、そばにいて戦士を勇気づけたのだった。寡婦になると、亡《な》き夫の権力の一部は妻に委譲された。肉体的な弱さに根ざす

＊1　三四七頃－四一九／四二〇、初期キリスト教教父。
＊2　ローマ法大全。東ローマ帝国皇帝ユスチニアヌス（在位五二七－五六五）が編纂《へんさん》。
＊3　五五頃－一二〇頃、ローマの歴史家。

女の無力は、精神的な劣等性を示すものとは見なされなかった。祭司や予言者が女だったということからすると、女は男より優れた知識をもっていたと推測される。遺産相続で女が取得権をもつ品物のなかには、後に宝石や書物が含まれるようになった。

こうした慣習は中世のあいだもずっと続く。女は父親と夫に絶対的に従属している。クローヴィス[*1]の時代には世帯主権《ムンディウム》〔父親や夫が子や妻を後見する権利〕が女の一生に重くのしかかる。しかし、フランク族はゲルマン風の貞節を放棄してしまった。メロヴィング朝〔四八一―七五一〕とカロリング朝〔七五一―九八七〕では一夫多妻制が行きわたる。女は自分の同意なしに結婚させられ、妻の生殺与奪の権利を握る夫の気まぐれによって一方的に離婚させられる。妻は召使いのように扱われた。女は法に守られてはいるものの、それは女が男の所有物であり、その男の子どもの母親である限りにおいてのことである。証拠もなく女を「売春婦」呼ばわりすると侮辱罪となり、男を侮辱したときの十五倍の額の罰金を支払わなければならない。既婚女性との駆落ちは自由民の男を一人殺害するに等しい。既婚女性の手や腕を握ったりすると一五スーから三五スーの罰金になる。中絶禁止に違反すると一〇〇スーの罰金である。妊婦を一人殺害すると、自由民の男を四人殺害したに等しい罰を受ける。妊娠能力のあることが証明された女は、自由民の男の三倍の価値がある。だが、もう母親になれなくなると、女は一切の価値を失う。奴隷と結婚した女は法の外におかれ、両親はその娘を殺す権限を与えられる。女には人格としての権利がまったくないのである。しかし国家が強大になってくると、ローマで生じるのを目にしたのと同じ変化がかたちを取りはじめる。無能力者、子ども、女を後見するのは家族の権利ではなくなり、国の責任になる。シャルルマーニュ[*2]以後、女にのしかかる世帯主権《ムンディウム》は国王に属するようになる。当初は、国王が介入するのは女に本来の後見人がいない場合に限られていた。やがて国王が少しずつ家族の権限を独占していく。だが、この変化はフランク族の女の解放をもたらしはしない。世帯主権《ムンディウム》は後見人にとって責務となり、後見人は被後見人を保護する義務がある。こうした保護が被後見人に以前と同じ隷属状態をもたらしたのである。

中世初期の激動の時代の終わりに、封建制が整備されるようになると、女の地位は非常に不安定なものになる。封建法の特徴は、統治権と所有権の混同、公法上の権利と私法上の権利の混同である。女が封建体制によって低められたり高められたりするのは、まさにそのせいなのだ。当初は、女にはどんな政治的能力もないという理由で、私法上の権利がまったく認められていなかった。たしかに十一世紀までは、秩序はもっぱら武力のみを基盤とし、土地所有権は軍事力を基盤としていた。封土とは、法律家によれば、「軍務を条件として保有される土地」なのである。女は封土を守れない以上、それを所有することはできない。封土が世襲になり、先祖伝来のものになると、女の状況は変わる。すでに見たように、ゲルマン法は母系制の名残りをいくらかとどめていた。男の後

＊1　フランク王国最初の王朝メロヴィング朝初代の王、在位四八一－五一一。
＊2　七四二－八一四、フランク王、西ローマ皇帝。

継者がいない場合には、娘が相続できたのである。そのため、封建制も十一世紀頃には女の相続を認めるようになる。とはいえ、封臣にはつねに軍務が要求される。だから、女が相続人になったからといって、女の境遇は改善されるわけではない。女は男の後見人を必要とし、この役割を果たすのは夫である。夫が封土を授与され、封土を所持し、財産の用益権をもつのである。ギリシアの女子相続人〔家付き娘〕と同様に、女は領地を伝えるための道具であって、領地の保有者ではない。女は相続したからといって、解放されるわけではない。女はいわば封土に含まれていて、不動産の一部を成しているのだ。領地はローマの氏族《ゲンス》の時代とは違って、家族のものではなく、封主の所有物である。女もまた封主のものである。封主が女に夫を選び、女は子どもができると、夫にというよりは封主にこれを与えるのである。子どもは封主の財を守る封臣となる。したがって、女は自分に押しつけられた夫の「保護」を介して、領地とその領主の奴隷となっているのだ。女の境遇がこれ以上に苛酷《かこく》だった時代はそれほどない。女相続人とは土地であり、城である。求婚者たちはこの獲物を奪い合うわけだが、父親や領主がどこかの諸侯に自分の娘を貢《みつ》ぎものにするとき、娘が十二歳にもなっていないこともあった。

結婚を繰り返すことは、男にとって領地を増やすことである。だから、男の側からの一方的離婚も多い。教会は偽善的にもこうした離婚を認めている。血族結婚は七親等まで禁止されていて、親戚《しんせき》関係は血縁関係だけでなく代父・代母関係のような精神的関係によっても規定されているので、いつでも結婚解消の口実が見つかる。十一世紀には四回も五回も一方的に離婚させられた女が数多くいる。寡婦《かふ》になった女は、すぐに新しい主人を迎えなければならない。武勲詩のなかには、シャルルマーニュがスペインで死んだ諸侯の寡婦たちを全員まとめて再婚させる場面も出てくる。ジラール・ド・ヴィエンヌの著作では、ブルゴーニュ公爵《こうしゃく》夫人がみずから王に新しい夫を懇願しにやってくる。「夫は亡くなったばかりです。でも喪に服すことが何の役にたちましょう……私に力のある夫を見つけてください。私の土地を守るためにぜひとも必要なのでございます」。多くの叙事詩は王や封主が若い娘や寡婦を横暴に意のままにするさまを描いている。また、贈与としてもらった妻を夫が何の思いやりもなく扱うさまも見られる。夫は妻を虐《ぎゃく》待《たい》し、侮辱し、髪の毛をつかんでひきずりまわし、打ちすえたのである。フィリップ・ド・ボーマノワール[*1]が『ボーヴェ地方の慣習法』で要求していることといえば、夫が妻を「度を越さない程度に処罰する」ことだった。こうした好戦的な文明は女に対して侮《ぶ》蔑《べつ》の念しかもっていなかったのである。騎士は女に関心がない。自分の馬の方がはるかに価値ある宝に思えるのだ。武勲詩ではいつも若い娘の方から若者に言い寄る。しかし結婚すると、女が一方的な貞節を要求される。男は自分の生活に女を関わらせない。「馬上槍《やり》試合に際して、意中の奥方に助言を求めにいくような騎士は呪われてあれ」。ルノー・ド・モントーバンの著作には次のような侮蔑的な言葉が出てくる。「飾りたてた

＊1　一二五〇‐九六、フランスの法学者、国王代官。

部屋に戻り、人目につかぬ所に座って、飲み、食べ、刺繍《ししゅう》し、絹を染めよ。だが、われわれのことには手をだすな。われわれの役目は矛《ほこ》や鋼鉄《はがね》の剣をとって戦うことなのだ。黙っておれ！」。女が男たちの荒々しい生活をともにすることもある。娘時代は、あらゆる肉体的訓練に慣れ、馬に乗り、鷹《たか》狩りをする。ほとんど何の教育も受けず、恥じらいを知らずに育てられる。こうした女が城の客をもてなし、客の食事や入浴に気を配り、客が眠れるように「マッサージ」までする。妻になると、野獣を追いかけたり、長く困難な巡礼を成し遂げたりすることもある。夫が遠くにいるときは領地を守る。こうした女城主たちは驚嘆の的となり、まさに男のようにふるまうので「男まさり《ヴィラゴ》」と呼ばれた。彼女たちは貪欲《どんよく》で、陰険で、残酷で、臣下を虐待する。歴史や伝説は何人ものこういう女城主の思い出を伝えている。女城主オビはどんな天守閣よりも高い塔を建てさせたが、秘密を守るためにすぐに建築家の首をはねさせた。彼女は夫を領地から追い出したが、夫はひそかに戻ってきて彼女を殺害した。ロジェ・ド・モンゴメリの妻マビーユは、自分の所領の貴族たちを乞食《こじき》に落ちぶれさせては喜んでいた。彼らは彼女の首をはねて復《ふく》讐《しゅう》した。イギリスのヘンリー一世の婚外子ジュリエンヌはブルトゥーユの城を彼から守り、彼を待ち伏せして、厳罰に処せられた。しかし、こうした事実はあくまで例外である。ふつう、女城主は糸を紡《つむ》いだり、お祈りをしたり、夫を待ちわび、退屈して日々を過ごすのである。

十二世紀に地中海沿岸の南フランスに誕生した宮廷風恋愛が、女の境遇をある面で改善したにちがいないとよく言われてきた。宮廷風恋愛の起源については諸説紛々としている。ある説によれば、「クルトワジー」[*1]は女封主と若い封臣の関係に由来するという。別の説によれば、カタリ派[*2]の異端思想や聖母信仰に結びついているという。また、神への一般的な愛から派生した世俗的な愛だとする説もある。愛の法廷[*3]がかつて存在したかどうかはよくわからない。確かなのは、罪深き女イヴに対抗して、教会が〈贖《あがな》い主〔イエス・キリスト〕の母〉を称揚するようになったことだ。マリア信仰は非常に重きをなすようになり、十三世紀には、神が女に身をやつされた、と言われたほどである。こうして、女性への神秘的信仰が宗教面で発展する。他方、城の生活の余暇のおかげで、貴婦人は自分のまわりに会話や礼節や詩歌といった贅沢《ぜいたく》の花を咲かせることができた。ベアトリス・ド・ヴァランチノワ、アリエノール・ダキテーヌとその娘マリー・ド・フランス、ブランシュ・ド・ナヴァールなど多くの教養ある女たちが詩人たちを招いて年金を与えている。まず南仏に、ついで北仏に文化の花が咲き、それによって女たちは新たな威信を身につける。宮廷風恋愛はしばしばプラトニックなものとして描かれた。クレチアン・ド・トロワ[*4]は、おそらく自分の庇護者《ひごしゃ》の女性を喜ばせるために、自分の小説から

＊1　中世の騎士道精神にのっとった女性への献身的・服従的態度。
＊2　十二～四世紀、南フランスに広まったキリスト教異端派。
＊3　中世貴族社会の恋愛談義。恋愛に細かい規則をもうけ、実際の法廷を真似《まね》て論議したという。
＊4　一一三五頃－八三頃、フランスの宮廷風騎士道物語の作者。

姦通を一掃してしまった。彼はランスロとグニエーヴルの恋愛以外には不倫の恋を描いていない。だが実際には、封建時代の夫は後見人であり暴君だったので、妻は結婚生活の外に愛人を求めていた。宮廷風恋愛は、公認された粗野な慣習に対する代償となっていたのである。「近代的な意味での恋愛は、古代では公的社会の外でしか生まれていない。……古代が性愛傾向において行きついたまさにそこから、つまり姦通から、中世は再出発するのである」とエンゲルス[*1]は指摘している。実際、恋愛は結婚制度が続くかぎりこの形態をとるだろう。

実のところ、クルトワジーは女の境遇を耐えやすいものにしたとはいえ、それを根底から変えたわけではない。女を解放に導くのは宗教や詩といった観念形態ではない。封建時代末期に女がいくぶん勢力を広げてくるのは、まったく別の理由によるのである。王の至上権が封臣たちに及ぶようになると、封主は自分の権利の大部分を失ってしまう。とくに、女の封臣の結婚を決定する権利が封主からしだいに取りあげられる。同時に、封建制下の後見人からは、被後見人の財産の用益権が取りあげられ、後見にともなう利益がなくなる。さらに、封土に対する奉仕義務が献納金に限定されるようになると、後見制そのものが消滅する。女は軍務につくことはできなかった。だが、金銭的義務を果たすことは男と同じようにできる。そうなると、封土は単なる世襲財産にすぎなくなり、男女を平等に取り扱わない理由はなくなるのである。実際には、ドイツ、スイス、イタリアでは女たちは終身後見制に従ったままである。しかしフランスでは、ボーマノワールの言葉によれば「娘一人は男一人に等しい」ことが認められている。ゲルマンの慣習によって女には後見人として保護者が与えられていた。だが、保護者が必要でなくなると後見人もいらなくなる。女であるという理由で無能力の刻印を押されることはなくなるのだ。独身か寡婦であれば、女は男のもつあらゆる権利をもつ。女に不動産があれば主権を与えられる。つまり、封土を所有する女は、封土を統治する。裁判を行ない、契約に署名し、法律を制定するのである。軍事的役割を果たし、軍隊を指揮し、戦闘に参加する女さえ見られる。女の戦士はジャンヌ・ダルク[*2]以前にもいる。乙女ジャンヌ・ダルクは、人を驚かせはしても、憤慨させることはないのだ。

しかしながら、あまりに多くの要因が結びついて女の自立を妨げているので、それらの要因が一挙になくなることはけっしてない。肉体的弱さはもう問題にならない。しかし女が結婚している場合、女の従属が社会にとって有用であることに変わりはない。だから、封建制が消滅しても、夫権は存続するのだ。現在も続いている逆説がここにはっきり現われているのがわかる。つまり、最も完全に社会に組み込まれている女は、最も特権をもたない女なのだ。民政的な封建制のもとでも、結婚は軍政的な封建制の時代と同じ形態を保っている。夫は依然として妻の後見人である。ブルジョア階級が形成されても、以前と同じ法律が守られる。封建法と同じく慣習法でも、結婚の外にしか解放は

＊1　ともに『ランスロ、または車上の騎士』の登場人物。
＊2　一四一二－三一、百年戦争でイギリス軍を破り、フランスの危機を救う。

ない。未婚の女と寡婦は男と同じ行為能力をもつが、結婚すると女は夫の後見と権限のもとにおかれる。夫は妻を殴ることができ、妻の行動や交際や手紙を監視し、契約によるのではなく結婚という事実だけで妻の財産を自由にできる。「結婚が成立すればただちに、両者の財産は結婚の効力によって共有となり、男の権限下におかれる」と、ボーマノワールは言う。貴族やブルジョアにあっては、世襲財産の利益のためには一人の主人が管理しなければならないからである。妻を夫に従属させるのは、妻が本質的に無能力であると判断されるからではない。財産管理に何の差しさわりもない場合には、女の能力は十分に認められているのだ。封建時代から現代に至るまで、結婚した女は意図的に私有財産の犠牲にされてきた。この隷属《れいぞく》状態は夫の所有する財産が莫大《ばくだい》であればあるほど苛酷であるのは注目に値する。いつでも女の従属がいちばんはっきりしているのは有産階級である。今日でも、富裕な土地所有者層には家父長制家族が存続している。男は自分が社会的経済的に有力であると感じていればいるほど、威厳をもって家長を演じるのだ。反対に、夫婦がともに貧困であれば、夫婦の絆《きずな》は相互的なものになる。女を解放したのは封建制でも教会でもない。家父長制家族から真の夫婦家族への移行がなされるのは、むしろ農奴身分からである。農奴とその妻は何も所有せず、家、家具、道具を共用していただけだ。男には、何の財産もない女の支配者になろうとする理由はまったくなかった。その代わりに、二人を結びつけている労働と利害の絆が妻を伴侶《はんりょ》の地位に引きあげたのだ。農奴制が廃止されても貧困は残る。夫婦が平等に暮らすのが見られるのは、小さな農村共同体や職人の階層である。妻は物でもなければ召使いでもない。そうしたものは金持ちの男の贅沢品である。貧しい男は自分を妻に結びつけている絆が相互的なものであるのを実感している。妻は自由に働いて経済的社会的役割を見出《みいだ》すので、実質的な自律を得る。中世の笑劇《ファルス》や笑話《ファブリオ》は、職人や小商人や農民の社会を反映している。そこでは、夫は妻に暴力をふるえるぐらいしか妻に対する特権はないが、妻の方は策略をもって夫の力に対抗して、夫婦はけっきょく平等ということになる。一方、裕福な妻は、仕事をせずに過ごす代わりに夫に服従しなければならないのである。

　中世の女にはさらにいくつかの特権があった。村では住民集会に参加していたし、全国三部会[*1]の代議員選挙のための予備集会に参加していた。また、夫が自分の権限で自由にできるのは動産だけで、不動産を譲渡するには妻の同意が必要とされていた。十六世紀になると、旧体制《アンシャン・レジーム》[*2]のあいだずっと維持されることになるさまざまな法律が制定される。この時期には封建時代の慣習はすっかり消え去って、女を家庭に縛っておきたいという男の要求から女を守るものは何もない。女に対して非常に侮蔑的なローマ法の影響がここに感じられる。ローマ人の時代と同様に、女の性の愚かしさと弱さに対する激しい非難は、法律の原因であるのではなく、理由づけであるように見える。男たちは自分に都合よくふるまうための理由をあとから見つけだすのだ。『果樹園の夢想』にはこ

＊1　僧侶、貴族、第三身分からなる身分制議会。

＊2　十六世紀の初めからフランス革命に至るまでの政治・社会体制。

う書かれている。「女のもつ悪《あ》しき条件のなかでも、法律に関しては九つの悪しき条件があると思う。第一に、女は生まれつき災いをもたらす……第二に、女は生まれつきたいへんけちである……第三に、女の望みは非常に気まぐれである……第四に、女はその心根が邪悪である……第五に、女はペテン師である……さらに、女は裏表があると見なされており、それゆえ、民法によれば遺言の証人にはなれない……さらに、女はいつも命令されたのとは反対のことをする……さらにまた、女はとかく、何かと口実をもうけては、自分自身の非難されるべき、恥ずべき行為を語る……さらに、女は狡猾《こうかつ》で悪意がある。聖アウグスチヌス猊下《げいか》は『女は毅然《きぜん》としたところも安定したところもない動物である』とおおせられた。女は夫も戸惑うほど恨みっぽく、邪悪さの温床であり、あらゆる争議、あらゆる論争の始まりであり、いっさいの堕落への道である」。似たような文章がこの時代にはたくさんある。いま引用した文章のおもしろさは、それぞれの非難が、女に対して法律が講じている措置を一つずつ弁護し、女が劣った地位にとどめられているのを正当化することをねらっている点だ。もちろん「男の職務」はすべて女には禁じられている。女から民事上の行為能力をいっさい奪ってしまうウェレイウスの元老院令が復活する。父親の遺産を相続するについては、男には長子相続権と男子優先権があるために、女は下位におかれる。独身の娘はずっと父親の後見のもとにおかれ、父親が娘を結婚させない場合は、たいてい修道院に入れられる。未婚の母となった場合は、男に子を認知させることは認められているが、分娩《ぶんべん》費用と子どもの養育費を得る権利しか与えられない。結婚すると、女は夫の権限下におかれる。夫は住居を定め、家庭生活を指図し、妻が姦通《かんつう》した場合は妻を離縁して修道院に入れるか、あるいはもっと時代が下るとバスチーユ牢獄《ろうごく》に送る封印状を手に入れることになる。どんな証書も夫の裏書がなければ無効である。共同体に女が貢献できることといえば、古代ローマ時代と同じ意味での持参金ぐらいなものだ。しかし、結婚は解消不可能なので、財産の自由処分権が妻のものとなるためには夫が死ななければならない。そこから次のことわざが生まれた。「妻はもともと友ではない。ただ、友であってほしいと期待されるだけだ」。妻は自分の資産を管理しないので、資産に対する権利がある場合でもその資産に責任を負わない。資産は女の行為にどんな内容も与えない。つまり、女には世界への具体的な手がかりがないのである。自分の子どもでさえ、『エウメニデス』〔一六八頁、一七〇頁参照〕の時代のように、母親よりはむしろ父親に属するものと見なされている。母親は、自分よりずっと権限があり子孫の真の支配者である夫に、子どもを「産み与える」のである。これはまさにナポレオンが用いることになる論法である。つまり梨《なし》の木が梨の実の所有者のものであるように、妻は男の所有物であり、男に子どもを供給するのだというのである。

旧体制《アンシヤン・レジーム》を通じて、フランス女性の身分規定は以上のようなものにとどまっている。ウェレイウスの元老院令は判例によって少しずつ破棄されていくようになるが、これが決定的に消滅するにはナポレオン法典を待たなければならない。夫が妻の品行にも負債にも責任を負い、妻は夫にだけ釈明すればよい。妻は公権力との直接的な関係はほとんどなく、家族以外の人間との自主的な関係もない。妻は夫の協力者からはほど遠く、労働と母親業にたずさわる召使いのように見える。妻が作りだす品物も価値も存在も妻自身の財産ではなく、家族の財産、すなわち家長である夫の財産なのだ。他の国々でも、女の状況は似たりよったりである。それどころか、後見制が残っている国さえある。どこの国でも既婚女性の行為能力は皆無であり、慣習はきびしい。ヨーロッパの法典はすべて、女に不利な教会法やローマ法やゲルマン法に基づいて作成された。どこの国でも私有財産と家族を認め、これらの制度の要求に従っている。

こうしたすべての国で、「貞淑な妻」が家族に隷属した結果の一つが、売春の存在である。売春婦は偽善的に社会の周縁に押しやられながら、最も重要な役割の一つを社会で果たしている。キリスト教は彼女たちに軽蔑のことばを浴びせかけるが、彼女たちを必要悪として認めているのだ。「売春婦を廃止してみよ、社会は放蕩《ほうとう》で乱れるであろう」と、聖アウグスチヌスは言う。後に、聖トマス——あるいは『統治原論』の第四巻にその名を署名した神学者——は明言する。「世の中から売春婦を排除してみよ。世の中は、放蕩のために、あらゆる種類の無秩序で混乱するであろう。都市における売春婦は宮殿における下水溝のごとし。下水溝をなくしてみよ。宮殿は悪臭を放つ不潔な場所となるであろう」。中世初期には非常に放埒《ほうらつ》な風習が行きわたっていたので、売春婦の必要はほとんどなかった。しかしブルジョア家族が形成され、一夫一婦制が厳格になると、男は家庭外に快楽を求めに行かなければならなくなった。

シャルルマーニュの法令が徹底的に厳しく売春を禁止したが効果はなかった。フランスの聖王ルイ〔ルイ九世〕は一二五四年に売春婦の追放を命じ、一二六九年には売春地帯の破壊を命じたが、これも効果がなかった。ジョアンヴィル[*1]の伝えるところによれば、ダミエッタ[*2]では、売春婦の幕舎《テント》が王の幕舎《テント》に隣接していたという。さらに下って、フランスのシャルル九世〔在位一五六〇－七四〕の努力も、十八世紀オーストリアの女帝マリア・テレジア〔在位一七四〇－八〇〕の努力も同じように失敗した。社会機構が売春を不可欠なものにしていたのである。ショーペンハウアー[*3]はもったいぶった調子で、「売春婦は一夫一婦制の祭壇に捧《ささ》げられた人身《ひとみ》御《ご》供《くう》である」と言うだろう。また、ヨーロッパ道徳史の研究をしたウィリアム・レッキイ[*4]も同様の考えを述べている。「売春婦は悪徳のこのうえない典型でありながらも、美徳の最も積極的な守り手である」。売春婦の地位はユダヤ人の地位と比較され、しばしばそれと同一視されてきたが、それももっともなことなのだ[*5]。高利貸しや金銭投機は、結婚外の性行為とまったく同様に、教会から禁止されている。しかし、社会は金融や自由恋愛なしにはすませられない。だから、こう

＊1　聖王ルイに仕えた年代記作者。
＊2　エジプト、ナイル河口の都市。十字軍の遠征地。
＊3　一七八八－一八六〇、ドイツの哲学者。
＊4　一八三八－一九〇三、イギリスの歴史家。
＊5　〔原注〕「ペイパンをとおってシストロンにやってくる売春婦は、ユダヤ人のようにサント・クレールの修道女のために五スーの通行税を払わなければならなかった」（バユトー）。

した役割を呪《のろ》われたカーストに負わせ、彼らをゲットーや売春公認地域に閉じ込めるのだ。パリでは、管理下にある女たちは淫売窟で働いていた。朝そこに来て、晩に帰宅消灯の鐘が鳴ると帰っていった。彼女たちは特定の街区に住み、そこから離れる権利がなかった。他のほとんどの都市では、遊廓《ゆうかく》は都市の城壁の外におかれていた。ユダヤ人と同じように、売春婦は衣服にそれとわかる印をつけなければならなかった。フランスで最も一般的に用いられたのは、一方の肩に下げる決まった色の飾り紐《ひも》だった。絹や毛皮、堅気の女のような装身具は彼女たちに禁止されることが多かった。売春婦をおぞましいものと見なすのは当然のこととされ、彼女たちは警察や司法官に不服申し立てをする手だてがまったくなく、誰か近所の人が苦情を言うだけで住居から追い出されてしまった。大多数の売春婦にとって、生活は苦しく悲惨だった。娼家《しょうか》に閉じ込められている者もいた。フランス人の旅行家アントワーヌ・ド・ラランは、十五世紀末のスペイン・ヴァレンシア地方の遊廓の描写を残している。その場所は、彼によれば、「小さな町ぐらいの大きさで、まわりは壁に囲まれ、門がたった一つしかない。そして、門前には、中で悪事を働いた者のために絞首台《こうしゅだい》がしつらえてある。門には一人の男がいて、中に入ろうとする者から武器を取り上げ、金をもっているなら預けた方がよい、なくさずにきちんと返すからと言う。金をもっていて預けず、夜間にそれが盗まれたとしても、門番は責任を負わない。この場所には小さな家が建ち並ぶ通りが三つ、四つあり、それぞれの家にはビロードやサテンの服を着た派手な娘たちがいる。娘は二、三〇〇人はいて、良質の布を妙なふうに張りめぐらせた自分の小部屋をもっている。料金の相場はスペイン通貨の四ドニエであり、これはわが国の通貨に換算すると相当な額にあたる。……そこには居酒屋やキャバレーもある。昼間は暑さでこの場所をじっくり見ることはできないが、夜や夕方なら、彼女たちが戸口に腰をおろし、その脇《わき》には美しいランプが下がっているので、もっとよく彼女たちを好きなように見ることができる。町には医師が二人雇われていて、病気を町からなくすために毎週娘たちを訪問しては、何か持病や性病にかかっていないか調査する。町に病人が出ると、有力者が申し合わせて費用を負担し、そのような者となった女を本人の望むところへ送るのである」[*1]。さらに著者は、このようにうまく秩序が維持されているのに驚いている。多くの売春婦は自由で、なかには稼ぎのよい者もいた。ヘタイラ〔古代ギリシアの高級娼婦〕の時代と同じように、高級娼婦は「堅気の女」の生活よりもはるかに女の個人主義の可能性を開いていたのである。

フランスで特異なのは独身女性の地位である。独身女性が享受《きょうじゅ》している法律上の自立性は人妻の隷属状態とひどく対照的だ。独身女性は型破りな人物である。だから、慣習は、法律が独身女性に認めているものをすべて取りあげようと躍起になるのだ。独身女性は民事上の行為能力をすべてもっているが、まさにそれは抽象的で内容のない権利である。彼女は経済的に自立していないし、社会的威信もない。一般にオールドミスは父

＊1　〔原注〕『会話辞典』、リッファンベルク、「狂った人生の女と娘たち」。

親の家族の陰に隠れているか、修道院の奥で自分の同類とともにいる。そこで自由であろうとすれば、不服従か罪を犯す以外に道はない。だから、頽廃《たいはい》期のローマの女たちも悪徳を犯すことによってしか解放されなかったのだ。女の解放が消極的なものにとどまっているかぎり、消極性は相変わらず女の運命である。

このような諸条件のもとでは、女が行動したり、単に自分を表現する機会をもてたというだけでも、いかに稀《まれ》なことであるかがわかる。労働者階級の場合には、経済的抑圧が男女の不平等を解消するが、個人から一切の機会を奪っている。貴族やブルジョアの場合には、女は女であるがために抑圧される。女には寄生的な生き方しかなく、教育もほとんど受けられない。女が具体的な企てを思いつき、実現するには例外的な状況が必要なのだ。女王や女摂政《せっしょう》にはこの稀な幸運がある。絶対的権力をもつ彼女たちは女という自分の性を超えた存在なのである。フランスではサリカ法〔ゲルマン人サリ族に由来する慣習法〕によって女は王位継承を禁じられている。だが時には女が夫のかたわらで、また夫の死後、大きな役割を果たすこともある。たとえば、聖女クロチルド[*1]、聖女ラーデグンデ[*2]、ブランシュ・ド・カスチーユ[*3]がそうだ。修道院生活は女を男から独立させる。女性大修道院長のなかには大きな権力をもった者もいる。エロイーズ[*4]は恋する女として有名であると同時に、大修道院長としても名をあげた。女の魂は、自分を神に結びつける神秘的で、それゆえに自主的な関係のなかから、霊感と男の魂の力を汲《く》みとるのである。また、彼女たちは社会から尊敬されているので、困難な企ても成し遂げることができる。ジャンヌ・ダルクの冒険は奇蹟であり、束《つか》の間《ま》の向こうみずな行動にすぎなかった。けれどもシエナ〔イタリアの都市〕の聖女カタリナ〔一三四七－八〇〕の話は意義深い。彼女はまったく普通の生活を送っていたが、熱心な慈善行為と強烈な内面生活の表われである幻視によって、シエナで大評判になる。こうして彼女は、女には一般的に欠けている、しかし成功するためには必要な権威を獲得するのである。死刑囚を励まし、迷える者を立ち直らせ、家族や都市のあいだの争いをしずめるために、人々はカタリナの影響力にすがる。彼女に指針を求める共同体から支持されて、彼女は平和の使命を果たせるようになる。町から町へと教皇への服従を説いてまわり、司教や君主と広く文通して、ついには教皇〔グレゴリウス十一世〕をアヴィニョン[*5]に迎えに行く使節としてフィレンツェから選ばれる。王妃は神権により、聖女はその輝かしい徳によって、男と対等になるための足場を社会のなかに確保するのだ。それ以外の女たちには、反対に、物言わぬ慎み深さが要求される。クリスチーヌ・ド・ピザン[*6]のような人の成功は驚くべき幸運である。それにしても、彼女が文筆で生計をたてる決心をするには、寡婦《かふ》であり、養わなけ

＊1　四七〇頃－五四五、夫のフランク王クローヴィスをキリスト教に改宗させた。
＊2　五二〇頃－五八七、フランク王クロタール一世の王妃。修道院を設立。
＊3　一一八八－一二五二、ルイ八世の王妃。ルイ九世の摂政として諸侯の反乱を鎮圧。
＊4　一一〇一－六四、神学者アベラールと愛の往復書簡を交わす。
＊5　南フランスの都市。一三〇九－七七、教皇座が移されていた。

ればならない子どものいることが必要だったのだ。

全体として、実際には、中世の男たちの意見は女にあまり好意的ではない。たしかに宮廷風恋愛詩人は恋愛を称揚した。たくさんの恋愛術の書が刊行され、そのなかにはアンドレ・ル・シャプランの詩や、ギョーム・ド・ロリスが貴婦人に献身的に尽くすよう若者に勧める有名な『バラ物語』〔前編〕がある。しかし、トルバドゥール*1の文学に影響されたこのような文学とは対照的に、女を意地悪く攻撃するブルジョア市民的な発想の書もあるのだ。笑話《ファブリオ》、笑劇《ファルス》、物語詩が女の怠惰、媚態《びたい》、情欲を非難している。また聖職者は女の最悪の敵である。彼らは結婚を非難する。教会は結婚を秘蹟《ひせき》としながら、キリスト教徒の選良にはこれを禁じていた。まさに、ここに「女性論争」の原因となった矛盾がある。この矛盾は『マテオルスの嘆き』のなかに独特な躍動感で示されている。この作品は『バラ物語』前編が出てから十五年後に出版され、百年後にはフランス語に翻訳されるが、当時も有名だった。マテオルスは妻をめとったために「聖職身分」を失った。彼は自分の結婚を呪い、女と結婚一般を呪った。結婚と聖職者の身分は両立しないというのに、どうして神は女を造られたのか？　結婚に平和はありえない。結婚は悪魔の仕業にちがいないのだから。さもなければ、神はご自身で何をなされたのかご存じなかったのだ。マテオルスは審判の日に女が復活しないことを願う。だが神は、結婚は天国にいたるための煉獄《れんごく》であると彼に答える。そして、夢で天国へと運ばれたマテオルスは、大勢の夫たちが「ようこそ、ようこそ、真の殉教者！」と叫んで自分を迎えるのを見るのである。同じく聖職者であるジャン・ド・マン〔『バラ物語』続編の作者〕にも似たような着想が見られる。彼は女の軛《くびき》から逃れるように若者に厳しく命じている。まず彼は恋愛を攻撃する。

恋は憎しみの国
恋は愛するゆえの憎しみ

男を隷属《れいぞく》状態に陥《おとし》いれ、男が必ず裏切られることになる結婚を彼は攻撃し、女を痛烈に非難する。女の擁護者たちは、それに反論して女の優越性を示そうと努める。十七世紀にいたるまで弱き性〔女〕の弁護者たちが用いるのは、次のような論拠である。「女は男より優れている。すなわち、アダムは泥土から造られイヴはアダムの肋骨《ろっこつ》から造られたのだから、素材において。アダムは天国の外で造られイヴは天国で造られたの

＊6　（221頁）一三六四頃－一四三〇頃、ヴェネチア生まれの女性作家。『バラ物語』をめぐる女性論争のきっかけをつくる。『バラ物語』は、恋愛をテーマとするフランス中世の韻文・教訓物語。前編（一二二五－三〇頃、ギョーム・ド・ロリス作）は、宮廷風恋愛の女性崇拝の思潮が基調をなしている。しかし、続編（一二七五－八〇頃、ジャン・ド・マン作）は、作者独自の自然観に基づく即物的な恋愛観、女性蔑視《べっし》の思想を展開している。十五世紀になって、クリスチーヌ・ド・ピザンが続編に反論し、これをきっかけに「女性論争」が始まる。

＊1　十一世紀末〜十三世紀末の南フランスの恋愛詩人の総称。

だから、場所において。女は神を宿したがこれは男には不可能なことであるから、受胎において。キリストはその死後一人の女マグダラのマリアの前に現われたのだから、顕現において。一人の女である至福のマリアが天使の群れよりもさらに讃《たた》えられたのだから、称賛において……」

これに対して敵側は、キリストがまず女たちの前に現われたのは、キリストが女たちのお喋《しゃべ》りなのを知っていて、自分の復活を急いで知らせようとしたからだと応酬した。論争は十五世紀全体を通じて続けられる。『結婚十五の楽しみ』の作者は、哀れな夫たちの不幸を得々と描いている。ウスターシュ・デシャン〔フランスの詩人〕はこの同じ主題で延々と続く一編の詩を書く。「バラ物語論争」が始まるのはこの頃である。一人の女がはじめて同性を弁護するためにペンをとる。クリスチーヌ・ド・ピザンが『愛の神への書簡』で聖職者を痛烈に攻撃するのだ。聖職者たちはただちに立ち上がり、ジャン・ド・マンを弁護する。しかし、パリ大学長ジェルソンはクリスチーヌの側につき、より多くの読者を獲得するためにその論文をフランス語で書く。マルタン・ル・フランは、二百年後にもまだ読まれている『女性の擁護者』[*1]〔一四八五〕という粗雑な作品を論争の場に投げこむ。そして、クリスチーヌがふたたび発言し、とくに女が教育を受けられるよう要求する。「女の子を学校に入れるのが慣例になり、息子と同じように娘にも広く学問を学ばせるなら、彼女たちは男の子と同じようにあらゆる学芸、学問の機微を完璧《かんぺき》に学び、理解するだろう」。

この論争は、実際には間接的にしか女に関係していない。女に割り当てられている役割とは別の社会的役割を女に要求しようなどとは誰も思わなかったのである。問題はむしろ、聖職者の生活と結婚の実情を比較対照することにある。つまり、結婚に対する教会の矛盾にみちた態度が引き起こした男の問題なのだ。この論争は、ルター*2が聖職者の独身制を否定することで決着がつくだろう。女の地位がこうした文学論争の影響を受けることはない。笑劇《ファルス》や笑話《ファブリオ》の風刺はあるがままの社会を嘲笑《ちょうしょう》しても、社会を変えようとは主張していない。女を愚弄《ぐろう》するが、女に対して陰謀を企《たくら》んだりすることもない。宮廷風恋愛詩は女らしさを称揚するが、こうした崇拝が男女の同格を意味するわけではない。「論争」は副次的な現象であり、社会の態度を反映してはいるものの、社会を変革しはしないのである。

＊

女の法的身分は十五世紀初頭から十九世紀までほとんど変わらなかったと言われてきたが、特権階級の女の実質的な地位は進展している。イタリアのルネサンス期はあらゆ

＊1　『女性の擁護者』原文ではChaperon des Damesとなっているが、Champion des damesの誤記と思われる。

＊2　一四八三－一五四六、ドイツの宗教改革者。

る強烈な個性が男女の区別なく開花するのに適した個人主義の時代である。ジャンヌ・ダラゴン、ジャンヌ・ド・ナープル、イザベッラ・デステのような強力な女性君主がいる。男のように武器をとった冒険好きな女の傭兵《ようへい》隊長もいた。たとえば、ジラロモ・リアリオの妻はフォルリー市の自由のために戦った。イポリッタ・フィオラメンティはミラノ公の軍隊を指揮して、パヴィア攻防戦のとき、貴婦人の軍勢を城壁に導いた。自分たちの市をモンリュックから守るために、シエナの女たちは三千人の女からなる部隊を三つ編成して、これを指揮した。教養や才能で有名になったイタリア女性もいる。たとえば、イザーラ・ノガラ、ヴェロニカ・ガンバーラ、ガスパーラ・スタンパラ、ミケランジェロの女友だちであったヴィットリア・コロンナ、そしてまた、メディチ家のロレンツォとジュリアーノの母ルクレチア・トルナブオーニがいる。彼女はとりわけ賛歌を、洗礼者ヨハネと聖母マリアの生涯を書いた。これらの優れた女たちのなかには高級娼婦が数多く含まれている。自由な生活習慣と自由な精神をあわせもち、職業につくことによって経済的な自由を確保しているので、彼女たちの多くがうやうやしい称賛の念をもって扱われた。彼女たちは諸芸術を保護し、文学や哲学に関心をもち、自分で文章を書いたり、絵を描いたりすることもよくあった。イザベッラ・ディ・ルナ、カタリーナ・ディ・サン・チェルソ、詩人で音楽家のインペリアらが、アスパシアやフリュネの伝統を復活させる。しかし、多くの高級娼婦にとって、自由はまだ放縦のかたちしかとっていない。イタリアの貴婦人や高級娼婦の乱痴気騒ぎや犯罪は伝説になったほどである。

こうした放縦はまた以後数世紀にわたって、地位や財産のおかげで世間一般の道徳から解放された女たちのあいだで見られる主な自由でもある。世間の道徳はおおむね中世と同様に依然として厳しい。自由を積極的に実現できるのはまだほんの少数だけである。王妃はいつでも恵まれている。カトリーヌ・ド・メディシス[*1]、イギリス女王エリザベス一世[*2]、カスティーリャ女王イサベル一世[*3]は偉大な女性君主である。何人かの偉大な聖女も崇拝されている。アビラの聖女テレサ[*4]の驚くべき運命は、シエナの聖女カタリナの場合とほとんど同じように説明できる。彼女は神への信頼を自分自身へのゆるがぬ信頼の源泉としたのである。自分の身分にふさわしい徳を最高度に高めることによって、彼女は聴罪司祭たちやキリスト教界からの支持を得る。一人の修道女がおかれた平凡な立場を超えて頭角を現わすことができたのである。彼女はいくつかの修道院を設立し、管理する。男のような大胆な勇気をもって旅行し、事を企て、根気よく続ける。社会は彼女を妨害しない。ものを書くことも厚かましい行為とはならない。聴罪司祭たちがそれを彼女に注文するのだ。驚異的なめぐりあわせによって男に与えられるような機会を与えられたときには、女も男と同じくらいの高みに昇れることを彼女はみごとに示している。

＊1　一五一九－八九、夫のフランス王アンリ二世の死後、宗教戦争の時代、摂政を務める。
＊2　在位一五五八－一六〇三、重商主義政策を展開し、国力を発展させる。
＊3　在位一四七四－一五〇四、夫のアラゴン国王フェルナンド二世とともにスペインを統一。
＊4　一五一五－八二、スペインの修道女、カトリック教会初の女性教会博士。

しかし、実際には、こうした機会は不平等なままである。十六世紀には女はまだほとんど教育を受けていなかった。それまでは男しかいなかった宮廷に多くの女たちを呼びよせ、侍女の一団をつくろうと努めているが、彼女が気にかけたのは侍女たちの教養よりもその教育だった。さらにもう少しあとになると、才能、知的影響力、著作で抜きんでるのは、大部分が貴婦人である。いちばん有名なのは、レス公爵《こうしやく》夫人、マルゴ王妃[*2]、リニュロル夫人、ロアン公爵夫人とその娘アンヌがいる。アンヌ・ド・ブルターニュ[*1]は、それまでは男しかいなかった宮廷に――とマルグリット・ド・ナヴァール[*3]である。ペレット・デュ・ギエはブルジョアだったようだが、ルイーズ・ラベ〔作家〕はおそらく高級娼婦《しょうふ》だった。それはともかく、彼女はきわめて身持ちが悪かった。

十七世紀の女たちは主に知的分野で才能を発揮しつづける。社交生活が発展し、文化が普及する。サロンで女が果たす役割は大きい。彼女たちは世界の建設には参加していないので、会話や芸術や文学に没頭する暇がある。彼女たちの教育は系統的ではないが、会談や読書、家庭教師による教育や公開講演をとおして、夫より優れた知識を身につけるようになる。グルネ嬢、ランブイエ夫人[*4]、スキュデリー嬢[*5]、ラファイエット夫人、セヴィニェ夫人〔書簡作家〕はフランスでひろく名声を得る。フランス以外では、エリザベート王妃、クリスティーナ女王、あらゆる学者たちと文通したシュルマン嬢といった名前が同じような評判を得ている。こうした教養とその教養から得た威信のおかげで、女たちは男の世界に介入するようになる。数多くの野心家の女が、文学や恋愛論議から政治的駆け引きに関心を移していくのだ。一六二三年に教皇大使は、「フランスでは、あらゆる大事件、あらゆる重大な陰謀のほとんどが女たちにあやつられている」と書いている。コンデ大公妃は「女たちの共謀」を煽動《せんどう》する。アンヌ・ドートリッシュ[*6]は女たちをまわりにおき、すすんでその助言に従っている。リシュリュー〔ルイ十三世の宰相〕はエギィヨン公爵夫人によろこんで耳をかす。モンバゾン夫人、シュヴルーズ公爵夫人、モンパンシエ嬢、ロングヴィル公爵夫人、アンヌ・ド・ゴンザグなど多くの女たちが、フロンドの乱[*7]に際してどんな役割を果たしたかは周知のとおりである。最後に、マントノン夫人〔ルイ十四世の愛人〕は、巧みな女の助言者が国事に及ぼしうる影響力の顕著な例を示した。世話役、助言者、策謀家など、女が最も力を発揮できる役割を手にするのは間接的なやり方によってなのだ。スペインのオルシニ大公妃はかなりの権威をもって直接に統治するが、短期間にすぎなかった。こうした貴婦人たちのほかに、何人かの著

＊1　一四七七－一五一四、フランス王シャルル八世の王妃。夫の死後、ルイ十二世の王妃。
＊2　マルグリット・ド・ヴァロワ、アンリ四世の妃、カトリーヌ・ド・メディシスの娘。『回想録』を残す。
＊3　一四九二－一五四九、『エプタメロン』の著者。フランス王フランソワ一世の姉。
＊4　自宅にサロンを開き、洗練された社交界の基礎を築いた。
＊5　「土曜会」を開き、そこでの討論で出来た『恋愛地図』は有名。
＊6　ルイ十三世の王妃。ルイ十四世の幼少期の摂政。
＊7　一六四八－五三、王権の強化に反発した大貴族の内乱。

名な女性が一般市民としての制約を免れた世界に出現している。それまで知られていなかった種族、女優が姿を現わすのだ。一五四五年、舞台への女性の登場がはじめて報じられた。一五九二年には女優はまだたった一人しか知られていない。十七世紀初頭には女優の大部分は男優の妻である。やがて、女優たちは私生活でも職業でも自立していく。高級娼婦の方は、フリュネ、インペリア以後、その最も完成された化身をニノン・ド・ランクロ〔作家、サロンを主宰〕のうちに見出《みいだ》せる。彼女は自分が女であることを活用して、女であることを超える。男たちのあいだで生活することによって男性的な資質を手に入れる。自立した生活習慣は彼女を精神的に自立させていく。ニノン・ド・ランクロには、当時の女に許されていた最大限の自由があったのだ。

十八世紀になると、女の自由と自立はさらに拡大する。慣習は原則的には依然として厳しい。若い娘は簡単な教育しか受けられず、当人に相談もなく結婚させられたり修道院に入れられたりする。上昇しつつある階級、ブルジョア階級はその存在を確固たるものにして、妻にはきびしい道徳を課す。その反面で、社交界の女は、貴族階級が崩壊したために、他の女たちよりも気ままにふるまうことができ、上層ブルジョア階級までがこうした例に感化される。修道院も家庭も女たちを抑えられないのだ。だがその当時も、女たちの大部分にとってこの自由は消極的で抽象的なものにとどまっている。つまり、彼女たちは快楽を追求するにとどまったのである。しかし、知的で野心的な女たちは行動の可能性を自分で作り出している。サロン生活はあらたに躍進する。ジョフラン夫人、デファン夫人、レスピナス嬢、エピネー夫人、タンサン夫人が果たした役割はよく知られている。作家の保護者であり、彼らに霊感を与える女たちは、作家の愛読者になっていた。彼女たち自身、文学や哲学や科学に関心をもっている。シャトレ夫人[*1]のように、自分の物理研究室や化学実験室をもち、実験や分析をする女もいる。彼女たちはかつてないほど積極的に政治に介入する。プリ夫人、マイイ夫人、シャトーヌフ夫人、ポンパドゥール夫人、バリ夫人は、かわるがわるルイ十五世を操っている。大臣にはたいてい女の助言者がいる。フランスではすべてが女たちによって行なわれている、とモンテスキューが評したほどだ。彼女たちは「国家のなかの新しい国家」を組織していると彼は言う。またシャルル・コレ〔風刺歌謡作家、劇作家〕は一七八九年〔フランス革命の始まる年〕を間近に控えた頃、次のように書く。「フランス人のあいだでは女たちが非常に優位に立って、男たちをすっかり支配してしまったので、男たちは女たちのあとについてでなければ考えたり感じたりしない」。社交界の女とならんで、ソフィ・アルヌー、ジュリー・タルマ、アドリエンヌ・ルクヴルールといったひろく名声に恵まれた女優や娼婦がいる。

　このように、旧体制《アンシャン・レジーム》全体を通じて自己を主張しようとする女が最も近づきやすいのは文化的な領域である。しかし、ダンテやシェークスピアのような作家の域に達した

*1　文学者、科学者、ヴォルテールと共同生活をした。

ものは一人もいなかった。この事実は、彼女たちのおかれた状況が全般的に月並みなものだったことから説明できる。教養はエリート女性の専有物にすぎず、一般大衆の女のものではなかったのだ。男の天才が大衆のなかから生まれることはよくあるのに。特権的な女たちでさえ、高い頂に近づくのを妨げる障害物にとりかこまれていた。聖女テレサやロシアの女帝エカテリーナの飛翔《ひしょう》をとめるものは何もなかったが、数かぎりない事情がこぞって女性作家を妨害した。ヴァージニア・ウルフ〔イギリスの作家〕は『自分だけの部屋』〔一九二九〕という小品で、シェークスピアに姉か妹がいたらと仮定し、その運命を作り出すことに興じている。彼が学校でラテン語、文法、論理学を少しばかり学んでいるあいだ、姉妹の方はまったく無知のまま家にこもっていただろう。彼が密猟をしたり、野原を駆けまわったり、近所の女たちと寝ているあいだ、彼女は両親の目の前で布巾《ふきん》を繕っていただろう。彼のように思いきってロンドンに運だめしに出かけたとしても、自由に生計を立てる女優にはならなかっただろう。家族のもとに引き戻され、むりやり結婚させられるか、あるいは、誘惑され、捨てられ、辱《はずかし》められて、絶望のあまり自殺してしまったかもしれない、と。彼女がダニエル・デフォー〔イギリスの作家〕の描くモル・フランダース*1のように陽気な娼婦になることも想像できるが、いずれにしても劇団を率いたり戯曲を書いたりすることはなかっただろう。イギリスでは女性作家はいつも反感をかってきたとウルフは言う。ジョンソン博士は彼女たちを「後足で歩く犬」にたとえて、「かっこうは良くないが、ひとを驚かせる」と言う。芸術家は誰よりも他人の意見を気にかけ、女はすぐに他人の意見に左右される。女性芸術家が他人の意見を思いきって無視するだけでも、どんなに力を必要とするかわかるだろう。この闘いで、たいていは消耗してしまうのだ。十七世紀の末に、貴族で子どものいないウィンチルシー夫人が書くという冒険を試みる。その作品はいくつかの箇所で、彼女が感受性豊かで詩的な資質の持ち主であることを示している。しかし、彼女は憎悪《ぞうお》や怒りや恐怖で身をすり減らした。

ああ！　ペンをとる女は
身のほどを知らぬ生きものとみなされて
その罪をあがなうどんな手段もない！

彼女のほとんど全作品が女をとりまく状況に対する憤《いきどお》りに費やされている。ニューキャスル公爵夫人の場合も同様だ。彼女も貴婦人だが、書くことによってスキャンダルを引きおこす。「女たちはゴキブリかフクロウのように生き、虫けらのように死ぬ」と、激しい怒りを込めて書いている。辱められ笑いものにされて、彼女は自分の領地に閉じこもらなければならなかった。そして、おおらかな気質であったのに、なかば狂ってし

＊1　『モル・フランダース一代記』（一七二二）の主人公。

まい、もはや突飛な駄作しか生み出さなかった。ようやく十八世紀になって、夫を亡《な》くしたブルジョアのアフラ・ベーン夫人が、男のようにペンで生計を立て、他の女たちも彼女の例にならった。しかし十九世紀になっても、身を隠さなければならない女性作家は多かった。彼女たちには「自分だけの部屋」さえなかった。つまり、内面の自由を得るのに必要な条件の一つである物質的な自立を享受《きょうじゅ》してはいなかったのである。

すでに見たように、これに較べてフランスの女の状況は社交生活の発展と知的生活とが緊密に結びついていたので、いくぶん恵まれていた。しかし世論の大部分は「青鞜《せいとう》派」[*1]に反感を示している。ルネサンス期に、貴婦人や才女たちは同性のための運動を起こす。イタリアから入ってきたプラトン学派の考えが恋愛と女を精神的なものにし、多くの学識者が女性擁護に力を尽くす。『徳高き貴婦人たちの船』、『貴婦人たちの騎士』などが刊行される。エラスムス[*2]は『対話集』のなかでコルネリアに発言させているが、彼女は女であることとの不満を激しい口調で述べている。「男たちは暴君です……私たちをまるでおもちゃのように扱います……洗濯させ、料理させるだけです」。エラスムスは女が教育を受けるのを許可するよう要求している。コルネリウス・アグリッパ[*3]は非常に有名になった著作『女性の気高さと優秀さについて論ず』で、女の優越性を熱心に証明しようとする。彼はカバラ[*4]の古い論法をふたたびもちだす。イヴは〈生命〉を、アダムは〈土〉を意味する。女は男よりあとから造られたのだから、男より完成されている。女はエデンの園で生まれ、男は外で生まれた。水に落ちると、女は浮かぶが男は沈む。

女はアダムの肋骨《ろっこつ》から造られたのであり、土からではない。女の月経は万病を治す。無知なイヴは誤ったにすぎず、罪を犯したのはアダムである。だから神は自らを男とされたのであり、そもそも神が復活して姿を現わしたのは女たちの前である。ついで、アグリッパは女は男よりも徳があると断言する。彼は女が誇りにすることのできる「公明な婦人」を数えあげているが、これもまたこうした擁護論の常套《じょうとう》手段である。最後に彼は男の横暴を激しく糾弾する。「男の横暴は、あらゆる権利を踏みにじり、本来の平等を犯しても罰せられず、生まれながら女に授けられている自由を女から奪ってきた」。しかしながら、女は子を産み、男と同じくらい賢く、男より鋭敏ですらある。女の活動を制限するなどもってのほかだ。「こうしたことがなされるのは、おそらく神の命令でも必然性や道理によってでもなく、慣習の力や教育、労働、そしてとくに暴力と抑圧によるのである」。もちろん彼は男女の平等を要求しているわけではなく、女が敬意をもって扱われることを望んでいるのだ。この著作は大成功をおさめた。もう一つの女性擁護論『難攻不落の砦《とりで》』や、プラトン的神秘主義の跡をとどめるエロエの『完璧《かんぺき》な女友だ

＊1　十八世紀ロンドンのモンタギュ夫人の文学サロンに集まった女たちが青い靴下をつけていたことに由来する名称。
＊2　一四六五／六六－一五三六、オランダの人文主義者。『愚神礼讃《らいさん》』の著者。
＊3　一四八六－一五三五、ドイツの哲学者、医師。
＊4　『旧約聖書』を寓意的、神秘的に解釈した密教的神知論。

ち』も大成功だった。サン＝シモン主義の先駆をなす奇妙な本のなかで、ギョーム・ポステルは人類再生の母である新しいイヴの到来を告げる。彼は彼女に出会ったとさえ信じている。彼女は死んで、おそらく自分の肉体に宿っているのだと。マルグリット・ド・ヴァロワ〔二二九頁＊2参照〕は『博学精緻《せいち》な叙説』のなかでもっと控えめに、女には何か神的なものがあると主張している。しかし女性の利益のためにいちばん尽くした作家はマルグリット・ド・ナヴァールだった。彼女は風俗の乱れに対して恋愛の神秘主義の理想と貞淑ぶることのない純潔の理想をかかげて、女の名誉と幸福のために結婚と恋愛を両立させせようとした。

もちろん女の敵もひきさがってはいない。なかでもアグリッパに反論して書かれた『男女論争』には、中世の古い論法がふたたび見出される。フランソワ・ラブレーは『第三の書・パンタグリュエル』で結婚に対する鋭い風刺に興じている。これはマチュー・やデシャンの伝統をふたたび取り上げたものだが、幸福なテレームの僧院〔ラブレーの描いた理想郷〕を支配することになるのは女たちである。反フェミニズムは、一六一七年、ジャック・オリヴィエの『女の欠陥と悪意についてのアルファベット』で新たな辛《しん》辣《らつ》さをおびる。表紙には一人の女が描かれていたが、この女はワシのような手をし、豪華な羽毛におおわれ、女はメンドリのように所帯持ちが悪いからというわけで、メンドリの脚で立っているという版画だった。アルファベットの各文字の下には女の欠点が一つひとつ刻まれていた。古い論争を再燃させたのはまたしても教会の人間だった。グルネ嬢が『男女の平等』で反論した。それに対して、宗教色のない好色な作り話である『風刺の詩集と小部屋』が女たちの素行を攻撃する一方で、信心家たちは女をおとしめようと、聖パウロや初期教会の教父たち、「伝道の書」を引用するのだった。女はマチユラン・レニエやその友人たちの風刺詩の汲《く》めどもつきぬ主題にもなった。もう一方の陣営では、女性擁護論者たちがアグリッパの議論を先を争ってとりあげ、解説する。デュ・ボスク神父は『淑女』のなかで、女が教育を受けるのを許可するよう要求する。『アストレ』[*1]をはじめとする恋愛文学がこぞってロンドー[*2]、ソネット〔十四行の定型詩〕、エレジー〔哀歌〕などで女の美点を讃《たた》えている。

女の獲得した成功が、かえって女に対する新たな攻撃を引きおこす。プレシューズ[*3]は世間の反感を買った。人々は『才女気どり』〔フランスの劇作家モリエールの喜劇〕や、そのすこし後では『女学者』〔同〕に喝采《かっさい》した。とはいえ、モリエールが女の敵だったというわけではない。彼は強制的な結婚を激しく攻撃して、若い娘のためには恋愛の自由を、妻のためには尊敬と自立を要求している。反対に、ボシュエはその説教で女にほとんど手加減しない。最初の女は「アダムの一部分、一種のミニチュアにすぎなかった。女の

＊1　オノレ・デュルフェ（一五六七－一六二五）の牧歌小説。
＊2　二種類の脚韻とリフレインをもつ定型詩。
＊3　極度に洗練された言葉でプラトニックな愛を主なテーマとする作品を書いた、スキュデリー嬢をはじめとする十七世紀フランスの女性文学者たち。

才知も、それに釣り合うものだった」と彼は書く。女を攻撃するボワロー[*1]の風刺詩はほとんど修辞学の練習にすぎないが、いたるところから猛烈な反論を引き起こす。プラドン〔劇作家〕、ルニャール〔劇作家〕、ペロー〔詩人、批評家〕が激しく反撃する。ラ・ブリュイエール〔モラリスト作家〕、サン・テヴルモン〔作家、自由思想家〕も女に好意的な態度を示す。当時の最も断固たるフェミニストはプーラン・ド・ラ・バールである。彼は一六七三年にデカルトの影響を受けた著作『男女平等論』を刊行する。強者たる男はいたる所で自分の性を優遇したが、女は男へのこうした従属を習慣から受け入れてきたのだと彼は考える。女には、自由にしても教育にしても、何一つ機会がなかったのだから、女が過去に何をしてきたかで女を判断することはできないだろう。女が男より劣っていることを示すものは何もない。解剖学がさまざまな違いを明らかにしているが、それらはどれ一つとして男の特権となるものではないのだ。そして結論として、プーラン・ド・ラ・バールは女にしっかりした教育を受けさせるよう要求する。フォントネル[*2]は女のために『世界多数問答』を書いた。また、フェヌロン〔聖職者、思想家、文学者〕はマントノン夫人やフルリ神父[*3]にならって、その教育案では非常に消極的な態度を示すが、反対に、ジャンセニストの大学人ロランは、女が真剣に学ぶことを望む。

十八世紀も両陣営に分かれている。一七四四年にアムステルダムで、『女の霊魂についての論争』の作者は次のように明言する。「男のためだけに造られた女というものは、この世の終わりには存在しなくなるだろう。女は造られた当初の目的に役立たなくなるだろうから。したがって必然的に、女の魂は不滅ではないということになる」。これほど徹底してはいないが、ルソーはブルジョア階級の代弁者となって、女を夫と母性に運命づけている。「女の教育はすべて男に関係したものでなければならない……女は男に譲歩し、男の不当な仕打ちにも耐えるようにできているのだ」と断言する。とはいえ、十八世紀の民主的で個人主義的な理想は女に好意的である。ほとんどの啓蒙思想家が、女を強い性〔男〕と同等な人間と見なしている。ヴォルテールは女の運命の不公平を告発する。ディドロは女の劣等性はそのほとんどが社会によってつくられたものだと考える。「女たちよ、あなたがたに同情する！」と彼は書く。「どの慣習をみても、市民法の残酷さは自然の残酷さとあいまって女に対抗してきた。女たちはまるで愚か者扱いされたのである」。逆説的にもモンテスキューは、家庭生活では女は男に従うべきだろうが、あらゆる点で女は政治行動に向いていると言う。「女が一家の主人であるのは道理と自然に反している……一国を支配するのはそのかぎりではない」。エルヴェシウス[*4]は女の劣等性をつくるのは女子教育の理不尽さのせいだと指摘する。ダランベール〔数学者、

＊1　古典主義の詩人、批評家。『詩法』の著者。
＊2　一六五七－一七五七、フランスの著述家、啓蒙《けいもう》思想の先駆者の一人。
＊3　ジャンセニスムは、オランダの神学者ヤンセニウスの説をもとに、ポール・ロワイヤル修道院を中心に展開された宗教運動。カトリック厳格主義のひとつで、イエズス会と対立。
＊4　哲学者。唯物論《ゆいぶつろん》的感覚論を説く。

哲学者〕も同じ意見だ。シレ夫人という一女性のうちに、経済的平等を求めるフェミニストがおそるおそる姿を現わすのが見られる。しかし、女子工員の悲惨に憤慨して女子労働の基本的問題と取り組んだのは、『パリ情景』[*1]におけるルイ＝セバスティアン・メルシエ〔作家、劇作家〕以外にほとんどいない。コンドルセ〔数学者、政治家〕は、女が政治に参加することを望む。彼は女を男と対等な者と見なし、月並みな攻撃に対して女を弁護する。「女は……もともと公正さの感覚をもたず、良心よりも感情に従うと言われてきた……（しかし）こうした違いが生じるのは生まれつきではなく、教育のせいであり、社会生活のせいである」。また別のところでは「女が法律によって隷属《れいぞく》させられればさせられるほど、女の影響力は有害なものになった……女が自分たちの影響力の維持にそれほど関心をもたなくなり、女の影響力が女にとって身を守り抑圧から逃れるための唯一の手段でなくなるなら、女の影響力は弱まるだろう」と述べている。

V

フランス革命は女の境遇を変えたと予想されるかもしれない。しかしまったくそうではなかった。このブルジョア革命はブルジョアの制度と価値を尊重するものだった。それに、ほとんど男たちだけで行なわれたのである。旧体制《アンシャン・レジーム》のあいだ女として最も自立していたのが勤労階級の女たちだったことは強調しておく必要がある。女には商売をする権利があり、自主的に自分の仕事をやっていくだけの法的能力があった。下着製造人、洗濯婦、宝石艶《つや》だし師、古物商などとして生産にたずさわり、自宅や小企業で働いていた。物質的な自立は生活習慣に大きな自由をもたらした。庶民の女は外出したり居酒屋に出入りしたりして、ほとんど男と同じようにふるまうことができた。彼女たちは夫の協力者であり、夫と対等な存在だったのだ。経済面での抑圧は受けていたが、性の面での抑圧はなかった。農村では、農婦は農業労働でかなり大きな役割を担《にな》っていたが、待遇は召使い同然だった。夫や息子と同じ食卓を囲めないこともしばしばで、あくせくと彼らよりもきつい仕事をし、その疲れに妊娠・出産の負担が加わった。しかし、古代農耕社会と同様に、女は男にとって必要だったのでやはり尊重されていた。女は財産、利害、心配事を男と共有し、家の中では大きな権力をふるっていた。苦しい生活のなかで一個の人格として自己を確立し、権利を要求できたのはこのような女たちだったはずである。しかし遠慮と服従の伝統が彼女たちに重くのしかかっていた。たとえば全国三部会で国王に提出された陳情書には女の要求はごくわずかしかなく、「女の特権とされる仕事は男にさせないようにしてほしい」というような内容に限られている。たしかに示威運動や暴動では女たちが夫や恋人のかたわらにいるのが見られる。ヴェルサイユに

＊1　フランス革命直前の風俗を描いている。

「パン屋夫婦とその小僧」〔ルイ十六世・王妃・王太子のこと〕の身柄を拘束しに行ったのは女たちだ。だが革命の企てを指揮したのは民衆ではないし、その恩恵に浴したのも民衆ではない。ブルジョアの女たちのなかには、自由のために果敢に戦列に加わったものが何人かいる。ロラン夫人、[*1] リュシル・デムーラン、テロワーニュ・ド・メリクールなどだが、そのうちの一人は事件の推移に非常に大きな影響を及ぼした。シャルロット・コルデー〔ジロンド派の支持者〕が、マラー[*2]を暗殺したのだ。フェミニズム運動もいくつかあった。オランプ・ド・グージュは一七八九年に『人権宣言』と呼応する『女権宣言』を提示して、男の特権がすべて廃棄されることを要求している。同様の考えは一七九〇年の『哀れなジャコットの発議』にも、またその他の似かよったいくつかの抗議文にも見られる。しかしコンドルセの支持にもかかわらずこれらの努力は挫折《ざせつ》し、オランプは断頭台に散った。彼女が創刊した新聞『短気者《アンパシアン》』と並行して他の新聞も出るが、どれもすぐ休刊となる。女のクラブはほとんどが男のクラブに吸収合併される。一七九三年霧月《ブリユメール》二十八日、共和革命派の女性協会会長で女優のローズ・ラコンブが女性代表団を率いて県会にのりこんだとき、聖パウロや聖トマスから影響を受けたと思われるショーメット会頭の言葉が議場に響きわたった。「いつから女は自分の性を捨てて男となることを許されたのか。（自然は）女に言った、女であれと。子供の世話、家事の一切、母親としてのさまざまな心づかい、これこそがあなたたちの仕事なのだ」。県会に入ることは女に禁止され、やがて政治を学ぶ場であったクラブに入ることさえ禁止された。一七九〇年には長子相続権と相続時の男子優位権が廃止され、女子も男子も相続は平等になった。一七九二年には離婚が法的に認められ、それによって婚姻関係の厳しさが緩和された。しかし手に入れたのは実に微々たるものだった。ブルジョア階級の女たちは家族に組み込まれていたので、女どうしの連帯を実際に体験できるような状態ではなかった。自分たちの権利要求を突きつけていけるほどのはっきりしたカーストを形成してはいなかったのだ。彼女たちは経済的に寄生していたのである。こうして、女であっても社会の出来事に参加できたはずの女たちが自分の属する階級ゆえにそれを妨げられたのに対し、影響力をもつ階級の女たちは女であるゆえに隔離を余儀なくされていたのだ。労働者が経済力を手にするようになってはじめて、女性労働者も、寄生的存在である貴族やブルジョア階級の女たちがいまだかつて手にしたことのない法的能力を獲得するようになる。

革命後の混乱期には、女は無政府状態の自由を享受《きょうじゅ》する。しかし、社会が再編成されると再び厳しく抑えつけられるようになる。女の権利という点では、フランスは他の国よりは進んでいた。だが、近代フランス女性にとって不幸なことに、女の身分規定は軍事独裁の時代に定められたものだった。その後一世紀にわたる女の境遇を決定するナポ

＊1　ジロンド派の夫とともに活躍。ジャコバン派に処刑される寸前の言葉「自由よ、おまえの名においていかに犯罪が行なわれたか」は有名。
＊2　フランス革命の有力革命家の一人で、山岳派の領袖《りょうしゅう》。

レオン法典は、女性の解放を大幅に遅らせることになったのである。軍人がみなそうであるように、ナポレオン[*1]もまた女のなかに母だけを見ようとする。しかしブルジョア革命の後継者である彼は、社会の構造を壊してまで妻より母に優位な地位を与えようとはしない。彼は自然父子関係の捜索〔婚外子を父親に認知させること〕を禁止し、未婚の母の身分と婚外子の身分を厳しく規定する。とはいえ、結婚した女の方も母親の尊厳に頼ることはできず、ここにも封建的な矛盾が尾をひいている。娘も妻も市民の資格を剝奪《はくだつ》され、弁護士の職についたり、後見人になるといったような役割は禁じられている。独身女性は民事上の行為能力をすべてもっていたのだが、結婚生活では世帯主権《ムンディウム》が守られていた。つまり妻は夫に服従しなければならないのだ。姦通《かんつう》した場合は、夫が訴えれば妻を懲役刑に処せられるし、一方的に妻を離縁することもできる。姦通の現場をおさえて殺したとしても、夫は法的には許される。一方、夫は自宅に愛人を連れ込んだときのみ罰金刑が科せられ、妻の方から離婚できるのはその場合だけだ。夫婦の住居を定めるのは夫であり、子どもに関しても父親は母親よりはるかに多くの権限をもっている。また、妻が——商売を営んでいる場合は別として——債務を負うには夫の許可を必要とする。夫権は妻の身柄にも財産にも同じように厳しく行使されるのである。

　十九世紀を通じて、判例はもっぱらナポレオン法典の厳しさを強化し、とりわけ女から一切の譲渡権を奪ってしまった。一八二六年に復古王政は離婚を廃止し、一八四八年の憲法制定議会もその復活を拒んだ。離婚の自由は一八八四年にようやく復活したが、それを獲得するのは実に困難だった。このときほどブルジョア階級の権勢が盛んなときはなかったからだ。とはいえ産業革命の引き起こす脅威がどんなものかもわかっていたので、彼らの自己主張の勢いにも不安のかげりが見える。十八世紀から受け継がれた精神の自由も家族道徳を揺るがすことはできず、十九世紀初めにジョゼフ・ド・メーストル[*2]やボナルド[*3]といった反動的な思想家が定義した家族道徳がそのまま残っている。彼らは神の意志に基づいて秩序の価値基準をうちたて、厳密に階層化された社会を求めた。社会の最小単位である家族は社会の縮図だというのだ。「男と女の関係は女と子どもの関係に等しい。つまり権力と大臣の関係は大臣と臣民の関係に等しい」とボナルドは言っている。こうして、夫が統治し、妻が管理し、子が従うのである。離婚はもちろん禁止され、妻は家庭に閉じ込められる。「女は家族に属しているのであって、政治社会に属しているのではない。自然は女を家事のためにつくったのであって、公職のためにつくったのではない」とボナルドはさらに言う。十九世紀中頃にル・プレー[*4]が示した家族の定義でもこうした序列が尊重されている。

言い方は少し変わるが、オーギュスト・コント〔実証主義の哲学者〕もまた男女の序列

＊1　一七六九－一八二一、フランスの皇帝。在位一八〇四－一五。
＊2　政治家、作家。フランス革命に反対。
＊3　政治思想家。フランス革命を攻撃。
＊4　社会学者、経済学者。ヨーロッパ各地の労働者の家計調査を行なう。

を主張している。男女のあいだには「心身ともに根本的な違いがあり、それがあらゆる種類の動物、とくに人類の男女のあいだを根本的に隔てている」。女であることは「幼児期の延長」のようなもので、そのために女は「人類の完成型」からはほど遠いものとなっている。この生物学的幼児性は知能の低さとして現われる。このまったく感情的な存在の果たす役割は妻と主婦の二つであって、男との競争に加わるのは無理だろう。「人を指導することも、教育することも女には向いていない」。ボナルド同様、コントの考えでも、女は家庭に閉じ込められ、そのミニチュア社会で統治するのは父親である。女は「家庭内のことでもまったく統治能力がない」からである。女はただ管理し、助言するだけだ。女の教育は制限されなければならない。「女とプロレタリアは行動の主体にはなりえないし、なるべきでもない。また、なりたいとも思っていないだろう」。そしてコントは、社会の発展にともなって家庭外での女の仕事はまったくなくなっていくだろう、と予想している。その著作[*1]〔『実証主義者の教理問答』（一八五二）〕の第二部になると、コントは、クロティルド・ド・ヴォーへの愛に促されて女をほとんど神聖視し、偉大な存在の現われとでも言わんばかりに賛美している。実証主義の宗教が〈人類〉を祭った神殿で民衆に礼拝させようとするその神体は、女なのだ。しかし女がこうした信仰に値するのはその道徳性によってだけである。男は行動するが、女は愛する。純粋さや愛では女は男より優《まさ》っていて、男より徹底して愛他的である。それでも実証主義の説によれば女は家庭に閉じ込められてしまう。離婚は禁止されているし、寡婦《かふ》を貫くことが望ましいとされているほどだ。女は経済的にも政治的にも何の権利もなく、妻であり子どもの教育者であるにすぎない。

バルザックは同じ理想をもっと臆面なく語っている。「女の運命とその唯一の栄光は男の心をときめかせることである」と彼は『結婚の生理学』に書く。「……妻とは契約によって手に入れる財産であり、所有することで所有権が認められる動産である。はっきり言えば、妻は男の付属物でしかないということだ」。彼はここではブルジョア階級の代弁者である。十八世紀流の放縦さと自分たちを脅《おびや》かす進歩思想への反動から、彼らの反フェミニズム的な考えはいっそう激しくなった。『結婚の生理学』の冒頭で、愛を無視した結婚制度が女を必ず姦通に走らせることを明快に説明して、バルザックは世の夫に不名誉な笑いものになりたくないなら妻を完全に拘束しておくべきだと説いている。女には教育や教養を与えてはならず、女の個性をのばすようなものはすべて禁止し、動きにくい服を着せ、貧血を起こすような節食を奨励すべきである。ブルジョア階級はこのプログラムどおりに実行する。女は料理や家事に縛られ、素行をしつこく監視され、自立の試みをことごとく妨げる礼儀作法・習慣のなかに閉じ込められる。女が尊重され、このうえなく心地よい丁重さで扱われるのは、その代償なのだ。「結婚した女は王座におくと心得ねばならない奴隷である」とバルザックは言う。どうでもいいときには男が

＊1　一八四四年にコントが出会った病身の人妻。

女を立てて女に一等席を譲るべきなのはおきまりのことだ。原始社会のように女に重い荷物を背負わせる代わりに、つらい仕事や心配事の一切を急いで女から取り除く。それは同時に、女を一切の責任から解放することである。こうして女は自分の立場の安易さにだまされ、心をそそられて、男が女を閉じ込めたがっている母親や主婦の役割を受け入れるよう期待されるのだ。実際にブルジョア階級の女たちのほとんどは言いなりになっている。受けた教育や寄生的な状況により男に頼らざるをえなくなっているため、自分たちの権利要求を思いきって口にすることすらできない。それを大胆に示す女はいても、呼びかけに応《こた》える女がいない。バーナード・ショーは言った。「鎖に縛られていれば尊敬されるのなら、外すより付けてやる方が簡単である」。ブルジョア階級の女は自分の階級の特権に執着しているので、自分の鎖に執着する。女の解放はブルジョア社会の弱体化につながるということを、飽きるほど繰り返し聞かされて承知している。また、男から解放されるとなると働かざるを得なくなるだろう。私有財産のうち女が所有できるのは夫の権利に付随する権利だけだと悔しがっても、その財産すらなくなってしまったらもっと嘆くことになるだろう。ブルジョア階級の女は労働者階級の女たちと結べる連帯感などまったくなく、織物工場の女性労働者より夫の方にずっと近い存在である。夫の利害は彼女の利害でもあるのだ。

しかし、こうした頑固な抵抗も歴史の進展を妨げることはできない。機械化の到来は不動産を壊滅させ、労働者階級の解放およびそれに呼応する女性の解放の引金ともなる。

どの社会主義も女を家庭から連れ出すことによって女の解放を促す。プラトンは共通財産制を夢みて、スパルタの女たちが享受したような自律を女たちに約束していた。サン＝シモン、シャルル・フーリエ、エチエンヌ・カベなどの空想的社会主義とともに、「自由な女」のユートピアが生まれる。万人の協同というサン＝シモン派の思想は、労働者や女の奴隷状態を含めすべての奴隷状態の廃止を要求している。女も男と同じ人間であるとして、サン＝シモンはじめピエール・ルルー〔政治家、ジャーナリスト〕、コンスタンタン・ペクール〔経済学者〕、イポリット・カルノー〔政治家〕らが女の解放を要求した。残念ながら、こんなあたりまえの主張もこの派内では大きな支持を得られなかった。この派は女を女らしさゆえに讃《たた》えるという、いちばん確実に女の足を引っぱる方法をとったのだ。社会の単位は男女一対であることを口実に、プロスペール・アンファンタン教父[*1]は二人組の指導者の一方に女を入れることを望み、それを夫婦司祭と名づけた。彼は女性救世主によってより良い世界が到来するのを待ち望む。女性の友一行はこの女性救世主を求めて東方に旅立つ。アンファンタン教父は女の解放と肉体の復権を混同したフーリエの思想の影響を受けていた。フーリエは情念のおもむくままに従う自由を万人のために要求し、結婚を恋愛におきかえたいと思っていた。女を、愛するという役割において捉《とら》え、人格としては捉えなかったのだ。カベもまた空想的社会主義による男女の

＊1　一七九六－一八六四、サン＝シモン派教会の指導者。

完全な平等の実現を約束しているが、女が政治に関わることにはまだ制限つきでしか認めていない。事実、サン＝シモン派の運動では女たちは副次的役割を果たしたにすぎない。ただクレール・バザールだけが『新しい女』という新聞を創刊し、短期間だがかなり重要な役割を演じる。他にも次々と小新聞は出るのだが、その要求は女の解放というよりは女の教育を要求するといったどれも消極的なものだった。カルノーに続いてエルネスト・ルグーヴェ〔作家〕が取り組んだのは女の教養を高めることである。協力者としての女、活力を蘇《よみがえ》らせてくれる女というのが十九世紀を通じて続いた考え方だった。それはヴィクトル・ユゴー〔ロマン派の作家〕にも見られる。しかし女を男と同等に扱うのではなく、男と対比させて女には理性でなく直感や感性を認めようとするこれらの見解は、むしろ女の立場を危うくする。また女の支持者たちの失態が女の立場を危うくしたこともある。一八四八年、女たちはクラブを設立し新聞を創刊する。ユジェニー・ニボワイエは『女の声』紙を発刊し、カベもこれに協力した。女の代表団は「女の権利」を要求するために市庁舎に赴くが、何も獲得できない。一八四九年、ジャンヌ・ドロワンが代議士に立候補し、選挙運動を展開するが、笑いものにされてしまう。「ヴェジュヴィエンヌ」[*1]の運動や、異様なかっこうで練り歩くブルーメリスト[*2]の運動も笑いとばされて終わりとなった。この時代の最も知的な女たちはこういった運動から離れたところにいた。スタール夫人〔作家。自由主義思想の持主〕は同志の女たちのためというよりも、自分自身の信条のために闘っていた。ジョルジュ・サンド〔小説家〕は自由恋愛の権利を要求するが、『女の声』紙への協力は拒否する。彼女の要求はとりわけ心情的なものだった。フロラ・トリスタン[*3]は女性による民衆の救済を信じていた。しかし、彼女は女の解放よりもむしろ労働者階級の解放に関心があった。ダニエル・ステルン〔作家〕、ジラルダン夫人〔作家〕はそれでもフェミニズム運動に加わる。

　全体として、十九世紀に展開される改革運動は平等のなかに正義を見出《みいだ》そうとするもので、フェミニズムに好意的だった。しかし驚くべき例外もある。プルードン〔アナーキスト的社会主義者〕である。おそらく農民出身だからだと思うが、彼はサン＝シモン派の神秘主義に対して激しく反発した。彼はずっと小地主層の支持者であり、同時に女を家庭に閉じ込めたのである。彼は「主婦か売春婦か」というジレンマに女を追い込む。それまでフェミニズムを攻撃したのは、社会主義とも激しく闘ってきた保守派だった。これは、とくに『シャリヴァリ』[*4]紙の尽きない風刺材料となった。フェミニズムと社会主義の連携を断ち切ったのはプルードンである。彼はルルー主催の女性社会主義者の親《しん》睦会《ぼくかい》に抗議し、ジャンヌ・ドロワンを罵倒《ばとう》する。彼は『革命と教会における正義』〔一

＊1　一八四八年に結成された女性政治団体。
＊2　ブルーマー服（アメリカのフェミニスト、ブルーマー夫人が一八五一年に考案した女性服。足首にギャザーを寄せたゆったりしたズボンを短いスカートの下にはく）の普及をめざす女たち。
＊3　作家、社会運動家。フランス・フェミニズム運動の先駆者。
＊4　シャルル・フィリポンが刊行した風刺新聞。一八三二年創刊、九三年まで続いた。

八五八〕と題する著作のなかで、女は男に依存し続けなければならないと主張する。男だけが社会的個人と見なされる。夫婦のあいだには平等を前提とする協力があるのではなく、ただ結合のみがある。女は男より劣っている。なぜなら、まず第一に体力が男の三分の二しかなく、第二に知的にも精神的にも同じ比率で劣っているからだ。したがって女の価値は、総合すると男の三×三×三に対して、二×二×二、つまり強い性の二七分の八だというのである。二人の女性、アダン夫人〔『反プルードン的省察』〔一八六一〕〕とデリクール夫人〔『解放された女性』〔一八六〇〕〕が、前者は断固として、後者は高ぶってはいるもののさほど気のりせずに、プルードンに抗弁したのに対して、彼は『娼婦《しょうふ》政治または現代女性』〔一八七五、死後刊行〕で反論する。だが彼は反フェミニストの例にもれず、男の奴隷《どれい》であり鏡である「ほんとうの女」への熱烈な賛美をくどくどと繰り返すだけである。女へのこうした崇拝にもかかわらず、プルードンは妻に強いた生活が妻を幸せにしなかったことを認めざるをえなかった。プルードン夫人の手紙は、ただただ悲嘆の連続である。

これらの論争は出来事の推移に影響を与えたというよりは、むしろためらいがちながらも出来事の推移を反映するものだった。女は家を出て工場で新たに生産に参加するようになったために、先史時代以来失っていた経済力をとりもどした。この大変動を可能にしたのは機械だった。男性労働者と女性労働者の体力の差がほとんどの場合解消してしまうからである。産業が急速に飛躍し男性労働者の供給できる労働力以上のものが要求されるようになると、女の協力が必要となる。これこそが十九世紀に女の境遇を変え女に新しい時代をひらいた一大革命だった。マルクスとエンゲルスは、その重要性を認めて、プロレタリアートの解放が女の解放をもたらすことを女たちに約束した。実際、「女と労働者はどちらも被抑圧者であるという共通点をもっている」とベーベルも言っている。そして産業技術が進歩し女と労働者の生産労働が重要になったために、両者とも抑圧から逃れるようになるだろう、と。エンゲルスは女の境遇が私有財産の歴史と密接に結びついていることを明らかにする。母系制が家父長制にかわり、女は世襲財産に縛りつけられるという災難が過去にあった。だが産業革命はこの女の失墜の代償であり、女を解放に導くものになるだろう、というのだ。彼は書いている。「女は、社会的にかなりの規模で生産に参加することができ、もはやごくわずかの家事労働しか要請されなくなったとき、はじめて解放される。そしてこれは、女の労働を大規模に受け入れるだけでなく、さらにそれをはっきりと要求する近代的大工業によってのみ可能となった」。

十九世紀初めの頃、女は男の労働者よりいっそうみじめに搾取《さくしゅ》されていた。家内工業は、イギリス人が「苦汗労働制度」[*1]と呼んでいるとおりのものだった。働いても働いても女子工員には自分の生活費を捻出《ねんしゅつ》できるだけの稼ぎがなかった。ジュール・シモン〔フランスの政治家、哲学者〕は『女子工員』のなかで、また保守派のルロワ・ボーリュー[*2]

＊1　悪環境において低賃金で長時間労働を強制する制度。

でさえも一八七三年に出版した『十九世紀の女性労働』のなかで、いまわしい悪弊を告発している。ルロワ・ボーリューは、二〇万人以上のフランスの家内女子工員が一日五〇サンチームも得ていないと明言している。彼女たちがたちまち工場へ移っていったのは当然だ。そのうえ、やがて工場以外では針子、洗濯婦、家政婦といったいずれも生活費には足りない低賃金の奴隷仕事しか残らなくなった。レースやメリヤス製品までもが工場に独占されるようになる。その代わり、綿、羊毛、絹産業では大量の求人があった。女はとくに紡績と織物の工場で使われる。工場主はしばしば男より女の方を好んだ。「女の方が仕事はうまいし、賃金は安くあがる」。臆面《おくめん》もないこの言い方が女性労働の悲劇《ドラマ》を明かしている。というのも、女が人間としての尊厳を獲得したのはこの労働によってだからである。しかしその獲得は実につらく、時間のかかるものだった。紡績と機《はた》織《お》りはひどい衛生状態のなかで行なわれていた。オーギュスト・ブランキ[*1]は書いている。「リヨンの飾り紐《ひも》製造所では、何人かの女たちは手足を同時に使うので、ほとんどベルトでつられたような状態で働かなければならなかった」。一八三一年には、絹産業の女性労働者は、夏は早朝三時から夜まで、冬になると朝五時から夜十一時まで一日十八時間も、ノルベール・トリュカンの言うところによると、「日の光の入らない、往々にして不健康な工場で働いていた。これらの若い娘たちの半数は見習いの終わらないうちに結核にかかってしまうのだ。苦痛を訴えると、ふくれっ面《つら》をしたと言って責められる」[*2]。おまけに事務員が若い女子工員に手を出す。「目的を達するために彼らは実に不埒《ふらち》な手段を、つまり貧困と飢えを利用した」と『リヨン事件の真相』の匿名《とくめい》の著者は言う。女たちは農業労働と工場労働をかけもちすることもある。臆面のない搾《しぼ》り方だ。マルクスは『資本論』の注で語っている。「製造業者E氏が教えてくれたのだが、彼は自分の織《しょっ》機《き》に女しか使わず、それも結婚している女、とくに家に養わなくてはならない家族をかかえている女を選ぶそうである。未婚女性より注意深く、従順で、自分の家族に必要な生活の資を渡すため、へとへとになるまで働くはずだからというのだった」。マルクスは続けて言う。「――こんなふうにして、女性特有の資質は損なわれ、女性本来の道徳的で心細やかな要素すべてが、女を隷属させ苦しませる手段になってしまうのだ」。『資本論』を要約し、ベーベルを論評しながら、G・デルビルは書いている。「愛玩《あいがん》動物か、使役用の家畜か、いまの女はだいたいこのどちらかである。労働していない場合は男に養われている。死ぬほど働いている場合もやはり男に養われている」。女子工員の状態があまりに悲惨だったため、シスモンディ〔スイスの歴史家、経済学者〕やブランキらは女を工場に入れるのを禁じるよう要請している。その悲惨さの原因の一部は、まず女たちが自分を守り、労働組合に結集することができなかったことにある。女の「組合」がで

＊2　（253頁）フランスの経済学者、自由放任主義思想の代表者。
＊1　フランスの社会主義者、革命家。
＊2　〔原注〕N・トリュカン『あるプロレタリアの思い出と冒険』、E・ドレアン『労働運動の歴史』一巻より引用。

きたのは一八四八年で、はじめは生産組合だった。運動の動きは次の数字を見ればわかるように遅々としたものだった。

一九〇五年　七八万一三九二組合員のうち女性は六万九四〇五人
一九〇八年　九五万七一二〇組合員のうち女性は八万八九〇六人
一九一二年　一〇六万四四一三組合員のうち女性は九万二三三六人

一九二〇年には、一五八万九六七人の労働者のうち、組合に加入している女子工員および女子事務員の数は二三万九〇一六人、そして女子農業労働者一〇八万三九五七人のうち、組合員はわずか三万六一九三人のみだった。総計すると、すべての組合員労働者三〇七万六五八五人のうち、女子組合員の数は二九万二〇〇〇人ということになる。新しい可能性が目前に開かれているのに、女たちがこれほど無力なのは、あきらめと服従の伝統、連帯と集団意識の欠如のせいである。

このような態度でいたために、女性労働の法規の制定はゆっくりと、後手後手になされていくしかなかった。法が介入するには一八七四年まで待たなくてはならない。そして、その年でもまだ、第二帝政*1のもとで運動が展開されたにもかかわらず、女に関してはまだ二つの規定しかなかった。その一つは、女子未成年者の夜間労働を禁止し、日曜と祝日は休ませるよう要求している。彼女たちの一日の労働時間は十二時間以内に制限される。二十一歳以上の女性に関しては、炭鉱や採石場での坑内作業を禁止するにとどまっている。最初の女子労働憲章が制定されたのは一八九二年十一月二日のことで、夜間労働を禁止し、工場での一日の労働時間を制限している。しかしあらゆる違法行為の途《みち》が開かれていた。一九〇〇年に一日の労働時間が十時間におさえられ、一九〇五年には週毎《ごと》の休暇が義務づけられた。一九〇七年になると女性労働者は自分の収入を自由に使えるようになる。一九〇九年に産褥《さんじょく》期の女性に有給休暇が保証され、一九一一年に一八九二年の規定が義務化され、一九一三年には産前産後の女性の休暇に関する実施条項が定められ、彼女たちに危険で過度な労働が禁止された。少しずつ社会法規が制定されていき、女性労働は衛生面でしっかり保証されるようになる。たとえば、女子店員のための座席の設置が義務づけられたり、長時間の店頭販売が禁止されるなどした。国際労働機関事務局は、女性労働の保健衛生条件、妊娠時に与えられる休暇などに関する国際協定を成立させることができた。

女性労働者のあきらめからくる無気力は、低賃金に甘んじ続けるという二つ目の結果をもたらした。なぜ女の賃金はこうも低くおさえられてきたのか、この現象についていろいろな説明づけがなされてきたが、これはさまざまな要因が重なった結果の表われなのだ。女は男よりも要求が少ないというのでは不十分で、これは後からつけた釈明にす

＊1　ナポレオン三世治下、一八五二－七〇年の政体。

ぎない。これまで見てきたように、むしろ女たちは搾取者から身を守ることができなかったのだ。彼女たちは工賃のかからない製品を市場に送り込む刑務所との競合に立ち向かわなくてはならなかったし、女どうし競《せ》り合ってもいた。そのうえ注意しなくてはならないのは、女は夫婦共同体の存続している社会のなかで労働による自己解放に努めていたということである。父や夫の家庭に結びついているため、女はだいたい家計の足しになる金額を入れるだけで満足する。女は家庭の外で働くが、それは家庭のためである。それに女性労働者は自分の生活費すべてをまかなう必要がないので、男が必要とする賃金よりはるかに低い賃金を受け入れるよう仕組まれる。大多数の女がこうした低賃金に甘んじたため、女の賃金全体は当然、雇用主にきわめて好都合な水準に決められた。

フランスでは、一八八九年から一八九三年にかけて行なわれた調査によると、一日の同一労働時間に対して女子工員は男の賃金の半分しか得ていない。一九〇八年の調査によると、家内女子工員の時間給は最高でも一時間二〇サンチームを超えず、五サンチームまで下がることもあった。これほど搾取されていた女にとっては、施しや保護者なしに生きることなど不可能だったのだ。アメリカでも、一九一八年には女の賃金は男の半分だった。同じ頃、ドイツの炭鉱では、掘り出す同一量の石炭に対して女が得た額は男より約二五％少なかった。一九一一年から一九四三年にかけて、フランス女性の賃金は男よりやや引き上げ速度が速かったものの、依然としてはっきりと劣っていた。

低賃金ですむという理由で雇用主は女を歓迎したのだが、これが男性労働者側の抵抗を招いた。プロレタリアートの立場と女の立場のあいだには、ベーベルやエンゲルスが主張していたほど直接的な関連はなかった。この問題はアメリカ合衆国でも黒人労働力に関してやや似たようなかたちで生じた。社会のなかで最も抑圧されている少数者は、彼らが属する階級全体に敵対する武器として抑圧者に利用されがちである。そのために、少数者はまず敵どうしとなって現われるので、黒人と白人、女子工員と男子工員の利害が対立しあうのではなく結束するためには、状況のより深い認識が必要となる。男性労働者がこの安あがりな競争相手に対し、はじめは恐るべき脅威を感じ敵意を示したのはよくわかる。組合活動に組み入れられて初めて女は自分たちの利益を守り、かつ労働者階級全体の利益も危険にさらさなくてもすむようになったのである。

こうした困難にもかかわらず、女性労働は発展しつづけた。一九〇〇年にはフランスの家内女子工員はまだ九〇万人もいて、衣服、皮革製品、葬儀用花輪、袋物、彩色ガラス細工、パリ風のしゃれた装飾品などを作っていた。しかしその数はいちじるしく減少した。一九〇六年には働ける年齢（十八―六十歳）の女の四二％が農業、工業、商業、銀行、保険、事務関係、自由業などに雇われていた。この動きは一四年から一八年にかけての労働力不足および第二次世界大戦による労働力不足によって、世界中で加速された。小ブルジョア階級も中流ブルジョア階級もこの動きに従う方向へはっきりと転じ、女たちは自由業にも進出した。第二次大戦直前に行なわれた調査の一つによれば、十八歳から六十歳までの女性の就業率はフランス四二％、フィンランド三七％、ドイツ三四・二%、インド二七・七%、イギリス二六・九%、オランダ一九・二%、アメリカ一七・七%である。フランスとインドで数値がこれほど高いのは農業労働が大きな位置を占めていたからだ。農民を除くと、フランスでは一九四〇年に約五〇〇万人の事業主、一〇〇万人の女子事務員、二〇〇万人の女子工員、一五〇万人の日雇いあるいは失業者がいた。女子工員のなかには六五万人の家内女子工員も含まれている。一二〇万人は加工産業で働き、そのうち四四万人が繊維産業、三一万五〇〇〇人が服飾関係、三八万人が内職の針子をしていた。商業、自由業、公共企業体では、フランス、イギリス、アメリカがほぼ同列に並んでいる。

　女性に関して生じる根本的な問題の一つは、すでに見たように、生殖の役割と生産労働をどう両立させるかということである。歴史の始まりに女は家事をするものと決められ、世界の建設への参加を禁じられた根深い理由は、女が生殖機能に縛りつけられていることだった。動物の雌には発情期と活動期のリズムがあって体力が蓄えられるようになっている。ところが、思春期から更年期までのあいだずっと自然は女の妊娠能力を制限していない。早婚を禁止している文明もあり、次の出産までに少なくとも二年間の休息を女に保証することを義務づけているアメリカ先住民の部族の例もあるが、全般的には何世紀ものあいだ女の受胎能力は調節されなかった。古代から、[*1]水薬、座薬、膣《ちつ》用タンポンなど、主に女が使用するための避妊方法はあったが、それらはずっと売春婦と医者の秘密だった。風刺作家たちは頽廃《たいはい》期のローマの女たちの不妊をとがめているが、彼女たちはおそらくこの秘密を知っていたのだろう。しかし、中世になると避妊方法は知られず、十八世紀にいたるまでその痕跡《こんせき》は何も見つかっていない。こうした時代には、多くの女の人生は絶えまない妊娠の連続だった。身持ちのよくない女も、何度も母親になることで、愛のたわむれのつけを払わなければならなかった。時代によっては人類は人口を減らす必要を痛感したが、同時に国家はそれによって弱体化するのを恐れた。危機や貧困の時代に出生率の低下が実現したのは、独身者の結婚年齢が上がったためである。原則はあくまで若いうちに結婚して身ごもりうるかぎりの子どもをもつことであり、生きている子どもの数を減少させるのは乳幼児死亡率の高さだけだった。すでに十七世紀に、ピュール師が、*2 女なら誰でもかかるとされていた「恋愛過水症」に抗議し、セヴィニェ夫人は自分の娘にたびかさなる妊娠は避けるように勧めている。*3 しかし、フランスでマルサス主義的傾向が拡大するのは十八世紀になってからである。まず裕福な階級が、続いて国民全体が、両親の財力に応じて子どもの数を制限するのは理にかなったこ

＊1　〔原注〕「避妊方法について知られている最も古い記述は、紀元前二〇〇〇年代のエジプトのパピルス文書で、ワニの糞《ふん》、蜂蜜《はちみつ》、炭酸ソーダ、ゴム状の物質からなる奇妙な混合物を膣《ちつ》に塗るように勧めている」（フィリップ・アリエス『フランスの人口の歴史』）。中世のペルシアの医者は三十一の処方を知っていたが、男性向けのものはわずか九つだった。ハドリアヌス帝時代のソラノスは次のように指示している。射精のとき子どもを望まない女は「息をとめ、精液が子宮の入口に侵入しないように少し身を後に引き、すぐに立ち上がり、しゃがんで、くしゃみをしなければならない」。

＊2　〔原注〕『才女または閨房《けいぼう》の秘密』（一六五六）。

とだと考え、避妊方法が生活習慣にとりいれられ始める。一七七八年に人口統計学者のモローは書いている。「種の繁殖を古い時代の欺瞞《ぎまん》と見なすのは金持ちの女だけではない。人間以外のどんな動物にも知られていないこの忌《い》まわしい秘密は田舎にまで浸透し、人々は村のなかでさえ自然を欺《あざむ》いている」。「射精中断」は、まずブルジョア階級のなかに、つづいて農村の住民と労働者のあいだに広まる。すでに性病の予防具として存在していたコンドームは避妊具となり、一八四〇年頃にゴムの加硫法が発見されてからはとくに広まった。[*1] アングロ・サクソン系の国では「バースコントロール」が公認され、少し前には切り離すことのできなかった性的機能と生殖機能という二つの機能を分離させる数多くの方法が発見された。ウィーンの医学研究は、受胎のメカニズムと受胎に望ましい条件を明確にすることによって、受胎を巧みに避ける方法をも示唆した。フランスでは避妊の宣伝やペッサリー、膣用タンポンなどの販売は禁止されているが、それでも「バースコントロール」は普及している。

　妊娠中絶の方は法律によって公認されていたところはどこにもなかった。ローマ法は、胎児の生命に対する特別な保護を認めなかった。胎児を人間としてではなく、母体の一部と見なしたのだ。「誕生前の子どもは女の一部であり、内臓のようなものである」。ローマ帝国の頽廃期には中絶は正規の医療行為と見なされ、立法者は出産を奨励したかったときも、あえて中絶を禁止しなかった。妻が夫の意に反して子どもを拒否したときは、夫は妻を処罰させることができた。しかしその場合、犯罪に相当したのは妻の不服従だった。オリエント文明およびギリシア・ローマ文明全体を通じて、中絶は法律で認められていた。

胎児に魂を授けることによってこの問題についての倫理観を一変させたのは、キリスト教である。そのために中絶は胎児そのものに対する犯罪となった。「もうけうるかぎりの子どもをもうけられないようにする女はすべて、妊娠後に自分の身体を傷つけようとする女と同様に、その子どもの数に応じて重い殺人罪を犯したことになる」と聖アウグスチヌスは言っている。ビザンチウムでは中絶は一時的な流刑《るけい》を科せられたにすぎない。子殺しを行なっていた蛮族のあいだでは、中絶が母親の意に反して暴力で行なわれた場合にだけ非難された。その場合は血の代償を払って中絶の罪をあがなった。しかし、初期の公会議は、胎児の推定週齢がどれほどでも、この「殺人」に対してはきわめて厳しい刑罰を定めている。その間に、果てしのない議論の的となる一つの問題が提起された。魂はいつ肉体に宿るのかという問題である。聖トマスなど大多数の論者は、入魂の時期を、男の子では四十日目頃、女の子では八十日目頃と定めた。その時点で魂のある胎児と魂のない胎児の識別がなされるのだ。中世を通じて、『聴罪提要』は次のように

＊1　〔原注〕「一九三〇年頃、アメリカのある会社は年間二〇〇〇万個のコンドームを販売していた。アメリカの十五の工場は一日に一五〇万個のコンドームを出荷していた」（アリエス）。

＊3　（261頁）人口と食糧の関係から、過剰人口の脅威を唱える思想。マルサス（一七六六－一八三四）はイギリスの経済学者で『人口論』の著者。

明示している。「妊婦が胎児を四十五日以前に死なせると一年間の懲罰を受ける。六十日を過ぎていると三年間の懲罰になる。そして、すでに胎児に魂がある場合、彼女は人殺しとして扱われねばならない」。しかしこの書はこうもつけ加えている。「扶養の困難ゆえにわが子を亡《な》きものにする貧しい女と、姦淫《かんいん》の罪を隠すことだけが目的の女とのあいだには大きな違いがある」。一五五六年、フランス王アンリ二世は妊娠の隠蔽《いんぺい》に関する有名な勅令を公布した。ただ隠すだけでも死刑に処せられるのだから、ましてや中絶手術に同じ罰が科せられないはずはないと人々は考えた。実は、この勅令が対象としていたのは子殺しだったのだが、しかしこの勅令を口実に、中絶した本人も共犯者も死刑と定められてしまった。魂のある胎児と魂のない胎児の区別は十八世紀頃になくなった。

この世紀の末に、フランスでかなりの影響力があったベッカリア〔イタリアの哲学者、経済学者〕が、子どもを生みたがらない女を弁護した。一七九一年の法典はこのような女を大目に見ているが、共犯者には「二十年の鉄鎖刑」を科した。中絶は殺人であるという考えは十九世紀にはなくなり、中絶はむしろ国家に対する犯罪と見なされるようになる。一八一〇年の法律は中絶を全面的に禁止し、中絶した女とその共犯者には懲役と強制労働を科した。だが実際は、母親の生命を救うべきときには必ず医師は中絶を行なっている。まさにその法律が厳しすぎるという理由で、陪審員はこの世紀の末頃には適用をやめている。それ以前でも逮捕件数はごくわずかだったし、被告の五分の四は無罪を言い渡されていたのである。一九二三年には新しい法律がふたたび共犯者と施術者に強制労働を定める。しかし女に科されたのは禁固刑か罰金刑だけだった。一九三九年の新しい政令はとくに中絶の専門家を対象とし、以後彼らにはいかなる執行猶予《ゆうよ》も認められないようになる。一九四一年には中絶は国家の安全に対する重罪であると布告された。これは他の国では軽罪刑で罰せられる犯罪だった。ただしイギリスでは禁固刑または強制労働刑を科せられる「重罪」である。全体的に見て、法律と法廷は共犯者よりも中絶を受けた当人にはるかに寛容である。しかし、カトリック教会はその厳しさをまったく緩めなかった。一九一七年三月二十七日に発布された教会法の法規は次のように明言している。「中絶を行なう者は、母親本人をも例外とせず、ひとたび実行されたなら、あらかじめ宣告なく破門を受ける。この制裁の赦免の権限は教区責任者にある」。たとえ母親が死の危険に身をさらそうとも、いかなる理由も言い立てることはできない。教皇はさらについ最近、母親の生命と子どもの生命とでは母親の生命を犠牲にすべきであると明言した。なるほど、洗礼を受けた母親は昇天できるが――奇妙なことに、こうした予測には地獄は絶対に出てこない――、胎児は永久にリンボ[*1]から出られないのだから[*2]。

中絶が公認されたのはほんの短期間で、ナチズム以前のドイツと、一九三六年以前のソ連においてである。しかし宗教や法律が禁じているにもかかわらず、中絶はどの国でもかなり行なわれている。フランスでは、毎年八〇万から一〇〇万――すなわち出生と

＊1　洗礼を受けなかった幼児やキリスト降誕以前に死んだ善人が死後住む、天国と地獄の中間にあるとされる場所。

同じ数——を数え、中絶を受ける女性の三分の二は既婚者であり、その多くにはすでに一人か二人の子どもがいる。つまり、偏見や抵抗、時代遅れの倫理の名残りにもかかわらず、抑制のない妊娠から、国家や個人によって管理される妊娠への移行が実現されてきたということだ。産科学の進歩によって出産にともなう危険がかなり減少し、分娩《ぶんべん》の痛みは消えつつある。最近——一九四九年三月——イギリスでは、いくつかの麻酔方法の使用の義務づけが布告された。それらはすでにアメリカ合衆国では広く実施されているし、フランスでも広がり始めている。人工受精がもたらした進展によって、人類は生殖機能をコントロールできるようになるだろう。この変化はとくに女にとってたいへん重要だ。女は妊娠の回数を減らして、妊娠の奴隷《どれい》になるのではなく、妊娠を自分の人生に合理的に組み込むことができる。十九世紀のあいだに今度は女が自然から解放され、自分の身体をコントロールできるようになったのである。生殖の拘束の大半を免れたならば、女は女にさしだされている経済的役割を引き受けることができ、自分の全人格を確実に獲得できるようになるだろう。

生産への参加と、生殖への隷従からの解放、という二つの要因が重なったということから、女の地位の向上は説明できる。エンゲルスが予想したように、女の社会的および政治的地位は必然的に変化するはずだった。フェミニズム運動は、フランスではコンドルセによって、イギリスではメアリ・ウルストンクラフトの著書『女性の権利の擁護』のなかで輪郭が描かれ、十九世紀の初めにサン゠シモン派によって受け継がれたが、具体的な基盤を欠いているあいだは成果をあげられなかった。いまや女の権利要求の影響力は大きくなろうとしている。女の要求はブルジョア階級のなかでさえ聞かれるようになるだろう。工業文明の急速な発展の結果、不動産は動産に押される。一族の結束という大前提が力を失いだしたからである。資本の流動性のおかげで、その所持者は自分の財産によって所有されるのではなく、自分の方が財産を所有し、かつ処分できるようになった。妻が夫に実質的に結びつけられていたのは世襲財産を介してのことなので、世襲財産が廃止されてしまえば夫と妻はもはや横並びになっているだけで、子どもさえも利害がからんだ連帯の強さほどの絆《きずな》にはならない。こうして、集団の代わりに個人がはっきりと現われるようになる。このような変化は、資本主義の近代的な形態が大成功をおさめているアメリカではとくに顕著である。そこでは離婚が盛んになろうとしているし、夫と妻はもはや一時的な協力者にすぎないように見える。農村人口が多数を占め、

＊2　（265頁）〔原注〕Ⅱ巻でこうした態度についてふたたび議論する。ここでは、カトリック教徒が聖アウグスチヌスの教義を真に受けてなどいないことだけを指摘しておこう。結婚式の前日、聴罪司祭は花嫁になる若い娘に、夫と協力して性交を「申し分なく」終わらせさえすれば何をしてもかまわない、と耳打ちする。積極的なバースコントロールの実行――射精中断を含む――は禁止されている。しかし、ウィーンの性科学者が作った暦を使って、女性が妊娠しない日に、生殖のためにだけ認められている行為をすることは許されている。この暦を信徒にわたす霊的指導者さえいる。実際に、子どもは二、三人しかいないのに、最後の子の出産後も夫婦関係を完全には断たなかった「キリスト教徒の母」はたくさんいる。

ナポレオン法典が既婚女性に後見をつけてきたフランスでは、変化は緩慢だろう。一八八四年に離婚制度が復活し、妻は夫が姦通した場合には離婚をかちとれるようになった。とはいえ、刑法の分野では性の区別が保たれて、姦通は妻が行なった場合にのみ犯罪となった。一九〇七年に条件付きで認められた後見権が完全に克服されるのは、やっと一九一七年になってのことである。一九一二年には自然父子関係の捜索が認められた。既婚女性の身分が改められるには、一九三八年と一九四二年を待たなければならない。その時点で、父親が依然として家長ではあるが、既婚女性の服従義務は廃止される。夫が住居を定めても、妻は正当な理由があれば夫の選択に反対できる。妻の行為能力は拡大された。とはいえ、「既婚女性は完全な法的能力をもつ。この能力は結婚契約と法律による以外制限されない」といった不明瞭《ふめいりよう》な条項の表現では、後半が前半を裏切っている。夫婦間の平等はまだ実現していない。

参政権について言えば、フランスでもイギリスでもアメリカ合衆国でもたやすく獲得されたわけではなかった。一八六七年にスチュアート・ミルはイギリス議会で、それまで公《おおやけ》の場で一度も口にされなかった女性の投票のための最初の弁護を行なった。彼はその著書『女性の隷従』（一八六九）で、家庭および社会における女と男の平等を、やむにやまれぬ調子で要求している。「法の名のもとに一方の性を他方の性に従属させる両性の社会的関係は、それ自体において悪であり、かつ人類の進歩を妨げる主たる障害の一つをなすと私は確信する。これは完全な平等にとって代わられるべきだと私は確信する」。彼に続いて、イギリス女性たちはフォーセット夫人[*1]の指導のもとに政治的に組織され、フランス女性たちはマリア・ドレーム〔評論家〕のあとに従う。マリア・ドレームは一八六八年から一八七一年にかけて、一連の公開講演会で女の境遇の問題に取り組んだ。また、不実な妻に裏切られた夫に「妻を殺せ」と勧めていたアレクサンドル・デュマ・フィス〔作家。『椿姫《つばきひめ》』の作者〕に対して激しく反駁《はんばく》する。フェミニズムの真の創始者はレオン・リシェール〔ジャーナリスト、政治家〕だった。彼は一八六九年に『女の権利』紙を創刊し、一八七八年に開催された国際女権会議を主催した。選挙権の問題はまだとりあげられず、女たちは市民権を要求するにとどまった。三十年のあいだ運動はフランスでもイギリスと同様きわめて遠慮がちだった。そんななかで、ユベルチーヌ・オクレールという女性が選挙権運動を開始し、「女性選挙権」という団体を設立し、『女性市民』という新聞を創刊している。その影響をうけて数多くの団体が設立されたが、それらの行動はほとんど効力がなかった。このフェミニズムが弱体だった原因は、組織内の分裂にある。実を言うと、すでに指摘したように、女たちが連帯するのはその性によってではない。女たちはまずその階級に結びつけられているのであって、ブルジョアの女の利害とプロレタリアの女の利害は一致しないのだ。革命的フェミニズムは、サン＝シモンとマルクス主義の伝統を引き継いだものである。それに、かのルイーズ・ミシェ

＊1　イギリスの女性参政権運動の指導者。

ル[*1]が、フェミニズムは階級闘争に投入すべき力の矛先を転じさせてしまうだけであるという理由で、この運動に反対の意見を述べたことに注目しなければならない。資本が廃止されれば女の境遇の問題は解決するというのである。

一八七九年に社会主義者大会が男女の平等を宣言し、それ以降、フェミニズムと社会主義の結びつきはもう糾弾されることはなくなる。しかし、女たちは労働者一般が解放されれば自分たちも自由になれると期待したので、自分たち自身の目的に取り組むのは二の次になった。反対に、ブルジョアの女たちは現状の社会のなかで新たな権利を要求するだけで、革命家になろうとはしない。彼女たちはアルコール中毒やポルノ文学や売春の撲滅といった高潔な風俗改革をもたらしたいと思ったのである。一八九二年にフェミニスト会議と呼ばれる会議が招集され、ここからフェミニズム運動という名称が生まれた。しかし大した成果はあがっていない。とはいえ、一八九七年には女が裁判上の文書で証人になれる法律が可決されている。だが、弁護士会に登録したいと思った女性法学博士は申請を却下される。一八九八年、女は商事裁判所に関する選挙資格、労働審議会に関する選挙資格と被選挙資格、公的扶助審議会への加入資格と美術学校への入学資格を獲得する。一九〇〇年には再び会議が開かれ、フェミニストたちが集まったが、このときも大きな成果をあげるにはいたらなかった。それでも、一九〇一年には、女性選挙権の問題がルネ・ヴィヴィアニ〔社会主義の政治家〕によってはじめて下院に提出された。もっとも彼は選挙権を独身女性と離婚した女性に限定するよう提案している。この頃フェミニズム運動はいっそう勢いを増している。一九〇九年にはフランス女性参政権同盟が創設される。ブランシュヴィック夫人〔のちのレオン・ブルム内閣の文部次官〕が推進者で、講演会、討論集会、会議、デモなどを組織している。一九〇九年、フェルディナン・ビュイソン〔義務教育制度を整備〕は、地方議会での選挙資格を女に認めるデュソワの提案に関する報告書を提出する。一九一〇年にはトマが女性参政権に好意的な提案をする。それは一九一八年に更新され、一九一九年下院で絶対多数で可決されたが、一九二二年上院ではつぶされる。状況はかなり複雑だ。革命的フェミニズムや、ブランシュヴィック夫人のいわゆる独立フェミニズムに、キリスト教フェミニズムが加わった。教皇ベネディクトゥス十五世は一九一九年に女性選挙権に好意的な意見を表明した。ボードリアール猊下《げいか》とセルチアンジュ神父はこの趣旨に沿って熱のこもった宣伝活動を行なう。というのも、カトリック教徒は、女がフランスの保守的で宗教的な構成員を代表していると考えているからである。急進派が恐れていたのはまさにそのことだった。彼らが反対した本当の理由は、女に投票することを許せば票が移動するのではないかと懸《け》念《ねん》したからである。上院ではカトリック派の多数と共和主義同盟派が、他方では極左諸政党が女性選挙権に賛成する。しかし議会の過半数は反対である。一九三二年まで議会は引き延ばし策をとり、女性参政権に関する提案の審議を拒否する。それでも一九三二

＊1　女性革命家。パリ・コミューンで活躍。

年に下院が女性に選挙資格と被選挙資格を認める修正案を三一九票対一票で可決すると、上院は審議を開始し、何度も会議を開くが、修正案は否決される。

『官報』に掲載された議事録はきわめて意義深いものである。そこには、反フェミニストが半世紀にわたって枚挙にいとまのない著作のなかで繰り広げてきたあらゆる議論が見られる。まずはじめに、われわれは女を愛しているからこそ女には投票させたくないといった類《たぐい》の、女思いの議論が出てくる。またプルードン流に、「娼婦《しょうふ》か主婦か」というジレンマを受け入れる「ほんとうの女」が讃《たた》えられている。女は投票することで魅力を失うだろう。女は台座の上にいるのだからそこから降りないでほしい。女が有権者になったらすべてを失い何も得ないことになる。女は投票用紙などなくても男を支配できる、などなど。もっともったいをつけて、家族の利益を口実に反対するのもある。女の居場所は家なのだ。政治の議論は夫婦を仲たがいさせるだろう。控えめに反フェミニズムをもらす者もいる。女は男とは違う。女は兵役を務めない。売春婦は投票することになるのだろうか。また傲慢《ごうまん》にも自分たちの優越性を主張する男もいる。投票するのは責務であって権利ではないから、女にはふさわしくない。女は男より知能も教養も低い。もし女が投票するようになれば、男は軟弱になってしまうだろう。女には政治教育がなされてこなかった。だから女は夫の命令に従って投票するだろう。女が自由になりたいなら、まずなじみの仕立屋から解放されることだ。フランスには女の方が男より多くいる、といったひどく無邪気な論拠も持ち出される。こうした反対意見がことごとくお粗末であったにもかかわらず、フランス女性が政治的な行為能力を獲得するには一九四五年まで待たなければならなかった。

ニュージーランドでは一八九三年以来、女に完全な権利が認められた。オーストラリアも一九〇八年にそれに続く。しかし、イギリスやアメリカでは勝利は困難だった。ヴィクトリア朝時代のイギリスは女を威圧的に家に閉じ込めていた。ジェーン・オースチンは隠れて小説を書いた。ジョージ・エリオットやエミリィ・ブロンテ〔『嵐が丘《あらし》』の作者〕になるには、たいへんな勇気かたぐい稀《まれ》な運命が必要だった。一八八八年にイギリス人のある学者は次のように書いている。「女は人種でないばかりか、人種に近くもなく、もっぱら生殖を運命と定められた亜種である」。フォーセット夫人は十九世紀の末頃に女性参政権運動を開始したが、それはフランスにおけるのと同様、消極的なものだった。女の要求が独自の展開を見せるのは一九〇三年頃である。パンクハースト・グループがロンドンに「女性社会政治同盟」を設立し、労働党に与《くみ》して断固とした戦闘的な活動を企てる。女が女として努力しようとするのを見るのは歴史上はじめてで、これはイギリスやアメリカの「女性参政権論者《シュフラジェット》」の実験的試みに特別な意義を与えるものだった。彼女たちは十五年にわたって、いくつかの面でガンディー〔インド独立運動の指導者〕の態度を思わせるような圧迫的な政策を推し進めた。つまり、みずから暴力を断ちながら、多少とも巧妙に暴力の代わりになるものを考えだしたのである。彼女たちは、「女性に選挙権を」という合言葉を書いたキャラコの旗を振りかざして、自由党の集会が行なわれていたアルバート・ホールに侵入したり、アスキス卿《きょう》〔自由党の政治家〕の部屋に押し入ったり、ハイド・パークやトラファルガー広場で討論集会を開いたり、プラカードを掲げて街頭を行進したり、講演を行なったりした。デモのときは、訴訟を起こさせるために、警官を侮辱したり、石を投げつけて攻撃する。監獄で、ハンガー・ストライキ戦術をとる。資金を集め、何百万人もの男女を寄せ集める。彼女たちが巧みに世論を動かしたので、一九〇七年には、女性参政権を支持する委員会を構成する国会議員は二〇〇人にのぼった。それ以降、毎年、彼らのうちの何人かが女性参政権のための法案を提出するが、法案は毎年同じ議論を繰り返したすえに否決される。女性社会政治同盟が議会に向けて初めての行進を組織したのは一九〇七年のことで、行進にはショールをはおった多数の女性労働者と何人かの貴族階級の女性たちが参加するが、警察は彼女たちを追い返す。しかし、翌年、いくつかの炭坑で既婚女性の労働が禁止されそうになったので、女性社会政治同盟はランカシャーの女子工員たちにロンドンで大討論集会を開くよう呼びかける。新たに逮捕者が出るが、それに対して投獄されていた女性参政権論者たちは一九〇九年に長期のハンガー・ストライキで応じる。釈放されると、彼女たちは新たな行列を組む。そのうちの一人は石灰を塗った馬にまたがってエリザベス女王に見立てられる。一九一〇年七月十八日、女性選挙権に関する法案が議会に提出されるはずのこの日に、長さ九キロメートルの行列がロンドン中を練り歩く。法案は否決され、ふたたび討論集会が開かれ、また逮捕者が出る。一九一二年に、彼女たちはより激しい戦術をとった。空き家を焼きはらい、絵をずたずたに裂き、花壇を踏み荒らし、警官に石を投げつける。同時にロイド・ジョージやエドモンド・グレー卿にたて続けに代表団を送る。アルバート・ホールに身を潜め、ロイド・ジョージの演説中に大声で発言する。戦争が彼女たちの活動を中断させた。こうした活動が事態をどの程度早めたかを知るのはむずかしい。投票はイギリス女性に、まず一九一八年に制限されたかたちで、続いて一九二八年には制限なしで認められた。このような成功を彼女たちにもたらしたのは、おもに彼女たちが戦争中に果たした貢献だった。

アメリカの女たちは、最初、ヨーロッパの女たちよりも解放されていた。十九世紀の初めには、彼女たちは男たちが行なう開拓者のつらい労働に加わらなければならなかった。女たちは男たちのそばで闘った。女は男よりはるかに数が少なかったから、非常に尊重された。しかし、しだいに彼女たちの状況は旧世界の女たちの状況に近づいていった。女性への心づかいは保たれ、彼女たちは文化的な特権と家族内での支配的な地位を守り、法律そのものが彼女たちの宗教的、道徳的役割を認めていたが、社会の舵《かじ》取《と》りはやはり全面的に男の掌中にあることに変わりはなかった。一八三〇年頃自分たちの政治的権利を要求し始めた女たちもいる。彼女たちはまた黒人のための運動にも乗り出した。一八四〇年にロンドンで開かれた奴隷制に反対する会議が彼女たちを締め出したので、クエーカー教徒のルクレチア・モットはフェミニズム協会を結成した。一八四〇年七月十八日にセネカ・フォールズで開かれた会議で彼女たちは宣言書を作成するが、そこにはクエーカー教徒の息吹《いぶき》がみなぎり、またそれがアメリカのフェミニズム全体をリードすることになる。「男と女は平等につくられ、奪うことのできない権利を創造主から授けられている……政府はこの権利を保護するためにのみつくられる……男は既婚女性を死せる公民にしている……男は、人間にその活動領域を割り当てることのできるエホバだけの特権を横取りしている」。三年後にビーチャー・ストウ夫人が黒人に有利な世論を呼びおこすことになる『アンクルトムの小屋』を書いた。エマソンやリンカーンはフェミニズム運動を支援する。南北戦争が勃発《ぼっぱつ》すると、女たちは熱心に参加する。しかし、黒人に選挙権を与えるための修正案に「肌の色も性も選挙権の妨げにはならない」と書くよう要求したが、かなえられなかった。ところが、修正案の条項の一つが二通りに解釈できたので、フェミニズムの偉大な指導者アンソニー嬢はこれを口実に一四人の仲間とともにロチェスターで投票した。彼女は一〇〇ドルの罰金を命じられた。一八六九年に彼女は全国女性参政権協会を設立し、これと同じ年にワイオミング州で女性投票権が認められた。しかしこの例にならうのは、コロラド州がようやく一八九三年になって、アイダホ州とユタ州が一八九六年になってのことである。それからも進展はきわめて緩やかだった。しかし、経済面では、女たちはヨーロッパよりもはるかに成功していた。一九〇〇年にアメリカ合衆国では働く女性が五〇〇万人いて、そのうち一三〇万人は工業、五〇万人は商業に従事している。商業、工業、商売、あらゆる自由業にめざましい数の女性が進出した。女性弁護士、女性医師、そして三三七三人の女性牧師がいる。有名なマリー・ベイカー・エディはクリスチャン・サイエンチスト教会を設立する。女たちはクラブに集まる習慣をもつようになり、一九〇〇年には約二〇〇万人がクラブの会員となる。

にもかかわらず、女に選挙権を認めたのは九つの州だけだった。一九一三年に女性参政権運動がイギリスの戦闘的な運動にならって組織される。二人の女性、スティーヴンス嬢と若きクエーカー教徒のアリス・ポールがそれを率いる。彼女たちはウイルソン大統領から旗をかざしバッジをつけて行進する許可を得る。続いて講演活動、討論集会、分列行進、あらゆる種類のデモを組織する。女に投票が認められている九つの州から、女性有権者が大挙して国会議事堂に行き、国家全体のために女性選挙権を要求する。シカゴでは女を解放するために初めて女たちが一つの政党に結集するのが見られる。これがのちの「女性党」である。一九一七年、女性参政権論者たちは新しい戦術を考え出す。旗を手にし、強制退去させられないようにたいていは鉄柵《てつさく》に体を縛りつけて、ホワイト・ハウスの出入口にある衛兵詰所に陣取るのである。六ヵ月後に彼女たちは捕らえられ、オクスカカの刑務所に送られるが、ハンガー・ストライキをして、結局は釈放される。新たな分列行進が暴動の発端となる。政府はついに女性参政権委員会を下院に設置することに同意する。女性党の執行委員会はワシントンで会議を開催し、その会期の終わりに、女性選挙権に賛成する修正案が下院に提出され、一九一八年一月十日に可決される。後は、上院で票を獲得するだけである。ウイルソン大統領が十分に働きかけることを約束しなかったので、女性参政権論者たちは再びデモを始め、ホワイト・ハウスの出入口で討論集会を開く。大統領は上院に呼びかける決心をするが、修正案は二票差で否決される。修正案が可決されるのは一九一九年六月の共和党大会である。それから十年間、男女の完全な平等のための闘いが続く。一九二八年にハバナで開かれた第六回汎《はん》米《べい》会議では、南北アメリカ大陸女性委員会の設立をかちとる。一九三三年のモンテヴィデオ条約は国際協定によって女の地位を向上させる。アメリカの十九の共和州が女にすべての権利の平等を認める協定に署名する。

スウェーデンにも非常に重要なフェミニズム運動があった。古くからの伝統を根拠にスウェーデンの女たちは「教育と労働と自由」への権利を主張する。闘いを導いたのは主に女性作家で、彼女たちの関心をまず引いたのは問題の精神的側面だった。それから強力な団体に結集し自由主義者を味方につけるが、保守主義者の敵意にぶつかる。ノルウェー女性は一九〇七年に、フィンランド女性は一九〇六年に参政権を獲得するが、スウェーデン女性はなお数年待つことになる〔一九一八年に獲得〕。

ラテン諸国は、東洋の国々と同様に、法律の厳しさよりもずっと慣習の厳しさによって女を抑圧している。イタリアではファシズムがフェミニズムの進展を妨害した。カトリック教会との同盟を求め、家族を尊重し、女の隷属《れいぞく》状態の伝統を存続させて、ファシスト・イタリアは女を二重に、つまり公権力と夫に縛りつけた。ドイツでは状況はきわめて異なっていた。すでに一七九〇年にヒッペルという男子学生が、ドイツで最初のフエミニズム宣言を放っている。十九世紀初めはジョルジュ・サンドのフェミニズムと似た心情的なフェミニズムが盛んだった。一八四八年にはドイツ最初のフェミニスト、ルイーゼ・オットーが、祖国の改善を手助けする権利を女たちのために要求したが、彼女のフェミニズムは本質的に国家主義的なものだった。彼女は一八六五年に「ドイツ女性総同盟」を設立した。その間に、ドイツの社会主義者はベーベルとともに男女の不平等の撤廃を要求している。クララ・ツェトキン〔革命家〕は、一八九二年に社会民主党の顧問の一人になる。さまざまな女性労働者団体や一つの連盟にまとまったいくつもの女性社会主義者の同盟が現われた。ドイツの女たちは、一九一四年に女性国民軍を設立させるのには失敗したが、熱狂的に戦争に協力する。敗戦後に彼女たちは選挙権を獲得し、政治に参加する。たとえばローザ・ルクセンブルク[*1]はスパルタクス団[*2]のリープクネヒト[*3]の側について闘い、一九一九年に暗殺される。ドイツ女性の大半は体制支持の立場をとり、何人かは帝国議会に席を占めた。そこでヒトラーはナポレオンの理想だった「台所、教会、子ども」を持ち出して、解放された女たちにふたたび押しつける。彼は「女が一人でもいると、帝国議会の名誉は傷つくだろう」と言明した。ナチズムは反カトリックであり反ブルジョアであったから、母親に特権的な地位を与えた。未婚の母と私生児は

＊1　ポーランド生まれの社会主義者、経済学者。
＊2　第一次大戦下のドイツ社会民主党左翼。
＊3　ドイツ社会民主党の指導者。

保護されたので、女は結婚からかなり解放された。スパルタでそうだったように、女はどんな個人によりも、はるかに強く国家に依存していたので、資本主義体制のなかで生きるブルジョア女性と比べて、より自律している部分とより自律していない部分を合わせもっていた。

フェミニズム運動がいちばん高まったのは、ソ連である。その運動は十九世紀の末にインテリゲンチャの女子学生たちのあいだで芽ばえた。彼女たちは個人的な主義主張よりも、革命的な選挙一般に熱意をもっていた。「人民のなかに入り」、ニヒリストのやり方に従ってオクラナ[*1]と闘った。たとえば、ヴェラ・ザスーリチ[*2]は一八七八年に警視総監トレポフを殺害した。日露戦争のあいだ、女たちは多くの職業で男たちの代わりを務める。彼女たちは自己意識をもつようになり、ロシア女権同盟は政治上の男女平等を要求する。第一回帝国議会で女権議員団がつくられるが、成果は上がっていない。女性労働者の解放が始まるのは、革命以降である。すでに一九〇五年に、彼女たちは国内で起こった大衆の政治ストに大々的に参加し、バリケードの上に登っていた。一九一七年、ロシア革命勃発の数日前の国際女性デー（三月八日）には、パンと平和と夫たちの帰還を要求して、サンクト・ペテルブルクの街頭を一団となってデモ行進する。彼女たちは十月の蜂起《ほうき》に加わり、一九一八年から一九二〇年にかけては、侵略者に対するソ連の戦いで、経済的にもまた軍事的にも大きな役割を果たす。マルクス主義の伝統に忠実だったレーニンは、女の解放を労働者の解放と結びつけて、女たちに政治的平等と経済的平等をもたらした。

一九三六年の憲法第一二二条では次のように定められている。「ソ連において、女は経済、公務、文化、公共、政治の各生活のすべての分野において、男と同じ権利を有する」。また、これらの原則は共産主義インターナショナル[*3]によって具体的に明示された。それは次のことを要求している。「法の前での、また実生活での男女の社会的平等。婚姻法と家族法規の抜本的改革。社会的役割としての出産・育児の再確認。子どもと青少年の世話および教育の社会負担。女性を奴隷化するイデオロギーや伝統に対する組織的教化闘争」。経済分野で女の獲得したものはめざましかった。女は男性労働者との賃金平等を獲得して、生産に熱心に参加した。それによって女は政治的にも社会的にも著しい影響力をもつようになった。最近、仏ソ協会が編集した小冊子によると、一九三九年の総選挙時の女性議員は、地方、郡、市町村の各会議に四五万七〇〇〇人、社会主義共和国諸国の各高等会議に一四八〇人いて、ソ連邦最高会議には二二七人が席を占めていた。およそ一千万人の女が組合に加盟している。彼女たちはソ連の工場労働者と事務系労働者の女性の四〇％に相当していた。スタハーノフ運動[*4]の参加者の中にも、女子工員は多数を占めている。ロシア女性が第二次大戦でどのような役割を担《にな》ったかはよく知ら

＊1　皇帝アレクサンドル三世とニコライ二世のもとでの革命防止機構。
＊2　ロシアの革命家、メンシェビキ指導者の一人。
＊3　一九一九－四三、国際共産主義運動を統率した国際組織。

れている。彼女たちは、金属業、鉱業、筏《いかだ》流し、鉄道など、男性向きの職種が大半を占める生産部門にまで多大な労働を提供した。また飛行兵や落下傘《らつかさん》兵としても異彩を放ち、パルチザン部隊を編成した。

このように女が公的な生活に参加するようになったことから、困難な問題がもちあがった。それは家庭生活における女の役割の問題である。一時期ずっと、女を家庭の制約から解放しようとする動きがあった。たとえば一九二四年十一月十六日、コミンテルン[*1]の総会は、「家族の概念と家族関係が存続するかぎり、革命は無力だ」と宣言した。内縁関係が尊重され、離婚が容易になり、中絶が合法化されて、男に対する女の自由が保証された。妊娠休暇に関する法律、保育園、幼稚園などが母親業の負担を軽くした。心情的で相矛盾するさまざまな証言からは、女の具体的な状況がどのようなものであったのかを解明するのはむずかしい。確かなのは、いまでは人口を再増加する必要にせまられて、家族政策が変わったことである。家族は社会の基本的単位と見なされ、女は労働者であると同時に主婦でもあるのだ。[*2]性道徳はきわめて厳しい。一九四一年六月七日の法律は一九三六年六月の法律を強化し、それ以来、中絶は禁止され、離婚はほとんど廃止され、姦通《かんつう》は社会道徳によって糾弾される。男性労働者がみなそうであるように国家に厳しく服従させられ、家庭に厳重にしばりつけられ、だが政治にも参加し、生産労働が与えてくれる誇りももっているロシアの女たちは、個別的な条件のなかにいる。それを、その個別性の間近から分析できたら有益だろう。残念ながら、さまざまな事情が私にそれを許さない。

先頃開かれた国連の会期で、女性の地位委員会は、男女の権利の平等がすべての国で認められるべきであると主張し、その法的身分規定の具体的な実現をめざすいくつもの動機を採択した。だから、勝負には勝ったようである。未来は、最近まで男のものだった社会に、女をしだいに深く同化させる方向に向かう以外ないだろう。

＊

以上の歴史について全体的に目をとおしてみると、そこからいくつかの結論が出てくる。まず第一の結論は、女の全歴史は男によってつくられたということである。アメリカには黒人問題があるのではなく白人問題があるように、[*3] また「反ユダヤ主義はユダヤ人の問題ではなく、われわれの問題である」[*4] ように、女の問題はつねに男の問題だった。

＊4　（281頁）ソ連の第二次五カ年計画の際の労働生産性向上運動。

＊1　共産主義インターナショナルの略称。

＊2　〔原注〕共産主義青年同盟中央委員会の書記であるオルガ・ミカコバは、一九四四年にインタビューで次のように言明した。「ソヴィエト女性は自然と美的センスの許すかぎり魅力的であろうと努めるべきです。戦争が終わったら、女らしく装い女らしい歩き方をしなければなりません……娘たちには、娘らしくふるまい、娘らしく歩くように言いましょう。そしてそのためには、娘たちは優雅な歩き方をせざるをえない、多分とてもぴったりしたスカートをはくようになるでしょう」。

どのような理由で出発点において男たちが肉体的力によって精神的権威を手にしたかはすでに考察した。男たちは価値と慣習と宗教をつくった。女たちは一度も男たちとその支配力を争ったことはなかった。何人かの孤立した女たち――サッフォー、クリスチーヌ・ド・ピザン、メアリ・ウルストンクラフト、オランプ・ド・グージュなど――が、自分たちの苛酷《かこく》な運命に対して抗議した。ときには集団で示威運動も行なった。しかし、オピウス法に対して団結した古代ローマの既婚女性たちにしても、イギリスの女性参政権論者たちにしても、男たちに圧力をかけるのに成功したのは男たちがその圧力を受ける気になったときだけだった。女の運命をつねに手中に握ってきたのは男たちなのだ。そして、男は女の利益のために女の運命を決定したのではなかった。彼らの心にあったのはいつも、自分自身の企てや心配や欲求だった。男が母なる女神を崇《あが》めたのは、〈自然〉が彼らを怖がらせたからだった。青銅器によって自然に対抗できるようになるや、男は家父長制を定めた。以後、家族と国家の対立が女の身分を決定する。キリスト教徒が女に割り当てた地位に反映されているのは、神、世界、自分の肉体に向きあったときの男の態度である。中世に「女性論争」と呼ばれたものも、結婚と独身をめぐる聖職者と非聖職者とのあいだの論争だった。結婚した女に後見をつけるようになったのは私有財産制を基盤に確立された社会制度であり、今日の女たちを解放したのは男たちが実現した技術革命である。「バースコントロール」によって子だくさんの家族を減らし、女を母親であることの拘束から部分的にも解放したのは、男の倫理観の進歩だった。フェミニズムそのものもけっして自主的な運動ではなく、ある部分は政治家の手に握られた道具だったし、ある部分は社会の深層の動向を反映する付帯現象だった。女は一度も別個のカーストをつくったことはない。また実際に、女という性として歴史のなかで一つの役割を演じようとしたこともない。肉体、生命、内在†としての、つまり〈他者〉としての女の実現を要求する理論は男のイデオロギーであり、少しも女たちの要求を表わしていない。大多数の女は何の行動もしようとせずに、その運命を受け入れている。運命を変えようとした女たちは、自分たちの個別性を守りとおしてそれを認めさせようとしたのではなく、それを克服しようと望んだ。彼女たちが世界の動きに参加したのは、男たちと同調して、男の見方に立ってである。

　この参加は全体としては二義的で、付随的なものだった。女たちがある程度の経済的自律性に恵まれ生産に参加していた階級は被抑圧階級であるが、労働者としては彼女たちは男の労働者よりもっと隷従状態にあった。支配階級では女は寄生物であり、そのようなものとして男の法律に服従していた。どちらの場合も、行動は女にとってほとんど不可能だったのである。法と慣習はつねに一致するわけではなく、両者のあいだには女がけっして具体的に自由にならないような均衡が確立していた。古代ローマ共和国では経済的条件が整えば既婚女性は実質的な力をもてたが、法律的にはまったく独立してい

＊3　〔283頁〕〔原注〕ミルダル『アメリカのジレンマ』参照。
＊4　〔283頁〕〔原注〕J＝P・サルトル『ユダヤ問題に関する考察』参照。

なかった。農村文明でも商業的小ブルジョア階級でも事情はしばしば同様だった。家庭内で女主人兼召使いである女は、社会的には未成年者である。逆に、社会が崩壊するときには、女は解放される。しかし男の家来でなくなると、女はその領土を失ってしまう。女には放縦とか浪費としか言えないような消極的な自由があるだけだ。ローマ帝国の頽《たい》廃《はい》期、ルネサンス期、十八世紀、総裁政府の時*1がそうだった。働く手段を得たときには服従の身であり、解放されたときは自分でできることは何もない。とりわけ注目すべきなのは、結婚した女が社会のなかに自分の場所を得ても、何の権利も享受《きょうじゅ》しなかったことだ。一方、独身女性は、堅気の女も売春婦も、男と同じすべての法的能力をもっていたが、今世紀まで多少とも社会生活から排除されていた。こうした法と慣習の対立から、とくに次のような奇妙な矛盾が生まれた。自由恋愛は法律で禁止されていないが、姦通は罪になる。ところが実際は「あやまちを犯した」若い娘は傷ものになるけれども、妻の不品行は大目に見られることが多いのだ。十七世紀から現代まで、自由に恋人をつくるために結婚するという若い娘がたくさんいるのはこのためだ。この巧妙なシステムによって大多数の女たちは厳重に縛られている。この抽象的でもあり具体的でもある二重の拘束のなかで女の個性がはっきり現われるようになるには、例外的な状況が必要である。

男に匹敵しうる仕事をなしとげた女というのは、社会体制の力によっていっさいの性の差異を乗り越えることのできた女である。カスティーリャ女王イサベル、イギリス女王エリザベス、ロシア女帝エカテリーナなどは男でも女でもなかった。つまり支配者だった。女であることが社会的に消し去られてしまえば、それはもはや劣等性をなさないというのは注目すべきことである。偉大な治世を行なった女王の比率は名君の比率よりもずっと高い。宗教もまたこれと同じ変化をもたらす。シエナの聖女カタリナやアビラの聖女テレサは、いっさいの生理的条件を超越した聖なる魂だった。彼女たちの世俗生活や信仰生活、また行動や著作は、ごくわずかな男しか到達したことのない高みにまで達している。他の女たちが世界に深い痕跡《こんせき》を残せなかったのは、彼女たちが女の条件のなかに閉じ込められていたからだと考えていい。彼女たちはほとんど消極的なあるいは間接的な仕方でしか働きかけることができなかった。ユディット[*2]、シャルロット・コルデー、ヴェラ・ザスーリチは暗殺し、フロンド党の女たちは陰謀を企て、大革命やコミューン[*3]のときには、女たちは男たちのそばで旧秩序と闘った。権利や権力のともなわない自由には拒絶や反抗をとおして敢然と立ち向かうことが許されるが、積極的な建設に参加するのは禁じられる。女はせいぜい回り道をして男の企てに口出しできるぐらいだ。アスパシア、マントノン夫人、オルシニ大公妃は傾聴される助言者だった。それでも、そうするように周囲が承諾しておく必要があった。男たちが女は最高の役割をしている

＊1　フランス革命末期、一七九五－九九年。
＊2　古代ユダヤの英雄的女性。祖国を救うため、敵将ホロフェルネスを誘惑してその首を切り落とした。
＊3　パリ・コミューン。一八七一年三月一八日－五月二八日、労働者階級による革命的自治政権。

と説くときは、こうした影響力の大きさをすすんで誇張する。だが実際には、女たちの声は具体的な行動が始まると耳を貸されなくなってしまう。女は戦争を引き起こすことはできても、作戦計画を提案することはできない。女は政治がほとんど陰謀と化したかぎりでしか政治を動かしたことはない。世界の実際の舵取《かじと》りが女の手に握られたことはないのだ。女は技術にも経済にも影響を及ぼしたことはなく、国家をつくったことも滅ぼしたこともなく、世界を発見したこともない。女たちによっていくつかの事件が引き起こされたことはあるが、しかし彼女たちは行動の主体であるよりも、きっかけとなったにすぎない。ルクレチアの自害は象徴としての価値しかなかった。被抑圧者に許されていたのは殉教である。キリスト教徒迫害の時代や、社会、国家の崩壊直後には、女はその証人としての役割を果たした。しかし殉教者が世界の様相を変えたことは一度もない。女の示威運動や率先行動でも、それが価値をもつのは男の決断によってそれらが有効に引き継がれたときだけである。ビーチャー・ストウ夫人のもとに集まったアメリカの女たちは、奴隷制度に対して激しく世論を沸かした。しかし南北戦争の真の原因は心情的次元のものではなかった。

一九一七年三月八日の国際女性デーはロシア革命を早めたかもしれないが、それは口火にすぎなかった。女の英雄は奇異なのがほとんどで、その行動の重要さよりも運命の特異性によって目立つ冒険家や変わり者である。だから、ジャンヌ・ダルク、ロラン夫人、フロラ・トリスタンをリシュリュー、ダントン[*1]、レーニンに比べてみると、彼女たちの偉大さがとくに個人的なものであるのがわかる。こうした女たちは歴史を動かしたというより、模範的な人物なのである。偉大な男は大衆のなかから現われ出て状況によって支えられるが、女の大衆は歴史の周縁にあり、状況は彼女たちそれぞれにとって障害でこそあれ跳躍台ではない。世界の様相を変えるには、まずしっかりとそこに錨《いかり》をおろさなければならない。ところで、社会にしっかり根をおろしている女とは、社会に従属している女である。その行動が神権によって任命されたものでなければ――そしてその場合には彼女たちは男と同じくらい有能ぶりを発揮したが――、野心的な女も、女の英雄も奇怪な化け物にすぎない。ローザ・ルクセンブルクやキュリー夫人のような人物が現われるのは、女がこの世界を自分の場所と感じはじめてからのことである。彼女たちは、女の歴史的無意味を決定したのは女の劣等性ではないことを輝かしく証明した。女の歴史的無意味こそが女を劣等にしたのである。[*2]

この事実は、女が自己を主張するのにいちばん成功した領域、つまり文化的な領域においで明白である。女たちの運命は文学と芸術の運命に深く結びついてきた。すでにゲ

＊1　フランス革命期、ジャコバン派の指導者の一人。

＊2　〔原注〕パリでは、一千を数える彫像のうち（純粋に建築的な目的でリュクサンブール公園の円形花壇を構成している女王たちの彫像を除くと）女のために建てられたものは十しかないということは注目に値する。ジャンヌ・ダルクに捧げられたものが三つ。他はセギュール夫人、ジョルジュ・サンド、サラ・ベルナール、ブーシコー夫人、イルシュ男爵《だんしゃく》夫人、マリア・ドレーム、ローザ・ボヌールである。

ルマン人のあいだでは、予言者や祭司の役割は女のものになっていた。彼女たちは世界の外側にいたので、男たちが教養によって自分の世界の限界を越えて別の世界に近づこうとするときには、彼女たちの方へ向かう。イタリア・ルネサンス期に開花した宮廷風神秘主義、人文主義者の好奇心や美への嗜好《しこう》、十七世紀のプレシオジテ〔言葉や物腰の洗練を競った風潮〕、十八世紀の進歩主義的理想などは、さまざまなかたちで女らしさを賛美することになる。女はそのとき詩歌の主役であり、芸術作品の糧《かて》である。暇があるので精神の楽しみに没頭でき、作家に霊感を与える者、批判者、読者になり、その競争相手となる。女が男の心を啓発する感じ方や倫理観を優先させることによって、自分の運命を自分で動かすこともよくある。たとえば、女子教育はほとんど女がみずから獲得したものである。しかし、この知的な女たちの演じた集団的役割は重要だとしても、彼女たちの個々の貢献は全体としてはそれほど価値がない。女が思想や芸術の領域で特権的な場所を占めているのは、女が行動に参加しないからである。ところが、芸術も思想も行動のなかにこそ生きた源泉をもつ。世界の外側にいることは、世界をつくり直そうと望むものにとって有利な位置ではない。このときもまた、与えられた条件を越えて頭角を現わすには、まずそこに深く根をおろしている必要がある。集団的に劣った状況におかれている人間の場合、自己実現はほとんど不可能だ。「スカートをはいてどこへ行けるというのでしょう?」とマリー・バシュキルツェフ〔十九世紀ロシアの画家〕は問いかけた。またスタンダール〔第三部第二章V参照〕も「女に生まれた天才はみな、公共の福祉にとって宝のもちぐされである」と言った。だがほんとうは、人は天才に生まれるのではない、天才になるのだ。そして、女の条件は今までこの、なる、ということを不可能にしてきたのである。

反フェミニストたちは歴史を調べあげて次の二つの矛盾した議論を引き出している。一、女は偉大なものを何一つ創造しなかった。二、女の状況はけっして女の偉大な個性の開花を妨げなかった。この二つの主張には欺瞞《ぎまん》がある。運のいい何人かの女が成功したからといって、女の全体的水準の一貫した低さをカヴァーするものでもないし、言い訳にもならない。こうした成功が稀《まれ》で限られているということは、まさに境遇が女にとって不利だという証拠である。クリスチーヌ・ド・ピザン、プーラン・ド・ラ・バール、コンドルセ、スチュアート・ミル、スタンダールたちが主張したように、どんな領域でも女はけっして機会に恵まれなかった。いま多くの女たちが新しい社会的地位を要求しているのはそのためである。そして、もういちど言うが、女たちの要求は女らしさを賛美されることではない。女たちは、人類全体においてもそうであるように、自分たちのうちでも超越が内在に打ち勝つことを望んでいる。つまり女たちは抽象的権利と具体的可能性が自分たちに与えられることを望んでいるのだ。この二つが結合しないかぎり自由もまやかしにすぎない。[*1]

こうした意思は実現に向かっている。だがいまは過渡期で、つねに男のものだったこの世界は依然として男たちの手中にある。家父長制文明の諸制度と諸価値はほとんど存続している。抽象的権利も女にどこでも完全に認められているとは言えず、スイスでは女はまだ選挙もできず〔一九七一年に女性参政権獲得〕、フランスでは一九四二年の法律によって夫の特権が緩和したかたちで守られている。しかも、いま言ったように、抽象的権利だけでは女が世界への具体的な手がかりを確保するには十分ではなかった。男女のあいだには今なお真の平等は存在していない。

なによりも、結婚生活の負担が依然として男より女にとってはるかに重いものとなっている。すでに見たように、出産によるさまざまな拘束は——合法もしくは非合法の——「バースコントロール」を行使することによって軽減された。しかし実際にはそれほど広く普及しているわけでも、また厳格に実施されているわけでもない。中絶は表向きは禁じられているため、いかがわしい中絶手術で健康を損なったり、度重なる出産で衰弱してしまう女が多い。子どもの世話も家庭のきりもりもまだほとんど女だけが負担している。とくにフランスでは反フェミニズムの伝統が根強いので、これまで女のものとなっていた仕事に男がたずさわると、男の値打ちが下がると思われている。そのために、女は家庭生活と労働者としての役割を両立させるのが男よりもむずかしい。それを努力するよう社会が女に要求すると、女の生活は夫の生活よりもずっとつらいものになる。

たとえば農家の女の境遇を考えてみよう。フランスでは、彼女たちは生産労働にたずさわる女の大部分を占めていて、ほとんどの場合が結婚している。独身だと確かにいつまでも父親の家か兄や姉の家の召使いであることが多く、一家の女主人となるには夫の支配を受け入れる以外ない。各地方の慣習や伝統によって農家の女に与えられる役割もさまざまだ。たとえばノルマンディの農家の女は食卓で主人役を務めるが、コルシカの女は男たちと同じテーブルには座れない。しかしいずれにしても、農家の女は家計にたいへん重要な役割を果たしているため、男の責任を分担し、男の利益にあずかり、男と財産を分かちあう。彼女は尊敬され、彼女の方が事実上とりしきることもよくある。農家の女の地位は古代の農業共同体のなかで女が占めていた地位を思わせる。彼女は夫と同等か、あるいはそれ以上の精神的威厳をもつこともしばしばだ。しかしその具体的な条件は夫よりはるかに厳しい。菜園や家禽《かきん》小屋、羊や豚の世話はもっぱら女の役目である。家畜小屋の世話、肥料散布、種まき、耕作、草取り、干し草刈りなどの重労働も男と一緒にする。土を耕し、雑草をむしり、穀物を収穫し、ブドウを摘みとり、ときには、荷車にわらや干し草、木材や柴《しば》の束、敷わらなどを積み降ろしする手伝いもする。そのうえ、食事の仕度や洗濯、繕い物などの家事もする。出産と子どもの世話という重い責

＊1　〔291頁〕〔原注〕ここでもまた反フェミニストたちはどっちつかずの態度をとる。彼らは、あるときは、抽象的自由を問題にせず、隷属した女がこの世界において演じることのできる偉大な実際的役割を讃《たた》える。女はこれ以上何を望むのか、と。またあるときは、消極的な自由気ままさからはどんな具体的可能性も生まれるはずがないという事実を無視して、抽象的に解放された女たちに対して力を発揮しなかったといって非難する。

任を引き受ける。明け方には起きて、家禽、家畜に餌《えさ》をやり、男たちの朝食を用意し、子どもたちの世話をし、畑や森や菜園へ働きにでかける。泉で水を汲《く》み、昼食をつくり、皿を洗い、また夕食まで野良《のら》仕事をする。夕食後、繕い物をしたり、掃除をしたり、トウモロコシの実をとったりして夜なべする。妊娠中でさえ健康を気づかうひまがないので、すぐに体の線がくずれ、年よりも早く老《ふ》け、やつれ、病気にむしばまれる。男が社会生活でたまに味わう労働の代償としてのわずかな楽しみも女には与えられない。男は日曜や市の立つ日には町へ出かけ、他の男たちと出会い、カフェに行き、酒を飲んだりトランプをしたり、猟や釣りをする。それなのに女は農場にいて、休むひまもない。召使いがいるか、畑仕事をしなくていい裕福な農家の女だけが、幸運にも均衡のとれた生活を送り、社会的に尊敬され、労働に押しつぶされることなく家のなかで大きな権威をもっていられる。しかしほとんどの場合、農村の労働は女を馬車馬のような状態に追いやっている。

女の商人や小企業を営む女の経営者はいつも恵まれていた。彼女たちだけが、中世以来、市民としての法的資格を認められていた。たとえば食料品屋、牛乳屋、宿屋、タバコ屋などの女主人は、男と同等の地位をもっている。独身であろうと寡婦《かふ》であろうと、こうした女たちだけが社会で通用する。結婚しても彼女たちは夫と同じように自律している。幸運にも彼女たちは自分の家と同じ場所で仕事ができ、どの仕事もそれほどかかりきりにならなくてもすむ。

家の外で働く工員や事務員、秘書、店員などの事情はまったく違う。彼女たちの職業と家事を両立させるのはもっとむずかしい（買物、食事の仕度、掃除、衣服の手入れなどは、毎日少なくとも三時間半、日曜には六時間の労働を必要とする。工場や事務所での労働時間に加えるとかなりの時間数だ）。自由業については、たとえ女性の弁護士や医師、教師などが家事を少しばかり手伝ってもらったとしても、家庭と子どもはやはり負担となり、心配の種となり、大きなハンディキャップとなる。アメリカでは家事労働は工夫を凝らした技術で簡易化されているが、働く女に要求される服装やおしゃれがまた別の拘束をおしつける。それに家庭と子どもに対する責任も相変わらず女の方にある。他方、働くことで自立しようとする女は、競争相手の男よりずっとチャンスが少ない。女の賃金は多くの職業で男より少ない。女の仕事は専門的ではないので、熟練工の賃金よりずっと少ない。また同じ仕事のときも女の報酬の方が少ない。女は男の世界では新参者であるために、男より成功する可能性が少ない。男も女も、女から命令されるのをいやがる。男女ともつねに男の方に信頼感を表わす。女であるということは、欠陥でないにしても、少なくとも特異なことなのだ。「出世する」ためには、女は男の後楯《うしろだて》を得るのが効果的である。いちばん有利な場所を占め、いちばん重要なポストを握っているのは男だからだ。男と女は経済的に二つのカーストを構成しているということは、ぜひとも強調しておかなければならない[*1]。

現在の女の条件を支配している事実とは、新しく形成されつつある文明のなかに最も古い伝統が根強く生き残っているということである。これこそは、いま女に与えられている機会に女は値しないと見なしたり、そういう機会は危険な試みでしかないと決めこむ性急な観察者が見過ごしていることなのだ。事実、女の状況が不安定であるために、その状況に適応するのがきわめてむずかしいのである。女には工場、会社、大学が開放されたが、相変わらず結婚が女にとっていちばん立派なキャリアであり、社会生活にはことさら参加しなくてもよいと考えられている。原始文明におけると同様に、愛の行為は、女にとって多少とも直接的に報酬を受け取る権利のある勤めなのだ。ソ連以外はど[*1]この国でも、現代の女は自分の身体《からだ》を利用すべき資本と見なすことが許されている。売春は黙認され[*2]、情事は奨励される。また結婚した女は夫に養われるのを当然として認められる。結婚した女は、そのうえ、独身の女よりずっと高い社会的栄誉に包まれる。慣習が独身女性に独身男性と同等の性的可能性を認めるにはまだほど遠い。とくに独身女性が子どもを産むことはほとんど禁じられていて、未婚の母はいまだスキャンダルの対象である。シンデレラの神話[*3]はなくならないだろう。誰もが今でも若い娘に、「すてきな王子さま」に幸運と幸福を期待する方が、一人でそれを手に入れようと困難で不確かな試みをするよりもいいとすすめている。とくに、娘は王子によって自分のカーストより上のカーストに上昇することも期待できる。それは彼女が一生働いても与えられない奇跡である[*4]。しかし、そういう望みは彼女の努力と利益を分離させてしまうので有害である。女にとって最も大きいハンディキャップは、おそらくこの分裂である。両親はいまでも娘を、その個性をのばすよりも、結婚させるために育てる。娘もその方が有利だと思って、自分からそれを望むほどだ。その結果、娘の大部分はその兄弟ほど専門技術を身につけず、しっかりした教育も受けず、自分の職業に全身全霊で打ち込むこともしない。そのためにいつまでも低い地位にあまんじることになる。そして悪循環が始まる。

＊1　（295頁）〔原注〕アメリカでは、莫大《ばくだい》な財産が最後に妻の手に転がり込むことがよくある。妻は夫より若いから、生き残って遺産を受け継ぐ。しかし彼女たちはそのときはもう年をとっていて、新たに投資しようと決断することはめったにない。彼女たちは所有者としてよりもむしろ用益権者として行動する。資本を自由にできるのは、実際は男たちである。いずれにしても、このような恵まれた裕福な女はごくわずかである。アメリカでは、女が弁護士や医師などの高級職につくことはヨーロッパよりもさらに不可能に近い。

＊1　〔原注〕少なくとも公式見解では。

＊2　〔原注〕アングロ・サクソン諸国では、売春は一度も規制されたことがなかった。一九〇〇年まで、イギリスやアメリカの「コモン・ロー」は、よほどひどい場合か、秩序を乱した場合のみ売春を違法行為と見なした。その後、イギリスとアメリカ合衆国のいくつかの州で、ほどほどの厳格さと、ほどほどの効果をもって取締りが行なわれた。合衆国ではそれぞれの州の法律はこの点に関して非常に異なっている。フランスでは、廃止論者の長期にわたる運動ののち、一九四六年四月十三日の法律によって、娼家の閉鎖と売春斡旋《あっせん》業摘発の強化が命じられた。「こうした娼家の存在は、人間の尊厳の基本的原則、および現代社会において女性に割り当てられた役割と相いれないのを考慮して」のことである。それでも売春はいぜんとして行なわれている。非建設的で偽善的な対策では状況を変えることができないのはあきらかである。

＊3　〔原注〕フィリップ・ウィリー『蝮《まむし》の世代』参照。

＊4　〔原注〕この点についてはⅡ巻で詳しく述べる。

この劣等意識が夫を見つけたいという願望を強めるのだ。利益の裏側にはいつも負担がともなっている。そして、その負担が重すぎると利益も拘束としか思えない。大多数の労働者にとっていま労働はやりがいのない苦役であり、しかも女にとってはその苦役が、社会的栄誉や、慣習からの解放、経済的自立などの具体的獲得によって償《つぐな》われることがない。女子工員や女子事務員の多くが働く権利のなかに義務しか見出《みいだ》せないので、結婚すればそこから解放されると思うのも当然なのだ。とはいえ、女はすでに自意識をもち、仕事によって結婚から解放されることもできるので、これまでのようにおとなしく結婚への服従を受け入れたりもしない。女が望むのは、家庭生活と職業を両立させるのに身をすり減らすような離れ業を必要としないことである。それにしても、安易さへの誘惑があるかぎり――経済的不平等が一部の人間を有利にし、そうした特権者の誰かに身を売る権利が女に認められているだけに――女が自立への道を選ぶためには、男より大きな精神的努力を必要とするだろう。誘惑もまた障害であること、しかも最も危険な障害の一つであることが十分に理解されていない。この誘惑には欺瞞がつきものだ。というのも、実際にすばらしい結婚の当たりくじを引く女が千人に一人はいるからである。現在は女たちを仕事に誘い、それを強制しさえするが、また女たちの目に余暇と逸楽の楽園をちらつかせもする。地上に釘《くぎ》づけになっている女たちより、選ばれた女たちの方をはるかに称賛するのだ。

男の手に握られた経済的特権、男の社会的価値、結婚の威光、男の後楯の効用、こうしたすべてのことが男に気に入られるように女を切望させる。女は全体としてまだ従属的状況にある。その結果、女は自分としてあるがままに存在するのではなく、男が女を定義するように自分を認識し自分を選択してしまうのだ。したがって、私たちはまず、男が夢想している女を描いてみる必要がある。なぜなら、「男にとっての女のあり方」が、女の具体的条件の主要な要因の一つになっているからである。

第三部　神話

第一章

歴史は、男がつねにすべての実権を握ってきたことを教えてくれた。家父長制の初期から、男は女を従属的な身分に抑えておくのが有用だと考えた。男の法律は女に不利なように制定された。こうして、女は実質的に〈他者〉にされたのである。この女の地位は男たちの経済的利益に役立ったが、彼らの存在論的、倫理的な要求とも合致するものだった。主体が自己を確立しようとすると、ただちに、主体を限定し主体を否定する〈他者〉も必要となる。主体は、自分ではないこの実在をとおしてでなければ、自己に到達できないからである。男の生が充実や休息ではけっしてなく、欠如と運動であり、闘争であるのはこのためだ。自己と対立するものとして、男は〈自然〉と出会う。男は〈自然〉を支配して、自分のものにしようとする。だが、〈自然〉は男を満たすことはできないだろう。ある場合には〈自然〉は純粋に抽象的な対立物としてしか現われず、障害物であり、外部にとどまったままでいる。またある場合には、受動的に男の欲望を受け入れて、男に同化されるままになる。〈自然〉を所有しようとすれば、〈自然〉を消費する、つまり破壊することになる。いずれの場合も、男は孤独だ。石に触るにしても独りだし、果実を消化するにしても独りである。他者が現前するのは、他者みずからが自身に現前している場合だけである。つまり、真の他者性とは、私の意識とは別個で、かつ私の意識と同様の意識がもっている他者性のことである。人間を内在†から引き離し、その真の存在を完成させるのは、つまり、超越†として、対象へ向かう脱出として、投企《プロジェ》†として、自己を完成させるのは、他の人間の実存である。だが、私の自由を確かなものにするこの他人の自由は、私の自由と衝突もする。これが不幸な意識の悲劇《ドラマ》である。個々の意識は自分だけを至高の主体として立てようとする。個々の意識は他者を奴隷《どれい》化することによって自己を実現しようと試みる。しかし、労働と恐怖のなかで奴隷もまた、自分が本質的だと感じ、弁証法の逆転から、非本質的なのは主人の方だと思っている。この悲劇《ドラマ》は、それぞれが自分と相手を互いに主体にしたり客体にしたりする相互運動によって、相手のうちに個人を自由に認め合うことで克服できる。しかし、相手の自由を実際にこのように承認する友情や寛大さは容易ならざる美徳である。たしかにこうした美徳は人間としての最高の達成であり、それによって、人間は自らの真実のなかにいる。だが、この真実は絶えず開始され、絶えず停止される闘争の真実であり、一刻も休まず自己を乗り越えることを人間に要求する。別の言い方をすれば、人間は存在することを断念して自分の実存を引き受けたときに、本来的な倫理的態度†に到達するのである。この回心によって、人間はまた一切の所有を断念する。というのも、所有は存在を追求する一つのやり方であるからだ。しかし、真の知恵に到達する回心が行なわれることはけっしてなく、回心は絶えず行なわれなければならないので、絶えざる緊張が要求される。そのために、独りで自己を実現できない人間は、同類との関係において絶えず危機状態にあるのだ。人間の一生はけっして成功が保証されることのない困難な企てなのである。

しかし、男は困難を好まない。危険が怖い。矛盾したままに、男は生と休息を、実存と存在を同時に渇望《かつぼう》する。「精神の不安」は自己の発展の代償であり、対象との距離は自己に対して自己が現存していることの代償だと承知してはいるが、男は不安のなかで安らぎを夢想し、不透明ではあっても意識が宿っているはずの充足状態を夢想する。この夢を体現しているのは、まさしく女である。女は、男にとっては、外部の自然と、自分とまったく同じ同類とのあいだの、願ってもない仲介者なのだ。[*1] 女は、自然の敵意に満ちた沈黙や相互承認という厳しい要求でもって男に対抗したりはしない。まれなる特権によって女は一個の意識であるが、それにもかかわらず女の肉体は所有できそうに見える。女のおかげで、自由の相互性から生じる主人と奴隷の苛酷《かこく》な弁証法を逃れること

＊1　〔原注〕「……女は男の無益な複製ではなく、男と自然との生きた結合が完成される魔法の場所である。女が消えてしまえば、男は、独り、氷のように冷たい世界で旅券を持たないよそ者である。女は生命の頂にまで高められた大地、感受性にすぐれた享楽《きょうらく》の大地だ。だから、女がいなければ、男にとって大地は沈黙し、死んでいる」と、ミシェル・カルージュ〔一九一〇年生まれ、批評家、SF作家〕は書いている（「女の力」、『カイエ・ド・シュッド』一九一二号）。

ができるのだ。

すでに見たように、まず最初に解放された女がいて、それを男が奴隷化したのではなく、また性の区分がカーストの区分を作りだしたのでもけっしてない。女を奴隷と同一視することは誤りである。奴隷のなかには女もいたが、自由な女、つまり宗教的、社会的に高位にあった女もつねに存在した。だが彼女たちは男の主権を受け入れ、男の方も自分が客体に変えられてしまうような反抗に脅《おびや》かされているとは感じなかった。だから女は、けっして本質的なもの†に転じることのない非本質的なもの†、相互性のない絶対的〈他者〉だと思われたのである。あらゆる天地創造神話は男にとって大切なこの確信を伝えている。なかでも、「創世記」の伝説はキリスト教をとおして西洋文明のなかに生きつづけてきた。イヴは男と同時に造られたのではない。違った物質で造られたのでもないし、アダムをかたちづくるのに使われたのと同じ粘土で造られたのでもない。彼女は最初の男の脇腹《わきばら》から引き出されたのである。女の誕生そのものが自律的ではなかった。神が女を造ろうという気になったのは、女自身のためでもなければ、女から直接崇拝してもらうためでもない。女を造ったのは男のためなのだ。神が女をアダムに与えたのは彼をその孤独から救うためであり、女は夫のうちに自分の起源と目的をもつのである。女は非本質的なものというそのあり方がすでに夫の補完物である。だから、女はかっこうの獲物に見えるのだ。女は半透明な意識に高められた自然であり、生まれつき従順な意識である。これこそは、男が女に対してしばしば抱いてきた驚くべき期待なのだ。一つの存在を肉体的に所有して、その従順な自由によって自分の自由を確かなものにしてもらえば、自分を存在として完成できると男は思いたがる。どんな男も自分が女になることには同意しないだろうが、女がいてほしいとはすべての男が願っている。「女を創造してくださったことを神に感謝しよう」。――「〈自然〉は善である。男に女を与えてくれたのだから」。これらの言葉や他の似たような言葉のなかで、男は思い上がった無邪気さで、あらためてもう一度こう断言する。この世に男がいることは不可避の事実にして権利であり、女がいることは単なる偶然である、と。これは男にとってありがたい偶然である。女は〈他者〉に見えると同時に、自己のうちに虚無をかかえる男の実存とは対照的に、充足した存在に見える。主体の目から客体として定められる〈他者〉は、即自†として、つまり存在として定められるのである。実存者が心のうちにかかえる欠如を女は具体的に体現しているので、男は女をとおして自己に合一しようと努めることで自己実現したがるのだ。

とはいえ、女は男にとって〈他者〉を体現する唯一のものではなかったし、歴史の流れのなかでいつでも同じように重要だったわけではない。他の偶像によって隠されてしまった時期もある。都市国家や国家が市民を苦しめているときには、男は女の私的運命に関わってなどいられない。国家に捧《ささ》げられたスパルタの女は、ギリシアの他の都市の女よりも地位が高い。それだけでなく、男の抱くどんな夢想によっても変貌《へんぼう》させられることもない。指導者への崇拝は、ナポレオンでも、ムッソリーニでも、ヒトラーでも、その指導者以外のものへの崇拝をすべて排除する。軍事独裁や全体主義体制においては、女はもう特権的な客体ではない。市民が裕福で自分の生にどんな意味を与えたらよいのかよくわからなくなっている国で、女が神格化されるのはよくわかる。それはアメリカで起きていることだ。反対に、すべての人間に同じ扱いを要求する社会主義イデオロギーは、未来のために、今後はどんな種類の人間にも客体や偶像になることを認めない。マルクスが予告するほんとうに民主主義的な社会には、〈他者〉のための場所はない。とはいえ、自分で選んで兵士や軍人になったとしても、それにすっかりなりきれる男はほとんどいない。個人であるかぎり、男たちの目に女は特別な価値をもちつづける。私はドイツの兵士たちがフランスの娼婦《しょうふ》たちに書いた手紙を見たことがあるが、そこにははっきりと、ドイツ国家社会主義《ナチズム》にもかかわらず青い花〔センチメンタリズム〕の伝統が素朴に息づいていた。フランスのアラゴン[*1]、イタリアのヴィットリーニ[*2]のような共産主義の作家は、その作品のなかで、恋人や母である女性に重要な位置を与えている。おそらく、女の神話はいつの日にか消え去るだろう。女が人間として自己を確立すればするほど、〈他者〉という不可思議な特質は女から消えていくからである。しかし、いまはまだ、女の神話はすべての男の心に存在している。

神話はすべて、〈主体〉が自分の希望と恐れを超越的な天空に向けて投影したものである。自分を〈主体〉として定めない女は、女の投企《プロジェ》を反映した男性神話を創造することがなかった。女は自分たちだけの宗教も詩ももたない。女はいまだに男の夢をとおして夢見ているのだ。女が崇拝するのは男が作りだした神々である。男たちは自分自身を称賛するために、ヘラクレス[*3]、プロメテウス[*4]、パルジファル[*5]といった偉大な男性像を作り上げた。こうした英雄たちの運命のなかで女は副次的な役割しかもっていない。たしかに、父親、女たらし、夫、やきもち焼き、孝行息子、放蕩《ほうとう》息子といった、女との関係から捉《とら》えられる型にはまった男のイメージというものは存在するが、こうしたイメージを決めたのもまた男であって、それらは神話の高みに達することのない、ごく月並みな類型でしかない。それに対して、女はもっぱら男との関係でイメージを決められる。男女二つのカテゴリーの非対称性は、性の神話の一方的な構成に明らかである。女を指して「性《セックス》」と言われることがある。女は肉体であり、肉体の悦楽と危険であるとされているのだ。女にとっては男の方が性であり肉体であるという真実は、いまだかつて言明されたことはない。そうする人間がいないからだ。世界の表象もまた、世界そのものと同様に、男の手になるものである。男は自分たちの視点から世界を描き、それを絶対的な真実と混同してしまうのだ。

＊1　一八九七－一九八二、シュールレアリスムの詩人、小説家。
＊2　一九〇八－六六、ネオ・レアリスムの小説家、翻訳家、評論家。
＊3　ギリシア神話。諸方を遍歴して猛獣や怪物を退治する。
＊4　ギリシア神話。天上の火を人間に与えるために盗み、ゼウスの怒りを買う。
＊5　アーサー王伝説に登場する騎士。王のために魔神と戦い、聖槍を取り返す。

神話を説明するのはいつもむずかしい。うまく捉えられないし、明確にできない。神話は人々の意識につきまとっているが、意識の面前にじっとしている対象として提示されることはけっしてない。うつろいやすく矛盾だらけで、第一そのまとまりがつかめない。デリラ[*1]にしてユディット〔二八七頁＊2参照〕、アスパシアにしてルクレチア、パンドラにしてアテナ[*2]である女は、イヴであると同時に聖母マリアである。偶像であり、召使いであり、生命の源泉であり、闇《やみ》の力である。女は真実が本来的にもっている沈黙であり、策略であり、おしゃべりであり、嘘《うそ》である。女は病を癒《いや》す祈禱師《きとうし》にして魔女、女は男の獲物、女は男の身の破滅、女は男でないもののすべて、男がもちたがっているもののすべてであり、男の否定にして男の存在理由である。

キルケゴール[*3]は言う。「女であることは実に奇妙で雑多で複雑な何ものかであり、どんな述語をもってしてもそれをうまく表現できない。さまざまな述語を使おうとすると互いに矛盾してしまう。だから女だけがその矛盾に耐えられるようになったのだ」[*4]。その原因は、女が自分自身を考えているようには肯定的に考えられてはいなくて、男にそう見えるように否定的に考えられているところにある。女以外に〈他者〉がいるとしても、女はつねに〈他者〉と規定されることに変わりはないからだ。そして、女の両義性は、〈他者〉という観念の両義性そのものである。つまり、〈他者〉との関係において規定されるかぎりでの、人間の条件の両義性である。すでに述べたように、〈他者〉とは〈悪〉である。だが、〈善〉に必要とされると〈悪〉は〈善〉に反転する。私が〈全体〉

に至るのは〈他者〉によってであるが、私を〈全体〉から切り離すのもまた〈他者〉である。〈他者〉は無限への扉であり、私の有限性の尺度でもある。女がどのような固定した概念も体現していないのはこのためである。女をとおして、希望から失敗への、憎しみから愛への、善から悪への、悪から善への移行が絶えまなく起こる。いずれの角度から女を考察しようと、まずぶつかるのはこの両面性なのだ。

男は女に、〈自然〉としての、また自分の同類としての、〈他者〉を求める。だが、いかに相反する感情を〈自然〉が男に吹き込んでいるかは周知のとおりである。男は〈自然〉を開発するが、〈自然〉は男を押しつぶす。男は〈自然〉から生まれて、そこで死ぬ。〈自然〉は男の存在の源であり、男が自分の意志に服従させる王国である。それは〈イデア〉、有限性にして全体性である。〈自然〉は〈精神〉に対立するものにして、〈精神〉そのものである。味方になったり敵になったりする〈自然〉は、生命が湧《わ》き出る混沌《こんとん》とした闇のように、生命そのもののように、また、生命が向かう彼岸のように見える。魂を内に閉じ込めた物質の覆《おお》いであり、至高の現実である。〈自然〉は偶然にして

＊1　サムソンを誘惑してその怪力を失わせた女。
＊2　知恵、芸術、戦術などをつかさどる、ギリシア神界で最大の女神。
＊3　一八一三－五五、デンマークの哲学者。
＊4　〔原注〕『人生行路の諸段階』〔『キルケゴール著作集』第一二、一三巻〕。

女は、〈母〉、〈妻〉、そして〈イデア〉としての自然を要約しているのだ。こうした姿は混じり合ったり対立したりして、その一つひとつに二重の顔がある。

男は〈自然〉のなかに根をおろしている。動植物と同じように生み出され、自分が生きているかぎりでしか存在しないことを知っている。だが、家父長制が出現して以来、〈生命〉は男の目には両面性を帯びるようになった。〈生命〉とは、意識、意志、超越であり、精神である。そしてまた、〈生命〉とは、物質、受動性、内在であり、肉体である。アイスキュロスやアリストテレス、ヒポクラテスは、オリンポス山と同じように地上でも、真の創造主は男性的要素であると言った。つまり、男性的要素から、形、数、運動が生まれるのだ。デメテル〔大地と豊穣《ほうじょう》の女神〕によって麦の穂は増殖するが、麦の穂の起源とその真実はゼウス〔男神〕のうちにある。女の生殖力は受動的な力としか見なされない。女は大地で男は種子、女は〈水〉で男は〈火〉なのだ。創造はしばしば火と水の結婚と考えられてきた。生物を誕生させるのは暖かい湿気である。〈太陽〉は〈海〉の夫だ。〈太陽〉や火は男神であり、〈海〉は最も普通に見られる母性の象徴の一つである。生気のない水も、燃え上がる太陽の光の作用を受けて豊穣になる。同様に、畑は耕す人の労働によって溝をつけられて、不動のまま、その畝《うね》に種子を受ける。けれども、畑の役割は不可欠だ。畑は芽に養分を与え、保護して、芽の中身を作りだす。だから、〈太母〉が失墜してからも、男は豊穣の女神たちを崇拝しつづけたのである。[*1] 収穫物や家畜や繁栄はキュベレ〔豊穣多産の大地母神〕のおかげだ。この女神のおかげで男の生命がある。男は水を火と同等に賛美する。「海に栄光あれ！　聖なる火に包まれた海原に栄光あれ！　波に栄光あれ！　火に栄光あれ！　不思議な冒険に栄光あれ！」と、ゲーテは『ファウスト第二部』に書いている。男は、ウィリアム・ブレイク[*2]が「〈土〉夫人」と名づけた〈大地〉を畏《い》敬《けい》する。インドのある予言者は弟子たちに、大地を鋤《す》かないように忠告している。なぜなら、「私たちの共通の母を農作業で傷つけたり、切り刻んだり、引き裂いたりすることは罪であるから……私は刃物を取ってわが母の胸に突き刺そうとするだろうか？……骨にまで達するようにとわが母の肉に深手を負わせるだろうか？……わが母の髪を切るなど、どうしてできよう？」」。中央インドのバイア族もまた「鋤《すき》で母なる大地の胸を切り裂く」ことは罪だと考えた。一方、アイスキュロスはオイディプス[*3]について「自分を作り出した聖なる畝に大胆にも種子をまいた」と言う。ソフォクレス[*4]は「父の畝」や「耕す者、種まきの時期に一度しか訪れない遠い畑の持ち主」について語っている。エジプトのある歌に出てくる恋する女は「私は大地！」と宣言する。イスラムの文献では、女は「畑……実のなるブドウ畑」と呼ばれている。アッ

＊1　〔原注〕「わが歌う大地、ゆるぎなき万物の母、ありとあらゆるものをその土の上で養い育てる尊敬すべき先祖」と、ホメロス風賛歌の一つは言う。アイスキュロスも、「あらゆる存在を産み、養い育て、ふたたび繁殖の芽を迎え入れる」大地を讃《たた》えている。
＊2　一七五七－一八二七、イギリスの詩人、画家。
＊3　ギリシア悲劇。父を殺害し、母と結婚した神話上の人物。
＊4　前四九五頃－前四〇六、ギリシアの悲劇作家。

シジの聖フランチェスコ[*1]はその賛歌の一つで「色とりどりの花々と草木とさまざまな果実を生み出し、私たちを守り、育《はぐく》む、私たちの姉妹である大地、私たちの母」について語っている。ミシュレは、アキで泥風呂《どろぶろ》につかって、こう感嘆の声をあげる。「万物のいとしい母よ！　私たちは一つ。私はあなたから出てあなたに帰る！……」。また、〈精神〉に対して〈生命〉の勝利を願う生命主義的ロマンチシズムが主張される時代さえある。そうした時代には、大地や女の魔術的豊穣性の方が、男の計画的な作業よりすばらしいものに見える。そうした時代には、男はふたたび母なる闇と溶けあって、そこに自分の存在の真の源泉を見出《みいだ》そうと夢見る。母は宇宙の奥深く入りこんで、そこからエキスを吸い上げる根である。そしてまた、養い育てる乳であり温泉であり土と水で作られた再生の力に富む泥土である生きた水が、こんこんと湧き出る泉である。[*2]

しかし、もっと一般的に男の心にあるのは、自分の肉体的条件に対する反抗である。男は自分を失墜した神だと思っている。男の宿命的な不幸は、輝かしい天空から墜落して、母親の腹という混沌とした闇に入れられたことだ。男が自分の姿を認めたがっているあの火、活発で純粋なあの息吹《いぶき》、女はこれを大地の泥に閉じ込める。男は〈一者〉[†]〈全体〉〈絶対精神〉のように、純粋な〈イデア〉として必然でありたいと思う。それなのに、限られた身体のなかに、自分が選んだわけではなく呼ばれたわけでもない時間と場所のなかに閉じ込められて、役立たずで、場所塞《ふさ》ぎで、不条理だ。肉体の偶然性は男の存在そのものの偶然性であり、男は見捨てられて、許しがたい無根拠性のなかで、この偶然性にさらされる。偶然性は男を死にも捧げる。子宮（墓のように閉ざされた秘密の子宮）で作られるあのぷるぷるとしたゼラチン質のものは、ぶよぶよして粘り気のある腐肉を連想させるので、男はぞっとして顔をそむけずにはいられない。発芽でも醱酵《はっこう》でも、生命が作られつつあるところはどこでも、嫌悪《けんお》感《かん》を引き起こす。生命は崩壊しながらでなければ作られないからだ。粘液状の胎児は、死の腐敗に終わる過程の始まりである。男は無根拠性と死が嫌いだから、自分が生み出されたことが気にいらない。男は動物とのつながりを否定したいと思う。だが男は誕生した以上、死をもたらす〈自然〉に左右される。未開人のあいだでは、出産はもっとも厳しいタブーに包まれている。とくに胎盤はていねいに焼くか、海に投げ捨てるかしなければならない。胎盤を奪った者は誰でも、新生児の運命を掌中にできると信じられているからなのだろう。この覆い〔胎盤〕は、そこで胎児が形成されたのだから、胎児の依存状態のしるしである。これを無に帰すことによって、個体は生きた軟塊《マグマ》から身を引き離し自律的存在になることができるのだ。誕生の穢《けが》れは母親にも及ぶ。「レビ記」や古代のあらゆる法典は産婦に清めの儀式を課している。そして、今でも多くの田舎では産後の祝別式がこの伝統を受け継

＊1　一一八二頃－一二二六、イタリアの神秘家。フランシスコ修道会の創設者。

＊2　〔原注〕「文字通り、女はイシスであり、豊穣《ほうじょう》な自然である。女は河であり、河床であり、木の根であり、バラの花であり、大地であり、サクランボの木であり、ブドウの株であり、ブドウの実である」（ミシェル・カルージュ、前掲書）。

いでいる。妊婦の腹や授乳する母親の張った乳房を前にして、子どもや若い娘や男たちが思わず困惑してしまい、それを薄笑いしてごまかすことがよくあるのは周知のとおりである。デュピュイトラン博物館[*1]では、物見高い人々が墓でも暴《あば》くような異常な関心をもって、蠟《ろう》でできたごく初期の胎児や、アルコール漬けの胎児に見入っている。妊娠機能は社会がどんな敬意でくるんでもどうしても嫌悪を呼び起こしてしまう。そして、男の子は幼児期に母親の肉体に官能的に愛着していても、成長して社会化され、自分の存在を個として意識したときには、母親の肉体に恐怖を抱く。彼はそれを無視したい、自分の母親には精神的な人格しか見たくないと思う。彼が母親を純粋で貞淑だと思いたがるのは、愛するゆえの嫉妬《しっと》からというより、母親に肉体を認めるのを拒否するためである。青年は仲間と歩いていて、母親や姉妹といった自分の家族の女性に出会うと狼狽《ろうばい》し、赤面する。これは、彼女たちが現われることによって、彼がそこから飛び立ちたいと思っている内在の領域へと呼び戻されるからである。身を引き離したいと思っている根を、彼女たちは人目にさらす。母親にキスされたり、かわいがられたりすると男の子がいらだつのも同じ意味である。彼は家族、母親、母親の胸を拒否しているのだ。アテナのように、つま先から頭のてっぺんまで武装して、不死身の姿で大人の世界に出現したいのだろう。[*2]はらまれて、生みだされたことは彼の運命にのしかかる呪《のろ》いであり、彼の存在を汚す不浄である。そして、彼の死の予告である。発生崇拝はつねに死者崇拝と結びついてきた。〈母なる大地〉はその胎内に自分の子どもたちの骸骨《がいこつ》を呑《の》み込む。人間の運命を織りあげるのは女たち――パルカやモイラたち[*3]――である。だが、その糸を断ち切るのも女たちだ。よく知られている〈死〉の表象は、ほとんどが女であり、死が女たちの仕業であるからには、死者を悼《いた》むのもまた女たちの義務なのだ[*4]。

このように、〈母なる女〉は闇の顔をもっている。〈母なる女〉は万物がそこから出て、いつの日かそこに帰らなければならない混沌であり、〈虚無〉である。その〈夜の闇〉のなかでは、日の光があらわにする世界のさまざまな姿は、混じり合って見分けがつかない。それは物質の一般性と不透明性のなかに閉じ込められた精神の闇、眠りと無の闇である。海のなかは暗い。女は、古代の船乗りたちに恐れられた〈暗闇の沼〉である。大地の胎内は暗い。男はそこに呑み込まれてしまいそうな、生殖力の裏面であるこの夜の闇におびえる。男は、空や光を、日の光に輝く山頂を、青空の水晶のように澄んだ冷気を渇望《かつぼう》する。だが、彼の足元には、彼を取り押さえようと待ちかまえる湿っぽくて生暖かな暗い深淵《しんえん》がある。多くの伝説には、洞窟《どうくつ》、深淵、地獄といった母なる闇にふたた

＊1　パリにある医学博物館。デュピュイトランは病理解剖学の創始者の一人。
＊2　〔原注〕こうした態度を典型的に示すモンテルランに関する後出の考察を参照〔第三部第二章I〕。
＊3　いずれも運命を司《つかさど》る三女神。前者はローマ神話、後者はギリシア神話。
＊4　〔原注〕デメテルは嘆きの母《マテール・ドロローザ》の典型である。しかし、他の女神――イシュタルやアルテミス――は残忍だ。カーリーは血の入った頭蓋骨《ずがいこつ》を手にもっている。「殺されたばかりの息子たちの生首は、まるで首飾りのようにおまえの首にさがっている……おまえの姿は雨雲のように美しく、おまえの両足は血に汚れている」と、インドの詩人はこの女神に叫びかける。

び転落して永久に身を滅ぼしてしまう英雄が描かれている。

しかし、ここでもふたたび両面性が作用する。発生がつねに死と結びついているとすれば、死もまた生殖力と結びついている。忌《い》み嫌われる死は新たな誕生として現われ、その時には、死は祝福される。死んだ英雄は、オシリス[*1]のように春が来るたびに復活し、新たな出産によって再生するのだ。「男の最後の望みは、死の暗い水が生命の水になること、死とその冷たい抱擁が母の懐《ふところ》になることである。ちょうど海が太陽を呑み込みながらも、海の深みでふたたび太陽を産むように」とユングは言う[*2]。海の胎内への太陽神の没入とその輝かしい再出現は、多くの神話に共通するテーマである。そして、男は生きることを望むと同時に、休息と眠りと虚無を渇望する。男は不死を願わず、それゆえに、死を愛する術《すべ》を学べるのだ。「生命のない物質は母の胸である。生命から解放されるのは、ふたたび真実になること、自分を完成させることである。このことを悟った者は無感覚の塵《ちり》にかえるのを喜びとするだろう」とニーチェは書いている。チョーサー[*3]は死ねないでいる老人にこんな祈りの言葉を言わせている。

わが杖《つえ》で、昼も夜も
われはわが母への扉たる大地を打って、
言う。おお、いとしき母よ、なかに入らせたまえ。

男は自分の個としての実存を確立して、誇らかにその「本質的差異」に安らぎたいと望む。だが、自我の囲いを打ち壊して、水、大地、夜の闇に、〈虚無〉に、〈全体〉に混じり合いたいとも願っている。男に有限性を余儀なくさせる女は、男に彼自身の限界を越えさせることもできる。女があやしい魔力を身につけているとされるのはそのためなのだ。

どの文明でも、女はいまなお男に恐怖心を抱かれる。これは男が、自分自身の肉体の偶然性に対する恐怖を、女に投影するからである。まだ思春期前の少女は脅威を隠しもっていないから、どんなタブーの対象でもないし、何ら神聖な性質ももっていない。多くの原始社会では、少女の性器そのものは無垢《むく》なものに見え、子どものころから性的な遊びが男の子と女の子のあいだで許されている。女が不浄になるのは子を産めるようになる日からである。初潮の日に少女を取り巻く原始社会の厳しいタブーについてはしばしば記述されてきた。女が特別な尊敬の念で扱われるエジプトでさえ、女は月経が終わるまでずっと閉じ込められていた。[*4] 月経中の女を家の屋根の上にさらしたり、村の境界

＊1　古代エジプトの神。冥界《めいかい》の支配者。
＊2　〔原注〕『リビドーの変容と象徴』〔邦訳名『変容の象徴』〕。
＊3　一三四〇頃－一四〇〇、イギリスの詩人。
＊4　〔原注〕もっとも、神秘的で神話的な信仰と個人が体験する信念との違いは、次の事実にうかがえる。すなわち、レヴィ＝ストロースが指摘するように、「ニメバゴ族の若者は、女が月経期間中隔離され、引きこもりを余儀なくされるのを利用して、恋人のもとを訪れる」。

の外にある小屋に遠ざけたりすることもよくあり、彼女を見ても触ってもいけない。それどころか、彼女は自分の手で自分の身体に触ってもいけない。シラミ取りが毎日の習慣になっている民族では、小さな棒を渡されて、それで身体を掻《か》くのは自由である。彼女は食べ物を指で触ってもいけない。ときには、ものを食べるのをまったく禁止されることもあれば、母親か姉妹が道具を使って食べさせるのが許されることもあった。だが、この期間中に彼女に触れた物はいっさい焼き捨てなければならない。この初潮の試練が過ぎると月経のタブーはいくぶん緩和されるが、それでも依然として厳しい。とくに「レビ記」にはこうある。「生理中の女は、七日間汚《けが》れている。この女に触れた人は、夕方まで汚れている。この女の寝床……この女の腰かけはことごとく汚れている。その寝床に触れた人は自分の衣服を水洗いし、身を洗う。その人は夕方まで汚れている」〔一五章一九～二三節〕。この文章は、淋病《りんびょう》が男にもたらす不浄を扱う文章とまさに対称をなす。清めの供犠はどちらも同じである。出血から清められると、七日数えてから、二羽の雉《きじ》鳩《ばと》か二羽の若鳩を祭司にもっていき、祭司がそれを〈永遠なる神〉に捧《ささ》げるのである。母系制社会では、月経に結びつく力には両面性のあることが注目される。月経の力は、一方で社会活動を麻痺《まひ》させ、生命力を破壊し、花々をしおれさせ、果実を落とすが、もう一方では、有益な効果もあり、経血が愛の媚薬《びやく》や治療薬として、とくに切り傷や青あざを治すのに使われる。いまでもなお、川に出没する妖怪《ようかい》退治に出かけるとき、経血に浸した繊維を丸めた玉を船首につけるアメリカ先住民がいる。そこから発する霊気が超自然的な敵に災いをもたらすというのである。ギリシアのいくつかの都市の若い娘たちは、アスタルテ〔豊穣多産の女神〕の神殿に、自分たちの初潮の血に染まった下着を供えたものだ。だが、家父長制が出現すると、女の性器から流れ出るあやしげな液体には、もはや不吉な力しか認められない。大プリニウス[*1]は『博物誌』のなかで言う。「月経中の女は収穫物を駄目にし、庭を荒廃させ、芽を殺し、果実を落とし、ミツバチを殺す。その女が触れるとブドウ酒は酢になる。牛乳はすっぱくなり……」

イギリスのある老詩人は次のように書いて、同じ感情を表わしている。

おお！　女よ、おまえの月経は禍《わざわ》い
自然全体をこの禍いから守らねばならぬ

こうした迷信は現代まで根強く続いている。一八七八年、イギリス医学会のある会員は、『イギリス医学ジャーナル』への報告でこう明言した。「生理中の女が触ると肉が腐るというのは、疑う余地のない事実である」。彼は、こうした事情でハムが腐ってしまった例を、自分でも二つ知っていると言う。今世紀の初め、北部の製糖工場では、女がイギリス人のいう「curse」つまり「呪い」にかかっているときには、工場に入るのを

*1　二三―七九、ローマの政治家、学者。

禁じる規則があった。砂糖が黒ずんでしまうからだというのである。また、サイゴンの阿片《アヘン》工場では女を雇わない。月経の影響で阿片が酸敗し、苦くなるというのだ。こうした迷信が、フランスの多くの田舎に生き残っている。料理女なら誰でも、自分が生理中か、生理中の女がそばにいるだけで、マヨネーズがうまくできないことを知っている。最近、アンジューのある年老いた庭師が、今年収穫したリンゴ酒を貯蔵室に入れてから、家の主人に手紙を書いた。「お屋敷の若いご婦人方や女のお客さまに月のもののある日は、貯蔵室を通らないようお願い申し上げます。リンゴ酒が醱酵できなくなってしまいます故《ゆえ》」。この手紙のことを知った料理女は肩をすくめて言った。「あれのためにリンゴ酒が醱酵できないなんてこと、絶対ないわ。あれがいけないのは脂肉《あぶらにく》だけ。生理中の女の前で脂肉に塩をしちゃいけないのよ。腐ってしまうから」*1。

　こうした嫌悪感を、血というものが一般に引き起こす嫌悪感と同じだと考えるのは浅はかだろう。たしかに、血はそれ自体一つの神聖な要素であり、生命にして死である神秘的なマナが、他のどんなものよりも染《し》み込んでいる。けれども、経血の不吉な力はもっと独特なものだ。それは女の本質を具現している。だから、それが流出すると、マナが出血というかたちで物質化されている女自身を、危険にさらすというのである。シャゴ族の性の通過儀礼では、娘たちに自分の経血を注意深く隠すように教える。「おまえの母に見せてはいけない。母が死んでしまうから。友だちに見せてはいけない。悪い女がいて、おまえが身体を拭《ふ》いた布きれを盗むかもしれず、そうなったら、結婚しても子どもができなくなる。意地悪な女に見せてはいけない。その女が布きれを取って自分の小屋の上に置くと……おまえは子どもがもてなくなる。道や茂みに布きれを捨ててはいけない。意地の悪い人間がそれでよからぬことをするかもしれないから。布きれは土のなかに埋めてしまいなさい。おまえの父や兄弟姉妹の目から、血を隠しなさい。もし見られたら、罪になる」[*2]。アレウト族[*3]のあいだでは、父親が自分の娘を初潮のときに見ると、その娘は盲目か唖《おし》になる危険があるという。この期間中、女は霊にとりつかれていて、危険な力をもっていると思われているのだ。女はヘビやトカゲといかがわしい関係にあり、月経はヘビに咬《か》まれたために生じると思っている未開民族もいる。月経には、地を這《は》う動物の毒が混ざっているというのだ。「レビ記」は月経と淋病を類似のものとしている。血が流れる女の性器は単なる傷ではなく、得体の知れない傷口なのだ。また、

＊1　〔原注〕シェールの医者が私に教えてくれたのだが、彼が住んでいる地方では、こうした場合、女がきのこの栽培場所に近づくことは禁じられている。このような偏見になにか根拠があるかどうかという問題は、いまなお議論されている。これを裏づけるためにビネ博士が報告している唯一《ゆいいつ》の事実は、（ヴィーニュが引用している）シンクの観察である。シンクは、生理中の小間使いの両手のなかで花がしぼむのを見たという。この女が作ったふくらし粉で焼いたケーキは、ふつうは五センチの高さになるというのに、三センチにしかならなかったという。いずれにしても、あきらかに神秘的な起源をもつ信仰の勢力と広がりを考えると、こうした事実は貧弱で、漠然としている。

＊2　〔原注〕レヴィ゠ストロース『親族の基本構造』からの引用。

＊3　アリューシャン列島の原住民。

ヴィニー[1]は汚れの観念と病気の観念を結びつけて、「女、十二度汚れる病んだ子ども」と書いている。体内のあやしげな錬金術の結果として、女が苦しむ周期的な出血は、不思議なことに月の周期と一致している。月にもまた危険な気まぐれがある。[2]女は、惑星や太陽の運行を操作する恐るべき歯車装置にあやつられ、星や潮の運命を定めたり、不気味な放射線を男に浴びせる宇宙の力にとりつかれている。だが、とくに目立つのは、経血の作用がクリームの酸敗やマヨネーズの失敗、醱酵や腐敗といった考えに結びつけられていることだ。また、それは壊れやすい物の破壊の原因になったり、バイオリンやハープの弦を飛ばしてしまうこともあるという。だが、それはとくに、物質と生命の中間にある有機物に影響を与える。これは、経血が血だからというよりも、それが生殖器から流出するからという理由による。その正確な機能はわからなくても、それが生命の発生に結びついていることは知られている。古代人は卵子の存在を知らなかったので、月経が精子の補足物だとさえ思っていた。実際は、この血は女を不浄にするのではなく、むしろ、女が不浄であることを示すものなのだ。それは女が妊娠可能になると現われ、それがなくなると、女はふつう不妊に戻る。それは、胎児がつくられるあの腹から湧《わ》き出すのだ。この血をとおして、男が女の生殖力に対して抱く恐怖心が表わされている。

不浄の状態にある女に関するタブーのなかで最も厳しいのが、女との一切の性的交渉の禁止である。「レビ記」はこの規則に違反した男に、七日間の不浄を宣告している。マヌ法典はもっと厳しい。「月経の分泌物《ぶんぴつぶつ》で汚れた女に近づくと、男の知恵、エネルギー、力、活力はまったく枯れてしまう」。苦行会員[*3]は、月経中に性関係をもった男に、五十日の贖罪の苦行を命じていた。女性的要素はそのとき最高の威力を発揮すると考えられているので、親密な接触をすると女性的要素が男性的要素に勝利してしまうのではないかと恐れるのだ。これほどはっきりとではないが、男は自分が所有する女に、母の恐るべき本質を見出《みいだ》すのを嫌う。男は女性の、この二つの側面を切り離そうと努める。外婚制という形態や、もっと近代的な結婚形態をとって、近親相姦《そうかん》を禁止するのが一般的な法則になっているのはこのためだ。月経中、妊娠中、授乳期間といった女がとくに生殖の役割に身を捧げている時に、男が性的に女から遠ざかるのもこのためである。エディプス・コンプレックスは――この記述には修正が必要ではあるが――こうした態度と矛盾するものではなく、反対に、これを裏づけるものである。世界の混沌《こんとん》とした源泉としての、また有機体の不可解な生成としての女から、男は身を守るのである。

＊1　一七九七―一八六三、フランスのロマン派の作家。

＊2　〔原注〕月は生殖力の源泉である。月は「女たちの主人」であるように見える。男やヘビの姿になって、月は女と交わるのだとよく信じられている。ヘビは月の顕現である。それは脱皮し、再生産し、不死である。それは生殖力と知恵を授ける力である。聖なる湧《わ》き水、生命の木、〈青春の泉〉を守るのはヘビである。だが、男から不死を奪ったのもヘビである。ヘビは女と交わると言われている。ペルシアの伝統やユダヤの律法学者たちの言い伝えによれば、月経は最初の女がヘビと関係したためだという。

＊3　俗人が特殊な衣をつけ、贖罪《しょくざい》のために苦行と慈善を行なった。

けれども、宇宙や神々から分離した社会が宇宙や神々と交流できるのもまた、こうした顔をもつ女のおかげである。ベドウィン族やイロクォイ諸族[*1]の女は、いまでもなお畑の豊穣《ほうじょう》を保証している。古代ギリシアでは、女は地底の声を聞き、風や樹々《きぎ》の言葉をとらえる。女は巫女《みこ》、占い師、予言者である。死者や神々は彼女の口をとおして語る。女はいまでもこうした予知能力をもっている。女は霊媒、手相見、カード占い師、透視者、霊能者であり、さまざまな声を聞き、超自然の幻を見る。男は動植物の生命の懐にふたたび沈潜したいという欲求を感じると——力を取り戻すために大地に触れたアンタイオス[*2]のように——女に助けを求めるのだ。ギリシア・ローマの合理主義的な文明全体に、冥界崇拝は存続している。それはふつう公認の宗教生活の枠外で行なわれるが、エレウシス[*3]におけるように、秘儀の形態をとるにいたることさえある。それらの秘儀の意味は、男が分離と精神性への意志を明確にする太陽崇拝の意味とは逆である。しかし、その意味を補足するものでもある。男はエクスタシーによって孤独から逃れようとするが、これこそ、秘儀、酒神祭、バッカス祭の目的である。男たちが取り戻した世界では、男神であるディオニュソス〔バッカスのこと〕がイシュタルやアスタルテの魔術的で野蛮な力を奪いとったが、彼の像のまわりで荒れ狂っているのは、依然として女たちだ。バッカスの巫女たちが男たちを宗教的陶酔に、聖なる狂気に誘《いざな》うのである。神殿売春の役割も似たようなもので、生殖の力を解き放つと同時に、誘導することが必要なのだ。いまでもなお、民衆の祭の特徴は、性愛の爆発である。女はそこでは単なる性的快楽の対象だけでなく、個人が自己を超越するという、あの〔神々に対する〕傲慢《ヒュブリス》に達するための手段と見える。「存在が自分自身の内奥《ないおう》に所有しているが失われてしまったもの、悲劇的なもの、〝目も眩《くら》むばかりの奇跡〟には、もうベッドでしか出会えない」とジョルジュ・バタイユ[＊4]は書いている。

荒れ狂う性愛のなかで恋人を抱きしめる男は、肉体の無限の神秘に没入しようとする。だがすでに見たように、これとは反対に、男の正常な性欲は、〈母〉と〈妻〉を切り離す。男は生命の神秘的な錬金術に嫌悪《けんお》をいだく一方で、彼自身の生命は大地の味わい深い果実に魅せられる。男はそれらの果実を占有したいと願う。水から出てきたばかりのヴィーナスを渇望する。最高の創造主は男なので、家父長制社会では、女はまず妻として姿を現わす。イヴは、人類の母である前に、アダムの伴侶《はんりよ》である。女が男に与えられたのは、男が土地を所有し肥沃《ひよく》にするように、女を所有し妊娠させるためだ。そして、女をとおして、男は全自然を自分の王国にする。男は性行為に、主観的で束《つか》の間《ま》の快楽だけを求めるのではない。男は征服し、奪い、所有することを望む。女を手に入れるこ

＊1　北アメリカ東部森林地帯の先住民。現在ではいくつかの都市に分散している。
＊2　ギリシア神話に出てくる巨人。ヘラクレスに殺されたが、投げられて大地にふれるたびにますます強くなるので、ヘラクレスは彼が大地にふれないように持ち上げて絞め殺したという。
＊3　ギリシアの都市。デメテル信仰の中心地だった。
＊4　一八九七－一九六二、フランスの作家、思想家。

とは、その女を征服することなのだ。畑をすく鋤《すき》のように、男は女のなかに侵入する。男は自分が耕す土地を自分のものにするように、女を自分のものにする。耕し、植えつけ、種子をまく。こうしたイメージは、文字と同じくらい古い。古代から現代まで、このような例はたくさんある。「女は畑のごとく、男は種子のごとし」と、マヌ法典は言う。アンドレ・マッソン*1のあるデッサンでは、男が手にスコップをもち、女の性器という庭を掘り返しているのが見られる。*2女は夫の獲物、夫の財産なのだ。

恐怖と欲望のあいだで、制御できない力にとりつかれるのではないかという恐れと、この力を捕らえようとする意志のあいだで男が迷う様子は、〈処女性〉の神話に驚くばかりに反映されている。男に恐れられたり、望まれたり、あるいは強要さえされることがある処女性は、女の神秘の最も完璧《かんぺき》なかたちであるように思われる。だから、処女性は、女の神秘の最も不気味であると同時に、最も魅惑的な側面なのだ。男は自分を取り巻く力に威圧されていると感じるか、それとも、こうした力を誇らしげに自分のものにできると考えるかによって、妻が処女のまま自分に委《ゆだ》ねられるのを拒否することもあれば、それを要求することもある。きわめて原始的な社会では女の力が称揚されているので、恐怖の方がまさり、女は初夜より前に処女を失っていることが望ましい。マルコ・ポーロ*3は、チベット人について、「彼らはみな、処女かもしれない娘は妻にしようとしない」と断言した。こうした処女の拒絶は、ときに合理的に説明されてきた。つまり、男の欲望をそそったことがないような妻を、男は欲しがらないというのである。アラビアの地理学者エル・ベクリがスラブ人について報告しているところによれば、「結婚して妻が処女だとわかると、男は妻に『おまえに少しでも値打ちがあれば、男たちがおまえを好きになっただろうし、おまえの処女を奪う男が一人ぐらいはいたはずだ』と言って、妻を追い出し、一方的に離縁する」。すでに母親になっていて自分の生殖力を証明できる女とでなければ、結婚を承知しない未開民族もいると主張する者さえいる。

だが、このように広く見られる破瓜《はか》の習慣のほんとうの動機は、神秘的なものなのだ。膣《ちつ》には一匹のヘビがいて、処女膜が破れるときにそれが夫に噛《か》みつくと想像する種族もいる。処女の血は月経の血に似ていて、同じように男の精力を失わせる可能性があるので、恐るべき力があると考えられている。こうしたイメージをとおして表現されているのは、女性的要素は無傷であればあるほど力をもち、脅威となるという考えである[*4]。破瓜が問題にならない場合もある。たとえば、マリノフスキー[*5]が記述している原住民のあいだでは、性的な遊びが子どものころから許されているので、娘は一人も処女ではない。

＊1　一八九六－一九八七、シュールレアリスムの画家、版画家。
＊2　〔原注〕ラブレーは男の性器を「自然を耕すもの」と呼ぶ。男根＝鋤《すき》、女＝畝《うね》という同一視の宗教的、歴史的起源についてはすでに見た。
＊3　一二五四－一三二四、イタリアの商人、旅行家。
＊4　〔原注〕ここから、戦いで処女がもつとされる力が生じる。たとえば、ワルキューレ〔北欧神話、最高神オーディンに仕える武装した乙女たち〕や、オルレアンの〈乙女〉である。
＊5　一八八四－一九四二、ポーランド出身のイギリスの人類学者。

ときには、母親か姉か誰か年配の女が、計画的に幼い娘の処女を奪って、子どものうちに膣の穴を広げたりもする。また、思春期に女たちが棒や骨や石を使って処女膜を破り、それが外科的手術としか見なされないこともある。ほかの部族では、思春期になると娘は野蛮な通過儀礼を受ける。男たちが娘を村の外へ連れ出して、道具を使ったり、強姦したりして娘の処女を奪うのである。最もよく行なわれる習わしの一つは、このマナが部族の男だけに危険で、よその男にはなんともないと考えるからか、あるいはよその男に降りかかる禍いは気にかけないからなのか、処女を通りすがりのよそ者に委ねるというものである。さらにもっと多いのは、司祭とか男の医者、酋長や部族の長が、結婚式の前夜に花嫁になる娘の処女を奪うことである。マラバル地方〔インド南西部〕の海岸ではバラモンがこの行為を担《にな》い、表面的には快楽もなくこれを実行して、かなりな額の報酬を要求する。周知のように、聖なるものはすべて俗人には危険だが、聖別化された者ならこれを危険なく取り扱える。だから、夫がそれから身を守るべき不吉な力を、司祭や族長なら制圧できると思うのはわかる。ローマには、こうした慣習が象徴的な儀式として残っていた。花嫁になる娘を、石でできたプリアポス神の男根《ファルス》*1の上に座らせたのである。これには、この娘の生殖力を高めるため、また、彼女に充満している強すぎてかえって不吉な霊力を吸収するためという二重の目的があった。夫はさらに他のやり方でも身を守る。夫は自分で妻の処女を奪うのだが、この危機の瞬間に彼を不死身にする儀式のなかで、それを行なうのである。たとえば、村人全員の前で、棒や骨を使って行なう。西サモアではあらかじめ白い布を巻いておいた自分の指を使い、血に染まった布きれは参列者に配る。男がふつうに妻の処女を奪うのが許される場合にも、精子が処女膜の血で汚れないように、三日間は妻に射精してはいけないのである。

　これほど原始的ではない社会では、聖なるものの領域によくある反転によって、処女の血は格好の象徴となる。フランスでは、結婚式の翌朝、一族や友人に血に汚れたシーツを見せびらかす村がいまだにある。それは、家父長制では男が女の主人になったことであるからだ。また、獣や奔放な要素がもっている恐ろしい力も、それを手なずけて所有できた者にとっては、貴重な価値となる。野生の馬の血気を、雷や滝の激しさを、男は自分の繁栄のための道具にしてきた。同様に、男は女をまったく手の触れられたことのない豊かさのままで自分のものにしたいと望む。若い娘に純潔を守るよう強要するのには、たしかに合理的な動機が一役買っている。妻の貞節と同様に、花嫁になる娘の純潔は、父親〔=夫〕が自分の財産を他の男の子どもに絶対に渡さないために必要なのだ。だが、男が妻を自分の個人的な所有物と見なすときには、もっと直接的に女の処女性を要求する。まず、所有の観念を肯定的に実現するのはつねに不可能だ。本当は、人はけっして物も人も所有するわけではない。だから、否定的なやり方でこれを実現しようとする。ある財産が自分のものだと主張する最も確実な方法は、他人にそれを使わせない

＊1　ギリシア神話。生殖と豊穣の神。

ことである。つぎに、誰のものにもならなかったものほど、男にとって望ましいものはない。その時、征服はまたとない絶対的な出来事に思えるのだ。処女地はつねに探検家を魅惑してきた。登山家は未踏の山を踏破したいと望んだために、あるいは単にその山腹に新しい道を開こうとしたために、毎年命を落としている。また、好奇心の強い者は生命の危険を冒して、地下のまだ一度もその深さを測ったことのない洞窟《どうくつ》の底に降りていく。すでに男が制圧した物は道具になってしまった。それは自然との絆《きずな》を断ち切られて、その最も奥深い力を失っている。しかし奔流の飼い馴《な》らされていない水には、公園の噴水の水よりも未来への希望がある。処女の身体《からだ》には地下泉のみずみずしさ、朝のつぼんだ花びらのビロードのような感触、太陽にまだ一度も愛撫《あいぶ》されたことのない真珠の光沢がある。洞窟、神殿、聖堂、奥庭といった、どんな意識も息づいたことのない、魂を与えられるのを待っている暗く閉ざされた場所に、男は子どものように魅惑される。自分だけがつかんで侵入するもの、男はそれを実際に自分で創造しているような気になるのだ。さらに、一切の欲望が追い求める目的の一つは、欲望の対象を消費することであり、これには破壊がともなう。処女膜を破ることによって、それを傷つけずに挿入するよりはるかに深く、男は女の身体を所有する。この不可逆的行為によって男は女をはっきりと受け身の対象にし、この対象を確実に自分のものにするのだ。この意味は、誰も香りをかいだことのないバラの花を摘もうと茨《いばら》の茂みに苦心して分け入る騎士の伝説に、実に的確に表現されている。彼はバラの花を見つけるだけでなく、その茎を手折る。

このとき、彼はバラの花を征服したのである。その比喩《ひゆ》は実に明確で、俗語で女から「花を手折る」といえば女の処女性を奪うことを意味し、この表現から「折花」〔破瓜〕という言葉が生まれたのだった。

しかし、処女性にこうした官能的な魅力があるのは、それが若さに結びついている場合だけだ。そうでなければその神秘はふたたび不気味なものになる。いまの男はたいていとうの立った処女には性的嫌悪を感じる。「オールドミス」が気難しくて意地悪な年《とし》増《ま》女と見られるのは、心理的な理由だけではない。呪《のろ》いは彼女の肉体そのものにあるのだ。どんな主体の対象にもならず、どんな欲望によっても望まれたことがなく、男の世界のなかに場所を見つけることなく花開きしおれてしまった肉体。用途からそれたこの肉体は奇異な物となって、狂人の伝達不可能な思考が人を不安にするように、不安を与える。まだ美しいけれども処女だと推定される四十歳の女のことを、「なかはクモの巣でいっぱいだ……」とある男が下品に言うのを私は聞いたことがある。たしかに、もう誰も入らず、何の役にも立たない地下の酒蔵や屋根裏部屋は、不潔な神秘でいっぱいだ。そういう所には幽霊が出やすい。人間に見捨てられると、家は精霊のすみかになる。女の処女性は神に捧《ささ》げられるのでなければ、悪魔と何らかの結びつきをもっていると考えられがちだ。男が支配したことのない処女、男の権力から逃れてきた老女は、そうではない女より魔女に見られやすい。誰かに捧げられるのが女の運命なので、男の軛《くびき》に従っていない女は、すぐにも悪魔の軛を受け入れる用意ができているというのである。

破瓜儀式によって悪魔払いされているか、逆に、処女であることで浄化されていれば、妻は望ましい獲物に見える。この女を抱きしめることによって愛する男が所有したいと願うのは、生命のあらゆる豊かさである。彼女は動物のすべて、地上の花のすべてだ。彼女はカモシカであり、雌鹿《めじか》であり、ユリやバラ、にこ毛でおおわれた桃、香りのよいフランボワーズだ。彼女は宝石、螺鈿《らでん》、メノウ、真珠、絹、空の青み、泉のみずみずしさ、空気、炎、大地、水である。東洋でも西洋でも詩人たちはみな女の身体を花や果実や鳥に変身させてきた。ここでもまた、古代、中世、近代と引用すべきものをあげれば一冊の分厚いアンソロジーになるほどである。よく知られているソロモンの「雅歌」で、愛する男は愛する女にこう言っている。

あなたの目は小鳩《こばと》……
あなたの髪は山羊《やぎ》の群れのよう……
あなたの歯は毛を刈られた雌羊の群れ……
あなたの頬は二つに割ったざくろの実……
あなたの二つの乳房は二匹の子鹿……
あなたの舌には蜜《みつ》と乳がある……

アンドレ・ブルトン〔第三部第二章Ⅳ参照〕は、『秘法十七』で、この永遠の雅歌をふたたび取り上げる。「二度目に絶叫した瞬間のメリュジーヌ[*1]、彼女は贅肉《ぜいにく》のない腰からほとばしり出た、彼女の腹は八月の収穫のすべて、彼女の上半身《トルソー》はツバメの二枚の羽で鋳造された弓なりの胴から花火となって伸び、彼女の乳房は自らの叫びのなかにとらえられた〔二頭の〕白い貂《てん》、その燃えるような唇の熱い炭火の輝きでひとを盲目にする。そして彼女の両腕は歌い香る小川の魂……」

輝く星とおぼろな月を、太陽の光と洞窟の闇《やみ》を、男は女の上に再発見する。そして、逆にまた、茂みの野の花、庭園の高慢なバラは、女である。ニンフ、ドリュアス〔森の精〕、セイレン[*2]、オンディーヌ〔水の精〕、妖精《ようせい》たちが田園や森、湖や海や荒野に出没する。こうしたアニミズムほど男の心にしっかり根づいているものはない。船乗りにとって、海は征服するのがむずかしい危険で油断ならない女であり、彼はそれを飼い馴らす努力のなかで慈《いつく》しむ。高慢で反抗的、純潔で意地悪な山は、命がけでそれを踏破したい〔＝犯したい〕と望む登山家にとって女である。こうした比喩は性的昇華を示しているとよく主張されるが、むしろこれは、女と大自然の力とのあいだには、性欲そのものと同じくらいに根源的な親近性があることを表わしているのだ。男は女を所有することに、本能の満足とは別のものを期待する。女は男が〈自然〉を支配するための仲立ちとして最適の対象である。女以外の対象がこの役割を果たすこともある。ときには、少年の身体

＊1　中世伝説。土曜日になると下半身がヘビになったという。
＊2　上半身は女性、下半身が鳥あるいは魚の尾の、人を魅了する歌い手である海の怪物。

に男は、浜辺の砂、夜のやわらかい感触、すいかずらの匂《にお》いを求めることもある。だが、性器の挿入だけが大地を肉体的に所有するためのやり方ではない。スタインベックは『知られざる神へ』〔一九三三〕という小説で、自分と自然のあいだの仲介者として苔《こけ》むした岩を選んだ一人の男を描いている。『牝猫《めすねこ》』〔一九三三〕のなかでコレットは、可愛《かわい》がっている牝猫に愛情をそそいだ若い夫を描いている。彼は野性的でやわらかなこの動物をとおして、自分の伴侶のあまりにも人間的な身体からは与えてもらえない官能的世界への手がかりを得るのである。海や山は、女と同様に完全に〈他者〉を体現することができる。それらは女と同じように受動的で予想外の抵抗を男に示すが、この抵抗のおかげで男は自己を完成することができる。それらは打ち破るべき拒絶であり、所有すべき獲物である。海や山が女であるのは、愛する男にとっては、女もまた海や山であるからだ。*1

しかし、このように男と世界のあいだの仲介を務めるのはどんな女でもよいというわけではない。男は相手の女に自分の性器を補完する性器を見出《みいだ》すだけでは満足しない。彼女は生命のすばらしい開花を体現していなければならないし、同時に生命のとらえどころのない神秘を隠しもっていなければならない。だから、何よりもまず若さと健康が求められる。というのは、生き物を腕に抱きしめるとき、すべて生命には死が宿っているということを忘れなくては、男はそれを喜べないからだ。男はさらにそれ以上のことを願っている。自分の愛する女が美しくあってほしいのだ。女性美の理想は変化するが、いくつかの要求は不変である。なかでも、女は所有されるように運命づけられている以上、その身体は不活発で受動的な物体の特性を示していなければならない。男性美の方は、能動的な機能に身体が順応することであり、体力、敏捷性《びんしょうせい》、柔軟性である。それは肉体を活気づける超越のあらわれであり、肉体はけっして肉そのものに堕してはならな

＊1　〔原注〕バシュラールが引用しているサミヴェルの文章は意義深い（『大地と意志の夢想』）。「私のまわりを取り巻いて横たわる山々、それらを闘うべき敵だと、足で踏みつけるべき雌だと、自分自身や他人に私固有の価値の証拠を差し出すために勝ち取るべき戦利品だと考えるのを、私はしだいにやめてしまった」。山―女の両面性は、「闘うべき敵」、「戦利品」、力の「証拠」といった、両方に共通する考え方をとおして述べられている。

この相互性は、たとえばサンゴール〔一九〇六年生まれ、セネガルの初代大統領、詩人〕の次の二編の詩にも表現されている。

裸の女、得体の知れない女！
肉の引き締まった熟した果実、黒い葡萄酒《ぶどうしゅ》の暗澹《あんたん》とした陶酔、私の口を抒情《じょじょう》的にする口。
地平線が一望できるサバンナ、〈東風〉の熱い愛撫《あいぶ》に震えるサバンナ。

そして、

おお！　密林のベッドに横たわるコンゴ、征服されたアフリカの女王よ
山々の男根《ファルス》をしておまえの旗を高く掲げしめよ
私の頭によって、私の舌によって、おまえは女であるのだから、私の腹によって、おまえは女
であるのだから。

い。女の理想が男の理想と対をなすには、スパルタやファシスト政権下のイタリアやナチス・ドイツのように、女が個人としてあるのではなく国家のためにあり、母親としか見なされず、また、性愛にどんな場所も与えない社会だけだ。けれども、女が男に財産として委ねられるときに男が要求するのは、女のなかに肉体が純粋な事実性[†]としてあることなのだ。女の身体は輝かしい主体性の発現ではなく、その内在性のなかでむっちりとして身動きのとれない一つの物として把握される。この身体は世界の他の部分を指し示してはならず、身体そのものとは別のものを期待させてもいけない。つまり、その欲望を押しとどめていなければならないのだ。こうした要求を最も素朴に表わしているのが、尻《しり》の大きいヴィーナスというホッテントット族の理想である。臀部《でんぶ》は神経が最も少ない身体部分であり、そこには肉が無目的に与えられているように見えるからである。太った女に対するオリエントの人々の好みも同じ種類のものだ。どんな投企《プロジェ》によっても活気づけられない、そこにあるという以外にはどんな意味ももたないこの脂肪の増殖という愚かしい贅沢を、彼らは好む[*1]。形式と調和の概念が働いているもっと繊細な感性をもつ文明においてさえ、乳房と尻は、その成熟の無目的性と偶然性のために、あいかわらず特別なものになっている。慣習や流行はしばしば女の身体を超越から切り離そうと努めてきた。纏足《てんそく》をした中国の女はほとんど歩けないし、爪《つめ》にマニキュアをしたハリウッド・スターは手を使うことができない。ハイヒール、コルセット、パニエ〔腰枠付きのペチコート〕、ヴェルチュガダン[*2]、クリノリン[*3]は女の身体の曲線を強調するためというよりも、身体をいっそう不自由にするためのものだった。脂肪で動きが鈍っていたり、あるいは反対に、どんな労力も禁じられるほどにほっそりしていたり、窮屈な衣服や礼儀作法のしきたりで身動きできないでいると、男にはそれが自分のものに見えるのだ。化粧や宝石も身体や顔のこうした石化を助けている。

おしゃれの役割は非常に複雑だ。一部の未開民族のあいだではそれは聖なる性格をもっている。しかし、ごく一般的な役割は女を偶像に変貌《へんぼう》させることである。あいまいな偶像だ。というのも、男はこの偶像が肉感的でありその美が花々や果実の美を分かちもつものであってほしいと望んでいるが、それはまた小石のようになめらかで固く不滅でもなければならないからである。おしゃれの役割とは、女をいっそう内奥《ないおう》深く自然を分かちもつものにすると同時に、自然から引き離すことであり、それは、脈打つ生命に、

＊1　〔原注〕「ホッテントット族の女は、ブッシュマンの女ほど脂臀《しでん》〔臀部に脂肪が蓄積していること〕が発達していないし、一定してもいないが、この形態が美にかなっていると考え、子どもの頃から娘の尻《しり》をマッサージして、これを発達させる。同様に、動かないことと、適当な栄養、とくに牛乳を多量に摂取することを二つの基本方法とした、ほんとうの強制肥育である女の人工的肥満は、アフリカの各地で見られる。これは、アルジェリア、チュニジア、モロッコの都市に住む裕福なアラブ人やユダヤ人のあいだでいまだに行なわれている」（リュケ、『心理学ジャーナル』、一九三四年「洞窟《どうくつ》のヴィーナス」）。

＊2　十六、十七世紀にスカートを膨らませるために使用した詰め物。

＊3　第二帝政期に流行した金属や鯨の骨で広げたスカート。

技巧で固める必要性を付与することである。女は自分の身体に花や毛皮、宝石、貝殻、羽根などを取りあわせて、植物や豹《ひょう》、ダイヤモンドや螺鈿《らでん》になる。香水をつけて、バラやユリのような芳香を発散させる。だが、羽根や絹、真珠や香水は肉体や体臭から動物のなまなましさを消すのにも役立っている。口や頬には紅をさして仮面のもつ不動の硬さを与える。眼差し《まなざ》はコール墨[*1]やマスカラで濃く縁取られると、それはもう目のきらきらと輝く装飾にすぎない。髪の毛は、編んだり、巻いたり、結い上げたりすると、不気味な植物的神秘性を失ってしまう。化粧して着飾った女には〈自然〉が現われているが、その〈自然〉とは、男の欲望に応じて人間の意志がとらえ、形作ったものである。女のなかで自然がよりいっそう開花し、しかもより厳しく制御されていればいるほど、その女は欲望される。つまり「ソフィスティケートされた」女がつねに理想的な性的対象になってきたのである。そして、より自然な美に対する好みも、ソフィスティケートされたもっともらしい形の一つにすぎないことが多いのだ。レミ・ド・グルモン[*2]は女の髪が小川や草原の草のように自由に揺れ動くのを好んでいる。だが、水や麦穂のうねりを愛撫できるのはヴェロニカ・レイク〔アメリカの長い金髪の女優〕のような女の髪であって、ほんとうに自然のままにまかせたもじゃもじゃの髪ではない。女が若く健康であればあるほど、その新鮮で艶《つや》のある身体が永遠にみずみずしいままであるように見えれば見えるほど、技巧はあまり役にたたない。それでも、男が抱きしめるこの獲物の脆《もろ》さと、その獲物を脅《おびや》かす老化現象は、男からつねに隠しておかなければならない。

男が女の顔や上半身や脚に一つの厳密な観念を追求するのは、男が女の偶然的な運命を恐れ、女が不変で必然的であることを夢見るからである。原始民族では、この観念は単に一般的な典型の完成したものというにすぎない。厚い唇に平らな鼻の民族は、厚い唇に平らな鼻のヴィーナスを作りだす。時代が下ると、もっと複雑な美の基準が女に課せられる。だが、いずれにしても、女の顔立ちや体型がわざとらしく見えれば見えるほど、女は自然界の事物の変転を免れているように思えるので、いっそう男心を喜ばせる。だから、次のような奇妙な逆説に行きつく。すなわち、女のなかに自然を、それも変形された自然をとらえたいと願いながらも、男は女を技巧に向かわせるのである。女は自然《フィジス》であるだけでなく、反自然《アンチ・フィジス》でもあるのだ。これは、電気パーマやワックス脱毛、ラテックスのゲピエール〔ウエストを締める下着〕の文明だけではなく、黒人女性の住む高地の国や中国、その他、地上のいたるところで言える。スウィフト[*3]は、シーリアに捧げる有名な頌歌《オード》で、このまやかしを告発した。彼はコケットな女が身を飾っているもの一切を嫌悪感《けんおかん》をもって描きだし、その身体の動物的な隷属《れいぞく》状態を嫌悪感をもって喚起させている。だが、彼が怒るのは二重に間違っている。なぜなら、男は、女が獣や植物であると同時に、人工的な骨組の背後に身を潜めていることを望むからだ。男は女が波間

＊1　瞼《まぶた》や眉《まゆ》を黒く縁取る黒い粉末。
＊2　一八五八－一九一五、フランスの作家・批評家。
＊3　一六六七－一七四五、イギリスの作家。

から出てくるのも婦人服店から出てくるのも、裸も服を着たのもどちらも好きで、ちょうど人間世界で男が女に出会うように、衣服の下の裸の女を好むのである。都会の人間は女に動物性を求める。しかし、兵役についている田舎の青年にとって売春宿は都会の不可思議な魅力そのものである。女は野原や牧草地であるが、バビロン〔頽廃《たいはい》した都市の比喩〕でもあるのだ。

しかしながら、これこそは女の第一の虚偽、第一の裏切りである。それは生命そのものの裏切りであり、生命は、たとえどんなに魅力的な姿をしていても、老いと死の種子を宿している。男が女を使用すること自体が、女のもっとも大切な美点を破壊する。つまり、妊娠して重くなれば性的魅力は失われる。子どもができなくても歳月を経ればその魅力は損なわれる。不具であったり醜かったり年を取っていれば嫌悪をもよおさせる。そんな女のことを、まるで植物みたいに、しおれたとか枯れたとかいう。たしかに男でも老衰は嫌なものだが、正常な男は他の男を肉体として体験することはない。男はそうした自分以外の自律した身体とは抽象的な関係しかもたない。男は、女の身体、男に差し出されたこの身体に、肉体の衰えをはっきり感じとる。男のそうした悪意ある目で、ヴィヨン[*1]の「兜《かぶと》職人の美しき妻」は自分の身体《からだ》の衰えを眺める。年取った女や醜い女は魅力のない対象であるばかりか、恐怖の入りまじった憎しみをかきたてる。こうした女に見出されるのは〈母〉の不気味な姿であり、〈妻〉としての魅力は消えてしまっている。

しかし、〈妻〉もまた危険な獲物である。新鮮な海の水をしたたらせて波間から現われる豊かな金髪のヴィーナスのなかに、デメテルは生きつづけている。男は女から得る悦楽をとおして女を占有し、また女のなかに生殖といういかがわしい能力をめざめさせもする。男が侵入するのも、子を出産するのも、同じ器官なのだ。そのために、どんな社会でも、男は多くのタブーによって女の性器の脅威から守られている。その逆はなくて、女が男を恐れることは何もない。男の性は宗教とは無関係だと見なされている。男根は神の威厳にまで高められることがあるにせよ、男根への崇拝にはどんな恐怖の要素も入っていない。だから、女は日常生活の神秘的な面で男根から身を守る必要がないのだ。男根は女にとって恵みでしかない。しかも注目すべきことに、多くの母系制社会では性行動が非常に自由である。とはいえ、それは幼女時代やごく若いころの、性交が生殖の観念に結びついていないときに限られる。マリノフスキーは、「独身者の家」で自由に共寝する若者たちが肉体関係をひけらかすのをいささか驚いて語っているが、それは、未婚の娘は子を産めないと考えられ、性行為が宗教とは無縁の安らかな喜び以外のものではないからだ。いったん結婚してしまうと、反対に、夫は妻にもう人前でどんな愛情表現もしない。夫は妻に触れてはならず、また、二人の親密な関係をほのめかすようなことはすべて冒瀆《ぼうとく》となる。結婚すると、妻は母の恐るべき本質を分けもつようにな

＊1　一四三一／三二－六三以後、フランスの詩人。

り、性交は神聖な行為となるからだ。性交はそのときからさまざまな禁止と警戒に取り巻かれる。土地を耕すとき、種子をまくとき、植付けのとき、性交は禁止される。このようなときには、共同体の財産となる豊かな収穫に要する繁殖力が、個人どうしの関係で浪費されるのを嫌うからである。生殖能力に結びつくさまざまな力への敬意から、それらの力を無駄にしないように厳しく命令するのだ。だが、禁欲はだいたいが夫の男らしさを守るためのものである。禁欲が要請されるのは、男が漁労や狩猟に従事したり、とくに武具に身を固めるときだ。女と交わると男性的要素は弱まる。だから男は、もてる力を完全に発揮する必要があるときはつねに、女との交わりを避けなければならない。男が女にいだく恐怖心は、性現象一般が男に吹きこむ恐怖心からくるものなのか、あるいはその逆なのか問われてきた。夢精が、とくに「レビ記」では、女はそこに関わっていないのに、穢《けが》れと見られているのは確かである。また現代社会でも、自慰は危険で罪悪だと見なされている。少年や若者の多くは、自慰にふける時はいつもおそろしい不安にかられる。一人だけの快楽を悪徳にしているのは、社会、とくに親の干渉なのだが、最初の射精のときに本能的に恐怖をいだく若者はたくさんいる。血でも精液でも、自分の身体の中のものが流れ出るのは、自分の生命、自分のマナが逃げていくのだから、男には不気味なのだ。

しかし、女不在の性体験がたとえ主観的には可能であっても、客観的には男の性欲には女が含まれている。プラトンが両性具有神話のなかで言ったように、男の人体は女の人体を予測させる。たとえ女の生身の肉体もイメージも与えられないとしても、男は自分自身の性を発見することによって女を発見するのである。その逆に、女が性《セクシユアリテイ》を体現していると、女は恐るべきものとなる。実体験の内在的な側面と超越的な側面はけっして分けられない。私が恐れたり望んだりするのはつねに私自身の実存の変転であるが、しかし私ではないものを通してしか私には何も起こらないのだ。非我は、女の姿をとらないまでも、少なくとも〈自然〉および〈生命〉として、夢精や勃起《ぼつき》のなかに含まれている。だから男は、得体の知れない魔力にとりつかれていると感じるのだ。また男が女に対してもっている感情の両面性は、自分の性器に対する態度にも見られる。男は自分の性器を誇ったり、笑ったり、恥ずかしがったりする。男の子は挑戦的に自分のペニスを友だちのペニスと比べる。最初の勃起は彼を得意にさせるが、同時に恐れさせもする。大人になると、自分の性器を超越と力の象徴として眺める。彼はそれを、隆々とした筋肉を自慢するように、また魔術的な恩寵《おんちよう》を自慢するように自慢する。それはあらかじめ与えられた条件のもつまったくの偶然性に満ちた自由であり、また自分から望んだ条件でもある。この矛盾した両面性ゆえに、男は自分の性器に魅了されるのだ。しかし男は、そこにはまやかしがあるのではないかと疑う。男は性器によって自己を確立したいと思う。しかし、その器官は自分に従わない。満たされない欲望で重苦しくなったり、不意に立ったり、ときに夢精するこの器官は、あやしく気まぐれな生命力を見せる。男は〈精神〉を〈生命〉に、能動性を受動性に優越させようとする。男の意識は自然を近づけず、男の意志は自然を思うままに造形しようとする。だが、性器の形によって男が自分のなかに見出すのは、生命、自然、受動性なのだ。「性器は意志の生まれる真の源であり、その対極は頭脳である」とショーペンハウアーは書いている。彼が意志と呼んでいるものは、苦しみと死そのものである生への執着である。一方、頭脳とは、生を思い描くことによって生から解脱《げだつ》する思考力のことである。性的羞恥《しゅうち》とは、彼によれば、私たちが愚かな肉体的執着を前にして感じる羞恥なのだ。彼の理論特有のペシミズムは認めないにしても、彼が性―頭脳の対立に、人間の二元性の表われを見ているのは正しい。

男は主体として世界を定め、自分が定めた領域の外にとどまって、その領域の絶対的支配者となる。自分を肉体として、性として捉《とら》えてしまうと、彼はもはや自律した意識、透明な自由ではない。彼は世界に拘束され限定された、はかない一個の客体となる。また生殖行為は、おそらく身体の境界線を乗り越えるが、同時に、その境界線を形成しもする。ペニス、この生殖の父は、母なる子宮と対をなしている。女の胎内で肥え太った胚《はい》から出てきた男は、自身も胚の所有者である。そして生命を与えるこの種子によって否定されるのは、また彼自身の生命なのだ。「子どもの誕生は親の死である」とヘーゲルは言った。射精は死を約束し、個体より種を肯定する。性器の存在と活動は、主体の誇らしげな個別性を否定する。この精神に対する生命からの異議が、性をスキャンダルの対象にするのだ。男は男根を超越と活動として、また他者を占有する方法として捉えるかぎりにおいて、男根を称揚する。しかし、そこに〈生命〉の得体の知れない力によって自分がもてあそばれる受け身の肉体しか見ないとき、男は男根を羞恥する。その羞恥は皮肉でカムフラージュされがちだ。他人の性器はよく笑いをひきおこす。勃起は予定の動作をしているようで、実は受け身なので、しばしば滑稽《こっけい》に見える。性器を思い浮かべるだけでおかしくなるのはそのせいである。マリノフスキーは、「恥部」の名称を口にしただけで、一緒に生活した未開人たちの笑いがとまらなかったと語っている。露骨な、あるいは猥褻《わいせつ》な、と言われる冗談の多くは、こうした初歩的な言葉の遊びとそれほど違わない。ある種族の未開人のあいだでは、畑の除草期間中、女たちは村に入りこんできたよそ者を誰でも、容赦なく犯してもいいことになっている。そのよそ者をみんなで攻撃して、半死半生の目にあわせることもよくある。部族の男たちはそうした快挙を見て笑う。犠牲者はこの暴行によって、受動的に従属する肉体につくりあげられたのだ。彼は女たちによって、女たちをとおして、彼女たちの夫に所有されたのである。これとは違い普通の性交では、男の方が所有者として自己を確立しようとする。

しかし、男が自分の肉体条件のあいまいさを最も明白に経験するのはその時なのだ。男が男の性欲を誇らかに受けとめるのは、性欲が〈他者〉を占有する方法である場合だけだ。そしてその所有の夢は必ず失敗に終わる。真の所有においては、他者は、他者としては消滅する。他者は消費され、破壊されるのだ。夜明けにベッドを出た情婦の首をはねることができるのは、『千一夜物語』のスルタンだけである。女は、男に抱擁されたあとも生きのびる。そうすることで、女は男から逃れるのだ。男が抱擁を解くや、獲物は男にとって見知らぬ女となる。女は、不慣れで、手つかずとなって、新しい恋人に同じようにつかのま所有される用意ができている。男の見る夢の一つは、女が永久に自分のものになるよう女に「印をつける」ことである。しかしどんなに尊大な男でも、女にはけっして思い出しか残さず、どんなに燃え上がるイメージも、感覚に比べれば冷やかなものであることを知っている。多くの文学がこの挫《ざ》折《せつ》を表わしている。浮気女とか不実な女と呼ばれる女のうえにその挫折は客体化される。そうした女たちは、その身体によって、個々の男にではなく、男一般に捧《ささ》げられるからである。女の裏切りは、さらにもっと油断がならない。女の方が恋人を獲物にしてしまうのだ。身体に触れることができるのは身体だけである。男は自らが肉体にならなければ、渇《かつ》望《ぼう》する肉体を支配することはできない。イヴは、アダムが自らの超越を女のなかで遂行するために彼に与えられたのだが、また、内在の闇《やみ》のなかにアダムを引きずりこみもする。母が息子のためにつくり、息子はそこから抜け出したがるあの暗い覆《おお》い、その暗黒の粘土のなかに、愛人は男をよろこびの目眩《めまい》とともに再び閉じ込める。男は所有したかった。それなのに、このように所有されてしまうのだ。体臭、汗、疲労、倦怠《けんたい》など、肉体と化する意識のこの陰鬱《いんうつ》な受難を、多くの文学が描いてきた。しばしば嫌悪を包み隠している欲望は、満たされると、ふたたび嫌悪におちいる。「性交のあと人間は悲し」、「肉体は悲しい」。しかし、男は恋人の腕のなかで最後のやすらぎを見出《みいだ》したわけではない。やがて、男のなかにふたたび欲望が生まれる。それは単に女一般への欲望なのではなく、特定の女への欲望であることが多い。そのとき女はとりわけ得体の知れない力をおびて見える。なぜなら、男が自分の身体のなかに見出す性的欲求は、空腹や渇きに似て、対象が特定されない一般的な欲求としてだからである。個別的な女の身体に男を結びつける絆《きずな》は、すでに〈他者〉によってつくられているからだ。それは、男が自分の根をもつ不浄で肥沃《ひよく》な胎内のように、神秘的な絆、一種の受け身の力である。それは魔術的である。男を魅了し虜《とりこ》にする魔性の女や魔法使いのように女が描かれる大衆小説の使い古された語彙《ごい》は、あらゆる神話のなかでも最も古く、最も普遍的なものを反映している。女は魔術に捧げられている。魔術とは事物のなかを漂う精神である、とアラン[*1]は言った。行為は、動作主が起こすのではなく受動性から発するとき、魔術となる。たしかに、男はいつも女を与えられた条件が内在しているものと見てきた。たとえ女が作物を収穫し子どもを産んでも、それは女の意志から出た行為ではない。女は、主体、超越、創造力ではなく、霊気をおびた客体である。男がそのような神秘を崇拝する社会では、女はそうした力ゆえに崇拝の対象とされ、巫女《みこ》として崇《あが》められる。しかし、男が自然より社会を、生命より理性を、与えられた無気力な条件より意志を勝利させようとして闘うとき、女は魔女と見なされるのだ。

＊1　一八六八－一九五一、フランスの哲学者、モラリスト。

聖職者と魔術師を区別する違いは周知のとおりである。聖職者は、手中におさめた力を神々や法と調和させて、共同体の財産のために、共同体の全構成員の名において、支配し、操縦する。魔術師は、社会から離れ、神や法にさからって、自らの情念のままにふるまう。ところで、女は男の世界に完全には組み込まれていない。他者として、女は男たちに対立している。だから、女が、男たちの共同体をとおして未来へと超越の支配を広げるためではなく、分離され対立された者として男たちを分離の孤独のなかに、内在の暗闇のなかに引きずりこもうと自分のもっている力を使うのは当然なのだ。女はセイレンである。その歌声は水夫たちを座礁《ざしょう》させる。女は愛人たちを獣に変えるキルケ[*1]であり、釣り人を沼底に引き込むオンディーヌである。女の魅力の虜になった男には、もう意志も投企《プロジェ》も未来もない。彼はもはや市民ではなく、自分の欲望の奴隷となった肉体である。彼は共同体から抹殺され、瞬間のなかに閉じ込められ、苦痛から快楽へと受け身のままにもてあそばれる。背徳的な女魔術師は、情念をあおって義務に対抗させ、現在の瞬間をあおって時間的統一に対抗させる。彼女は旅人を家庭から遠ざけ、忘却に押し流す。男は〈他者〉を占有しようと努めはしても、自分自身でいなければならない。その不可能な他者の所有に挫折すると、こんどは他者そのものになろうとするのだが、ついには一体化できないで終わる。そのとき男は自分を疎外《そがい》[†]し、自分を見失い、媚薬《びやく》を飲んでわれとわが身に覚えがなくなり、流れゆく死の水底《みなそこ》に身を投げる。〈母〉は息子に生命を与え、かつ息子を死に捧げる。恋人は愛する男が生命を絶って、最後の眠りに陥るよういざなう。〈愛〉と〈死〉を結びつけるこの絆は、トリスタン伝説[*2]のなかで悲壮的に示されたが、この絆にはもっと根源的な真実がある。肉体から生まれた男は、愛のなかで自己を肉体として完成させ、その肉体は墓を約束されている。このように、〈女〉と〈死〉は固く結びついているのだ。大いなる刈り入れ女は、穂を実らせる豊穣《ほうじよう》性の裏返しの姿である。しかし、彼女はまた恐ろしい花嫁としても姿を現わし、その見せかけの柔らかい肉体の下には骸骨《がいこつ》が透けて見える。[*3]

このように、恋人であり母である女のなかで、男がまずいとおしみまた嫌うものは、女の動物的な宿命の凍《い》てついた姿であり、男の存在に必要ではあるが男に有限性と死を宣告する生命である。生まれた日から、男は死に始める。それは〈母〉が体現する真実なのだ。子をつくることで、男は自分より種の方を確かなものにする。それは、男が妻に抱かれて知ることなのだ。ときめきとよろこびのなかで、まだ子をつくる前であっても、男は個としての自分を忘れる。男は母と妻を区別しようとするが、どちらのなかにも、ただ一つ明白なこと、すなわち、自分の肉体的条件の明白さを発見するだけである。男はその肉体的条件をまっとうすることを願い、母を崇め愛人を欲望する。と同時に、

＊1　ギリシア神話。太陽神ヘリオスの娘、魔術師。
＊2　ケルト伝説に基づくヨーロッパ中世の恋愛物語。トリスタンとイズーの悲恋。
＊3　〔原注〕たとえば、プレヴェールのバレエ『ランデヴー』や、コクトーのバレエ『青年の死』のなかで、「死」は愛する娘の顔だちの下に表象されている。

嫌悪《けんお》と恐怖のなかで彼女たちに反抗するのだ。

こうした神話のほとんどすべてが総合されている意義深い文章が、ジャン＝リシャール・ブロックの『クルディスタンの夜』[*1]のなかにある。そこには、ある町が略奪されているさなかに、サードという若者と、彼よりずっと年上だがまだ美しい女との抱擁が描かれている。

「夜が事物と知覚の輪郭を消し去っていた。彼はもう女を抱きしめることはないだろう。世界が始まって以来ずっと続けてきた果てしない旅の目的についに到達したのだ。彼は、終わりもなく形もなくあたりにたゆたっている無限のなかに、少しずつ消滅していく。欲望のように陰鬱で夏のように燃えあがって内向する巨大な国で、すべての女が一つに溶けあった……けれども彼は、女に秘められている力、サテンを張ったような長い腿《もも》、二つの象牙《ぞうげ》の丘にも似た膝《ひざ》を、恐怖をまじえた称賛の念でみとめた。なめらかな背筋を腰から肩までなでていくと、彼には世界を支える穹窿《きゆうりゆう》を駆けめぐっているように思える。しかし腹部がたえまなく彼を呼びつづけていた。そこはすべての生命が生まれ帰っていく、弾力のある柔らかい大洋、潮の満干と水平線と無限の広がりをもつ隠れ家のなかの隠れ家」

「そのとき、この甘美な肉体を貫いてその美の源泉にじかに触れたいという激しい思いが彼をとらえた。衝動は同時に起こり、二人をからみあわせた。女は地表のように裂けて、内臓を開き、愛する男の体液で満たされるためにしかもはや存在しなかった。恍惚《こうこつ》が殺人にかわる。二人は刺したがえるように、一つになった」

「……彼、孤立した男、分割され、分離され、切り離された者、彼は自身の実体から飛びだし、肉体の牢獄《ろうごく》から自由になって、ついには霊肉ともに、普遍的な物質のなかへ疾走して行こうとしていた。その日まで一度も味わったことのない至上の幸福が彼に約束されていた。被造物の限界を越え、主体と客体、問いと答えを同じ高揚のなかで融合させ、存在でないものすべてを存在に組み入れて、到達不可能な世界に最後の痙攣《けいれん》で到達するという幸福が」

「……楽弓《ゆ》が往き来するたびに、彼が意のままにしている大切な楽器から、しだいに激しくなる振動を呼びさましていた。とつぜん、最後の痙攣が、サードを絶頂から引き離し、大地の泥へ投げ返した」

女は自分の欲望が満たされていないので両脚に恋人をとらえて放さず、恋人は心ならずもふたたび欲望が生まれるのを感じる。そのとき彼には、女が男の精力を奪い去る敵対的な力であるように思える。そしてふたたび女を所有したにもかかわらず、女の喉《のど》に深く歯を立てすぎて、女を殺してしまうのだ。こうして複雑に紆余《うよ》曲折して母から恋人へ、さらには死へと向かう円環が閉じる。

この場合、肉体のドラマのどの面を強調するかによって、男のとる態度は実にさまざ

＊1　一八八四－一九四七、フランスの作家、批評家。

までである。生命は一つしかないとは考えず、自分だけの宿命というものを気にかけず、死を恐れなければ、男はよろこんで自分の動物性を受け入れるだろう。イスラム教徒のあいだでは、女は汚辱状態に追いやられている。それは、家族に抵抗して国家に訴えることを許さない社会の封建的構造のせいであり、この文明の好戦的な理想を表明して男を直接〈死〉に捧げ、女から魔力を奪ったその宗教のせいである。マホメット教徒の楽園で行なわれる逸楽の大饗宴《だいきょうえん》にいつでもすぐに興じられる者が、地上の何を恐れるというのか。男はそれゆえ心おきなく、自分自身からも女からも身を守る必要なしに、女を楽しめるのだ。『千一夜物語』の話は、女を、果実やジャム、豪華なお菓子、香油などと同じように、とろけるような悦楽の源泉と見なしている。この官能的な慈《いつく》しみの情は、いまでは地中海沿岸の国民のあいだに広く見られる。一瞬に満ちたりて、不死を願うことなく、空と海の輝きをとおして自然の良い面を見ようとする南フランスの男は、女たちをむさぼるように愛する。伝統的に南フランスの男は女を非常に軽蔑《けいべつ》していて、女に人格があるとは思っていない。ここの男は、女の身体《からだ》の魅力と砂や水の魅力に大した違いを認めていないのだ。女たちにも、自分自身にも、彼は肉体への嫌悪を感じない。『シチリアでの会話』のなかでヴィットリーニは、七歳で女の裸体を発見したと、静かな感嘆の念をこめて語っている。ギリシアとローマの合理主義的な思考は、こうした自然に生じる態度を確固としたものにする。ギリシア人の楽天主義的な哲学は、ピタゴラス学派の善悪二元論を乗り越えた。劣った者は優れた者に従属する。そして、この状態は前者にとって有益なのである。こうした調和のイデオロギーは、肉体に対してどんな敵意も示すことはない。〈イデア〉の天空へ、あるいは〈都市〉や〈国家〉へ向かう個人は、自分をヌース、[*1]あるいは市民だと考え、自分の動物的条件を乗り越えたと信じている。彼が逸楽にふけろうと、禁欲を実践しようと、男社会にしっかり組み込まれた女は付随的な重要性しかもたない。もちろん、合理主義が完全に勝利したことは一度もなく、性的な体験はこうした文明でも両面的な性格を保っている。そのことは儀式、神話、文学が証明している。しかし、女らしさの魅力と危険は、そこでは薄められたかたちでしか現われてこない。女にふたたび恐るべき威厳をまとわせるのは、キリスト教である。異性に対する恐怖は、引き裂かれた不幸な男の意識の表われの一つである。キリスト教徒の男は自分自身から切り離されている。肉体と魂の分離、生命と精神の分離が完全になされている。つまり、原罪が肉体を魂の敵としているのである。肉体的な絆はすべて悪いことと思われる。[*2]男が救済されるのは、キリストによって罪を贖《あがな》われ、天上の王国へ向かっていく場合だけだ。しかし、もともと男は堕落した人間である。生まれたとき

＊1　ギリシア語。心、精神、理性などの意。
＊2　〔原注〕十七世紀の終わりまで、神学者たちは――聖アンセルムス〔一〇三三－一一〇九、イタリア出身の神学者、哲学者、スコラ学の先駆者〕を除いて――、聖アウグスチヌスの教義にしたがって、原罪は生殖の基本原理そのものに含まれていると考えた。聖アウグスチヌスはこう書いている。「肉欲は悪徳である……肉欲から生まれる人間の肉体は、罪の肉体である」。また聖トマスは、「性の結びつきは、最初のあやまちから肉欲をともなっているので、原罪を子どもに伝える」。

から彼は死だけではなく、永遠の断罪に運命づけられている。神の恩寵《おんちょう》によって天が男に開かれることもあるが、生まれながらの実存の変転には呪《のろ》いがつきまとう。悪は絶対的な現実であり、肉体は罪である。もちろん、女は〈他者〉であることをけっしてやめないのだから、男と女が相互的に肉体であるとは考えられていない。キリスト教徒にとって、憎むべき〈他者〉である肉体は、女と区別されないのだ。地上の誘惑、性の誘惑、悪魔の誘惑は、女のうちに体現されている。初期教会の教父たちはみな、女がアダムを罪へ導いた事実を強調する。ここでふたたびテルトゥリアヌスの言葉を引用しなければならない。「女よ、汝《なんじ》は悪魔の門である。汝は悪魔もあえて正面から攻撃できない者を説得した。神の子が死なねばならなかったのも汝のせいだ。喪服と襤褸《ぼろ》をまとって永久に立ち去るがいい」。キリスト教文学はすべて、男が女に感じる嫌悪をつのらせようとしている。テルトゥリアヌスは、女を、下水溝の上に建てられた神殿と定義する。聖アウグスチヌスは、性器と排泄《はいせつ》器官が区別しにくいことを恐ろしげに強調する。糞《ふん》と尿のあいだにつくられている、というのだ。女の身体に対するキリスト教の嫌悪は、その神を屈辱的な死に捧げることには同意するが、誕生の穢《けが》れは免れさせるほどである。東方教会のエフェソス公会議、ローマ教会側のラテラノ公会議はそれぞれ、キリストが処女から生まれたと断言している。初期教会の教父たち、オリゲネス、テルトゥリアヌス、ヒエロニムスは、マリアが他の女たちと同じように血と汚《けが》れのなかで出産したと考えていた。しかし勝ったのは聖アンブロシウスと、聖アウグスチヌスの意見である。処女の胎部は閉ざされたままになってしまった。

中世以降、肉体をもっているのは、女にとって恥ずべきことと考えられてきた。科学そのものが、こうした嫌悪のために長いあいだ発達するのをはばまれたのである。リンネ[*1]は自然に関する論文のなかで、女の生殖器官の研究は「いまわしいもの」だと言って、無視した。フランス人医師デ・ロランスは眉《まゆ》をしかめて、どうして「男と呼ばれるこの理性と分別に満ちた崇高な動物が、体液で汚れ、恥ずかしくも胴体のいちばん下にあるこんなわいせつな女の部分に魅《ひ》きつけられるのだろう」と、いぶかっている。いまでは、キリスト教思想の影響にそれ以降の多くのものの影響が混ざりあっているし、キリスト教思想そのものもさまざまな面をもっている。しかし、とくに清教徒《ピューリタン》の世界では、肉体に対する憎しみはなお生きつづけている。それは、たとえばフォークナーの『八月の光』に表現されている。性の初体験は、主人公にとってひどい心的外傷《トラウマ》の原因となる。はじめての性交のあとで嘔吐《おうと》するほどに動揺する若者の姿は、どんな文学にも描かれている。現実にはこうした反応はごく稀《まれ》だとしても、これほど多く描写されるのは偶然によるものではない。とくにピューリタニズムが浸透しているアングロ・サクソン諸国では、女は大多数の青年、多くの男たちに恐怖の念を引き起こすことが多かれ少なかれ告白されている。フランスの場合、その恐怖は非常に強い。ミシェル・レリス[*2]は、『男ざ

＊1　一七〇七－七八、スウェーデンの植物学者。
＊2　一九〇一－九〇、作家、民族学者。

かり』に次のように書いている。「私には、女性器を汚いものか傷口のように見なす傾向がある。そのために魅力がうすれるわけではないのだが、血にまみれた、粘液状の、汚染しているものがみなそうであるように、女性器自体が危険に見えるのである」。性病に対する考え方が、こうした強い恐怖を物語っている。病気を与えるから女が恐ろしいのではなく、女からやってくるから病気がいまわしく思えるのだ。性交渉が多いだけで淋病《りんびょう》になると思いこんでいる若者たちのことを私に話した人がいた。また、性交によって男は筋力や頭脳の明晰《めいせき》さを失い、燐《りん》が消耗し、感性がにぶると思われがちでもある。自慰が同じように危険だと思われているのもほんとうだ。そのうえ、道徳的な理由から、社会が自慰を正常な性機能より有害だと考えている。法的結婚と生殖の意志が、性愛の魔力を防ぐのである。しかしすでに言ったように、どんな性行為にも〈他者〉が含まれている。そして、他者の最もふつうの顔は、女の顔である。女を前にしたとき、男は自分の肉体の受動性をいちばんはっきり感じる。女は吸血鬼であり、娼婦《しょうふ》であり、よく食べ、よく飲む。女の性器は男の性器をがつがつむさぼる。こんな想像に科学的根拠を与えようとした精神分析家たちもいる。女が性交から引き出す快楽はいずれも、雄を象徴的に去勢して、その性器を占有しようとするところからくると言うのだ。しかし、こうした理論そのものが分析される必要があるようだし、分析医たちは、自分たちが発明したその理論に、祖先の恐怖を投影したのではないだろうか。[*1]

このような恐怖の源は、他者性が併合しきれずに、〈他者〉のなかになお残っていることにある。女は、原始社会で握っていたたくさんの不気味な力を、家父長制社会でも保持していた。そのために、女は〈自然〉のままに放っておかれずに、タブーでとりかこまれ、儀式で清められ、僧侶《そうりょ》の統制下におかれた。男は、生まれついたままの女にぜったい近づいてはならず、儀式や秘《ひ》蹟《せき》で女を大地と肉体から引き離して、人間に変身させるよう教えられる。そうすれば、女がもっている魔力を、避雷針と発電所の発明以後の雷のように、誘導することができる。それを集団の利益のために利用することさえも可能になる。そうなると、男が自分の女に対する関係を決定する振動運動は、別の局面を見せる。男は女が自分のものであるかぎり女を愛し、他者にとどまるかぎり女を恐れる。しかし、男がより深く自分のものにしようとするのは、恐るべき他者としての女なのだ。それこそは、女を人格の尊厳に高め、男に自分の同類だと認めさせるようにするものなのである。

女の魔力は、家父長制家族のなかで徹底的に飼い馴《な》らされてしまった。女は社会のなかに宇宙の力をとり入れる役割を果たす。デュメジルはその著書『ミトラとヴァルナ』のなかで、インドでもローマと同じように男の権力を確立するには二つの方法があると指摘している。ヴァルナ[*2]とロムルス[*3]、ガンダルヴァ[*4]とルペルクス[*5]においては、それは攻

＊1　〔原注〕カマキリの神話の多くが、何の生物学的根拠もないことは、すでに示した。
＊2　宇宙の秩序と人倫を支配する司法神。

撃、誘拐、暴動、狂乱である。その場合、女は略奪し、犯すべき存在と見なされる。略奪されたサビニの女たちが子どもを生まない態度をとると、男たちは山羊《やぎ》皮の鞭《むち》で彼女たちを打つ。過剰な暴力を暴力で帳消しにしようというのである。これに対して、ミトラ〔友愛の神〕、ヌマ、バラモン、古代ローマの祭司は、反対に、都市の秩序とほどよい均衡を守る。この場合、女は複雑な儀式をともなう結婚によって夫と結ばれ、夫に協力し、自然がもっているあらゆる女性的な力を支配することを夫に保証するのである。ローマでは、祭司の妻が死んだ場合、祭司は辞職する。エジプトでも、イシス〔死者の守護神〕は母なる女神としての最高の権力を失ったあとも、変わることなく寛大に微笑《ほほえ》んで、やさしく、聡明《そうめい》で、オシリスのすばらしい妻としてとどまる。ところで、女がこのように男の協力者、補完者、半身と見なされているときには、必ず意識と魂を授けられている。男は、人間の本質を分けもっていない存在には、心底からは頼れないだろう。すでに見たように、マヌ法典は正妻に夫と同じ天国を約束していた。男は、個別化して自分の個性を主張すればするほど、同伴者のなかにも個人と自由を認めるようになる。東洋の男は自分の運命に無頓着《むとんちゃく》なので、女が享楽《きょうらく》の対象であるだけで満足する。しかし西洋の男の夢は、自分の存在が個別なものであるという意識にまで高められた場合、自分以外のしかも従順な自由意志から自分が認められることである。ギリシアの男は、女性部屋に閉じ込められた女を、自分が求めている同類だとは思っていない。だから、自分と同じように肉体に意識と自由が宿っている男の仲間に愛情をよせるのだ。あるいは、独立心、教養、才知が自分とほとんど変わらない高級娼婦《ヘタイラ》に愛を捧《ささ》げる。しかし事情が許せば、男の要求に最もよく応《こた》えるのは、妻である。ローマ市民は既婚女性《マトローヌ》に人格を認めている。コルネリアやアルリアのなかに、ローマ市民は自分の分身をもっている。

ある面で男女の平等を主張することになるのは、逆説的ながら、キリスト教である。キリスト教は女の肉体を嫌う。したがって、女が肉体としての自分を否定しさえすれば、贖い主〔キリスト〕によって罪を贖われ、女は男と同じ資格の神の被造物となる。こうして女は男と並んで、天上のよろこびを約束された霊魂の列に加えられる。男と女は神のしもべとなり、天使と同様にほとんど性別がなく、ともに恩寵の加護のもと、地上の誘惑をしりぞける。女は罪を体現しているだけにかえって、自分の動物性を否定することを受け入れるなら、罪を克服した選ばれた者たちのなかでも最も輝かしい勝利の化身となるだろう。[*2] もちろん人間の贖罪《しょくざい》をうけおう神なる救世主は男である。しかし人間は自分の救済にみずから協力しなければならず、最もへりくだった、堕落した姿で従順な善意を表わすよう要請される。キリストは神であるが、すべての人間を支配するのは一

＊3　（359頁）ローマの伝説上の建設者、第一代王。
＊4　（359頁）帝釈天《たいしゃくてん》に仕える音楽神で、釈迦《しゃか》八部衆の一神。
＊5　（359頁）古代ローマの牧人と牧畜の神ファウヌスの別名とされる。
＊1　ローマの伝説上の第二代王。
＊2　〔原注〕たとえば、クローデルの作品のなかで、女が特権的な場所を占めているのはこうした理由による。

人の女、聖母である。けれども、女に大女神がかつてもっていた特権を復活させるのは、社会の周縁に広まる諸教派だけである。教会は家父長制文明を象徴し、それに奉仕する。そこでは、女は男の付属物にとどまっているべきだとされる。女は男の従順な召使いになれば、祝福された聖女にもなれる。こうして中世の最盛期に、男に都合のよい女の最も完成された像ができあがり、キリストの母の顔は栄光に包まれることになる。彼女は、罪深い女イヴを逆にした姿をしている。ヘビを足下に踏みしだくマリアは、イヴが永遠の断罪の仲介者であったのとは逆に、救済の仲介者なのだ。

　女が恐れられたのは、〈母〉としてである。変貌《へんぼう》させ、屈従させなければならないのは、母性としての女なのだ。マリアの処女性はとりわけ否定的な意味をもつ。つまり、肉体を贖《あがな》った女は肉体的ではないということだ。マリアは触れられず、所有されなかった。アジアの〈太母〉にも夫がいた形跡はない。彼女は世界を生み出し、単独で君臨していた。彼女は気まぐれでみだらになることもあったが、その〈母〉としての偉大さが、妻に課せられる隷属《れいぞく》状態によって損なわれることはなかった。それと同じように、マリアは性欲に関わる汚《けが》れを知らなかった。女戦士ミネルヴァ[*1]の流れをくむマリアは、象牙《ぞうげ》の塔であり、城砦《じょうさい》であり、難攻不落の主塔である。古代の巫女《みこ》たちは、キリスト教の聖女たちがほとんどそうだったように、処女だった。善に捧げられる女は、その清浄無垢《むく》な光沢のままに、善に捧げられなければならないのだ。彼女は征服されたことのない完《かん》璧《ぺき》さのままに、女性的要素を保ちつづけなければならない。マリアが妻としての性格を拒まれるのは、彼女のなかの〈母なる女〉をより純粋に高揚させるためである。しかしマリアが栄光に輝くようになるのは、彼女に定められた従順な役割を受け入れることによってのみである。「私は主の婢女《はしため》です」。人類史上はじめて、母が息子の前にひざまずく。母は自分の劣等性をすすんで認める。これこそはマリア信仰で達成された男の最高の勝利だ。マリア信仰とは、女を完璧に失墜させることによって、女を復権させるものである。イシュタル、アスタルテ、キュベレは、残忍で、気まぐれで、淫乱《いんらん》だった。彼女たちには力があったのだ。死と生の源泉である彼女たちは、男たちを産んで奴隷にした。キリスト教では、生と死は神にのみ握られているので、母の胎内から出てきた男は永久にそこから逃れてしまい、大地が男の骨を待ちうけるばかりである。男の魂の運命は、母の力が消滅した領域で展開する。洗礼の秘蹟は、胎盤を焼いたり水に沈めたりする儀式を嘲弄《ちょうろう》する。もはや地上に魔術のための場所はない。神が唯一《ゆいいつ》の王なのだ。もともと自然は危険なものだが、恩寵の前では無力である。母性も自然現象としてはなんの力ももたらさない。したがって、女が生まれながらの欠陥を自身で克服したいなら、女を男に隷属させる意志をもつ神の前に屈する以外ない。そしてこの服従によって、女は男の神話のなかで新しい役割を担《にな》うことができるのである。支配者になろうと願望し、それをきっぱりあきらめないかぎり攻撃され足下に踏みにじられた女も、家来としてな

＊1　ローマ神話。ギリシア神話のアテナと同一視される。
＊2　バビロニアの代表的な女神。愛、豊穣《ほうじょう》、戦闘の女神。

らば敬われるだろう。女は原始的な属性を何も失うわけではないが、それらのしるしが変わる。不吉は吉になり、黒魔術は白魔術に変わる。婢女《はしため》である女が、すばらしい最高の栄誉をうける権利をもつようになるのだ。

　女が屈従させられたのは〈母〉としてであったから、女が大切にされ尊敬されるのもまず母としてである。母性がもつ古い二つの顔のうち、今日の男はもはや微笑んだ顔しか認めたがらない。時間と空間の制限をうけて、一つの身体《からだ》と限りある生命しかもたない男は、見知らぬ〈自然〉と〈歴史〉のただなかで、一個の個体でしかない。男と同じように制限され、精神が宿っているゆえに男と同類ではあるけれども、女は〈自然〉に属し、無限に続く〈生命〉の流れに貫かれている。だから、女は個人と宇宙の仲介者のように思われるのだ。母の顔が安心できる神聖なものになったとき、男が母の像に愛情をよせるのはもっともだと思う。自然のなかで迷った男はそこから逃走しようとするが、自然から切り離された男はふたたび自然と結びつくよう切望する。家族のなか、社会のなかにしっかり座を占めている母は、法と慣習に調和していれば〈善〉の化身そのものである。母が属する自然も善になるのだ。母はもう精神の敵ではない。もし母が神秘のままとどまっているとしても、それはレオナルド・ダ・ヴィンチ[*1]の描くマドンナたちの場合のように微笑をたたえた神秘である。男は女にはなりたがらない。しかし、男は存在するものすべてを、したがって自分ではない女をも、自分のなかに包みこむのを夢見る。男は母を崇拝することによって、男にはない母の豊穣を自分のものにしようとするのだ。自分を母の息子と認めることは、自分のなかの母を認めることであり、大地、生命、過去につながっているかぎりでの女らしさを自分に同化させることである。ヴィットリーニの『シチリアでの会話』で、主人公が母のもとに求めて行くものはまさにそれである……生まれた土地、その匂《にお》いと果実、幼年時代、祖先の思い出、伝統、彼の個としての実存ゆえに切り離されてしまった根。男の心に自己超越の誇りを高めるのは、こうした根づきそのものである。母の腕をふりきって、冒険へ、未来へ、戦争へと旅立つ自分に陶酔するのが男は好きだ。その旅立ちは、彼を引きとめようとする者がいなければ、それほど感動的ではなくなるだろう。それはやっと勝ち得た勝利ではなく、偶然の出来事のようにしか思えなくなってしまうからだ。そして、母の腕はいつでも彼を迎える用意をしていることも男は知っておきたい。行動の緊張のあとで、英雄はふたたび母のそばで内在の休息を味わいたいのだ。母は避難所であり、眠りである。母の手に愛撫《あいぶ》されて、彼はふたたび自然の胎内に沈む。彼は母胎や墓のなかにいるかのように、静かに生命の大きな流れに身をゆだねる。男が母を呼びながら死ぬのが伝統になっているのは、母の眼差《まなざ》しのもとでは死までが手なずけられて、誕生と対称をなしてあらゆる肉体的生命に分かちがたく結びつけられるからである。母は古代神話のパルカたちのようにどこまでも死に結びつけられる。死者を葬《ほうむ》り、悼《いた》むのが、母にはふさわしい。だが母の

＊1　一四五二－一五一九、イタリア・ルネサンスの画家、彫刻家。

役割は正確には死を生命に、社会に、善に取り入れることである。したがって「雄々しい母」の崇拝が一貫して奨励される。つまり、息子たちを死にゆずりわたすよう母親に約束させたならば、社会は息子たちを暗殺する権利を得たと考えるのだ。母親は息子に対して影響力をもっているので、母親を手のうちに入れておくことは社会にとって都合がいい。そういうわけで、母はあれほど多くの尊敬のしるしに囲まれ、あらゆる美徳がさずけられ、母のために宗教がつくられ、それを無視すると不敬だとか冒瀆《ぼうとく》だとかいって非難されるのだ。母は道徳の守護者にされる。男に奉仕する者、権力に奉仕する者である母は、子どもたちを進むべき道へやさしく導く。共同体がはっきり楽天的であればあるほど、母のそのやさしい権威をすなおに受け入れれば受け入れるほど、母はますます美化される。アメリカの「マムMom」は、フィリップ・ウィリーが『蝮《まむし》の世代』のなかで描いているような偶像になった。というのも、アメリカの公認イデオロギーは楽天主義の最たるものであるからだ。母を賛美することは、誕生、生命、死を、その動物的および社会的なかたちの両方から受け入れることであり、自然と社会の調和を宣言することである。オーギュスト・コントが女を未来の〈人類〉の神にしているのも、自然と社会の統合の実現を夢見ているからである。しかしまたそのために、反逆者たちはこぞって母の像を激しく攻撃する。母を嘲弄することで、彼らは慣習と法のこの守護者を介して自分たちに押しつけられようとする規定を拒絶するのだ。[*1]〈母〉を後光でつつむ尊敬の念、〈母〉をとりまくさまざまな禁止は、〈母〉が抱かせる

＊1 〔原注〕ここで、ミシェル・レリスの詩『母』の全文を引用する必要があるだろう。だが、その特徴がよく出ている箇所の抜粋をあげるにとどめる。

黒、薄紫、紫の衣に身を包んだ母——夜を盗む女、——それは、秘められた業《ごう》であなたがたをこの世に生みだす魔女、あなたがたを揺すってあやし、かわいがり、柩《ひつぎ》に入れる魔女、なのに彼女は、自分の縮んだ亡骸《なきがら》を、そっと棺に入れるあなたがたの手に、——最後の玩具《がんぐ》として——ゆだねることはしない。

……………

母——盲目の影像、不可侵の祭壇の中央に立つ宿命——それはあなたがたを愛撫する自然、あなたがたに香を送る風、あなたがたをもろともに突き通し、昇天させ（無数の螺旋《らせん》ばねで引き上げ）、そして腐敗させる世界。

……………

母——若くても老いていても、美しくても醜くても、慈悲深くても頑固でも——それはカリカチュア、嫉妬《しっと》深い怪物の女、失墜した〈原型〉、——〈イデア〉（いかめしい三脚台にのっかって生気をなくした巫女《みこ》）が、活発で軽妙できらびやかな思想のパロディにすぎないと仮定するならば……

母——その肥り肉《じし》か痩《や》せぎすの腰、揺れているか固くなった胸——それは、初めからすべての女に約束された末路、月経の流れの下で進行する破砕にきらめく岩の細片、美を積んだ華麗な隊商の——古い砂漠の砂のなかへの——緩慢な埋没。

母——つけねらう死の、包みこむ宇宙の、時の波が打ち上げる愛の、天使——それは、深い泉水に投げ込まれて、忘却された水にいくつもの輪を生み出す、常軌を逸した絵図の貝殻（確実な毒のしるし）。

母——万物とわれわれ自身の喪に永久に服する暗い水たまり——それは、虹色《にじいろ》に輝いて蒸発する匂《にお》い、その獣のような大きな影（肉体と母乳の恥辱）を、また生まれくる雷が引き裂くで肉体的愛情におのずと混じりあっている敵対的嫌悪《けんお》を抑圧する。だが母性への恐怖は、潜在的なかたちで後々まで残る。とくに次のことに注目してみるのは興味深い。フランスでは中世以降、こうした嫌悪感が思いのままに表現できるように、第二の神話、すなわち〈義母〉の神話をつくりあげたことである。笑話《ファブリオ》から大道芸にいたるまで、男は、どんなタブーからも守られていない自分の妻の母をとおして、母性一般を嘲弄する。男は愛する妻が生みだされたということが憎いのだ。義母は老衰の明白なイメージであり、娘を生むと同時に娘をその老衰に運命づけたのである。義母の肥満、皺《しわ》は、悲しくも妻に将来約束されたものであることを告げている。母親のかたわらにいる妻は、もはや個ではなく、種の契機であるように見える。彼女はもう欲望された獲物、いとおしい伴侶《はんりょ》ではない。なぜなら彼女の個別的存在は、普遍的生命のなかに溶けてしまっているからだ。彼女の個別性は一般性によって、精神の自律性は過去と肉体のなかに根ざすことによって、あざわらうかのように異議を唱えられる。男がこっけいな登場人物のなかに明確に対象化しているのは、こうした嘲弄である。しかし男の笑いがあれほど恨みがましいのは、妻の運命は全人類の運命、つまり自分の運命であることを、男がよく知っているからだ。どこの国の伝説や物語でも、後妻に母性の残酷な面を化身させている。白雪姫を亡《な》きものにしようとするのは邪険な母親である。いじわるな継母《ままはは》——セギュール夫人*1の本に出てくるソフィを鞭打つフィシニ夫人——のなかに、切りとった頭をつらねた首飾りをしている古代のカーリー*2は生き続けている。

しかし、聖化された〈母〉の背後には、草の汁や星の光を男のために役立てる白魔術の女たちの一団がひしめいている。それは、祖母、善意に満ちた眼差しの老女、気持ちよく働く召使い、慈悲深い尼僧《にそう》、すばらしい手をした看護婦、ヴェルレーヌ[*3]が夢見たような恋人。

やさしく、ものおもわしげで、褐色の髪をして、何ごとにもおどろかず、
ときおり、子どもにするように額に接吻《せっぷん》してくれる女

ふしくれだったブドウの幹や新鮮な水の澄明《ちょうめい》な神秘は、彼女たちのものと見なされる。彼女たちは手当をし、いやしてくれる。その知恵は、生命のもの言わぬ知恵である。黙っていても理解してくれる。そばにいると、男はすべての自尊心を忘れ、身をゆだねて、

〔承前〕あろう硬《こわ》ばったヴェールを、つぎつぎと脹《ふく》らましては、破るのだ。

……………

　これら無垢《むく》な売女《ばいた》たちのうちの一人の女の心に、何世紀も裸足《はだし》で這《は》いまわろうという考えがいつの日か浮かぶだろうか、われわれを生んだ罪の許しを乞《こ》うて。

＊1　一七九九－一八七四、ロシア出身の童話作家。
＊2　ヒンドゥー教のシヴァ神の神妃。創造・維持・破壊を司る三相一体の女神だが、とくに破壊者の相が一般に知られている。
＊3　一八四四－九六、フランス象徴派の詩人。

子どもにかえるよろこびを知る。彼女たちに対しては、男の威信をかけた闘いは何もないからだ。男は自然に対して、その非人間的な力をうらやむことはできないだろう。また、こつをつかんで男の世話をする賢明な女たちは、その献身のなかで自分たちが男の召使いであることを認める。男は、彼女たちに服従しても主人のままでいられるのを知っているので、彼女たちの慈悲深い力に従うのだ。姉妹、幼な友だち、純潔な乙女、すべての未来の母は、この祝別された一群の女たちに属する。そして妻までもその性的な魔力が消えたとき、多くの男たちの目には恋人としてよりも、子どもの母親として映る。母が聖化され屈従させられたとき、やはり聖化され服従させられた伴侶のなかに、恐れることなくふたたび母を見出《みいだ》せる。母を贖うことは、肉体を、すなわち肉体的結びつきと妻を贖うことなのだ。

　結婚の儀式によって魔力の武器を奪われ、経済的にも社会的にも夫に従属させられた「良妻」は、男にとって最も大切な宝である。彼女は骨のずいまで夫のものになってしまうので、夫と同じ本質を分けもつようになる。「あなたがガイウスであれば、わたしはガイアです」。妻は夫の姓を名のり、夫の神を信仰し、夫は妻の責任をとる。だから、男は妻を自分の半身と呼ぶのだ。男は自分の家や領地、家畜、財産と同じように、ときにはそれ以上に妻を自慢する。男は妻をとおして世間の目に自分の力を示す。妻は男の尺度であり、地上の分け前なのだ。東洋人の妻は太っていなければならない。妻が十分に養われていることがわかれば、主人の名誉となるからだ。[*1]回教徒は、妻が多くいればいるほど、また妻たちが元気そうな様子をしていればいるほど尊敬される。ブルジョア社会では、女に割り当てられた役割の一つは、体面を保つことである。妻の美しさ、魅力、知性、優雅さは、自家用車の車体と同じく、夫の財産の外形的なしるしなのだ。裕福な男は、妻を毛皮や宝石で飾りたてる。貧しい男は、妻の身もちの良さや切り盛りのうまさを自慢する。一文なしの男でも、自分に仕える女の愛情をかちえたら、この世に何かを所有した気持ちになる。『じゃじゃ馬ならし』〔シェークスピアの喜劇〕の主人公は、近隣の者たちをみんな招待して、どんなふうに威厳をもって妻を仕込むことができたかを披露する。男は誰も多少ともカンダウレス王*2を思わせる。自分自身の価値を披瀝《ひれき》できると思って、妻を見せびらかすのだ。

　ところで、妻は男の社会的な虚栄心をくすぐるだけでなく、もっと私的な自尊心も満足させてくれる。男は妻を支配してみせることで悦に入る。畝《うね》をつける鋤先《すきさき》という自然主義的なイメージに、妻が一個の人格であればより精神的な象徴が重なる。夫は妻を性的な面だけでなく、道徳的、知的に「形成する」。夫は妻を教育し、見張り、妻に自分の刻印をおしつける。男が楽しむ夢想の一つは、自分の意志を物に浸透させ、物の形をつくり、物に実体を浸入させることである。女は受け身のままに練られ、加工される極上の「柔らかい練り粉」なのだ。女は身をゆだねながらも抵抗する、これが男の行為を

＊1　〔原注〕本書三三九頁＊1を参照。
＊2　前七–六世紀頃、小アジアに栄えたリュディアの王。

永続させる。柔らかすぎる素材は、その素直さゆえにだめになってしまう。女にある貴重なものとは、女のなかの何かがどんな抱擁からも無限に逃れていくことなのだ。こうして、男は、手にあまればあまるほど支配する価値がある実在を支配下に置くのだ。女は男のなかに見知らぬ存在をめざめさせ、男はそれが自分自身であるのを誇りをもって認める。夫婦のつましい快楽のなかで、男は自分の動物性のすばらしさを発見する。男は〈雄〉であり、それとの相関で女は雌なのだ。しかしこの雌という語は、ときとしてこのうえなく美化されて聞こえる。卵を抱き、授乳し、仔《こ》をなめ、守り、生命をかけて危険から救う雌は、人類の模範だというわけである。感動をこめて、男は伴侶にこうした忍耐、献身を要求する。家長が家に閉じ込めておきたがるのは、依然として〈自然〉なのだが、その〈自然〉には社会や家族、家長に有益なあらゆる美徳がしみこんでいる。子どもと男に共通する欲望の一つは、事物の内部に隠された秘密をあばくことである。その点からすれば、物質は期待はずれである。人形の腹部を裂いて、中身を外に出すと、もう中はからっぽだ。しかし、生命あるものの内奥部《ないおうぶ》はもっとはかりしれないものである。女の腹部は、内在性の、深遠の象徴であり、とりわけ快楽が女の顔に刻まれる時にそれらの秘密をかいまみせる。だがまた、秘密を保ちつづけてもいる。男はいながらにして生命のかすかな鼓動をとらえ、その神秘を壊すことなく所有する。女は動物の雌の機能を人間世界に移しかえる。女は生命を維持し、内在の領域を支配するのだ。母胎の暖かさと心地よさを女は家庭にもちこむ。過去が積もり未来が告げられている住居を守り、活気づけるのは、女である。女は次の世代をつくり、生まれた子どもを育てる。男が世界を横断して仕事と行為に費やした実存は、女のおかげで再び自らの内在のなかに沈んで、回復する。夜に帰宅したとき、男はこうして地上につなぎとめられる。女によって日々の連続性は確実なものになる。男が外の世界でどんな危険に直面しようとも、女は日々の食事と眠りを保証してくれる。女は行動が破壊し消耗したものすべてを修復する。そして自分が形成し永続させる夫婦の世界に、広大な世界全体を導き入れる。すなわち、火をおこし、家を花で飾り、太陽や水や土の発散物を手なずけるのだ。ベーベルが引用しているあるブルジョア作家は、こうした理想を、まじめになって次のように要約している。「男が望むのは、心臓が彼のために鼓動するだけでなくその手で彼の額をぬぐってくれるひと、平和と秩序と静寂をただよわせ、もの言わぬ権威を彼自身のうえに、また彼が毎日帰宅するたびに目にする物の上に行き届かせてくれるひとである。男は、家庭に生気をよみがえらせる温《ぬく》もりそのものである女のえも言えぬ香りを、すべてのものに降りそそぐひとを望んでいる」。

キリスト教の出現以来、女性像がどんなに精神的なものになったかは明らかだ。男が女をとおしてとらえたいと望んだ美しさ、温もり、親しみは、もはや感覚的な性質のものではなくなる。女は事物の甘美な外観を現わすかわりに、事物の魂となった。肉体の神秘よりもっと深く、その心には秘められた純粋な存在があり、そこに世界の真実が映し出される。女は家、家族、家庭の魂なのだ。同時に、女はより大きな集団である都市、地方あるいは国家の魂でもある。ユングが指摘するように、都市は胎内に市民を抱いているので、つねに〈母〉にたとえられてきた。だから、キュベレは塔の冠を頭に頂いている。「母なる祖国」と言うのも同じ理由からだ。しかし、女に象徴されるのは、糧《かて》をもたらす土壌だけではなく、もっと複雑な現実である。『旧約聖書』や、「黙示録」のなかでは、エルサレムやバビロンは母であるだけでなく、妻でもある。処女の都市とか、バベルやティルスのような娼婦《しょうふ》の都市もある。また、フランスはカトリック教会の「長女」と呼ばれた。フランスとイタリアはラテン民族の姉妹である。フランス、ローマ、ゲルマニアを象徴する女性の彫像や、コンコルド広場にあるストラスブール、リヨンを表わす女性の彫像には、女の機能は明確には示されていないが、女らしさだけはくっきりと浮かびあがっている。この同一視は単に寓意《ぐうい》的なだけではない。多くの男たちは感覚的にこうした同一視をしているのだ。[*1] 旅行者が訪れた国を理解する鍵《かぎ》を女に求めるのはよくあることだ。一人のイタリア女やスペイン女を腕に抱いているとき、男はイタリアやスペインの味わい深い本質を手にしたように感じる。「新しい街につくと、私はいつもまず売春宿に行くことにしている」と、あるジャーナリストは言っていた。アンドレ・ジッドにとって、シナモン入りのチョコレートがスペイン全体を発見させてくれるものなら、ましてや、エキゾチックな唇との接吻は、恋する男に一つの国を、その国の植物、動物、伝統、文化ともにまるごとゆだねてくれるだろう。女が表わすのはその国の政治制度や経済的な豊かさではない。女はその肉体の柔らかな肉の部分と神秘的なマナを同時に体現しているのだ。ラマルチーヌ[*2]の『グラジエラ』からピエール・ロチの長編小説やポール・モランの短編小説まで、外国人がある地域の魂を自分のものとしようとするのは女をとおしてである。ミニョン、シルヴィ〔ともにネルヴァルの小説の主人公〕、ミレイユ、コロンバ、カルメンは、それぞれイタリア、ヴァレ〔スイス南西部の州〕、プロヴァンス、コルシカ、アンダルシアの最も奥深い真実を明かしてくれる。ゲーテがアルザスの女フリーデリーケに愛されたのは、ドイツ人にとってはアルザスのドイツへの併合の象徴と映った。逆に、コレット・ボードッシュ[*3]がドイツ人との結婚を拒否するとき、バレス[*4]から見ればアルザスがドイツを拒んでいるのである。バレスはベレニスという少女に、エグ＝モルト〔南仏の都市〕と、控え目で洗練された文明全体を象徴させる。同時

＊1　〔原注〕この同一視は、クローデルが最近発表した恥ずべき詩のなかでは寓意的《ぐうい》である。詩のなかで彼はインドシナのことを「黄色い女」と呼んでいる。反対に、黒人の詩人の詩句では、この同一視は情緒的なものになっている。

祖先の眠る黒い国の塊が
よみがえり、語りはじめる
今宵
おまえのくびれた腰を求めてやまぬ力で

＊2　一七九〇－一八六九、フランスの詩人、政治家。
＊3　モーリス・バレスの同名の小説の主人公。
＊4　一八六二－一九二三、フランスの作家、政治家。

に、この少女は作家自身の感受性をも表わす。自然、都市、宇宙の魂である女のなかに、男は自分の神秘的な分身を認めるからである。男の魂とはプシュケ[*1]であり、一人の女なのだ。

プシュケはエドガー・ポー[*2]の詩「ウラリューム」のなかでは女の顔をしている。「はるかなり、ここ、糸杉の広き並木道をわが魂とともにさまよえるは——プシュケ、わが魂とともに、糸杉の並木道を……されば、プシュケをなだめ、くちづけし……われは言う、わが優しき妹よ、扉に書かれしは何ぞと」

そして、マラルメ[*3]は戯曲のなかで「魂あるいはわれわれの観念」（つまり人間の精神のなかにある神的なもの）と対話し、それを「いとも洗練された異常な貴婦人（原文どおり）」と呼んでいる[*4]。

夢想から離れて、心地よきわれは、
しなやかにして毅然《きぜん》たる女、沈黙のままに
生まれし振る舞いは純真無垢《むく》にして！
神秘なるかなわれは……

このようにヴァレリー[*5]は魂に呼びかける。キリスト教世界は、ニンフや妖精《ようせい》の代わりにもっと肉体性の少ない存在を置きかえた。しかし、家庭、風景、都市そして個人までもが、依然としてとらえようのない女らしさにつきまとわれている。

事物の闇《やみ》におおい隠されている真実は、天上ではあれほどに輝く。完全な内在である〈魂〉は、同時に超越者、〈イデア〉でもある。都市や国家だけでなく、抽象的な観念的存在や制度も女の顔をしている。〈教会〉、〈シナゴーグ〉[*6]、〈共和国〉、〈人類〉は女〔フランス語ではいずれも女性名詞〕である。また、〈平和〉、〈戦争〉、〈自由〉、〈革命〉、〈勝利〉も女〔女性名詞〕である。男が自分の前に本質的な他者としておく〈理想〉、それを男は女性化する。なぜなら、女ははっきりと知覚できる他者性の像であるからだ。言語やイコノグラフィーに現われる寓意のほとんどすべてが女なのはそのためである。[*7]〈魂〉と〈イデア〉である女は、また両者の仲介者でもある。たとえば、女はキリスト教徒を神へ導く〈恩寵《おんちょう》〉であり、ダンテを彼岸へ案内するベアトリーチェである。ラウラはペト

＊1　ギリシア神話。霊魂を具現する美少女。
＊2　一八〇九－四九、アメリカの作家、詩人。
＊3　一八四二－九八、フランスの象徴派の詩人。
＊4　〔原注〕『芝居鉛筆書き』〔一八九七年に刊行された散文作品の集大成『ディヴァガシオン』に収録〕。
＊5　一八七一－一九四五、フランスの詩人、思想家。
＊6　ユダヤ教の集会、礼拝用会堂。
＊7　〔原注〕文献学はこの問題についてあまりはっきり述べていない。言語学者はみな、具象語の性別はまったく偶然に決められたと認識することで一致している。しかし、フランス語では美、王国など抽象的実体を示す語の大部分は女性名詞である。ドイツ語では、輸入された外国語、つまり他の語の大部分は女性名詞である。サイコロ、棒など。

ラルカ[*1]を詩の最高峰にまで呼びよせる。〈自然〉と〈精神〉を同一視するあらゆる学説、教義のなかで、女は〈調和〉、〈理性〉、〈真実〉としてあらわれる。グノーシス派[*2]は〈知恵〉をソフィアという女にして、世界の贖罪《しょくざい》と世界の創造すらも彼女に負うことにした。そうなると、女はもはや肉ではなく、栄光の身体となる。もう誰も女を所有しようとは思わない。女はその触れることのできない燦然《さんぜん》たる輝きのなかで崇《あが》めたてまつられる。エドガー・ポーの青褪《あおざ》めた女の死者たちは、水のように、風のように、思い出のように、つかみどころがない。宮廷風恋愛にとって、十七世紀の才子気取り《プレシュー》の男たちにとって、そして男が女に優しくする伝統全体のなかで、女はもはや動物的な存在ではなく、この世のものならぬ存在、微風、光である。こうして、次にあげるノヴァーリス[*3]の文章におけるように、女性的な〈夜〉の不透明は透明に、邪悪は純粋に変わったのである。

「夜の恍惚《こうこつ》、天上の眠りよ、おまえは私のほうへ降りてきた。風景が静かに立ちのぼり、その風景のうえを、解き放たれ再生した私の精神は飛翔《ひしょう》した。作品は雲となり、雲の向こうに、私は〈最愛の女〉の美しく変貌《へんぼう》した表情を見た」

「それでは、おまえもまた、暗い夜よ、私たちを快く思うのか。……高貴な芳香がおまえの手から流れ、一筋の光がおまえの濃い闇から射《さ》してくる。おまえは魂の重い翼をささえてくれる。漠とした言葉につくせない感動が私たちをとらえる。私は喜びと恐れのいり混じった真剣な顔がやさしくじっと私をのぞき込むのを見る。そして、私は編んだ巻き毛の下に〈母〉の若き日のいとしい面影を認めたのだった。……〈夜〉が私たちのうちに開いた無限の目は、きらめく星々よりもさらに天上的に思われる」
下へ引きおろす女の引力は反転した。女はもう男を大地の深奥へ呼びよせるのではなく、天上に呼びよせるのだ。

〈永遠の女性的なるもの〉が
われらを高みへ引きよせる

こうゲーテは『ファウスト第二部』の終わりで言明する。
聖母マリアは、生まれ変わって〈善〉に献身する女の、最も完成され最も広く崇拝される姿なので、文学やイコノグラフィーをとおして彼女がどのように現われているかを見るのは興味深い。次にあげるのは、中世に熱烈なキリスト教徒が聖母マリアに捧《ささ》げた連禱の抜粋である。

「……いと高き聖母さま、御身《おんみ》はわれらの渇きをいやす豊饒《ほうじょう》な〈露〉、〈喜びの泉〉、慈悲の〈運河〉、清水のわき出る〈井戸〉であられます」

＊1　一三〇四－七四、イタリア・ルネサンス期を代表する詩人。
＊2　一世紀に地中海世界で興《おこ》った宗教思想。
＊3　一七七二－一八〇一、ドイツ、ロマン派の詩人。

「御身は神がみなし子に乳をお与えになる〈乳房〉であられます……」

「御身はあらゆる善の〈精髄〉、〈中身〉、〈核〉であられます……」

「御身は策を弄《ろう》することなき〈女性〉、その愛は不変です……」

「御身は〈聖獣の池〉[*1]、ハンセン病患者の生命をいやす〈薬〉、サレルノでもモンペリエでも並ぶもののなき巧みな〈医者〉であられます」

「御身は手に触れるものすべてをいやす聖母であられます。その美しく白く長い指は鼻や口の病を治し、目や耳を新たによみがえらせてくれます。御身は壊疽《えそ》中毒にかかった者をいやし、中風患者の麻痺《まひ》をとり、臆病者《おくびょうもの》を立ち直らせ、死者をよみがえらせます」


こうした祈りには、すでにあげた女性的なものの属性の大部分が見出せる。聖母は豊饒、露、生命の源であり、そのイメージの多くは井戸、水源、泉を表わしている。「生命の泉」という表現は、最も流布《るふ》したものの一つだ。聖母は創造者ではないが、肥沃《ひよく》にする。大地のなかに隠されていたものを、光のもとにほとばしらせる。彼女は事物の表面の下に閉じ込められた深奥の実在、〈核〉、〈精髄〉である。彼女によって欲望は鎮《しず》められる。彼女は男を満たすために男に与えられたものであるからだ。生命が脅威にさらされているところではどこでも、彼女は生命を救い、よみがえらせる。彼女は治し、強くする者であるからだ。しかも、生命は神に由来するのだから。聖母は人間と生命の仲介者であり、したがって人類と神の仲介者でもある。テルトゥリアヌスは女を「悪魔の門」と言った。しかし、女は生まれ変わり、天上の門となったのである。画家たちは、天国の門や窓を開け放つ聖母、あるいはまた、大地と天空に梯子《はしご》を立てかける聖母を描いている。もっと明快なのは、〈息子〉のそばで人間の救済のために弁護する弁護人としての聖母の姿だ。たとえば、「最後の審判」の絵では、胸をあらわにし、神の栄光にあずかった母としてキリストに懇願する聖母を描いたものが多い。彼女はマントのひだに人の子たちを保護する。慈悲深い愛情は危険をかいくぐり、大洋上や戦場にまで彼らにつきそっていく。聖母は慈愛の名において、神の〈裁き〉をなだめる。魂の重さをはかる秤《はかり》を微笑《ほほえ》みながら〈善〉の方に傾ける「御秤の聖母」像はいくつも見られる。

この慈悲深く優しいという役割は、女に割り当てられた役割全体のなかでも最も重要なものの一つである。女は〈生命〉の狡猾《こうかつ》な寛大さをもっているので、社会に組み込まれてもその境界を巧みに越える。男が思いどおりに作りあげた構築物と自然の偶然性とのあいだのこの距離は、場合によっては不安を覚えさせる。しかし、女がきわめて従順で、男たちの作品を脅《おびや》かさず、ただそれを豊かにし、その目立ちすぎる線を和らげるにとどまるなら、この距離は都合のよいものとなる。男神たちは〈運命〉を表象する。女神たちには気ままな慈愛心、気まぐれな親切心が見出《みいだ》される。キリスト教の神は〈裁

＊1　古代ユダヤで神に捧げる犠牲《いけにえ》を洗い清めるために、エルサレムの神殿近くに造られた池。

き〉の厳格さをもつ。聖母マリアには慈悲の優しさがある。地上で、男たちは法、理性、必然性の擁護者である。だが、女は、男そのものにも男が信じる必然性にも、もともと偶然性があることを知っている。そこで、謎《なぞ》めいた皮肉が女の唇に広がり、女のしなやかな寛大さが生まれるのだ。女は苦痛のうちに子どもを産み、男たちの傷を治した。女は赤ん坊に乳をやり、死者を埋葬する。女は男のことでは、何がその誇りを傷つけ、その意志を挫《くじ》くかを心得ている。女は男に敬意を表し、精神に肉体を従属させながら、精神と肉体の境界に踏みとどまる。そして、男たちが建てた堅固な建築物の四角四面に異議をとなえ、その角度に丸みをつける。女はそこに無償の贅沢《ぜいたく》、おもいがけない優雅さをもちこむ。男に対する女の力は、男に彼らの真の条件についてささやかな自覚をもつよう優しく注意をうながすことから生まれる。これが女の醒《さ》めた、苦しまぎれの、皮肉で、しかも情愛に満ちた知恵の秘密なのだ。移り気、気まぐれ、無知でさえも、女のなかの魅力ある美徳である。なぜなら、これらの美徳は、男が生きることを選びはしたがそこに閉塞《へいそく》されるのは望まない世界のいたるところで開花しているからだ。決定された意味や、有用性を目的に加工された道具に対して、女は手つかずの事物の神秘を対置させる。街の通りや、耕作された畑に、女は詩を吹きかよわせる。詩は日常の散文性の彼方《かなた》に存在するものをとらえようとする。女こそはきわだって詩的な実在なのだ。というのも、女のなかに、男は自分がなろうとしなかったものをすべて投影するからである。女は〈夢〉を具現しているのだ。男にとって、夢は最も内奥にあって、最も未知な存在、自分が欲しないもの、自分がしないこと、あこがれを抱くがけっして到達できないものである。奥深い内在であり、はるか彼方の超越である神秘的〈他者〉が、夢にその輪郭を与えてくれるだろう。そのようにして、オーレリアは夢のなかでネルヴァル[*1]を訪れ、彼に夢の姿で全世界を示してくれたのだ。「彼女は明るい光線を浴びて大きくなりはじめた。庭園は次第に彼女の姿に変わり、花壇や木々は彼女の衣服のバラ模様や縁飾りになっていった。一方、彼女の顔と腕は空の茜色《あかねいろ》の雲にくっきりとその輪郭を刻みつけていた。彼女が変貌するにつれて、私はしだいに彼女を見失っていった。彼女は自らの崇高美のなかに消え去ってしまうように思えたからだ。私は叫んだ。『――ああ！　逃げないでください！　自然があなたとともに滅びてしまいますから』」

女は男の詩的活動の実質そのものなので、女が男の霊感の源泉と見えるのは当然である。だから、詩神《ミューズ》は女なのだ。ミューズは、創造者と、創造者がそこから汲《く》み出さなければならない自然の泉とのあいだの仲介者である。男が沈黙の深遠と豊饒な夜を探るのは、精神が自然に深く関わっている女をとおしてである。ミューズは自分自身では何も創造しない。思慮深いシビュラ[*2]も、おとなしく一人の主人〔アポロン〕に仕える女となった。具体的で実践的な領域においてさえ、女の助言は有益である。男は自分で見つけた目標に他の男たちの助けを借りずに到達したいと思うものだし、男たちの意見はだい

＊1　一八〇八－五五、フランスの詩人、作家。
＊2　ギリシア・ローマ神話。神託を告げた巫女《みこ》。

たいがわずらわしい。しかし女なら、異なる価値、つまり男がもとうとしない知恵、もっと直観的で現実世界により直接的に適合する知恵という立場から、男に意見を言ってくれると男は思っている。エゲリア[*1]が相談者に与えるのは「直観」である。相談者は星座にたずねるように自尊心を捨てて彼女にたずねる。このような「直観」が事業や政治にまで導入される。アスパシアやマントノン夫人は今でもはなばなしい活動の場を得ているのだ[*2]。

男がよろこんで女に託すもう一つ別の役割がある。つまり男の活動の目的であり、決断の原動力である女は、同時に価値の尺度としても現われるのだ。女は特権を受けた審判者となる。男が一人の〈他者〉を夢見るのは、〈他者〉を所有したいためばかりでなく、〈他者〉に自分を確認してもらうためでもある。同類である男に確認してもらうのは、絶えまない緊張を必要とする。だから、男は外からくる視線によって自分の人生、計画、自分自身に一つの絶対的価値を与えてもらいたいと思うのだ。神の視線は隠されていて、なじみがなく、不安である。信仰の厚い時代でさえ、信仰のために火あぶりの刑になったのはわずか数人の神秘家にすぎなかった。こうした神の役割を割り当てられるのはたいてい女である。男のそばにいて男に支配されている女は、男に関係のない価値を指し示すことはない。しかも女は他者であり、男の世界の外側にとどまっているので、男の世界を客観的にとらえることができる。女は男たちの普遍的価値を外側から確認したうえで、個々のケースにおいて、勇気や力や美があるとかないとか意見するのである。互いに観衆となるには、男たちは自分たちの協力と競争の関係にとらわれすぎて、互いをじっくり見ることがない。女は男たちの活動から離れていて、勝負や闘いに参加しない。つまり、女の状況はすべて、女が見る役割を演じるようにできているのだ。騎士が馬上試合で戦うのは自分の奥方のためである。詩人たちが得ようとするのは女たちの賛同である。ラスチニャック[*3]がパリを征服したいと思ったとき、彼はまず女を手に入れることを考えた。それは女の肉体を所有するためというよりも、女だけが男のために作り出せる名声がほしいためだった。バルザックは若い主人公たちに自分自身の青春時代を投影したのだ。彼は年上の愛人たちのもとで自己形成を始めた。女が教育者の役割を演じるのは『谷間の百合《ゆり》』だけではない。『感情教育』やスタンダールの小説、その他の修業小説でも、女に与えられるのはこの役割である。すでに述べたように、女は自然《フィジス》であり、かつ反自然《アンチ・フィジス》である。女は〈自然〉と同じく〈社会〉をも体現しているのだ。宮廷風恋愛詩や『デカメロン』、『アストレ』に見られるように、女にはある時代の文明、文化が集約されている。女は流行を作り出し、サロンに君臨し、世論をリードし、世論を反映する。名声、栄光は女だ。「大衆は女である」とマラルメは言った。女たちのそばで、若い男は「社交界」への、そして「人生」と呼ばれるこの複雑な現実への入

＊1　ローマの王ヌマに助言したとされるニンフ。転じて、政治家や文学者に強い影響力をもつ女性。
＊2　〔原注〕彼女たちが、実際に男とまったく同じ知的能力を示しているのは言うまでもない。
＊3　バルザックの『人間喜劇』の登場人物。立身出世主義者の典型。

門の手ほどきを受ける。女は英雄、冒険家、個人主義者たちがめざす特別な標的の一つなのだ。古代ギリシア・ローマ時代、ペルセウス[*1]はアンドロメダを救い出し、オルフェウス[*2]は地獄まで妻のエウリュディケを探しに行き、トロイア〔小アジアの都市〕は美しいヘレネを守るために戦った。騎士道物語には、囚《とら》われた王女を救出するという以外の英雄的行為はほとんどない。〈すてきな王子さま〉は、眠れる森の美女をめざめさせるのでなければ、「ロバの皮」[*3]に贈物をいっぱい詰めこむのでなければ、他に何をするのだろう。羊飼いの娘と結婚する王の伝説は、女と同様に男をも感激させる。金持ちの男は与えることを必要としている。そうでなければ、その富は役に立たず具体性をもたない。金持ちの男には目の前に与える相手のいることが必要なのだ。シンデレラの神話は、フィリップ・ウィリーが『蝮《まむし》の世代』のなかであまく描いているが、とくに繁栄している国でもてはやされた。他の国よりアメリカでいっそうの影響力をもったのは、アメリカでは男たちが富をもてあましていたからである。男たちが必死でかせいだ金は、一人の女に捧げるのでなければ、何に使うのだろう。オーソン・ウェルズ[*4]は、とくに『市民ケーン』のなかでこのいつわりの気前よさの極端なかたちを具現させた。ケーンが贈物攻勢で無名の女性歌手を威圧し、彼女を大歌手として売り出すことにしたのは、自分自身の力を確認したいためである。フランスでも市民ケーンのミニ版をいくらでも挙げることができるだろう。この種の他の映画、『剃刀《かみそり》の刃』[*5]のなかで、主人公が絶対の知恵を得てインドから戻ってきたとき、彼が見出した知恵の唯一《ゆいいつ》の使い道は、一人の売春婦を立ち直らせることだった。このように寄贈者、解放者、贖罪者になることを夢見るときもなお、男が女の隷従《れいじゅう》を願っているのは明らかだ。なぜなら、眠りの森の美女の目をさますためには、彼女は眠っていなければならず、囚われの王女がいるためには、人食い鬼や竜が必要だからである。しかし、むずかしい口説きを好む男ほど女の自立性を認めたがる。征服することは、解放したり与えたりするよりもっと魅力があるのだ。平均的な西欧の男の理想とは、自分から服従する女、つまり議論せずには彼の考えを認めないが彼の判断力には譲歩する女、また知性をもって彼に抵抗するが最終的には説きふせられてくれる女なのである。自尊心が強いほど危険な冒険を好む。男に素直に従うシンデレラを妻にするより、ペンテシレイア[*6]を調教する方がずっとすばらしいのだ。「戦士は危険と賭《かけ》を好む。だから彼は最も危険な賭である女を愛するのだ」とニーチェは言った。危険と賭を愛する男は、女を手なずけたいという希望をもち続けるかぎり、女が男勝りのアマゾネスに変身するのをよろこんでながめる。[*7]彼が心のなかで求めていること、それはこの闘いが彼にとって一個の賭にとどまるのに対し、女の方はそこに彼女の運命を

＊1　ギリシア神話。海の怪物を退治。
＊2　ギリシア神話。竪琴《たてごと》の名手。
＊3　ラ・フォンテーヌの話に出てくるロバの皮をかぶった娘。
＊4　アメリカの映画俳優、監督。
＊5　サマセット・モームの同名の小説を映画化。
＊6　ギリシア神話。アマゾネスの女王。

託してくれることだ。それこそは、解放者または征服者である男にとって真の勝利である。なぜなら、女は進んで男を自分の運命として認めるからである。

このように、「女を手に入れる」という表現は二重の意味を秘めている。つまり、女の対象としての機能と審判者としての機能が切り離されていないのだ。女が一つの人格と見なされるとき、男は女の同意なしには女を征服することはできない。女の心を捉《とら》えなければならないのだ。〈すてきな王子さま〉を満足させるのは、眠れる森の美女の微笑みである。騎士の華々しい活躍に真実性を与えるのは、囚われの王女たちの幸せと感謝の涙である。裏返せば、女の視線は男の視線の抽象的な厳しさをもたず、簡単に魅惑されてしまうということだ。このように、英雄的行動と詩は誘惑の方法である。しかし、誘惑されつつ女は英雄的行動と詩心を称揚する。個人主義者から見ると、女はもっと本質的な特質をもっている。彼にとって、女は普遍的に認められる価値の基準として現われるのではなく、自分の個別的な才能、自分の存在そのものを発見してくれる者として現われる。男は、他の男たちからは、その行為によって客観的に一般的基準にしたがって判断される。ところが、男の資質のいくつかの部分、とりわけその活力に関心をもつのは、女だけだ。男は女から見てはじめて男性的、魅力的、女たらし、優しい、残酷だということになる。したがって、このより内に秘められた力に男が価値をおくとなると、男には女が絶対に必要となる。男は女をとおして自分が一人の他者、最も奥深い彼の自我である一人の他者として現われるという奇跡を経験するだろう。個人主義者が愛する女に何を期待するかを見事に描いたアンドレ・マルロー[*1]の文章がある。「人は他人の声を耳で聞き、自分の声は咽喉《のど》で聞く。そうだ。自分の命も咽喉で聞くのだ。では、他人の命は？……他人にとっては、私というものは、私がしたことだけがすべてでだ……メイにとってだけは、彼という存在は、彼がやってきたことだけがすべてではなかった。メイにとってだけは、メイはメイの伝記以外のものだった。愛によって互いにしっかり結びつき、孤独を忘れさせるあの抱擁は、人間に救済をもたらすものではなかった。それは、狂人に、すべての人間が心の奥底で執着している、自分にとってかけがえのない、どんなものよりも好もしいあの怪物にこそ救済をもたらすものだった。キヨの母が死んでからは、メイだけが、彼をキヨ・ジゾールと見ない唯一の人間であり、彼と最も強く結ばれた伴侶《はんりよ》だった。……世間の人間は私の同類じゃない。彼らは私を見、私を裁く人間だ。私の同類は私を愛するのであって、私を見るのではない。何があろうと私を愛してくれる。失敗しても、卑怯《ひきよう》なことをしても、また裏切っても、私を愛してくれる人間だ。私を愛するのであって、私がしたことや、私がこれからするであろうことをではな

＊7　（387頁）〔原注〕アメリカの推理小説――あるいはアメリカ流の作品――はその顕著な一例である。とくにピーター・チェイニーの主人公たちは、彼ら以外の人間には手におえない、ひどく危険な女といつも戦っている。小説の初めから終わりまで争いが展開された後、最終的に女はキャンピオンかカラガムに負けて、彼らの腕のなかに落ちる。

＊1　一九〇一－七六、フランスの作家、政治家。

い。私が私自身を愛するかぎり私を愛してくれるだろう、いっしょに死ぬほどに」（『人間の条件』）。このようにキヨはあれこれ考える。キヨの態度を人間的で感動的なものにしているのは、そこに相互性があり、彼がメイに彼をその本来の姿において愛するよう求めていて、彼のよろこびそうな姿を反映することを求めているのではないからである。

多くの男たちはこのような要求をもたなくなっている。彼らは、自分の正確な姿のかわりに、女の生き生きした二つの目の奥に、賛美と感謝に包まれ神格化された自分の像を探し求める。女があれほどしばしば水にたとえられてきたのは、とりわけ女がナルシスである男を映す鏡であるからだ。男は誠実に、また欺瞞《ぎまん》的に、女をのぞきこむ。しかし、どちらにしても、男が女に求めるものは、自分の外にあって自分の中にはとらえられないものすべてである。なぜなら、実存者の内面は無でしかなく、自己に到達するためには実存者は対象のなかに自己を投企《プロジェ》しなければならないからである。女は、男が肉体的に所有できる、自分とは異なる姿をした自分自身の神格化であるから、男にとって最高の褒賞《ほうしょう》なのだ。男にとって〈世界〉を表わす存在、男が自分の価値と法を押しつけたこの存在を腕に強く抱きしめるとき、彼が抱きしめているのは、「かけがえのない怪物」、自分自身である。だから、男は自分のものにしたこの他者と一体化することで、自分自身に到達しようと願うのだ。宝物、獲物、賭や危険、ミューズ、導き手、審判者、仲介者、鏡である女は、そのなかで主体が制約されずに自己を超越することができる、また主体に対立するが主体を否認することのない〈他者〉である。女は、〈他者〉であることをやめずに、自らが併合される〈他者〉なのだ。だから、もし女が存在しなかったら、男は女を発明したであろうと言ってよいほど、女は男のよろこび、勝利になくてはならないものなのである。

　男は女を発明した。*1 しかし、女は男が発明しなくても存在する。だから、女は男たちの夢の具現であると同時に、その挫折《ざせつ》でもある。女性像でただちにその反対像を生み出さない像は一つもない。女は〈生命〉と〈死〉、〈自然〉と〈人工〉、〈光〉と〈夜〉だ。どの観点から女を見ても、非本質的なもの†は必ず本質的なもの†に戻るので、つねに同じ振り子運動を見出すことになる。聖母マリアとベアトリーチェの顔のなかにはイヴとキルケが残存している。

「女をとおして理想美が人生に入る。女がいなければ男は何になるのだろうか。多くの男は若い娘のおかげで天才になった……だが彼らのなかで、自分が現実に手に入れた若い娘のおかげで天才になった者はいない……」とキルケゴールは書いた。「理想美のなかで女が男を生産的にするのは、否定的関係においてである……女との否定的関係がわれわれを無限にする……女との肯定的関係は、ほとんどの場合男を有限にしてしまう……」（『酒中に真あり』）。つまり、女は、男が自分自身の超越を投企《プロジェ》する一つの〈イデア〉であるかぎりにおいて必要とされるが、自己のために存在し、自己に限定

＊1　〔原注〕「男が女を作り出した。それで、何から？　自分の神の、自分の理想の肋骨《ろっこつ》から」（ニーチエ『偶像の黄昏《たそがれ》』）。

される客観的実在としての女は有害だというのだ。キルケゴールが女と唯一正当な関係を結んだと思えるのは、婚約者との結婚を拒否することによってである。女を無限の〈他者〉とする神話は、ただちにその逆をもたらすという意味で、彼は正しい。

偽りの〈無限〉、真実なき〈理想〉であるゆえに、女は有限性、凡庸として、また同時に虚偽として現われる。ジュール・ラフォルグ[*1]は女をそのように描く。すべての作品をつうじて、彼は欺瞞に恨みを表明しているが、その責任は女と同様に男にもあると考える。オフィーリアやサロメは実際は「小娘」にすぎない。ハムレットはこう考える。「では、オフィーリアは、自分の〝財産〟として私を愛し、そして私が社会的にも精神的にも彼女の女友だちの財産より優《まさ》っていたから私を愛したというわけか。それで、明りを灯《とも》す時刻になると、彼女は安楽や快適さがどうのこうのと取るに足りない話をするのだ！」。女は男に夢を与える。だが、女が考えているのは安楽であり、ポトフのことだ。女に女の魂のことを語っても、女は肉体でしかない。恋する男は〈理想〉を追い求めているつもりで、生殖のために神秘的なものをことごとく利用する自然にもてあそばれているのだ。女は、ほんとうは、生の日常性を表わしている。女は愚かさ、慎重、狭《きょう》量《りょう》、退屈である。とくに「われらの可愛《かわい》い伴侶」と題した詩にはそれが示されている。

……わたしはあらゆる流儀を修めたの
どんな好みにも応じる心をもっている

わたしの顔から好きな花を摘んでちょうだい
わたしの唇を吸ってごらんなさい、でも声を聞いてはだめ
そしてもうそれ以上求めないでくださいね
だれにも、わたしにさえも、先のことはわからないのだから
あなたに手をさしのべるほど
わたしたちの愛は平等ではないわ
あなたがたはお人よしの雄なだけ
わたしは〈永遠の女性的なるもの〉！
わたしの〈目的〉は〈星々〉にまぎれて見えなくなっている！
女神イシスはわたし！
だれ一人、わたしのヴェールをもち上げた者はいない
わたしのオアシスだけに思いをはせてちょうだい……

男は女を従属させるのに成功した。だがそうすることで、男は、女が所有するのに望ましいものを女から奪ってしまった。家庭や社会に組み込まれることで、女の魔力は変わる、というよりむしろ消える。召使いの地位に追いやられた女は、自然のあらゆる宝

＊1　一八六〇－一八七、フランス象徴派の詩人。

物を体現していた奔放な獲物ではなくなる。宮廷風恋愛の誕生以来、結婚は愛を殺すというのが決まり文句となった。軽蔑《けいべつ》されすぎたり、尊敬されすぎたり、平凡になりすぎたりで、妻はもう性愛の対象ではない。結婚の儀式はそもそも女から男を守るためのものだった。女は男の所有物になった。しかし、所有とは、所有したものに逆に所有されることでもある。結婚は男にとってもまた束縛である。そのとき、男は自然が仕掛けた罠《わな》にはまったのだ。はつらつとした若い娘を望んだために、男は一生太った年増《としま》女や痩《や》せた老女を養わなければならない。自分の存在を引き立ててくれるための繊細な宝石は、いとわしい重荷になる。だからクサンチッペは、男たちがいつも最大のおぞましさをこめて語ってきた女の典型の一つなのだ。[*1] しかし、妻が若いときでも、結婚には欺瞞がある。結婚は、性愛の社会化を主張しても、結局性愛を殺してしまうだけだからだ。つまり、性愛は時間に対する瞬間の権利主張を、集団に対する個人の権利主張を意味するのだ。性愛は意思疎通《コミュニケーション》に対して分離を主張する。性愛には、あらゆる規則に逆らって社会に敵対する要素が含まれている。風俗が制度や法の厳格さに屈したことは一度もない。恋愛がいつの時代にも自己を主張したのは、制度や法に対してである。古代ギリシアやローマでは、恋愛は官能的な様相をもち、若者や売春婦を対象とするものだった。肉体的かつ観念的な宮廷風恋愛の対象は、つねに他の男の妻だった。トリスタンは姦通《かんつう》の叙事詩である。一九〇〇年頃、女の神話が新たに創《つく》られた時代は、姦通があらゆる文学のテーマとなった時代である。アンリ・ベルンスタン[*2]のような一部の作家たちは、ブルジヨア制度を最大限に擁護しようとして、結婚に性愛と恋愛を取り戻そうと努めた。だが、この二種類の価値の両立が不可能であることを示したポルト・リッシュ[*3]の『恋する女』の方に、より多くの真実がある。姦通は結婚制度そのものがなくならなければなくならない。なぜなら、結婚の目的は、男が自分の妻を恋しないように免疫《めんえき》をつけることにあるからだ。だが、他の女たちは彼の目にはまばゆいほどの魅力を保っている。彼が目を向けるのは彼女たちの方である。彼女たちは共犯者となる。なぜなら、彼女たちは、自分たちからすべての武器を取りあげた秩序に対して反抗するからだ。

〈自然〉から女を引き離し、儀式や契約によって男に従属させるために、女は人格の尊厳にまで高められ、自由が授けられた。しかし、自由とはまさにあらゆる従属を逃れるものである。しかも、もともと邪悪な力をもつ存在に自由を与えると、自由は危険なものとなる。男が中途半端《はんぱ》にとどまれば、それだけ危険だ。だから男は女を召使いにし、その超越を奪ってしまってからでなければ、男の世界には受け入れなかった。女に与えられた自由は否定的なかたちでしか使われないだろう。自由は拒否するために使われる。女は囚われの身となってはじめて自由になる。自然物としての自分の力を取り戻すために、女はこの人間の特権をあきらめる。昼のあいだ、女はうわべだけは従順な召使いの

＊1　〔原注〕ギリシアおよび中世に、数多くの泣き言のテーマであったことはすでに見た。
＊2　一八七六－一九五三、フランスの劇作家。パリ上流家庭の風俗を描いた。
＊3　一八四九－一九三〇、フランスの劇作家。

役割を演じるが、夜には、雌猫、雌鹿《めじか》に変身する。女はふたたびセイレンの皮膚に忍びこんだり、箒《ほうき》にまたがって悪魔の輪舞の方へ逃げていく。ときには、女が夜の魔術をかけるのは夫その人という場合もある。だが、主人には自分の変身を隠しておく方がずっと賢明だ。女が獲物に選ぶのはよそ者の男である。彼らは彼女に何の権利ももっていない。だから彼らにとって彼女はどこまでも植物、泉、星、誘惑者なのである。

　こうして、女は浮気をすることになる。それは、女の自由がとりうる唯一の具体的な姿なのだ。女はまさに自分の欲望、思考、意識を超えて不実なのである。女は客体視されているから、女を独占しようと決めたあらゆる主体性に対して与えられる。ハレムに閉じこめられヴェールで顔を覆《おお》った女でも、誰の欲望を刺激しないともかぎらない。よそ者の男に欲望を抱かせるのは、すでに夫や社会に背くことだ。そのうえ、女は自分からこの運命の共犯者となる。女が自分は誰のものでもないと証明し、男の思い上がりをうち砕くには、虚偽と姦通しかないのだ。男の嫉妬心《しっとしん》[*1]があれほどすぐに燃え上がるのはそのためである。ジュヌヴィエーヴ・ド・ブラバンやデズデモーナ〔オセロの妻〕のように、女が理由もなく嫌疑をかけられ、ほんのささいな疑いで断罪されるというのは伝説によくある話である。グリセリディス〔『デカメロン』の作中人物〕は何も疑われないうちから、きわめて酷《むご》い仕打ちを受けている。この話は、女というものがあらかじめ疑われているのでなければ、理屈にあわない。女のあやまちをあげる必要はないのだ。無実の証明は女自身がしなければならないからである。そうなると、嫉妬心の方もまた果てしなくなる。所有はけっして所有するだけにとどまらない、ということはすでに述べた。自分が水を汲《く》んでいる泉から汲むのをすべての他人に禁じたとしても、その泉を所有することはできない。嫉妬深い男はそれをよく承知しているのだ。

　本質的に、女は流れる水のように変わりやすいのだという。それに、人間のいかなる力をもってしても自然の真理に逆らうことはできない。あらゆる文学を通じて、たとえば『千一夜物語』や『デカメロン』などに、女の策略が男の警戒に打ち勝つ話が見られる。しかしながら、男が厳しい監視者になるのは個人としての意志によってだけではない。父親、兄弟、夫として、男に女の素行の責任をとらせているのは、社会である。女には経済的、宗教的理由から貞操が課せられる。というのも、市民は一人ひとり実の父の息子として正式に認知される必要があるからだ。社会が女に割り当てた役割を女にきちんと守らせることもまた非常に重要である。男には二重の要求があり、それが女に裏表のある態度をとらせる。男は、女が自分のものであると同時に、未知のものであり続けてほしいと思う。男は、女が召使いであり魔女であるのを夢見る。しかし、これらの欲望のうち男が公然と認めるのは前者だけだ。後者は、男が心と肉体の奥底に隠しているずるい要求である。女は道徳と社会に反抗する。〈他者〉、手に負えない〈自然〉、「ふしだらな女」として女は悪である。男は〈善〉を作りだし押しつけようとするが、自分

＊1　伝説上の悲劇的女性で、民衆の詩歌にうたわれた。

はそれに全面的に身を捧《ささ》げることはしない。〈悪〉と恥知らずにも内通している。しかし、〈悪〉がうっかりとあからさまに顔を見せると、男はどこにでもその〈悪〉と戦いに出かけていく。夜の闇《やみ》のなかで、男は女を罪へと誘《いざな》う。だが昼間は、男は罪も、罪を犯した女も拒絶する。そして女たちの方も、寝室の秘め事で罪を犯した女たち自身が、表面的にはいっそう熱心に貞淑を崇拝するようになるのだ。

　未開民族のあいだで女性器が宗教的呪術《じゆじゆつ》的な力を担《にな》っているのに対し、男性器には宗教性がないのと同じように、より近代化した社会でも男のあやまちは深刻さをおびず、ちょっとした過失程度である。たいていは大目に見られる。共同体の法に従わなくても、男はそこに帰属し続ける。彼は集団の秩序を根底から脅《おびや》かすことのない変わり者にすぎない。反対に、女が社会の拘束を逃れると、〈自然〉と悪魔に回帰し、共同体のなかに制御できない邪悪な力をもちこむことになる。ふしだらな行為が引き起こす非難には、つねに恐れが混じっている。夫が妻に貞操を守らせることができなければ、彼は妻のあやまちに協力したことになる。彼の不幸は社会にとって不名誉なのだ。妻の罪と無縁でいるためには夫が妻を殺さなければならないほど厳しい社会もある。別の社会では、妻の不貞を黙認した夫は、シャリヴァリ[*1]を受けたり、雌ロバに裸のまま乗せられ引きまわされたりして罰せられる。そして、共同体が彼に代わって罪を犯した妻を罰することになる。なぜなら、女が侮辱したのは夫だけでなく、共同体全体であるからだ。こうした慣習は、迷信的で神秘的、官能的で肉欲におののくスペインに、際《きわ》だって過酷な形で存在した。カルデロン〔一六〇〇－八一〕、ガルシア・ロルカ〔一八九八－一九三六〕、ヴァリエ＝インクラン〔一八六六－一九三六〕はこれをテーマに多くの戯曲を書いた。ロルカの『ベルナルダ・アルバの家』では、村のおしゃべり女たちが男を誘惑した若い娘を罰するために、「娘の罪の場所に」真っ赤な炭火で焼きを入れてやろうと考えている。ヴァリエ＝インクランの『神の言葉』では、姦通を犯した女は悪魔と踊る魔女として現われる。

あやまちを発見すると、村人全員が集まり、女の衣服をはぎとり、川で溺死《できし》させる。多くの伝承もこのように罪を犯した女は裸にされたと伝え、そのあとで、「福音書」が伝えるように石を投げられて殺されるか、生きたまま埋められるか、溺死させられるか、焼き殺されるかした。この処刑の意味は、こうして女から社会的尊厳を奪ったうえで、女を〈自然〉に戻すということである。女は罪をとおして自然の邪悪な息吹《いぶき》をふりまいた。だから、罪の償いは一種の神聖な大饗宴《だいきようえん》で行なわれ、女たちが罪人の女を裸にし叩《たた》き惨殺《ざんさつ》して、今度はこの女たちが神秘的な力をふりまくのである。それは社会の承認を得たうえで行なわれるので好ましい力とされた。

この野蛮な厳格さは、迷信がすたれ恐怖心が薄れるにしたがって消えていく。しかしいまでも田舎では、神も火も定住の地ももたないジプシーの女たちは、警戒の目で見られる。男たらしの女、妖婦《ようふ》、毒婦など、あけすけに魅力を行使する女は、依然として不

＊1　鍋《なべ》や釜《かま》でけたたましい騒音をたてての大騒ぎ。

安を呼びおこす女の典型である。ハリウッド映画の悪女のなかにはキルケの姿が残存している。美しいというだけで魔女として火あぶりにされた女もいる。ふしだらな女に対する田舎の美徳の貞淑ぶったおびえのなかには、古い恐怖が生きつづけているのだ。

まさにこうした危険のせいで、冒険心に富んだ男にとって女は魅惑的な賭《かけ》となる。男は夫の権利を捨て、社会の規範にたよらず、独りで闘い、女を征服しようとするだろう。彼は女が抵抗してもなお女を自分のものにしようとする。女が男から逃れる自由のなかにまで、女を追いかける。しかし、むだである。自由に対して彼には何らの権利も認められていない。自由な女はたいてい男に逆らって自由になるだろう。眠りの森の美女でさえ、不機嫌な顔で目をさましたり、起こしてくれた人を〈すてきな王子さま〉だと思わなかったり、微笑《ほほえ》まないことだってありうる。まさに『市民ケーン』はそうした例である。売春婦は被抑圧者として登場し、ケーンの気前のよさは権力と専制への意志であることが明らかにされる。英雄の妻は夫の手柄話を無関心に聞き流し、詩人が夢見るミューズは彼の詩句を聞きながらあくびする。アマゾネスはうんざりして闘いを拒否できるし、また闘いの勝者にもなれる。頽廃《たいはい》期のローマ帝国の女たちや現代のアメリカの多くの女たちは、男たちに自分たちのやり方や気まぐれを押しつける。シンデレラはどこへいったのか。男は与えたいと思ってきた。そしていまや女は自分で手に入れようとする。男はもはや演じてなどいられない。自分を守らなければならない。女が自由になった瞬間から、女は自分が自由につくりだす運命以外の運命はもたない。そうなると、男女の関係は闘争の関係となる。男にとって同類となった女は、男に対して、女が未知の〈自然〉であった時代と同じくらい恐るべき存在になる。養い育てる献身的で忍耐強い雌は、まったく反対の飢えて貪欲《どんよく》な獣に反転する。悪女も〈大地〉や〈生命〉に根を下ろしている。だが、大地は墓穴であり、生命は過酷な闘争である。勤勉なミツバチや過保護な母親の神話は、カマキリやクモなどのむさぼり食う昆虫の神話にとって代わられる。雌はもう乳飲み子に乳をやるものではなく、雄を食うものである。卵細胞は豊かな穀倉ではなく、精子が去勢されて溺死する生気のない物質でできた罠である。子宮、この暖かく平和で安全な洞窟《どうくつ》は、不機嫌なタコ、食虫植物、痙攣《けいれん》する闇の深淵《しんえん》となった。一匹のヘビがそこにすみつき、飽くことなく男の精力を飲みこむ。同じ論理から、性愛の対象は陰謀をたくらむ魔法使いの女に、召使いは裏切り女に、シンデレラは人食い鬼になった。女はすべて男の敵に変わった。これが、欺瞞《ぎまん》的に自分だけを唯一《ゆいいつ》本質的なものとしたために、男が支払うべき代償なのだ。

けれども、この敵としての顔もまた女の決定的な顔ではない。むしろ、女という種のなかに善悪二元論が導入されているのである。ピタゴラスは善の原理を男に、悪の原理を女にたとえた。男たちは女を併合して悪を制しようとした。彼らはいくらかは成功した。だが、キリスト教が贖罪《しょくざい》と救済の観念をもちこんで永遠の断罪という言葉に完全な意味を与えたように、悪女がその輪郭をもつのは神聖化された女との対比においてである。中世から現代まで続く「女性論争」をとおして、ある男たちは自分たちの夢見る祝福された女しか知りたいとは思わず、他の男たちは彼らの夢を裏切る呪《のろ》われた女しか知りたいと思わなかった。だが、実際は、男が女のなかにすべてを見出《みいだ》せるとすれば、それは女がこの二つの顔を合わせもっているからである。女は、生命に意味を与える価値と反価値の両方を、肉体をとおして生き生きと体現する。以下は、〈善〉と〈悪〉がはっきり分けられ、献身的な〈母〉と不実な〈愛人〉という形をとって対立している例である。イギリスの古いバラード「いとし子ランドール」では、愛人に毒を盛られた若い騎士が母の腕に抱かれて死ぬために戻ってくる。ジャン・リシュパン[*1]の『鳥もち』は、同じテーマをより悲壮的に悪趣味に焼き直したものである。大天使ミカエルは邪悪なカルメンと対比される。母、貞節な婚約者、忍耐強い妻は、妖婦や毒婦が男たちの心につけた傷をいやそうと努める。この明確に定義された二つの極のあいだで、どちらともつかない多様な顔が、哀れな女、忌《い》まわしい女、罪の女、犠牲となる女、なまめかしい女、弱い女、天使のような女、悪魔のような女などと定められていく。こうして生まれるさまざまな行動や感情が男の心をそそり、男を豊かにするというのだ。

女のこうした複雑さそのものが男を引きつける。これはまさに飼いならされた超自然的存在であり、男はたやすくそれに眩惑《げんわく》されてしまう。女は、天使か悪魔か。この不確実さが女を謎《スフィンクス》めいた者にする。パリで最も有名な娼家《しょうか》の一つは、スフィンクスの看板を掲げていた。〈女らしさ〉の華やかな時代、コルセットの時代、ポール・ブールジェ[*2]や、アンリ・バタイユ[*3]の時代、フレンチ・カンカンの時代に、スフィンクスのテーマは戯曲、詩、シャンソンでおおはやりした。「おまえは誰、どこから来たの、不思議なスフィンクスよ」。そして、男たちは女の神秘を夢見、その議論をいまなお続けている。彼らがロングドレス、ペチコート、スミレの香水、正装用の手袋、かかとの高いアンクルブーツをやめないでくれと長いあいだ女たちに懇願してきたのは、この神秘を守るためだった。〈他者〉のなかにある相違を際だたせているものすべてが、〈他者〉への欲望をいっそうかきたてる。男が占有したいと思うのはそのような〈他者〉であるからだ。アラン＝フルニエ[*4]は手紙で、男の子のような握手をすると言ってイギリスの女を非難している。彼の心をかきたてるのはフランスの女たちの控え目なつつしみ深さなのだ。手の届かない王妃として崇拝されるためには、女は神秘的で未知のものでいなければならない。フルニエが彼の生涯を横切っていった女たちに特別に礼儀正しかったとも思われないが、彼は子ども時代や青年時代のすばらしさ、失われた楽園への郷愁、それらすべてを一人の女のなかに具象化した。その女性がもつ第一の美徳は、近づきがたく見えるところであった。彼はイヴォンヌ・ド・ガレを白と金色のイメージで描いている。男にとっては、

＊1　一八四九－一九二六、アルジェリア生まれの詩人、小説家。
＊2　一八五二－一九三五、フランスの作家、批評家、『現代心理論』の作者。
＊3　一八七二－一九二二、フランスの詩人、劇作家、恋愛を病理学的に解剖。
＊4　一八八六－一九一四、フランスの作家。代表作『モーヌの大将』は、モーヌが森の中で見かけた娘イヴォンヌ・ド・ガレを探す冒険の物語。

それが神秘をつくりだすなら、女の欠点すら愛するものとなるのだ。

「女は気まぐれでなくては」と、ある男が思慮分別のある女にえらそうに言った。気まぐれは予測できない。男は揺れ動く水の優美を女のものだと思う。虚偽は魅惑的なきらめきで女を飾る。媚《こ》びや背徳さえも女に官能の香りをただよわせる。人を裏切り、つかみどころがなく、何を考えているのかわからず、裏表があり、そういう女が男の矛盾した欲望に最もよく応じる。女は数えきれない変身をするマヤなのだ。スフィンクスを若い娘の顔で表わすのは常套《じょうとう》手段である。処女性は神秘の一つであり、男たち、それも放《ほう》蕩《とう》な男ほど、それに官能をかきたてられる。若い娘の純潔はあらゆる放埒《ほうらつ》さを期待させる。しかも、その純真無垢《むく》のなかにどんな背徳が隠されているかもしれないのだ。動物や植物により近く、だがすでに社会のしきたりに従順な若い娘は、子どもでも大人でもない。彼女のおずおずとした女らしさは男に恐れを抱かせはしないが、幾分かの不安は抱かせる。若い娘が女の神秘の特権的な顔の一つであるのもわかる。とはいえ、「ほんとうの若い娘」がいなくなっているので、この崇拝もやや時代遅れになった。反対に、シモン・ガンチヨン[*1]が大成功をおさめた芝居のなかでマヤに与えた売春婦の顔は、その威光をほとんどそのまま保ち続けている。それこそは最も柔軟性に富んだ女の典型の一つで、悪徳と美徳の戯《たわむ》れを最大限に発揮している。極度に細心な信仰をもつピューリタンにとって、売春婦は悪、恥、病気、永遠の断罪を表わし、激しい恐怖と嫌悪《けんお》を呼びおこす。彼女はどの男のものでもなく、すべての男を受け入れ、それを商売に生きている。

そうやって、原始の淫乱《いんらん》な母神たちがもっていた恐るべき独立を得るのだ。売春婦は〈女であること〉を具現し、男社会はそれを神聖視せず、相変わらず不吉な力をもっとしている。性交のとき、男は彼女を所有していると思うことはできない。彼はただ肉欲の悪魔にゆだねられているのだ。アングロ・サクソン人がとりわけ強く感じるのが恥辱、穢《けが》れである。彼らの目に、肉体は多かれ少なかれ呪われていると映る。それに反して、肉欲に逃げ腰にならない男は、売春婦のなかの肉欲の寛大で生《なま》な肯定を愛するだろう。男は売春婦のなかに、どのような道徳によっても味を損なわれることのない女らしさが高揚されているのを見るだろう。男は、かつて女を星や海にたとえさせた魔力を、売春婦の身体《からだ》に見出す。ヘンリー・ミラーのような男は売春婦と寝るとき、生命、死、宇宙の深淵そのものを探求しているような気になる。彼は快く迎え入れてくれるヴァギナの湿っぽい闇の底で再び神と結ばれるのだ。

売春婦は偽善的な道徳の世界の外側にいる一種の除け者《バリア》であるから、この「堕落した娘」は公認の美徳すべてに対する異議申立てと見ることもできる。彼女の卑《いや》しい行ないが彼女をほんとうの聖者に近づける。なぜなら、おとしめられていたものこそ称《たた》えられるであろうから。キリストはマグダラのマリアを慈悲深く見ている。罪は偽善的な徳よりもずっと容易に天国の門を開ける。だから、ラスコーリニコフは、ソーニャの足下に、

＊1　一八八七－一九六一、劇作家。『マヤ』で、地中海沿岸の港町の売春婦たちを象徴的に描いた。

彼を罪に導いた傲慢《ごうまん》な男の自尊心を捧げるのだ。彼は、すべての男のなかにある分離への意志を、殺人にまで激化させた。それゆえに、彼の放棄の告白を最もよく受け入れることができるのは、すべてに見捨てられすべてをあきらめて受け入れた一人の卑しい売春婦なのだ[*1]。「堕落した娘」という言葉は欲望をそそる響きを呼びさます。堕落するのを夢見る男は多いが、それはそんなに簡単なことではない。積極的なかたちで〈悪〉に到達するのは、たやすくできることではない。それに、悪魔にとりつかれた男ですら過度の罪にはおびえる。女なら、それとなくサタンを呼び出して大した危険もなく黒ミサを行なうことができる。女は男の世界の周縁にいるので、女に関わる行為が本当に重大な結果をもたらすことはないのだ。とはいえ、女も一人の人間だから、女をとおして人間のつくった掟《おきて》にひそかに反乱を起こすことはできる。ミュッセ[*2]からジョルジュ・バタイユにいたるまで、おぞましく魅力的な放蕩とは、「売春婦」のところへ行くことだ。サドやザッヘル＝マゾッホ[*3]が彼らにつきまとう欲望を満たすのは女たちをとおしてである。彼らの信奉者たち、また満足させなければならない「悪徳」をもつ大部分の男たちは、まずふつうは売春婦のところに行く。売春婦は女のなかでは最もよく男に服従するが、またそれ以上に男から逃れてしまう女でもある。そのために、売春婦にはあんなに多くの意味が与えられているのだ。だが、処女、母、妻、姉妹、召使い、愛人、男を寄せつけない貞淑な女、にこやかなオダリスク[*4]には、男たちのそのような移り気なあこがれを一身でかなえることができる女の顔はない。

なぜ男は数えきれないほどの多面性をもつ〈神話〉のこれこれの面に特別に愛着をもつのか、そして、なぜ特定の一人の女にそれを具現するのか、その理由を発見するのは心理学――とくに精神分析学――の仕事である。しかし、あらゆるコンプレックス、強迫観念、精神病に、神話は関係している。とりわけ多くの神経症は禁止のもつ眩惑が原因となっている。あらかじめタブーがつくられているのでなければ、禁止は現われない。外的な社会的抑圧によって禁止の存在を説明するだけでは不十分だ。実際、社会の禁止事項は単なる約束事ではない。禁止には――いくつかある意味のなかでも――各個人が

＊1　〔原注〕マルセル・シュオブ〔一八六七－一九〇五、フランスの作家〕は、『モネルの書』〔散文詩〕のなかでこの神話を詩的に述べている。「君に年若い娼婦《しょうふ》たちの話をしよう。事の次第からだ……ほら、女たちは男たちに向かって同情の叫び声をあげ、男たちの手をやせ細った手でなでる。男がとても不幸なら、女たちは男のことをわかってくれるだろう。女たちは男とともに泣き、男を慰める……どの娘も、わかるだろう、男といつまでも一緒にいることはできないのだ。女たちはあまりに悲しがりすぎて、男がもう泣かなくなれば一緒にいるのが恥ずかしくなって、男をまともに見ようとしない。女たちは男に教えるべきことを教え、立ち去る。寒さと雨のなかをやってきて男の額にくちづけし、男の涙をぬぐうと、女たちは恐ろしい闇《やみ》に再び包まれる……女たちが闇のなかでしたかもしれいなことを考えてはいけない」

＊2　一八一〇－五七、フランス・ロマン派の作家。

＊3　一八三六－九五、オーストリアの作家。マゾヒズムの語源となった『毛皮を着たヴィーナス』の作者。

＊4　トルコ皇帝のハレムで妻妾《さいしょう》に仕える女。

個別に体験する存在論的意味がある。例として「エディプス・コンプレックス」を検討するのは興味深い。これは本能的性向と社会的命令とのあいだの闘争が生み出すものと見なされがちだった。だが、それはまず、主体自身の内面的葛藤《かっとう》なのだ。母親の乳房への子どもの執着は、何よりも、自らの一般性と内在性における直接的なかたちでの〈生命〉への執着である。離乳の拒否は、個人が〈全体〉から離れるや余儀なくされる見捨てられた状態への拒否である。それ以後、そして個人が個体化しいっそう母親から離れていくにつれて、個人が自分の肉体から引き離された母親の肉体に対してもつ関心を、「性欲的」と形容できるようになる。そのとき彼の官能性は間接的なものになり、自分とは違う対象に向かう超越となったのである。しかし、子どもが自分を主体として受け入れるのが早ければ早いほど、そして、それが決然としていればいるほど、彼の自主性に逆らう肉体的な絆《きずな》は彼にとってわずらわしいものとなる。そうなると、子どもは愛撫《あいぶ》をさけ、母親が行使する権威、彼に対する母親の権利、ときには母親の存在そのものが彼に一種の羞恥心《しゅうちしん》を抱かせるようになる。とくに、親を肉体として発見するのは気詰まりでみだらなことに思われる。彼は母親の肉体を考えまいとする。彼が父親、あるいは継父《ままちち》、または母親の愛人に対して感じる恐怖には、嫉妬《しっと》より恥辱の方がつよく含まれている。母親が肉体的存在であると想起することは、彼にとって自分自身の誕生というどうしても認めたくない出来事を想起することなのだ。だが、彼には、偉大な宇宙的現象の威厳を母に与えたいという思いがある。自分の母親は誰のものでもなく、すべての個体を包む〈自然〉を凝縮していなければならない。母親が男の餌食《えじき》になることを憎むのは、——よく言われるように——彼が母親を所有したいからではなく、あらゆる所有を越えて母親に存在していてほしいからである。母親は妻や愛人という狭量《きょうりょう》な領域を越えていなければならないのだ。

　しかし、思春期に子どものセクシュアリティが男性化すると、母親の肉体が彼を刺激するということが起こる。だが、それは彼が母親のなかに一般的な女らしさを認めたからである。そしてたいていの場合、太腿《ふともも》や乳房を見てめざめた欲望は、少年がその肉体は母親の肉体なのだと気づくや消えてしまう。数多くの倒錯の事例がある。それは精神的に不安定な年齢である思春期は倒錯の年齢だからである。嫌悪が冒瀆《ぼうとく》的行為を引き起こし、禁止が欲望を生むことになる。といって、息子は無邪気に母親とまず寝たいと思い、そこに外的防御が介入して、彼を抑圧するのだと思ってはならない。反対に、欲望が生まれるのは、まさに個人の心につくられたこの防御のせいなのである。この禁止は、最も正常で、最も一般的な反応なのだ。だが、ここでも、この禁止は本能的欲望を隠蔽《いんぺい》する社会的命令から生じるのではない。むしろ、禁止の遵守《じゅんしゅ》は、本源的な嫌悪の昇華なのだ。若者は母親を肉体として見ることを自分に禁じる。彼は母親を美化し、社会が示す神聖化された女性の純粋なイメージの一つに重ねる。そうやって、彼は次の世代にも有効な〈母〉の理想像の強化に貢献するのだ。しかし、この〈母〉がこれほどの力をもつのは、個々人の論法にのっとって彼女が必要とされるという理由からだけである。一人ひとりの女には、〈女〉の、したがって〈母〉の普遍的な本質が宿っているので、〈母〉に対する態度は妻や愛人との関係のなかに必ず反映される。けれども、一般的に考えられているほど単純にではない。青年が現実に官能的欲望を母親にもったのは、母親のなかの女一般を欲望したからだとも言える。彼の欲情は誰でもいいから女がそばにいれば静まるはずだ。彼に近親相姦《そうかん》の性向があるというわけではない。[*1] 逆に、母親に対して情愛深くはあるが観念的な畏敬《いけい》の念を抱いた青年は、女性にはいずれにしても母の純潔を分かちもってほしいと願うのだとも言える。

異常あるいは正常な行動における性行為の重要性、つまり一般的には女の重要性は、よく知られている。女以外の対象が女として扱われるということもある。同じように、女はほとんど男の発明品であるので、男が男の肉体をとおして女を発明することもできる。男性同性愛でも男女の区別は維持されるのだ。しかし普通には、〈女〉はまさに、女の存在に対して求められる。女によって、女のなかにある最良のものと最悪のものをとおして、男は、幸福、苦しみ、悪徳、美徳、所有欲、放棄、自己犠牲、専制という修業、すなわち自己修業をするのだ。女は賭《かけ》であり冒険だが、同時に試練でもある。女は勝利の凱歌《がいか》であり、またもっと厳しい挫折《ざせつ》を乗り越えての凱歌でもある。また、女は破滅のめまい、永遠の断罪と死への誘惑である。女がいてこそ存在する多くの意味がある。女は男たちの行動と感情の実質的内容であり、彼らの自由を刺激するあらゆる価値の化身なのである。どんな残酷な裏切りにあおうと、自分のすべての夢が包みこまれている一つの夢を男はけっして放棄しようとしないわけがよくわかる。

女が人を欺《あざむ》く二つの顔をもっているのは、以上の理由による。女は、男が求めるものすべてであり、到達しえないものすべてである。女は恵み深い〈自然〉と男のあいだの賢明な仲介者であり、あらゆる英知に反抗する奔放な〈自然〉の誘惑である。善から悪まですべての道徳的な価値とその反対の価値を、女は肉体をとおして具現する。女は行動の実質であり、行動を妨げるものである。また世界への男の手がかりであり、その挫折である。このようなものとして女は、男が自分の実存について行なうすべての考察と、実存に与えるすべての表現の根源にあるのだ。にもかかわらず、女は男を男自身から引き離し、沈黙と死のなかに沈めようとする。男は、召使いであり妻である女が、同時に彼の観衆と審判者になって、彼の存在を強固にしてくれることを期待する。しかし、女は無関心、揶揄《やゆ》、嘲笑《ちょうしょう》によって男に異議をとなえる。男は欲望するものと恐れるもの、愛するものと憎むものを女に投影する。これを説明するのが非常にむずかしいのは、男が女のなかに自分のすべてを探し求めようとするからであり、女が〈全体〉だからである。ただし、女は非本質的なものの世界で〈全体〉であるにすぎない。なぜなら、女は〈他者〉そのものだからだ。しかも、他者である限り女はまた、女自身とは別のものであり、女に期待されるものとも別のものなのだ。女はすべてなので、そうあらねばなら

＊1　〔原注〕スタンダールの例が際《きわ》だっている。

ないそのものではけっしてない。女は永遠の期待はずれ、自己に到達することもなく、実存者全体と和解することもない、実存の期待はずれそのものである。

第二章

前章では女の神話が集合的に現われるのを分析したが、それをさらに確認するために、何人かの作家におけるこの神話の個別的、かつ混合的な姿を検討しよう。女に対する、アンリ・ド・モンテルラン、[*1] D・H・ロレンス、[*2] ポール・クローデル、[*3] アンドレ・ブルトン、[*4] スタンダール[*5]の態度はとりわけ典型的であると思われた。

＊1　一八九六－一九七二、フランスの小説家、劇作家。四部作『若き娘たち』で女の欠点を痛烈に描き、反響を呼んだ。
＊2　一八八五－一九三〇、イギリスの作家。『恋する女たち』や『チャタレイ夫人の恋人』で、恋愛における性の問題を追求した。
＊3　一八六八－一九五五、フランスの詩人、劇作家、外交官。彼の女性観にはカトリック信仰が強く反映されている。駐日大使を務めたこともある。
＊4　一八九六－一九六六、フランスの詩人。シュールレアリスムの文学運動を主導した。代表作に『ナジャ』など。
＊5　一七八三－一八四二、フランスの小説家。ボーヴォワールは、女を男と対等な存在として認めた作家として、彼に共感を示している。

I

モンテルランまたは嫌悪《けんお》の糧《かて》

モンテルランは、ピタゴラス以来の傲慢《ごうまん》な善悪二元論を受け継いできた男たちの長い伝統に名を連ねている。彼はニーチェの後を受けて、衰弱した時代だけが〈永遠の女性的なもの〉を称賛したにすぎず、英雄は〈大いなる母《マグナ・マテール》〉に反逆すべきだと考える。英雄主義の専門家である彼は、〈大いなる母《マグナ・マテール》〉を失脚させようと企てるのだ。女は、夜の闇《やみ》、無秩序、内在である†。「こうした痙攣《けいれん》的な闇は、純粋状態の女性的なものにほかならない」(『女について』)と彼はトルストイ夫人[*1]について書いている。彼によれば、今日の男たちが馬鹿《ばか》で下劣だから、女の欠点に肯定的な姿が与えられたのだ。たとえば、女の本能、直観、予知能力ということが言われるが、女の論理性の欠如、頑迷な無知、現実把握の無能力をこそ告発すべきだろう。女は実際には観察家でも心理学者でもなく、ものを見ることも、ひとを理解することもできない。女の神秘は一つの策略であり、計るすべもない女の宝は無の深淵《しんえん》に沈んでいる。女は男に与えるものを何ももたず、男に害を及ぼすことしかできないというのだ。モンテルランにとって大敵はまず母親である。若い頃の戯曲『追放』には、息子が軍隊に志願するのを妨げる母親が登場する。『オリンピック』では、スポーツに身を捧《ささ》げようとする青年が母親の臆病《おくびょう》なエゴイズムによって「道を阻《はば》まれる」。『独身者たち』、『若き娘たち』でも、母親はいまわしい筆致で描かれている。母親の罪は息子を自分の胎内の暗闇に永遠に閉じ込めておこうとすることだ。母親は息子を独占し、自分の存在の空虚を埋めようとして、息子を去勢する。母親ほど嘆かわしい教育者はいない。子どもの翼をもぎ取り、子どもがあこがれる頂《いただき》からはるか遠くにひきとめて、彼を愚鈍にし、駄目にしてしまうというのである。こうした不満には根拠がないわけではない。しかし、母なる女に対するあからさまな非難をとおして、モンテルランが母親のうちに嫌悪しているのは、明らかに自分自身の出生である。彼は自分が神だと信じ、神でありたいと思う。なぜなら彼は男だから、「卓越した男」だから。モンテルランなのだから。神は〔ひとの子として〕生み出されたのではない。神に身体があるとしても、それは硬く自在な筋肉に流し込まれた意志であって、生と死がひそかに宿った肉体ではない。いつかは滅びるはずの偶発的で傷つきやすい、彼が拒否するこの肉体、それを彼は母親のせいにする。「アキレウスの身体でただ一つの弱点は、母親が手でつかんだ箇所であった」(『女について』)。モンテルランは人間の条件をけっして受け入れようとはしなかった。彼が自尊心と呼ぶものは、肉体をとおして世界に参加す

＊1　ロシアの作家トルストイの妻。

る自由がもたらす危険を前に、最初からおびえて逃げ出すことである。彼は自由を肯定するが、世界への参加《アンガージュマン》†は拒否すると主張する。絆《きずな》もなく、どこにも根をおろさず、彼は徹底的に自分の殻に閉じこもった主観性であることを夢見るのだ。自分が肉体から生まれたことを思い出してこの夢想が乱されると、彼はいつものやり方に訴える。つまり、そうした条件を乗り越えるかわりに、拒否するのだ。

モンテルランの目には、恋人も母親と同じくらい有害である。恋する女は男が自らのうちに神を復活させるのを妨げる。女のさだめは直接的な生命であると、モンテルランは言う。女は感覚を糧とし、内在におぼれ、幸福に執着して、そこに男を閉じ込めようとする。女は男のもつ超越†の衝動を知らず、偉大さの感覚がない。女は恋人の弱さを愛して、強さを愛さない。恋人の苦しみを愛して喜びを愛さない。女は、明白な事実に逆らってでも男にそのみじめさを認めさせようとするほど、男が無力で不幸であることを願っている。男は女よりすぐれていて、女の手を逃がれる。そこで、女は男をつかまえておくために、男を自分のレベルまで引き下げようとする。女は男を必要としており、自足できず、寄生的な存在だからである。モンテルランは、ドミニック〔『夢想』の登場人物〕の目をとおして、ラヌラーグ〔パリ十六区にある公園〕を散歩する「まるで背骨のない生きもののように恋人の腕にぶらさがり、大きなナメクジが化けたような」〔『夢想』〕女たちの姿を描いている。彼によれば、スポーツで鍛えた女を除いて、女とは隷属《れいぞく》すべき運命にある不完全な存在である。女は柔らかくて筋肉がなく、世界への手がかりをもたない。だから、恋人やさらには夫を手に入れようとひたすら努めるのである。カマキリの寓話《ぐうわ》は私が知るかぎりモンテルランは使っていないが、言わんとすることは同じである。つまり、女にとって愛するとはむさぼり食うことであり、女は自らを与えると称して、奪うのだ。「私は夫によって生き、夫のために生きている。私にも同じことをしてほしいのです」というトルストイ夫人の叫びを引用して、彼はこうしたすさまじい愛がもたらす危険を告発している。彼はまた、「汝《なんじ》に悪を望む男のほうが、汝に善を望む女よりはましである」という『旧約聖書』の「伝道の書」のことばに恐るべき真実を見《み》出《いだ》している。彼は「私の部下の一人は結婚して半人前になった」というリヨテ元帥《げんすい》〔一八五四－一九三四〕の経験をひきあいにだし、結婚はとりわけ「卓越した男」にとって有害だと考える。結婚はばかげた俗人化である。アイスキュロスの奥さんとか、「ダンテさんのうちに夕食に行ってきます」とか言えたと想像できるだろうか。これでは偉人の威信もだいなしだ、結婚はとりわけ英雄の輝かしい孤独を打ちこわす、というのである。英雄は「自分から気をそらさないことが必要である」（『女について』）。すでに述べた†ように、モンテルランは対象のない自由を選んだ、つまり、世界に参加する本来的な自由よりも、自律の幻想を好んだのである。この気ままさを彼は女から守りたいのだ。女は重荷であり、負担である。「愛する女が腕にぶらさがっていて、男がまっすぐに歩くこともできないというのは不快な象徴であった」「私が燃えていると、彼女が消す。私が水の上を歩いていると、彼女が腕につかまり、私は沈んでしまう」（『若き娘たち』）。しかし、女が単なる欠如、貧しさ、消極性でしかなく、その魔力が錯覚にすぎないとしたら、どうして女にはこれほど力があるのだろう。モンテルランはこの点を説明していない。「ライオンだって蚊を恐れるのは当然だ」(『若き娘たち』)と偉そうに言うだけだ。しかし、答えは一目瞭然《りょうぜん》である。独りでいて自分が絶対的な存在だと思ったり、どんな重荷を背負うのも用心深く断っておいて、自分には力があると思うのは簡単だということだ。モンテルランは安易な道を選んだのだ。彼は困難な価値を尊ぶと言うが、それを楽に手に入れようとする。「自分自身にみずから授ける王冠のみがかぶるに値する」と、『パシファエ』の王は言う。都合のいい原則だ。モンテルランは頭を王冠で飾りたて、その身を緋《ひ》の衣で包む。だが、その王冠が色紙細工にすぎず、アンデルセンの王様のように丸裸なのは、他人の目には明らかである。夢のなかで水の上を歩くのは、本気で地上の道を進むよりはるかに楽である。というわけで、モンテルランというライオンは、女という蚊を恐れて避けるのである。彼は現実の試練を恐れているのだ。*1

モンテルランがほんとうに永遠の女性的なものという神話を暴《あば》いたのなら、彼を称賛しなければならないだろう。〈女〉が否定されることによってはじめて、女たちは人間として自分を受け入れることができるのだから。しかし、見てきたとおり、彼は偶像を粉砕するのではなく、怪物に変える。彼もまた、女らしさというこの謎《なぞ》めいた確固とした本質の存在を信じているのだ。彼はアリストテレスや聖トマスの後をうけて、女は否定的に定義されると考える。女は男らしさの欠如によって女なのだ。これこそがすべての雌の人間が従わなければならない運命であり、それを変えることはできない。そこから逃れようとする女は人間の序列の最下位に位置づけられる。そういう女は男になることもできないし、女であることも放棄しているのだから。彼女は笑うべきカリカチュア、見せかけだけの偽物《にせもの》にすぎない。女が身体と意識であるだけでは、女には何のリアリティもないというのだ。モンテルランは、気がむくとプラトン主義者になって、女らしさや男らしさの〈イデア〉のみが真に存在すると考えるらしい。どちらにも属さない個人は存在の外観をもつにすぎない。大胆にも自分を自律的主体として定め、思考し、行動するこうした「女吸血鬼」を彼は容赦なく弾劾《だんがい》する。そして、アンドレ・アクボー[*2]の肖像をとおして、自分を一個の人格にしようと努める女はみんな滑稽《こっけい》な操り人形になってしまうことを証明しようとする。当然、アンドレは顔もスタイルも悪く、服装はやぼで、その上、不潔で、爪《つめ》と腕はうす汚れている。ほんの少し教養があるというだけで、彼女の女らしさを抹消するには十分である。コスタルは彼女の聡明《そうめい》さを保証するが、モンテルランは、彼女を描いたページというページで、彼女の愚かさを読者に説得しにかかる。

＊1　〔原注〕このプロセスは、アドラーが精神病の典型的原因と見なすプロセスである。「力への意志」と「劣等感」のあいだで分裂した個人は、社会と自分のあいだにできるかぎりの距離をおいて、現実的なものの試練に直面しないですむようにする。彼は、こうした試練が、自己欺瞞《ぎまん》の陰にかくれることでどうにか維持している自尊心を傷つける恐れがあることを知っているのだ。

＊2　『若き娘たち』の登場人物、作家コスタルをめぐる女たちの一人。

コスタルは彼女に好意を抱いていると言うが、モンテルランは彼女がいやな女だと思わせる。この巧妙な両義性によって、女の知性の愚かさが証明され、女がめざすあらゆる男性的特質は、女においてはその生まれつきの欠陥のせいで、劣悪なものになりさがってしまうことが明らかにされるのだ。

モンテルランはスポーツで鍛えた女には例外を認めようとする。身体の自律的行使によって、彼女たちは一つの精神、一つの魂を獲得することができる。もっとも、彼女たちをこうした高みから引きずり下ろそうと思えば簡単だろう。モンテルランは一〇〇〇メートル競走に優勝した女に熱烈な賛辞を捧げるが、彼女からそっと遠ざかる。彼は彼女を簡単に誘惑できると思っているが、そうした堕落から彼女を免れさせたいのである。ドミニックはアルバンが呼び招く頂上にとどまっていないで、彼に恋してしまう。「精神そのもの、魂そのものであった彼女が、汗ばみ、体臭を放ち、息を切らせ、小さく咳《せ》き込んでいた」(『夢想』)。怒ったアルバンは彼女を追い払ってしまう。スポーツの規律で女の肉体を抹消してしまった女は評価できる。だが、女の肉体に流し込まれた自律的存在などとんでもない恥さらしだ。女の肉体は、そこに意識が住みつくと、たちまち憎むべきものになる。女にふさわしいのは純粋に肉体であることだ。モンテルランはオリエント風の態度に賛成である。つまり、弱き性は、性的快楽の対象であるかぎり、たしかにささやかだが価値のある場所を地上にもつのである。彼は、男がそこから引き出す快楽、この快楽にのみ、女の意義を見出している。彼の理想は、完全に馬鹿で従順な女である。いつでも男を迎える用意ができていて、男にけっして何も要求しない。アルバンが気のむいたときに相手にするドゥースがそういう女だ。「ドゥース、すばらしく愚かで、愚かであればあるほど、欲情をそそる女……恋愛以外には無用であり、そうとなったら、きっぱりと穏便に遠ざける」（『夢想』）。快楽と金銭を素直に受け取るおとなしい愛の獣、アラブの小娘ラディジャもそういう女だ。スペインの列車のなかで出会ったあの「女獣」も、そんなふうだったと想像される。「彼女があまりに間の抜けた様子だったので、私は彼女に欲望を抱きはじめた」（『カスティーリャの王女』）。作者の説明によれば「女で苛立《いらだ》たしいのは自分に理性があると思っていることだが、女が自分の動物性を強調するときには超人のきざしを垣間見《かいまみ》せる」（『カスティーリャの王女』）というのである。

しかしながら、モンテルランはオリエントのサルタンとは似ても似つかない。まず、彼には官能性が欠けている。心おきなく「女獣」を堪能《たんのう》するというところがない。彼女たちは「病気で不健康で、けっして清潔ではない」（『若き娘たち』）。コスタルは、若い少年の髪の方が女の髪より強烈でよい匂《にお》いがすると打ち明けている。ソランジュを前にすると、「この甘ったるい、むかつくような匂いと、白いナメクジのような、筋肉も神経もない肉体」に、ときおり嫌悪《けんお》を感じる。彼は、もっと自分にふさわしい、対等な者どうしの、打ち負かされた力から喜びが生まれてくるような抱擁を夢見る……。オリエントの男は官能に身をまかせて女を味わい、そうすることによって、愛する男女のあいだには肉体的な相互性が成立する。これは『旧約聖書』のソロモンの「雅歌」の熱烈な祈りや『千一夜物語』、愛する女を讃《たた》える数多くのアラブの詩に表われている。たしかに味のない女もいるが味わい深い女もいて、官能的な男は彼女たちの腕に安心して身をゆだね、それを屈辱に思うこともない。ところが、モンテルランの主人公はつねに防御態勢にある。「奪われずに奪うこと、卓越した男が女とのあいだで納得できる唯一《ゆいいつ》のやり方」(『若き娘たち』)。彼は欲情の瞬間を好んで語るが、彼にはそれが攻撃的で男らしい瞬間に思えるのだ。だが、オルガスムスの瞬間からは逃げてしまう。おそらく、彼もまた、汗ばみ、あえぎ、「体臭を放つ」ことに気づいてしまう恐れがあるからだろう。いや、そんなわけはない。誰があえて彼の匂いを嗅《か》ぎ、汗ばんだ身体を感じるというのか。武装を解かれた彼の肉体は誰に対しても存在していない。彼の前には誰もいないのだから。彼は唯一の意識、透明で至高の純粋な存在であり、たとえ快楽の存在が彼の意識にのぼるとしても、彼はそれを考慮しない。邪魔になるのだろう。彼は自分が与えた快楽を得意気に口にするが、自分が受けた快楽についてはけっして語らない。受けることは一つの依存関係なのだ。「私が女に求めるのは、女に快楽を与えることだ」(『若き娘たち』)。官能の生き生きとした興奮は二人の協力によって達せられるだろうに。彼はそんなことはいっさい認めない。彼が好むのは支配という尊大な孤独である。彼が女に求めるのは官能の満足ではなく、頭脳の満足である。

そして、何よりもまず、彼は自尊心の満足を示したいのだ。だが、危険は冒さずに。女を前にすると「馬や牛に向かうときと同じ感じがする。どちらの場合にも共通する、自分の力を見きわめることへのためらいとそうしたい気持ち」（『カスティーリャの王女』）。彼が他の男たちを相手に自分の力を見きわめるというのなら、たいへん勇敢である。男たちは試合に干渉してくるかもしれない。思いがけない点数表をつきつけるかもしれない。こちらとは違う審判を下すかもしれないのだ。牛や馬が相手なら、自分で自分の審判官でいられるし、この方がずっと安全である。女もそうだ。うまく選べば、女を相手に一人天下でいられる。「私は対等な恋愛はしない。なぜなら、私は女に子どもを求めているのだから」。これでは同じことを繰り返しているだけで、何も説明したことにはならない。どうして彼は子どもを求めて、対等な女を求めないのか。自分と対等なものなどいないとはっきり言えば、もっと正直だろうに。より正確には、対等なものなどいらない、つまり、自分の同類は恐ろしいと言えばよいのである。『オリンピック』では、彼はスポーツにおけるごまかしのきかない序列を生み出す競争の厳しさを称賛している。だが、彼自身、この教訓を理解してはいなかったのだ。この後の作品と人生では、彼の主人公たちも彼自身もいっさいの対決を避けている。彼らは、動物や風景、子どもや子どものような女は相手にするが、対等な者はけっして相手にしない。かつてはスポーツのもつ冷酷なまでの明快さに心酔したモンテルランなのに、自分の臆病な自尊心を批判される恐れのない女だけしか愛人として受け入れない。彼は「受動的で植物的な」、子どもっぽくて愚かで金で買える女を選ぶのである。女に意識を認めることを、彼は徹底して避けるだろう。もしなにか意識の痕跡《こんせき》でも発見すると、反発して立ち去ってしまう。

女とのあいだに主体と主体の関係を作ることなどまったく問題にならない。男の王国では、女はひたすら生命のある単なる客体でなければならないのだ。女が主体と見なされることはけっしてないだろう。女の観点が考慮されることはないだろう。モンテルランの主人公は、傲慢《ごうまん》に見えるが実際にはご都合主義のモラルの持ち主だ。つまり、自分自身との関係しか気にかけていないのである。女に引きつけられる——というか、むしろ、女を自分に引きつけようとする——が、それは女に喜びを感じるためではなくて、自分に喜びを感じるためである。つまり、絶対的に劣っている女の存在が、男の実質的で本質的かつ破壊しがたい優越性を明らかにしてくれるというわけだ。何の危険もなしに。

こうして、ドゥースが愚かなおかげで、アルバンは「ガチョウを妻にしたギリシア神話の半神にでもなった気分をいくぶんか味わう」(『夢想』)ことができる。*1 コスタルは、ソランジュに触れると、たちまち尊大なライオンに変わる。「よりそって座ると、さっそく彼は若い娘の太腿《ふともも》に(ワンピースの上から)手をやり、それから、獲得した肉塊を前脚で押さえこむライオンのように、その手を彼女のからだの中心部に押し当てた……」(『若き娘たち』)。映画館の暗闇《くらやみ》のなかで多くの男たちが毎日おずおずとやっているこの身ぶり、これは「君主たる者にもともとそなわった身ぶり」であるとコスタルは男たちに告げる。女を自分のものにしようとして抱擁する恋人や夫が、コスタルと同じように偉大さの感覚をもちあわせていれば、もっとやすやすとこの力強い変身を体験することだろうに。「彼はぼんやりとこの女の顔を嗅いでいた。ちょうど、両脚で押さえた肉を引きちぎるのを時々やめては、それをなめまわすライオンのように」。こうした肉食獣の誇りだけが、男が女から引きだす快楽ではない。男は女をだしにして、気ままに、だがけっして自分を危険にさらさず、見せかけだけ、自分自身の心を試してみる。ある晩などコスタルは、苦痛さえも楽しんで、苦しみの味を堪能すると、気分も爽快《そうかい》に若鶏《わかどり》の腿肉にかぶりつくほどだ。このように気まぐれはめったにやれるものではない。だが、このほかにも強烈なあるいは微妙な楽しみがある。たとえば、恩きせがましくふるまうこと。コスタルは女たちの手紙に返事を書いてやる。時にはそれに心遣いを添えることさえある。彼に夢中の田舎娘にあてて、学をひけらかした文章の最後に彼はこう書いている。「あなたには私の言うことが理解できないのではないかと思います。でも、私をあなたのレベルに下げるよりはましです」（『若き娘たち』）。女を自分のイメージどおりに形づくって楽しむこともある。「私にとってあなたはターバンのようであってほしい……私とは別のものであってほしいので、あなたを私のレベルまで高めませんでした」（『若き娘たち』）。彼はおもしろがってソランジュに美しい思い出話をいくつかでっちあげてやる。だが、彼がうっとりと自分の気前のよさを感じるのは、とりわけ女と寝るときである。喜びを与える者、安らぎを、興奮を、力を、快楽を与える者である彼は、自分

＊1　女神ネメシスがゼウスの求愛をのがれてガチョウに変身すると、ゼウスもまた白鳥になって彼女と交わったという。ここでボーヴォワールは、アルバンが半神にでもなった気分でいるのを、「ガチョウのようにばかな＝ひどくばかな」というフランス語の表現にかけて、からかっている。

が惜しみなく与えるこうした豊かさに満足する。彼は相手の女には何の借りもない。そのことを確信するために、彼はたいてい女に金を払ってやる。だが、性交が対等に行なわれる時でさえ、女は一方的に彼から恩を受ける者である。女は何も与えず、男がものにする。だから、彼はソランジュの処女を奪った日、彼女を化粧室に追いやるのもまったくふつうのことだと思っている。たとえその女をやさしく愛しているとしても、女のためにに男が気兼ねするなんてとんでもないことだ。男は神から授かった権利として男であり、女は神から授かった権利としてイルリガートルとビデ〔ともに膣《ちつ》を洗浄するための器具〕に運命づけられているのだ。コスタルの自尊心もここまでくるとまるで下品で、粗野なセールスマンとほとんど同じである。

女の第一の義務は男が示す気前のよさに従うことだ。コスタルは自分の愛撫《あいぶ》がソランジュの気に入らないのではないかと思うと、はげしい怒りにとらわれる。ラディジャをかわいがるのは、彼が彼女のからだのなかに入ると、彼女の顔がたちまち歓喜に輝くからだ。こんなとき、彼は自分が獲物をとらえる猛獣であり、同時に立派な君主であると感じて喜びに浸る。しかし、男のものになり、満たされた女が、哀れな物にすぎず、意識まがいのものが鼓動する味気ない肉体にすぎないとしたら、女を自分のものにし、満足させるという陶酔感は、いったいどこから来るのか当惑してしまう。コスタルはこうしたつまらないものを相手に、どうしてあんなにも多くの時間を無駄にできるのだろうか。こうした矛盾は、結局はうぬぼれにすぎない彼の自尊心のほどを示している。

強い者、気前のよい者、主人たる者が抱くさらに微妙な喜びは、不幸な人種に対する憐憫《れんびん》である。コスタルは、ときどき、友情に満ちたまじめな気持ちや賤《いや》しい人々への同情、「女に対する憐憫」をあふれるほど心に感じて感動する。厳格な人間の意外なやさしさほど感動的なものがあるだろうか。女というこの病んだ動物に身をかがめるとき、彼のうちにはエピナル版画のような通俗的な気高さのイメージがよみがえる。彼は、スポーツで鍛えた女でさえも、競争に負け、傷つき、疲れ果て、打ちのめされている姿を見るのが好きである。ほかの女の場合は、できるだけ無防備なのがよい。コスタルは、女の毎月のわずらわしさを嫌悪しているが、「いつも、女がそれになっているとわかっている日の方が好きだった」と打ち明けている……彼はこの憐憫の情に負けることがある。約束を守るとまではいかなくとも、約束をすることもある。彼はアンドレを援助する約束をし、ソランジュとは結婚の約束をする。憐憫の情が心から消えてしまうと、こうした約束は反古《ほご》になる。前言を翻《ひるがえ》そうとかまわないではないか。ゲームの規則を決めるのは彼なのだし、ゲームをする唯一の相手は自分自身なのだから。

女は劣っていて哀れむべきだというだけではまだ足りない。モンテルランは女が軽蔑《けいべつ》に値することを望む。欲望と軽蔑の葛藤《かっとう》は感動的なドラマであると主張することもある。「ああ！　軽蔑しているものに欲望を抱くとはなんという悲劇だ……ほとんど同じ動作で引きつけては追い払わなければならず、マッチを擦る時のようにすばやく火をつけては、投げ捨てる。これが女とわれわれの関係の悲劇なのだ！」（『カスティーリャの王女』）。

実際は、悲劇が存在するのは、マッチの視点、取るに足りない視点から見た時だけである。指を火傷《やけど》しないように気をつけてマッチを擦る側はこうした早わざに有頂天になっている、ということはあまりにも明らかだ。彼の好みが「軽蔑しているものに欲望を抱くこと」でなかったなら、自分が尊敬するものに欲望を抱くことを一貫して拒否したりはしないだろう。アルバンはドミニックを追い払ったりはしないだろう。「対等に愛することと」を選ぶだろう。そうすれば、自分が欲望を抱いているものをこれほど軽蔑しないですむのだ。結局、若くてきれいで情熱的で純真なスペインの踊り子がどうしてこれほど軽蔑に値するのか、すぐには理由がわからない。彼女が貧しく、賤しい生まれで、教養がないからなのか。モンテルランの目には、なるほど、これも欠陥なのかもしれない。だが、なによりも、彼は彼女が女であるというだけで、断固として軽蔑するのである。彼はまさしく、女の神秘が男の夢想を誘うのではなく、男の夢想が神秘を創造するのだと言っているが、彼もまた自分の主観性が要求するものを対象に投影しているのである。彼は女を軽蔑するのは女が軽蔑に値するからではない。女が卑《いや》しむべきものに見えるのは、女を軽蔑しようと思っているからだ。女と彼のあいだの距離が大きければ大きいほど、彼はますます高い頂に立っているような気になる。だから、彼は自分の作品の主人公の相手役にあれほどみすぼらしい恋人を選ぶのだ。大作家コスタルに対して、性欲と倦怠《けんたい》に悩む田舎のオールドミスや、馬鹿《ばか》で欲得ずくで保守的なプチブル女を登場させる。これでは、すぐれた人間をわざわざつまらない尺度で測ることになる。こうした下手な用心の結果、彼はまったくちっぽけな人間に見えてしまう。だが、そんなことはどうでもよい。コスタルは自分が偉大だと思い込んでいるのだから。女の取るに足りない弱点でも彼を増長させるのに十分である。『若き娘たち』の一節はきわめて意味深い。コスタルと寝る前に、ソランジュは夜の身仕度をする。「彼女はトイレに行かなければならない。すると、コスタルは、以前に持っていた雌馬のことを思い出した。この雌馬はとてもプライドが高く、繊細で、彼がその背に乗っている時には、排尿したことも、糞《ふん》をたれたこともけっしてなかった」。ここには、（シーリアは糞をすると言ったスウィフトを思わせるような）肉体に対する嫌悪、女を家畜と同一視しようという気持ち、たとえ排尿のようなことでも女に自律性を認めることの拒否が現われている。とりわけ、コスタルは腹を立てる一方で、自分にもまた膀胱《ぼうこう》や結腸があることを忘れている。同様に、汗と匂いにまみれた女にうんざりするとき、彼は自分の分泌物《ぶんぴつぶつ》のことはまったく無視している。つまり、彼は鋼鉄《はがね》のように強靭《きょうじん》な筋肉と性器にかしずかれた純粋精神なのだ。「軽蔑は欲望よりも気高い」と、モンテルランは『欲望の泉にて』で言い、アルヴァーロは「ぼくの糧《かて》は嫌悪だ」（『サンチアゴの騎士団長』）と言う。自分自身に悦にいっているだけなのに、軽蔑とはなんという言い訳だろう！　自分だけを見つめて判断するために、自分と自分の非難している他人とは根本的に違っているような気がする。他人に対して非難する欠陥が自分にはないと苦もなく思い込むのだ。モンテルランは、生涯を通じて、人間に対する軽蔑を言い立てることに、なんと酔い痴《し》れていることか！　彼にとって、自分が頭がいいと思い込むには人間の愚かさを告発するだけでよいのだし、自分が勇敢だと思い込むには人間の卑劣さを告発するだけでよいのだ。ドイツ軍の占領が始まった当時、彼は戦いに敗れた同国人をひどく軽蔑している。つまり、彼自身はフランス人でもなければ、敗者でもなく、高みの見物をしているのだ。結局、世間を非難している彼、モンテルランも、敗北を未然に防ぐために他の人々以上には何もしなかったことを遠回しに認めている。彼は将校になることさえ承知しなかったのだ。しかし、まだすぐに狂ったように非難を続けて、我を忘れてしまう（『夏至』）。彼が自分の嫌悪感を嘆くふりをするのは、嫌悪ずる方がより誠実であると感じて、それをよけいに楽しむためである。実際は、そのほうが都合がよいので、女を徹底的に汚辱のなかに引き込もうと努めるのである。彼はおもしろがって貧しい娘たちをお金や宝石で誘惑する。彼女たちが彼の底意地の悪い贈り物を受け取ると、彼は大喜びだ。彼はアンドレに対してサディスト的な振る舞いをする。彼女を苦しませるためではなく、彼女が堕落するのを見て楽しむために。彼はソランジュに赤ん坊を殺すようにすすめる。彼女がこの考えを受け入れると、コスタルの官能は燃えあがる。彼は軽蔑の思いに恍惚《こうこつ》として、潜在的殺人者であるこの女を自分のものにする。

こうした態度を理解するための鍵《かぎ》、それを私たちに提供してくれるのは毛虫の寓話《ぐうわ》である（『夏至』）。この話の隠された意図が何であろうと、それ自体、重要な意味を含んでいる。モンテルランは、毛虫に小便をかけて、毛虫を見逃してやったり殺したりしておもしろがる。必死になって生きようとする毛虫には機嫌よく情けをかけてやり、寛大にチャンスを試させるのだ。この遊びに彼は夢中になる。毛虫なしでは、尿の放出はただの排泄《はいせつ》にすぎなかっただろう。それが生死を分ける道具になる。這《は》いまわる虫けらを前にして、放尿する男は神の専制的な孤独を味わうのである。相互性に脅《おびや》かされることなしに。これと同様に、女という動物を前にした男は、栄光の座の高みから、ある時は残忍に、ある時はやさしく、公平だったり気まぐれだったりしながら、与え、取りあげ、満足させ、哀れみ、腹を立てる。男は自分の好みに従っているだけだ。男は絶対的な存在であり、自由で比類なき者だ。だが、動物は動物以外のものであってはならない。男は故意にこれらの動物を選んで、その弱点を助長し、しつこく動物扱いをするので、動物の方もついには自分の状況を受け入れてしまう。同様に、ルイジアナ州やジョージア州の白人は黒人のささいな盗みや嘘《うそ》に大喜びする。白人たちは皮膚の色が自分たちに与えている優越性が立証されたような気がするのだ。そうした黒人の一人があくまで正直でいようとすると、その黒人はよけいに虐待《ぎゃくたい》されるだろう。同様に、強制収容所では、人間の尊厳が徹底的に卑しめられたのだ。こうした汚辱のなかに、〈君主〉の種族は自分たちが超人的な本質にそなえていることの証拠を見出《みいだ》していたのである。

こうした一致はけっして偶然ではない。モンテルランがナチスのイデオロギーを称賛していることはかなり知られている。彼は、太陽の〈車輪〉を表わすナチスの鉤《かぎ》十字が太陽の祝祭日〔夏至〕に勝利するのを見て、大喜びする。「太陽の〈車輪〉の勝利は、太陽の勝利、異教の勝利であるだけではない。万物は回転する……という太陽原理の勝利である。私が固く信じ、賛美してきた原理、私の生を支配しているのがありありと感じられる原理が勝利するのを、今日、私は目《ま》のあたりにしている」（『夏至』）。また、彼が強大さについてのいかに適切な感覚をもって、ナチスの占領下に、「力の偉大な様式そのものである」（『夏至』）ドイツ人をお手本にするように、フランス人に勧めたかということも知られている。彼は、易《やす》きにつくという臆病《おくびょう》な傾向によって自分と対等な人々から逃げだしたが、この同じ傾向によって勝利者にひざまずく。こうしてひざまずくことによって、彼は勝利者と一体化した気になっているのだ。これで自分も勝利者だ。これこそ、相手が牛であろうと、毛虫であろうと、女であろうと、人生そのものや自由であろうと、彼がつねに望んできたことである。ナチスが勝利する以前からすでに、彼は「全体主義の魔術師たち」（『秋分』）を崇《あが》めていたと言ってよい。彼らと同様に、彼は以前からずっとニヒリストであったし、つねに人間を嫌悪《けんお》してきた。「人々は指導される値打ちもない（そして、ここまで人類を嫌悪するのに、人から何かをされたということは必要ないのである）」（『欲望の泉にて』）。彼らと同様に、モンテルランは、一部の存在、すなわち、一部の人種や国家、あるいはモンテルラン自身には絶対的な特権があり、この特権によって他人に対する全権が与えられていると信じていた。彼の全道徳は戦争と迫害を正当化し、それを呼び求めるものだ。女に対する彼の態度を判断するには、この倫理をさらに詳しく検討した方がよい。というのも、要するに、何の名において女が非難されているのか知る必要があるからだ。

ナチスの神話には歴史的基盤があった。ニヒリズムはドイツ人の絶望を表わしていた。一方、英雄崇拝は積極的な目標を示していた。そしてその目標のために何百万人という兵士が死んだのである。だが、モンテルランの態度には、こうした積極的な埋め合わせはまったく含まれていない。彼の態度は彼自身の実存的な選択を表わしているだけである。実のところ、この英雄は恐怖を選んだのだ。どんな意識にも絶対的な力への欲求があるが、この欲求は、危険にさらされることによってはじめて明確なものになる。どんな優越性もはじめから与えられているのではない。自分の主観に陥っているかぎり、人間は無であるからだ。優劣が成立するのは人間のなす行為や作品においてであり、功績はつねに勝ち取っていくものだ。モンテルラン自身もこのことは承知している。「人は危険にさらす用意のあるものに対してのみ権利がある」。しかし、彼は同胞のなかで自分を危険にさらそうとしたことは一度もない。あえて人類に立ち向かう勇気がないからこそ、彼は人類を無視するのだ。「人間という腹立たしい障害物」、と『死せる王妃』の王は言う。というのも、人間たちはうぬぼれの強い男が自分のまわりに作り上げた独りよがりの「おとぎの国」を認めないからである。そうした人間たちは否定しなければならない。モンテルランの作品が、どれ一つとして人間対人間の葛藤を描いていないことは注目に値する。共存こそが生きた偉大なドラマであるのに、彼はそれを回避している。彼の主人公は、動物や子どもや女や景色を前に、いつも独りで立っている。彼は自分自身の欲望（『パシファエ』の王妃のように）や要求（サンチアゴの騎士団長のように）にとりつかれているが、彼の側には誰もいない。『夢想』のアルバンでさえ、仲間はいない。アルバンはプリネが生きているうちは軽蔑し、彼の死体に向き合ってはじめて気持ちを動かされる。モンテルランの人生も作品も、自分という一つの意識しか認めていないのだ。

したがって、こうした世界からはあらゆる感情がなくなる。一つの主体しかないとすれば、主体相互の関係はありえない。恋愛は取るに足りない。だが、それが軽蔑に値するのは友情を重んじるからではない。というのも「友情には内臓が欠けている」（『欲望の泉にて』）のだから。こうして、人間の連帯という連帯は、すべて偉そうに拒否される。英雄はひとの子として生み出されたのではなく、空間と時間によって制限されはしないのだ。「同時代のことでも過去のどんな時代のことでも、外界のことに関心を引かれる道理にかなった理由など私にはまったくない」（『自己自身の所有』）。他人に何が起きようと、彼にはどうでもよいのだ。「実を言えば、出来事など私にはまったくどうでもよかったのである。出来事が私を横切って、私のうちで発する光線だけが気に入っていた……だから、それがどんなものであろうとかまわない……」（『夏至』）。行動は不可能だ。「熱意、エネルギー、大胆さはあっても、人間的なことは何であれ信じていなかったので、誰のためにもそれを役立てることはできなかった！」（『欲望の泉にて』）。つまり、どんな超越も禁じられているということだ。モンテルランもこれを認めている。恋愛や友情はくだらないし、軽蔑は行動を妨げる。芸術のための芸術も信じないし、神も信じない。彼に残されているのは快楽という内在だけだ。一九二五年に、彼は「私の唯一《ゆいいつ》の野心は他の誰よりも見事に自分の官能を働かせることであった」（『欲望の泉にて』）と書き、さらに続けて、「結局、私は何を望んでいるのか。私を平和と詩のなかで楽しませてくれる存在を所有することだ」と言う。また、一九四一年には「しかし、非難している私はいったいこの二十年間、何をしてきたのか。この年月は私の快楽で満たされた一つの夢であった。好きなことに酔って、縦横に生きてきた。人生の息吹《いぶき》をたっぷり吸って、何と存分に生きてきたことか！」（『夏至』）。それもよい。しかし、女はまさに内在に溺《おぼ》れているからこそ、踏みつけられてきたのではないのか。モンテルランは母親や恋人の所有欲の強い愛のかわりに、いったいどれほど高い目標や偉大な意図を対抗させるというのか。彼もまた「所有すること」を求めているのだ。そして、「存分に生きた人生」なら、多くの女が彼よりずっと勝《まさ》っているだろう。たしかに、彼は異様な性的快楽、動物や少年や幼い少女から得られる快楽をとくに愛好している。情熱的な愛人が十二歳になる自分の娘を同じベッドに寝かせようと思わないことに憤慨しているが、太陽のような存在らしからぬあさましさである。女も男に劣らず、官能に悩まされるということが彼にはわからないのか。この基準から男女を序列化すれば、おそらく女の方が上だろう。実を言えば、この点でのモンテルランの一貫性のなさはひどすぎる。彼は「交互性」の名のもとに、すべてに価値がないのだから、すべての価値は等しいと言う。すべてを受け入れ、すべてを抱擁しようとして、自分の精神の闊達《かったつ》さが家庭の母親たちを怯《おび》えさせるのを楽しんでいる。しかしながら、占領下に、映画や新聞雑誌を検閲するような「宗教裁判[*1]」を要求したのは彼である。彼はアメリカ人のダンサーたちの太股《ふともも》に吐き気をもよおすが、闘牛の艶《つや》のある性器には興奮する。蓼《たで》食う虫も好き好き。それぞれが自分なりに「おとぎの国」を作りだす。この大放蕩児《ほうとうじ》は、いったいどんな価値の名のもとに、他人の放蕩に苦々しく唾《つば》を吐きかけるのか。それが自分のものではないからか。だが、そうすると、全道徳はモンテルランにあるということになるのだろうか。

もちろん、彼は快楽だけがすべてではないと答えるだろう。そこにはそれなりの流儀がなければならない。快楽は禁欲の裏面でなければならず、快楽主義者は英雄と聖人の両方の資質を自覚していなければならないのだ。だが、自分の快楽と自分自身について作りあげた高尚なイメージをうまく両立させている女はたくさんいる。いったいなぜ、モンテルランのナルシシスト的な夢想が女の夢想より価値があると考えなければならないのか。

というのも、実のところ、問題になっているのは夢想なのだ。モンテルランは偉大さ、聖性、英雄主義といった言葉にいっさいの客観的な内容を認めないのだから、彼が弄《もてあそ》ぶこれらの言葉は赤ん坊のおもちゃにすぎない。モンテルランは男たちのなかで自分の優越性を危険にさらすことを恐れ、この〔優越性という〕興奮させるブドウ酒に酔うために、雲のなかに身を引いたのである。〈比類なき者〉は、たしかに絶対的な存在ではある。

彼は幻影の部屋に閉じこもる。無限に自分の姿が鏡に反射されるのを見て、この世に自分だけいれば十分だと思う。だが、彼は自分自身の虜《とりこ》になった隠者にすぎない。彼は自由だと思っているが、自我のために自らの自由を疎外《そがい》する。彼は通俗的なエピナル版画から借りてきた規準にあわせて、モンテルラン像を作りあげる。鏡に映った自分がまぬけ顔に見えてドミニックを押しやるアルバンは、こうした〔既成のイメージへの〕隷属《れいぞく》状態の見本である。彼がまぬけなのは、他人の目にそう見えるからである。誇り高いアルバンも、自分が軽蔑《けいべつ》するこの集団的な意識に自分の心を従わせているのだ。モンテルランの自由は見せかけであって、現実ではない。目標がなく、行動が不可能なので、彼は身ぶりだけに甘んじる。つまり、それはジェスチャーである。女は彼には都合のよい相手だ。女が彼の引き立て役となり、彼は主役を独占し、月桂冠《げっけいかん》を戴《いただ》いて緋《ひ》の衣をまとう。ただし、すべてが内輪の舞台で行なわれるかぎりにおいて、本物の空の下、本物の光のなか、公共の広場に放り出されると、俳優はもうはっきりと見ることも立っていることもできずに、足がふらつき、倒れてしまう。頭が冴《さ》えると、コスタルは叫ぶ。「女に対するこうした〝勝利〟なんて、結局、なんというお笑いぐさだ！」（『若き娘たち』）。そのとおり。モンテルランが私たちに示す価値や手柄はなさけないお笑いぐさである。彼が

＊1　〔原注〕「フランス人の人間的美点をそこなうと判断されることはすべて禁止できる自由裁量権をもつ組織を、われわれは要求する。フランス人の人間的美点の名における一種の宗教裁判のようなものを」（『夏至』）。

陶酔する偉業もまた身ぶりにすぎず、けっして企てではない。彼はペレグリヌス[*1]の自殺やパシファエ[*2]の大胆さ、決闘で敵を一刀両断する前に自分の傘に入れてやったという日本人の粋《いき》な心遣いに感動する。だが、「敵の人格や、敵が体現していると思われる思想は、だから、それほど重要ではない」(『夏至』)と言うのである。この言明は一九四一年には特別な響きをもつ。さらに、目的がどうであれ、あらゆる戦争は美しいと言う。力は何に使われようと、つねにすばらしいのだ。「信念なき闘いとは、われわれが受け入れうる唯一の人間観、すなわち人間は英雄にして賢者であるという人間観を維持したいと思うとき、必然的に行き着くかたちである」(『夏至』)。しかし、あらゆる主義主張に対するモンテルランの高尚な無関心さが、対独抵抗運動《レジスタンス》ではなく国家主義革命の方向に傾いたこと、彼の至上の自由が降伏を選んだこと、英雄的な知恵の秘密をマキ〔対独抵抗運動の地下組織〕にではなく、戦勝者たちのなかに求めたことは不思議である。これもまた偶然ではない。『死せる王妃』や『サンチアゴの騎士団長』の偽《にせ》の崇高が行き着くのもこうした不可解な行為である。勿体《もったい》ぶっているだけによけいに意味深長なこれらの戯曲では、二人の尊大な男が、単に人間であるという以外には何の罪もない女たちを自分の空虚な自尊心の犠牲にするのが見られる。彼女たちは愛と地上での幸福を願っている。それなのに、彼女たちに罰を与えようと、一人からは命を、もう一人からは魂を奪ってしまう。いったい何のために？　と、もう一度、私たちは問おう。何のためでもないと作者は尊大に答える。彼は王がイネス[*3]を殺すのに、やむにやまれぬ動機をもっていてほしくなかったのだ。そうすると、この殺害が平凡な政治的犯罪になってしまうから。「なぜ彼女を殺すのか。おそらく理由があるのだろうが、私にはよくわからない」と王は言う。その理由は、太陽原理が地上の凡庸さに勝利しなければならないということだ。しかし、この原理は、すでに見てきたように、どんな目的も照らしだすことはない。破壊を要求するだけだ。『サンチアゴの騎士団長』のアルヴァーロに関して、モンテルランはある序文で、当時の一部の男性の「断固とした信念、外部の現実に対する軽蔑、破滅趣味、無への熱狂」に興味を引かれると述べている。アルヴァーロはこうした無への熱狂に自分の娘を捧《ささ》げるのである。彼女は神秘というきらびやかな美しい言葉で飾られるだろう。神秘より幸福を好むのは平凡ではないか。しかし、実際には、犠牲や禁欲は、目標があってこそ、人間的な目標があってこそ意味があるのだし、個別的な愛や個人的な幸福を超える目標があらわれるのは、愛や幸福の価値を認める世界のなかだけである。「お針子のモラル」の方が空虚なおとぎの国より本来的である。人生と現実に根ざしているのだから。そして、そこにこそ、さらに広大な望みも生まれうるのだ。ナチスの強制収容所ブーヘンヴァルトにいるイネス・ド・カストロや、国家的理由でドイツ大使館

＊1　古代ギリシアの哲学者。オリンピックのとき、おおぜいの見物人の前で焼身自殺した。
＊2　ギリシア神話。太陽神ヘリオスの娘で、クレタの王ミノスの妃《きさき》。雄牛と交わって、怪物ミノタウロスを生んだ。
＊3　『死せる王妃』の女主人公。

に駆けつける王を想像するのはたやすい。だが、占領下において、多くのお針子たちは、モンテルランに対しては抱くことのできないような尊敬に値する行動をした。彼のなかに充満している空疎《くうそ》な言葉は、まさに言葉の空疎そのものによって危険である。超人的な神秘主義は現世のあらゆる荒廃を許してしまうからだ。事実、こうした神秘主義は、私たちが話題にしている戯曲のなかに、一つは肉体的な、もう一つは精神的な二つの殺人となってはっきり現われている。残忍で孤独で不遇なアルヴァーロが厳しい審問官になる道はさして遠くない。理解されず、見捨てられた王がヒムラー〔ヒトラーの側近〕[*1]のような人間になる道も遠くはない。彼らは女を殺し、ユダヤ人を殺し、めめしい男やユダヤ化したキリスト教徒を殺害する。高邁《こうまい》な思想の名のもとに、殺して得になるもの、喜びであるものなら何でも殺してしまう。否定的な神秘家は、否定することによってしか自分の立場を示さない。だが真の超越は、未来に、人間の未来に向かう肯定的な前進である。偽の英雄は、自分が遠くまで来たのだと、自分が高みにいるのだと思い込もうとして、つねに後ろを、足元を見る。軽蔑し、非難し、抑圧し、迫害し、虐待し、殺害する。隣人に対して行なう悪によって、彼は自分が隣人よりすぐれていると考えるのだ。「存分に生きた人生」を中断して、モンテルランが尊大な指で示す頂とはこのようなものだ。

「アラビアの水汲《みずく》み水車を曳《ひ》くロバのように、私はぐるぐる回っている。目も見えずに、かつて自分が通ったその跡を目的もなく繰り返し回っている。ただし、私は冷たい水を汲み上げることはない」。一九二七年にモンテルランが記したこの告白に付け加えるべきことはほとんどない。冷たい水は一度として湧《わ》き出たことがなかったのだ。おそらく、モンテルランはペレグリヌスのように薪《まき》の山に火をつけるべきだった。これが最も論理的な解決法だったのだ。彼は自己崇拝に逃げ込むほうを選んだ。自分では豊かにすることのできないこの世界に身を捧げるかわりに、彼はそこに自分の姿を映しだすことで満足して、自分の目にしか見えないこの幻影のために自分の生を秩序づけたのである。「君主は、どんな場合でも、たとえ敗北したときでも、泰然自若としている」（『夏至』）と彼は書く。彼は敗北したときも平気なので、自分を王だと思いこむ。彼はニーチェから「女は英雄の気晴らしである」ということを学んだが、すばらしい英雄になるには女で気晴らししていればよいと思っている。万事がこの調子である。コスタルが言うように「結局、なんというお笑いぐさだ！」。

＊1　『死せる王妃』と『サンチアゴの騎士団長』。

II

D・H・ロレンスまたは男根《ファルス》の驕《おご》り

ロレンスはモンテルランのような作家とは対照的である。彼にとって問題なのは、個別的な男と女の関係を定義することではなく、男と女を〈生命〉の真実のなかに置き直すことである。この生命の真実とは表象でもなく意志でもない。それは人間性の根源である動物性を包み込んでいるものである。ロレンスは性器と頭脳の対立を激しく否定する。彼にはショーペンハウアーのペシミズムとは正反対の宇宙的オプチミズムがある。男根に表われている生きる意欲[*1]は喜びである。だから、思考も行動も、空虚な概念や不毛の装置にならないためにはその源を男根に置かなければならない。単なる性的循環《サイクル》だけでは不十分である。それでは内在[†]に陥ってしまう。それは死の同義語である。しかし、この性と死という不完全な現実でも肉体の大地から切り離されて生きるよりはましである。アンタイオス〔三二六頁参照〕のように男はときどき大地との接触を取り戻す必要があるだけでなく、男の生命全体は男らしさの表現でなければならない。そしてそれはただちに女を想定し、女を必要とする。女はだから慰みものでもなければ餌食《えじき》でもない。

女は主体に対する客体ではなく、一方の極が存在するために必要なもう一方の極なのである。この真理を見抜けなかった、たとえばナポレオンのような男たちは男としての人生に失敗した。彼らは落伍者《らくごしゃ》である。人間は、自らの個別性を主張するのではなく、その一般性を懸命に全うしてこそ救われるのだ。男であろうと女であろうと、性的な関係のなかに自尊心の満足や自我の高揚をけっして求めるべきではない。性《セックス》を意志の道具として用いること、それは取り返しのつかない過《あやま》ちである。自我の垣根を取り払い、意識の境界さえも越えて、いかなる個人的支配欲も捨てなければならない。

出産中の女性をかたどったあの小さな像ほど美しいものはない、とロレンスは言う。「彼女が感じているものの重みに、無表情なまでに放心しているひどく空虚でとがった顔つき」（『恋する女たち』）。この恍惚《こうこつ》は、犠牲でもなければ放棄でもない。男と女のどちらかが他方に飲み込まれてしまうということではない。男にしろ女にしろカップルのこわれた片割れであってはならない。性は傷ではない。男も女もそれぞれの極において完全な存在である。一方が男らしさにあふれていれば他方は女らしさにみちていて、「それぞれが両性の分極した回路を完成させている」（『恋する女たち』）。性行為は相手を征服するのでも相手に降伏するのでもなく、互いに相手によって最高の充足に到達するものである。アーシュラとバーキン[*2]がついに互いを理解し合ったとき、「彼らはこれこそ自

＊1　vouloir-vivre　ショーペンハウアーの哲学における、自己の生存と種の保存の本能。無意識的な、生きようとする意志のこと。

由と呼べる星の均衡を互いに与え合った……彼女は彼にとって、彼が彼女にとってと同じものであった。神秘的でありながら触れることのできる別の現実の、太古からの壮麗さといったものであった」。お互いに惜しみなく熱情を奪い合うことで、二人の恋人たちはともに〈他者〉に、〈全体〉に到達する。ポールとクレアラ＊1が抱き合うときもそうである。クレアラはポールにとって「彼の生命と混じり合った強く不思議な猛々《たけだけ》しい生命となった。それは彼らにはどうしようもないほどすばらしい瞬間であり、言葉を発することもできなかった。彼らは出会い、その出会いの中で、舞い上がる無数の草きれや、渦巻く星雲と一体になった」。チャタレイ夫人とメラーズ＊2も同じ宇宙的歓喜に到達する。互いに混じり合うことで、彼らは木々に光に雨に混じり合う。

　ロレンスはこの説を「チャタレイ夫人の擁護」で十分に展開している。「永続的かつ根源的に男根的でないような結婚は、幻影にすぎない。太陽に大地に月に星に天体につながり、日のリズムや月のリズム、季節や年や世代や世紀のリズムに合っていなければ、幻影にすぎない。結婚は血のやりとりに基づいていなければ無に等しい。なぜなら血は魂をつくっている物質であるからだ」。「男の血と女の血はどこまでいっても混じり合うことのない二つの異なる河である」。だから、これら二つの河はうねりながら生命の全体を囲んでいるのである。「男根にみなぎる血は女の血の谷間を埋める。男の力強い血の河がその最深部で女の豊かな血の河をとりまいている……だが、どちらの河も堰《せき》を破ることはない。これは最も完璧《かんぺき》な結合《コミュニオン》であり……、最も大きな神秘の一つである」。

この結合は奇跡的な充実であり、そのためには「個性」の主張は捨てなければならない。現代文明では普通になっているように互いの個性が自己を捨てずに到達しようとすれば、その試みは失敗に終わる。そこにあるのは、お互いの生命の流れを弱める「個人的な、青白い、冷たく、神経質で、詩的な」性欲である。恋人たちは互いを道具として扱い、二人のあいだには憎悪《ぞうお》が生じる。チャタレイ夫人と〔浮気の相手〕マイクリスがそうである。彼らはそれぞれの主観性のなかに閉じ込められている。彼らはアルコールや阿片《アヘン》によるのと同様な興奮を覚えるが、それを向ける対象がない。彼らはそこにいる相手を見ようとしないから、結局すべては空《むな》しい。

ロレンスならコスタル*3のような男を容赦なく断罪しただろう。彼はジェラルドをこうした高慢で利己主義の男の一人として描いている（『恋する女たち』）。ジェラルドはグドルーンとともに地獄に落ちるが、その責任の大半は彼にあるのだ。知的で意志の強いジェラルドは空しい自己主張に得々として、頑《かたく》なに人生に立ち向かう。彼は、興奮した雌馬を御す楽しみのために、向こう側を列車が大音響をたてて通過する柵《さく》に馬をつなぎ、暴れる馬の横腹を蹴《け》って血だらけにし、自分の力に陶酔する。この支配欲は女にも向け

＊2　（443頁）『恋する女たち』の登場人物。
＊1　『息子と恋人』の登場人物。
＊2　『チャタレイ夫人の恋人』の森番。
＊3　モンテルラン『若き娘たち』の登場人物。本書第二章Iを参照。

られ、女を卑《いや》しめる。弱い女は奴隷にされてしまう。ジェラルドはミネットにおおいかぶさる。「犯された奴隷（その存在理由《レゾンデートル》は永遠に犯されつづけることなのだ）のような彼女の子どもっぽい眼差《まなざ》しはジェラルドを奮い立たせた……彼の意志だけが意志なのであり、ミネットは彼の意志のままになる受け身の物質であった」。そこにあるのはみじめな支配欲である。男は奪いとり、豊かになったと思いこむが、それは幻想だ。ジェラルドは無価値である。もし女が受け身の物質にすぎないなら、男が支配しているものは無グドルーンを腕に抱く。「グドルーンはジェラルドの存在をつくっている豊かで愛すべき物質であった……彼女は彼のなかに消えてしまい、彼は絶頂に達するのだった」。しかし彼女のそばを離れるや、彼はまた独りぼっちで空虚になる。しかも次の日、彼女は待ち合わせにやって来ない。

気性の強い女の場合、男の要求は女のなかにも同等の要求をかきたてる。女は魅せられつつ反抗して、マゾヒストになったりサディストになったりする。グドルーンはジェラルドが逆上した雌馬の腹を腿《もも》のあいだに締めつけるのを見て激しい興奮をおぼえるが、ジェラルドの乳母から、昔「ジェラルドの小さなお尻《しり》をつねった」という話を聞かされても同じように興奮する。男の尊大さは女の抵抗をつのらせる。チャタレイ夫人が森番の、アーシュラがバーキンの、性的純粋さに征服されて救われたのにひきかえ、ジェラルドはグドルーンを果てしない闘争に引きずり込む。ある晩、不幸な男ジェラルドは悲嘆にくれてグドルーンの腕のなかに飛び込む。「彼女はゆったりとした生命の泉だった。

彼は彼女を熱愛していた。彼女はあらゆるものの母であり糧《かて》であった。彼女の女らしい胸からでる不思議な優しいものが治癒力のあるリンパ液のように、また、気持ちを落ちつかせる生命そのものの流れのように彼の乾いた病める頭脳をうるおし、彼は満ち足りてふたたび母親の胸に抱かれているかと思えるほどだった」。その夜、彼は、女との結合がどんなものでありうるかを予感する。しかし遅すぎた。彼の幸福にはひびが入っている。なぜならグドルーンは本当にそこにいたのではないから。ジェラルドを自分の肩の上で眠らせておいたが、彼女自身は眠れず、いらいらして心が離れていた。これは自分自身の虜になっている者の受ける罰である。人間はひとりでは孤独を破ることができない。自我に垣根をめぐらすことによって、〈他者〉の垣根をも造ったのだ。こうした人間は他者と合流することはけっしてないだろう。最後にジェラルドは自殺する。グドルーンと自分自身とに殺されたのだ。

したがって最初は男女のどちらも特権をもっているようには見えない。どちらが主体なのでもない。女は餌食でもないし単なる口実でもない。アンドレ・マルローが指摘しているとおり（『チャタレイ夫人の恋人』序文）、ロレンスにとっては、ヒンズー教徒とは違って、女がたとえば風景のように無限との接触のきっかけであるというだけでは十分でない。それもまた女を客体にする一つのやり方である。だが、女は男と同様、現実の存在であり、到達しなければならないのは現実の結合なのである。だからこそロレンスが好意的に描く主人公たちは恋人から肉体以上の贈り物を要求するのである。たとえばポールはミリアムが優しい犠牲心から彼に身をまかせるのを許さない。バーキンはアーシュラが彼の腕のなかにただ快楽だけを求めるのを望まない。冷たい女も燃えるような女も、自分のなかに閉じこもったままの女は男を孤独に放っておく。男はそんな女はおことわりだろう。男も女も互いに身も心も与え合うのでなければならない。この与え合いが実現したときは、互いにいつまでも忠実であるはずだ。ロレンスは一夫一婦制論者である。別の相手を求めるのは存在の個別性にとらわれている場合だけである。一方、男根的結婚は一般性に基づいている。ひとたび男と女の性の回路が作り上げられると、変化を求める欲望はありえない。この回路は完璧な、それ自体で閉じた、決定的な回路だからである。

互いに与え合い、互いに忠実であること。そうすれば、相互承認が本当に確立したことになるのか。いやそれには程遠い。ロレンスは男の優位性を熱狂的に信じている。「男根的結婚」という言葉自体、ロレンスが性的と男根的を同一視していることを十分証拠立てている。「男根は二つの河の連結《ハイフン》の役を果たしている。男根の方の流れが優位に置かれている。神秘的に結合する二つの血の流れのうち、男根の方の流れが優位に置かれている。「男根は二つの流れに結び合わせる」。したがって、男は対をなす二つの項の一つであるだけでなく、二項のあいだの関係でもある。つまり項を超えたものである。「未来に導く橋、それは男根である」。ロレンスは母神信仰を男根信仰によってとってかわらせようとする。ロレンスが宇宙の性的な性格に光を当てようとするとき、思い浮かべているのは女の腹ではなく男の性的能力なのである。彼は、女に悩まされる男をほとんど描いていない。しかし、男の強く巧みに人を引きつける呼びかけにひそかに動揺する女を百回も登場させる。彼の描く女主人公たちは美しく健康であるが、官能をそそるタイプではない。一方の男主人公たちは不気味な半獣神である。〈生命〉の不透明で強力な神秘を体現しているのは雄の動物である。女たちはその魔力に屈する。ある女は雄狐《おぎつね》に感動し、またある女は種馬に見とれる。グドルーンは熱に浮かされたように若い雄牛の群れに挑む。また彼女は雄ウサギの力強い反抗に興奮する。

こうした宇宙的な性の特権に、社会的特権が結びつく。おそらく男根の流れは激しく攻撃的であるからか、未来に足をかけているからか――ロレンスはそれを十分に説明していない――「生命の旗印をかかげる」(『無意識の幻想』)のは男である。男は目的に向かって進み、超越†を体現しているが、女は自分の感情にひたっていて内面性そのものである。女は内在性に定められているのだ。男は性生活において能動的役割を演じるだけでなく、性生活を超越する。男は性的世界に根を下ろしているが、そこから抜け出ていく。しかし、女はそこに閉じ込められたままである。思考と行動の根は男根にある。男根をもたない女は考える権利も行動する権利もないのだ。実際は、女も男の役割を演じること、それも立派に演じることができる。しかしその演技はリアリティに欠けている。「女の極は下方に、大地の中心部にある。女の深層の極性は下方に向かう流れ、月の引力である。男の極は逆に上方に、太陽の方に、日中の活動にある」(『無意識の幻想』)。女にとって「最も深層の意識は、その腹や腰にひそんでいる。もし女が上方に向かうならばいつかすべてが崩れさるときがくる」（『無意識の幻想』）。行動の領域での主導者、陽極《プラス》は男であって、女は感情面での陽極《プラス》である。

このようにロレンスはボナルドやオーギュスト・コント、クレマン・ヴォテル[*1]の伝統的、ブルジョア的な考え方を受け継いでいる。女は自らの実存を男の実存に従属させなければならないというのである。「女は男を信頼するべきなのだ。男がめざしている深遠な目的を」（『無意識の幻想』）。そうすれば男は女に限りない愛情と感謝をささげるだろう。「ああ、女が男を信頼し、男の計画は女の理解を超えていることを認めてくれていれば、女のいるわが家に帰ることはなんて幸せなことだろう……男は、自分を愛してくれる女には計り知れない感謝を覚えるものだ[†]」（『無意識の幻想』）。ロレンスは、女のこのような献身に値するために男には本来的に偉大な計画が宿っていなければならない、と付け加える。もし男の投企《プロジェ》[†]が見せかけにすぎないなら、カップルは滑稽《こっけい》な欺瞞《ぎまん》に陥る。ピエールとナターシャ[*2]のように互いに嘘《うそ》をつき合っているより、アンナ・カレーニナとヴロンスキー、カルメンとドン・ホセのように愛と死という女性的循環《サイクル》にとどまっている方がましである。

しかし、こうした例を除けばロレンスがすすめるのは、プルードンやルソー流の、女が自らの存在を夫によって正当化する一夫一妻制である。ロレンスは、男女の役割を逆転させようとする女に対して、モンテルランと同じ憎悪のこもった口調をとる。女は

〈大いなる母《マグナ・マテール》〉を演じたり、生命の真実をにぎっていると主張するのをやめるべきである。女は独占的で貪欲《どんよく》で、男を去勢する。男を内在に陥らせ、目的からそらせるというのである。女は独占的で貪欲《どんよく》で、男を去勢する。

のである。ロレンスは母性を呪《のろ》っているわけではない。それどころか自分が肉体をもつ存在であることを喜び、この世に生を受けたことを受け入れ、母親を心から愛している。彼の作品のなかの母親たちは、真の女らしさの鏡として登場する。彼女たちは純粋な献身、絶対的な寛大さである。その生き生きとした温かさはすべて子どもに向けられる。子どもが一人前の男になることを受け入れ、誇りに思う。しかし、男を子ども時代に連れ戻そうとする利己的な恋人は警戒しなければならない。そういう女は男の飛翔《ひしょう》を打ち砕く。「女の天体である月はわれわれを後ろに引き戻す」（『無意識の幻想』）。こういう女は絶えず愛を語る。だが彼女にとって愛するとは獲得すること、自分のうちに感じている空虚を埋めることである。こういう愛は憎悪に近い。だから、それまで一度も自分を与えることのできなかったハーマイオニは恐ろしい欠乏感に苦しみ、バーキンを独り占めしようとするのだ。それがうまくいかないと、今度はバーキンを殺そうとする。彼を叩《たた》きながら彼女が覚えた恍惚感は、自己本位な快楽の痙攣《けいれん》と同じものである。

セルロイドとゴムでできた人形のくせに意識を欲しがると、ロレンスは現代女性を嫌悪している。女が性的に自覚すると、たちまち「頭でっかちな行動をし、機械的な意志

＊1　二十世紀フランスのジャーナリスト。
＊2　トルストイ『戦争と平和』の登場人物。

の命令に従って人生を歩むようになる」(『無意識の幻想』)というのである。ロレンスは女が自律的に快楽を求めることを禁じる。女は自らを与えるようにできており、奪うようにはできていないというのだ。ロレンスはメラーズの口を借りてレスビアンへの嫌悪を叫んでいる。だがロレンスは男の前で超然としている女や挑戦的な女も非難している。ポールはミリアムが「あなた、きれい」と言いながら脇腹《わきばら》を愛撫《あいぶ》したとき、傷つき怒りを感じた。グドルーンも愛する男の美しさにうっとりして、ミリアムと同じ過ちを犯す。こんなふうに女に眺められるのは、ペニスを馬鹿《ばか》にしたり男の身体の運動を笑ったりする冷淡なインテリ女の皮肉と同じくらい、男の心を引き離すというのだ。女があまり激しく快楽を追い求めるのも同じようによくない。あまりに強烈な自分だけの快楽もまた男たちを遠ざける。女はそんな快楽に向かってはならない。ロレンスは、女としての使命を果たさない自立した支配的な女の肖像を数多く描いている。アーシュラとグドルーンはこの類《たぐい》の女だ。初めアーシュラは独占欲の強い女である。「男は彼女に余すところなく身をゆだねなければならない……」(『恋する女たち』)。アーシュラは自分の意志を抑えることを学ぶが、グドルーンは頑固だ。知的で芸術家の彼女は、男たちの自立と行動の可能性がうらやましくてならない。彼女は自分の個性には指一本ふれさせまいとし、あくまでも自分のために生きようとする。皮肉屋で独占欲の強い彼女は主観性のなかに閉じこもったままでいるだろう。

最も重要な意味をもつ人物は、いちばん気取ったところのない、ミリアムである(『息子と恋人』)。グドルーンの挫折《ざせつ》はジェラルドにも責任があるが、ポールに対してミリアムは自分の不幸の重荷を独りで背負っている。彼女もまた男になりたいと思い、しかも男を憎んでいる。彼女は自分のうちにある一般性を認めようとしない。「他と一線を画し」たいのである。だから生命の大きな流れは彼女のなかを流れない。彼女は魔女か巫女《みこ》に似ているとしても、バッカス神の巫女にはまったく似ていない。彼女が事物に感動するのは、それになにか宗教的な価値を与えて、心のなかで反芻《はんすう》しなおしてからである。こうした熱情がまた彼女を生命から引き離すのだ。ミリアムは詩的で神秘的で順応性に欠ける。「彼女の行き過ぎた努力はいつも空回りに終わった……彼女は不器用というのではなかったが適切な動作をしたことがなかった」。彼女はごく内面的な喜びを求め、現実に恐れを抱く。性行為も彼女を恐《こわ》がらせる。ポールと寝るとき彼女の心は一種の嫌悪のなかで独り醒《さ》めている。彼女はつねに意識であって生命ではない。彼女は分かちあわない。恋人と一つに溶け合おうとはせず、恋人を自分に吸収しようとする。ポールはそれにいらだつ。彼女が花を愛撫しているのを見て、ポールは激しい怒りにとらわれる。まるで彼女は花の心を奪おうとしているかのようだった。ポールは彼女をののしる。「あなたは愛の乞食だ。あなたは愛したいのではなくて、愛されたいだけなんだ。あなたには何か知らないが欠けているものがあって、愛で満たされたいんだ」。性行為は空虚を満たすためにあるのではなく、完成した存在の自己表現であるはずだ。女が愛と呼ぶのは男の性的な力への渇望《かつぼう》であり、女はその力を独占したいのだ。ポールの母親は、ミリアムがどんな女かはっきり見て取っている。「彼女はポールのすべてを望んでいる。彼からすべてを引き出してむさぼろうとしている」。ミリアムはポールが病気になると喜ぶ。彼を看病できるからだ。というのも、彼の世話をすると言いながら、実はこれも自分の意思を押しつける一つのやり方なのである。彼女はポールと一体化していないので、「阿片がもたらす熱そっくりの欲情」をポールのうちにかき立てはしても、喜びと平和を与えることはできない。彼と抱き合っているときでも、自分では気づかずに、「彼女はポールを嫌っていた。ポールが彼女を愛し支配していたから」。だからポールは彼女から離れる。彼はクレアラのもとで精神の安定を取り戻そうとする。美しく生気に満ちて動物的なこの女は、余すところなく自分をポールに与える。二人は自分たちが思いもしなかった恍惚《こうこつ》の瞬間に到達する。しかしクレアラにはこの啓示がわからない。彼女はこの喜びがポール自身の、彼の独自性によるものであると思い、彼を自分のものにしておきたがる。彼女もまた彼のすべてを望むがゆえに、ポールをひきとめておくことに失敗する。愛は個人と個人のものになるや飽くなきエゴイズムに変わり、エロチシズムの奇跡は消え去る。

ロレンスによれば、女は個人的な愛をあきらめるべきである。メラーズもドン・シプリアーノ[*1]も恋人に愛の言葉をささやくことに同意しない。模範的な女であるテレサは、ケイトからドン・ラモンを愛しているかと聞かれて憤慨する(『翼ある蛇』)。「あの人は私の命です」と彼女は答える。彼女が彼に与えることを承知したものは、愛とは全然別のものなのだ。女も男と同じように、どんな誇りもどんな意志も捨てなければならない。女が男にとって生命を体現しているなら、男も女にとって生命を体現している。チャタレイ夫人はこの真理を認めてはじめて安らぎと喜びをおぼえる。「彼女は、自分を疲れさせ頑《かたく》なにしていた厳しく立派な女としての権勢を捨てるだろう。新しい生命の泉の中に、声にならない敬慕の歌を歌っている肉体の深みに身をひたすだろう」。そこで彼女はバッカス神の巫女たちの陶酔へと導かれる。盲目的に恋人に従い、その腕の中で自己を求めず、恋人とともに雨や木々、春の花々と一体になり、気持ちの通じあったカップルを形成する。同じようにアーシュラもバーキンの腕の中で自らの個性を捨て、「星の均衡」に到達する。

しかしロレンスの理想を完全に反映しているのは、とくに『翼ある蛇』である。ドン・シプリアーノはいわゆる「生命の旗印をかかげる」男たちの一人で、自分の使命にすべてを捧《ささ》げ、彼の男らしさは自らを超越し、神にまで高められる。彼が自分を神にまつりあげても、それはいかさまではない。なぜなら、完全に男である男は誰でも神だからである。したがって、そういう男は女の絶対的な献身に値する。西洋的偏見がしみこんでいたケイトは初めこうした従属を拒み、自分の個性に、自分という限られた存在に固執する。しかし少しずつ彼女は大きな生命の流れに身をひたし、シプリアーノに身も

＊1　『翼ある蛇』の登場人物。

心も与える。これは奴隷《どれい》の服従ではない。彼女はシプリアーノのもとにとどまる決意をする前に、彼が彼女を必要としていることを彼に認めさせようとする。彼はそれを認める。実際、女は男にとって必要だからである。そこで彼女はいつまでも変わらずに彼の妻でいることに同意する。彼の目的、彼の価値観、彼の世界を自分のものにするのである。この服従は性愛そのものにも表われる。ロレンスは、女を揺さぶる痙攣によって女が男とは別に快楽を求めて身を引きつらせるのを望まない。彼は女にわざとオルガスムスを許さない。ドン・シプリアーノはケイトにこの強い快楽が近づくのを感じるとケイトから離れる。ケイトはこのように性的自主性までも放棄する。「彼女の女としての強烈な意志と欲望はしずまり消えていった。あとには大地から音もなく湧《わ》き出てきて、それでいて活発で旺盛《おうせい》な力を秘めている温泉のような、やさしさと服従そのものの彼女が残っていた」

これで、なぜロレンスの小説はなによりまず「女性教育」であるのかがよくわかる。女にとって宇宙の秩序に従うのは男よりずっとむずかしい。男はその秩序に自律的に従うが、女は男の仲介を必要とするからである。〈他者〉が自分以外のものの意識と意志を体現するとき、それはほんとうの服従となる。逆に、自主的な服従は、絶対者が下す決定に奇妙にも似ているのである。ロレンスの作品の男性主人公たちは初めから断罪されているか、初めから知恵の秘密を握っているかどちらかであるが[*1]、彼らはずっと昔から宇宙に服従しており、そこから十分な内面的確信を得ているために、まるで誇り高い個人主義者のように尊大に見える。彼らの口を借りて話す神がいるようだ。すなわち、ロレンス自身が。一方、女は男たちのもつ神性の前に身をかがめなければならない。男というものが頭脳でなく男根であるかぎり、男らしさをもつ者が特権を維持するのである。女は悪ではない。善でさえある。しかし従属している。ロレンスが私たちに勧めるのもやはり「ほんとうの女」という理想、つまり自分を〈他者〉としてためらいもなく定義してしまう女の理想である。

III

クローデルと主の婢女《はしため》

クローデルのカトリシズムの独特なところは、悪さえも善に変わるという頑としたオプチミズムである。

「悪にさえも失われてはならない善が含まれている」（『真昼に分かつ』）

創造主の視点と言ってもよい視点――創造主は全知全能で思いやりがあると思われる

＊1　〔原注〕最も生き生きしている『息子と恋人』のポールを除いて。この作品は男の修業を描いている唯一の小説である。

ので——を採用することによって、クローデルはこの世の創造物全体を受け入れる。地獄と罪がなければ、自由も救いもないだろう。神は、この世界を無から生まれさせたとき、あらかじめ過《あやま》ちと贖罪《しょくざい》を考えていたのだ。ユダヤ教徒とキリスト教徒から見れば、イヴの不服従がその子孫である女たちをこんなにも不利な立場に置いたのである。カトリック教会の教父たちが女をいかにひどい目に会わせたかはよく知られている。だが、女が神の計画の役に立ったとなれば、一転して女は正当化される。「女！　地上の楽園において女がかつて不服従という手段によって神のためになしたこの奉仕。女と神のあいだに打ち立てられたこの深い同意。過ちを通して女は贖罪のためにわが身をさし出したのだ！」（『ソフィの冒険』）。たしかに女は罪の根源であり、男が楽園を失ったのは女のせいである。しかし人間の罪は償われ、この世はあらたに祝福されるのだ。「われわれは、神がわれわれを初めに置かれたエデンの園から一歩も出たことはない」（『三声頌歌《しょうか》』）

「大地はすべて約束の地である」（『ロワール＝エ＝シェール県の会話』）

神の手から出たもの、神によって与えられたものは何であれ、それ自体として悪いものではありえない。「神のなさったことすべてをもってわれわれは神に祈るのである。神の造られたものは何であれ無駄なものはない。われわれ人間のことがらと無関係なものはない」（『繻子《しゅす》の靴』）。さらにまた、必要でないものは何もない。「神が造られたものはすべて互いにつながっている。すべてが互いに互いを必要としている」（『マリアへのお告げ』）。こうして女は宇宙の調和の中に自分の場所をもつ。それは取るに足りない場所ではない。この世には「〈虚無〉のこの儚《はかな》い花と永遠者〔神〕とを結ぶ奇妙な情熱、リュシフェール〔別名サタン〕の目には躓《つまず》きのもとと映る情熱」（『ソフィの冒険』）があるのだ。

たしかに女は破壊者になりうる。だとえばクローデルは、レシをとおして男を破滅に導く悪女の姿を描いた（『交換』）。『真昼に分かつ』のイゼは恋の罠《わな》にかけた男たちの一生をめちゃめちゃにする。だが、このような破滅の危険がなければ、救いもまたないだろう。女は「神がその驚くべき創造のさなかに故意に招き入れた危険要素である」（『ソフィの冒険』）。男が肉の誘惑を経験するのはよいことである。「われわれの人生に劇的な要素を加えるのはわれわれの内なるこの敵、ぴりっと辛いこの塩なのである。われわれの魂は、もしこれほど容赦なく襲われなかったら眠ったままであろう。〔だがこの敵のおかげで〕魂はとび起きる……これは勝利を学ぶ闘いなのである」（『朝日の中の黒い鳥』）。男は精神の道によってだけでなく、肉体の道によっても魂の自覚へと導かれる。「そして男に話しかけるのに女の肉体より強力なものがあるだろうか」（『繻子の靴』）。男を眠りから、安全から引き離すものは、すべて男の役に立つ。どんなかたちの恋であれ、「われわれの凡庸な理性によって整えられた個人的な小宇宙を根底から攪乱《かくらん》する要素」（『立場と提言』）として現われる効力をもっている。だがたいていの場合、女は期待はずれの幻影を与えるだけである。

「私は守られることのない約束です。そしてそこにこそ私の魅力はあるのです。私は、ないものへの愛惜をもつ、在るものの喜びなのです。私は過誤の顔をした真理、そして私を愛するものは、過誤と真理を見分けようと気にかけたりは少しもしないのです」(『都市』)

しかし幻影の効用もある。守護天使がドニャ・プルエズに告げるのはそれだ。

「――罪さえも! 罪さえも役に立つのだ。

――ではあの人が私を愛するのは良いことだったの?

――お前が彼に欲望を教えたのは良かった。

――幻影への欲望でも? あの人がけっしてつかまえることのできない影を欲しがることでも?

――欲望は在るものを欲《ほっ》することであり、幻影はないものを欲することだ。幻影を通して欲することは

ないものを通して在るものを欲することである」(『繻子の靴』)

神の意志により、プルエズはロドリーグ[*1]にとって、「その心臓を突き通す〈剣〉」(『繻子の靴』)となる。

しかし女は神の手によって、単にこのような刃、このような激痛として造られたわけ

ではない。この世の良いものは必ずしも拒否されるためにあるのではなく、糧《かて》でもあるのだ。男はそれを手に入れ自分のものとしなければならない。男にとって愛する女は、宇宙の知覚可能な美をすべて体現することになるだろう。彼女は男の唇に賛歌となって現われるだろう。
「ヴィオレーヌ、あなたはなんて美しいのだ。そしてあなたのいるこの世界はなんて美しいのだ」（『マリアへのお告げ』）
「私の前に立っている、風の息吹《いぶき》よりも穏やかで若葉を通して見える月のような女は誰だろう……ほら彼女はまだ乾いていない羽をひろげる生まれたてのミツバチのよう、大きな雌鹿《めじか》のよう、自分が美しいことを知らない花のようだ」（『乙女ヴィオレーヌ』）
「お前の匂《にお》いを嗅《か》がせておくれ。祭壇のように水に洗われた、輝く大地が黄と青の花を咲かせるときの匂いのような、
藁《わら》と草が香る夏の匂いのような、そして秋の匂いのようなお前の匂いを……」（『都市』）
男にとって愛する女は自然全体の要約である。バラ、ユリ、星、果物、鳥、風、月、太陽、噴水、「真昼の光のなかの大きな港の平和などよめき」（『繻子の靴』）である。しかもそれよりはるかに素晴らしいもの、つまり自分の同類なのだ。
「ところで、今は、私にとって星とはまるで別のものが見える。夜の生きている砂のな

＊1　ともにクローデル『繻子《しゅす》の靴』の登場人物。

かのこの光の点、私と同じ人間が……」（『繻子の靴』）

「お前はもう独りぼっちではなくなる。献身的な女がいつまでもお前の内にお前と共にいるようになる。いつまでもお前のもので、決して自分を取り戻したりしない、お前の妻が」（『都市』）

「私の言うことに耳を傾けて私を信頼する者。

自分は女だとわれわれに伝え、腕の中に抱いてくれる低い声の伴侶《はんりょ》」（『堅いパン』）

女の身体《からだ》も心も胸に抱いて、男は自分の根をこの大地に見出《みいだ》し、自己を実現する。

「私はこの女を取った。これが私の器量であり、私の大地の取り分である」（『都市』）。

女は軽く担《にな》えるものではない。だが、男はいつでも担える用意ができているわけではない。だから、

「愚かな男は、この途方もない者が、こんなに重くてかさばるものが自分のそばにいるのに気づいてびっくりする。

こんなにたくさん着込んで、たくさん髪がある、一体どうしよう。

男はそれをいまさら厄介払いするわけにはいかないし、また、そうする気もない」

（『真昼に分かつ』）

この重荷は同時に宝でもあるからだ。「私は大きな宝です」とヴィオレーヌは言う。

一方、女のほうも自分を男に与えることによってこの世での運命を成就《じょうじゅ》する。

「なぜって、摘まれるためでなければ女であることが何の役に立つでしょう。

そしてこのバラは、むしりとられるためでなければ何の役に立つでしょう。女に生まれたからには、誰か他のひとのものに、強いライオンの餌食《えじき》になるためでなければ何の役に立つでしょうか」（『三声頌歌』）

「彼の腕の中でしか女になれない、彼の腕の中でしか一杯のブドウ酒になれない私たちは、どうしたらいいのでしょうか」（『三声頌歌』）

「だけどお前、私の魂よ、言っておくれ。私は無駄に造られたのではないし、私を摘むように定められている人がいるのだと」

「私を待っていたこの心、この心を満たすのは、私にとってああなんて嬉《うれ》しいことでしょう」（『三声頌歌』）

もちろん男と女のこの結合は神の前でなされなければならない。この結合は聖なるものであり、永遠の中に位置づけられる。それは意志の奥深い動きによって同意されなければならず、個人の気まぐれによって解消されてはならない。「愛、すなわち自由な二人の人間がお互いに与え合う同意は、神の目にかくも偉大なものに見えたので、神はそれを秘蹟《ひせき》とした。秘蹟は、ここでも他のすべての場合と同様に、心の至高の望みにすぎなかったものに現実性を与える」（『立場と提言』）。さらにまた、

「結婚は快楽ではなく、快楽を犠牲にするものである。それは、これからは永遠に自分たちを超えた目的のために互いに満足しあわなければならない二つの魂の修養である」

（『繻子の靴』）

この結合によって男と女は互いに喜びを与え合うだけでなく、それぞれが自分の存在を手に入れるだろう。「私の魂の奥にあるこの魂、それを見つけてくれたのは彼なのです……私のところまでやってきて手をさし延べてくれたのは彼なのです……彼こそ私の使命だったのです。何と言ったらよいでしょう。彼こそは私の源だったのです。私が生まれたのはまさに彼のおかげ、彼のため！」（『トビアとサラの書』）

「他のことに気をとられていて考えもしなかったので、そんなものは存在しないと思っていた私自身の分身。ああ神よ！　それが存在しているのです。最高に生きているのです」（『辱《はずかし》められた神父』）

そしてこの存在は、この存在によって補われる存在にとって、正当で、必要なものに思われる。「彼にとってお前は必要だったのである」とプルエズの天使は言う。またロドリーグは、

「なぜなら、死ぬとは必要でなくなるということだ。

彼女が僕なしですませられたことがあるだろうか。僕がいなくても彼女が彼女自身でありうる、そんな存在に僕がなってしまうことがあるだろうか」（『繻子の靴』）。

「人生のなかで、他人との神秘的な関係のなかで作られたのではない人はいないと言われます。

でも私たち二人は、それ以上なのです。あなたが、あなたが話すにつれて、私は存在するのです。私たち二人のあいだで同じ一つのものが呼応し合っているのです。

ねえオリオン、私たちが造られたとき、あなた用の材料が少し残ったのだと思うわ。あなたにいかなかったその材料で私が造られたのです」（『辱められた神父』）

この再結合の素晴らしい必然性のなかに楽園が再び見出され、死が乗り越えられる。

「男と女から、エデンの園にいたあの存在がこうして再び造られる」（『聖者詩符』）

「われわれは、お互いがお互いによる以外に、死を免れることはけっしてできないだろう。ちょうどすみれ色がオレンジ色と溶け合ってはじめて真紅になるように」（『繻子の靴』）

結局、各人は一人の他者の姿を通して、唯一《ゆいいつ》の完全な〈他者〉、すなわち神に向かうのである。

「私たちが互いに与え合うのは、さまざまな形での神なのである」（『聖者詩符』）

「初めに私の目の中に天を見たのでなかったなら、お前はそれほどまでに天を願い求めただろうか」（『聖者詩符』）

「ああ、女であることをやめて、あなたが隠しきれないあの神を、さあ、あなたの顔の上に見させて下さい！」（『繻子の靴』）

「神への愛は、私たちのなかに、被造物への愛がもつのと同じ力をよびさます。私たちだけでは完全でなく、私たちがその中で自己実現する最高の〈善〉とは私たちを超えた誰かであるという感情を」（『立場と提言』）

このように各人は、他者のなかに自分のこの世における生の意味と、またこの生が不十分であることの反論しがたい証拠とを見出す。

「私はあの人に天を与えることはできないとしても、少なくとも地上からあの人を引き離すことはできる。私だけがあの人の欲望に応じて不満をみたすことができる」（『繻子の靴』）

「私があなたに求めていたもの、私があなたにあげたかったもの、それは（この世の）時間とは相いれないもの、永遠とかかわるものなのです」（『辱められた神父』）

　しかしながら、女と男の役割はまったく対称をなすわけではない。社会的に見て、男は明らかに優位である。クローデルは〔男女間に〕序列があること、とりわけ家族のなかに序列があることを信じている。家庭の長は夫だというのである。アンヌ・ヴェルコール[*1]は自分の家庭を支配しているし、ドン・ペラージュ[*2]は自分がドニャ・プルエズというかよわい植物の世話を任された庭師であると思っている。ドン・ペラージュは、ドニャ・プルエズに使命を与え、彼女の方でもそれを拒絶するなど思いもよらない。ただ男であるというだけで、男は特権を与えられる。「私の血族の男と自分を比べてみると、あわれな娘、私はいったい何なのだろう」（『人質』）とシーニュはたずねる。畑を耕すのは男、大聖堂を建てるのも、剣をもって戦い、世界を探検し、領地を征服するのも、行動するのも、計画を立てるのも、みんな男である。この地上で神の計画が成し遂げられるのは男によってである。女は助手でしかない。女はその場にとどまり、待ち、守る者なのだ。

「私はとどまり、いつもそこにいる女です」とシーニュは言う。

彼女はクフォンテーヌ[*3]が遠方で〈正義〉のために戦っている間、クフォンテーヌ家の財産を守り、その収支をきちんと管理しておく。女は戦う男に希望という援助をもたらす。「私は打ち破ることのできない希望をもたらす」（『都市』）。それに憐憫《れんびん》の援助も。「私は彼を憐《あわ》れに思った。なぜって、彼は内心を打ち明けたいという気持ちと気恥ずかしさを胸に、母を捜し求めてどこに行くのか。辱められた女のところ以外に」（『交換』）

また瀕死《ひんし》の黄金の頭《テト・ドール》[*4]はつぶやく。

「これこそ怪我《けが》した男を力づけるもの、不具となった男を支え、瀕死の男の道連れとなるもの……」

このように男の弱っているさまを女に知られても、クローデルはそのことで男を責めたりはしない。それどころか、モンテルランやロレンスに見られる男の思い上がりを冒《ぼう》瀆《とく》と考える。男が、肉体をもつ惨《みじ》めな自分を知ること、自分の生まれとそれに対をなす死を忘れないのはよいことである。どんな妻もマルタの次のような言葉を口にすることができる。

＊1　『マリアへのお告げ』のヴィオレーヌの父親。
＊2　『繻子の靴』の登場人物。プルエズの夫。
＊3　シーニュの従兄。次頁に出てくるジョルジュと同一人物。
＊4　『黄金の頭』の主人公。

「確かにあなたに生命を与えたのは私じゃないわ。
でも私はあなたから生命を返してもらいにきたの。だから男は女を前にすると、
債権者に向かい合った時のような動揺を感じるのよ」（『交換』）

だがしかしこの弱さは力の前には屈しなければならない。結婚において妻は夫に自らを差し出し、夫は妻を引き受ける。たとえばラーラはクウヴルの前で地面に横たわり、クウヴルは彼女の上に足をのせる。夫に対する妻、父に対する娘、兄弟に対する姉妹の関係は、主君に対する家来の関係である。シーニュはジョルジュの手のなかで主君に対する騎士の誓いをたてる。

「あなたは主君、そして私は火の番をするあわれな巫女《みこ》にすぎません」（『人質』）

「新参の騎士のように誓いをたてさせて下さい。私のご主人様！　兄上様、どうかあなたの手のなかで、
誓願を立てる修道女のように誓わせて下さい。
ああ、私の血族の男であるあなた！」（『人質』）

貞節と忠誠は臣下がもつべき最大の徳である。女としてはやさしく、謙虚で、ひかえめであるが、血族、血統の名にかけて、威厳に満ちた不屈の女たちがいる。クフォンテーヌ家の誇り高いシーニュのように、あるいはまた、暗殺された父親の亡骸《なきがら》を肩に負い、人里離れたところで孤独な生活の惨めさと十字架の痛みを受け入れ、自分の傍らで黄金の頭《テト・ドール》が死んでいくのを看取《みと》る『黄金の頭』の王女のように。女は調停者、仲介者で

あることが多い。それは養父モルデカイの命令に従順にしたがうエステル[*1]であり、司祭たちに従うユディット〔二八七頁参照〕である。女は、自分の主人のものであるゆえに自分のものでもある〈大義〉に忠誠を誓うことで、弱さ、小心、羞恥心《しゅうちしん》などに打ち勝つことができる。女は献身することで力を得る。そしてその力によって女はこの世で最も貴重な道具となるのだ。

人間の次元で見ると、女はまさに従属することで偉大さを得ているように見える。しかし神の目には、女は完全に自律的な人間である。男の実存は乗り越えられるものであり、一方、女の実存は維持されるものであるという相違は、地上の目で見るときにのみ成立する。いずれにしても超越†が成し遂げられるのは地上においてではなく神においてである。そして、女は神とのあいだに、彼女の同伴者である男がもっているのと同じ直接的な絆《きずな》、いやもっと緊密でもっと内密でさえある絆をもっている。神はシーニュに男——とはいっても司祭である——の声を通して語りかける。だが、ヴィオレーヌは自分の心の孤独な静けさのなかに神の声を聞き、またプルエズは守護天使にしか耳を貸さない。クローデルの描いた人物のうち最も崇高なのはシーニュ、ヴィオレーヌ、プルエズといった女たちである。それは一つには、クローデルによれば聖性は自己放棄のなかにあるからである。そして女は人間的な企てに男ほどかかわっていないので個人的な意志

＊1　『旧約聖書』。ペルシア王アハシュエロスの妃となり、ユダヤ人を虐殺《ぎゃくさつ》から救った。

を持つ度合いが低い。女は取るためにではなく自分を与えるために造られているので、完全な献身により近いのだ。地上の喜びの超越は女によって行なわれるのである。そうした喜びは法に適《かな》った良いものではあるが、それを犠牲にするのはもっと良いことである。シーニュは教皇を救うという明確な理由のために犠牲を成し遂げる。人妻プルエズのロドリーグへの愛は禁じられた愛であり、初め彼女はあきらめようとする。

「では私があなたの腕のなかに不義の女をゆだねることをお望みでしたの？……それでは、私はあなたの胸でやがて死んでいく女にすぎなかったでしょう。あなたが渇望《かつぼう》している永遠の星にはなれなかったでしょう」（『繻子《しゆす》の靴』）

しかしこの愛が合法的なものになりそうになっても、彼女はこの世でこの愛を遂げるために何もしない。なぜなら守護天使が彼女にこうささやくからだ。

「プルエズよ、わが妹よ、私が讃《たた》える、光のなかの神の子よ、

天使たちが見ているプルエズ、そうと知らずに彼が見ているのもその女である。彼に与えるためにお前が作ったのもその女である」（『繻子の靴』）

彼女も人間であり、女である。だから抵抗もせずにあきらめはしない。

「ではあの人は私のもっているこの味わいを知ることはないのですね」（『繻子の靴』）

しかし彼女はロドリーグとの真の結婚は彼女が拒否しない限り成就しないことを知っている。

「あの人にもう逃れる方法がすべてなくなって、私とのこの許されない結婚で永遠に私

に結ばれるだろうとき、起重機のような私の力強い肉体とこの無情な空虚から身を引き離す方法がもはやなくなるだろうとき、私があの人に私自身の虚無によってあの人の虚無を証明してしまうだろうとき、あの人の虚無のなかに私の虚無が確認することのできないような秘密がもはやなくなるだろうとき、

その時こそ私は、引き裂かれあらわになったあの人を神にさし出し、あの人を雷の一撃によって満たしてもらうでしょう。その時こそ、私は一人の夫をもち、両腕のなかに神を抱くでしょう」（『繻子の靴』）

ヴィオレーヌの決心はもっと不可思議で根拠もずっとあいまいである。というのも彼女は愛し愛されていた男と合法的な絆で結ばれようというその時、ハンセン病と失明を選んだのだから。

「多分ね、ジャック。

私たちはあまりに愛しすぎていたのよ、私たちがお互いのものであることが正義であるためには。一緒にいることが良いことであるためには」（『乙女ヴィオレーヌ』）

しかし、女たちがこんなふうに他ならぬ聖性のヒロイズムに身を捧《ささ》げるのは、なんといってもクローデルが女たちを依然として男性的観点から捉《とら》えているからである。確かに男女は互いに相手の目には〈他者〉を体現している。けれども、たいていの場合、男の目に絶対的他者と見えるのはやはり女である。「私たちには不可能なことがわかっている」神秘的な超越があり、「そこから、女が私たちに及ぼす、〈恩寵《おんちょう》〉の力にも似た力

が生まれるのだ」（『繻子の靴』）。この私たちは男だけを指しており、人類を指しているのではない。女は男たちの不完全さに対する無限からの呼びかけである。ある意味ではここには従属の新しい原理がある。つまり、諸聖人の通功《つうこう》*1に基づけば各人は他のすべての人々にとって〔仲だちの〕道具なのだ。しかし女は、より正確には、男のための救済の道具であり、そこに相互性は見られない。『繻子の靴』はロドリーグの救済の叙事詩である。この劇はロドリーグの兄が弟のために神に捧げる祈りで始まり、プルエズによって聖性に導かれたロドリーグの死によって幕を閉じる。しかし、ある意味で、女はこうして最高の自律性を獲得する。なぜなら、その使命は女のうちに内面化され、男の救済を果たすことで、あるいは男に模範を示すことで、女は孤独のうちに自らの救済を果たすからである。ピエール・ド・クラオン*2はヴィオレーヌにその運命を予言し、心のなかに彼女の犠牲の素晴らしい果実を受け取る。彼は大聖堂の石のなかに彼女の犠牲を刻み込み、人々に向かって彼女を賛美する。だが、誰の助けもなしに犠牲を成し遂げたのはヴィオレーヌである。クローデルには、ベアトリーチェを前にしたダンテや、グノーシス派、さらにまた女を再生者と呼んだサン＝シモンの系譜につながる女への絶対的崇拝がある。しかし、男も女も等しく神の被造物であることから、クローデルは女にも自律的な運命を与えた。したがってクローデルにおいては、自分を他者とすることによって――私は主の婢女《はしため》――女は主体となるのであり、女が〈他者〉となるのは対自†としてなのだ。

クローデルの考えをほぼすべて要約している『ソフィの冒険』のなかの一節がある。そこには次のように書かれている。神は女の顔に「どんなにかけ離れ、変形していようとも完全無欠の神のイメージ」を託した。「神は女を好ましいものとし、女のなかに終わりと初めをともにおいた。神の計画を託された者として、女自身もその眠りのなかで生まれた創造の眠りを男に取り戻させる者として、神は女を造った。女は運命を支えるものである。女は贈り物である。女は所有の可能性である……女は造物主と被造物をたえず結びつける愛情の絆の留め具である。女は神を含んでいる。女は見る者、創《つく》る者である。女はある意味で創造の忍耐と力を神と分かちもつのである」

ある意味では女はこの上もなく讃えられているように思われる。しかし、結局クローデルはわずかに近代化されたカトリックの伝統を詩的に表現しているにすぎない。すでに記したように、女の地上での使命はその超自然的自律をまったく損なわない。しかし逆に、カトリック教徒は、女に超自然的自律を認めることで、この世では男の特権を維持する権利が認められていると考えている。女は神のもとでは崇《あが》められ、この世では召使いとして扱われるだろう。それどころか女は完全な服従を強いられてますます救済へ

＊1　カトリックの教義では、地上の信者も天国の聖人も、同じ一つの共同体を構成し、相互に助け合いが行なわれる。この共同体およびそれに参加する行為を「諸聖人の通功」〔現行の訳語では「諸聖人の執り成し」〕と言う。

＊2　『マリアへのお告げ』の登場人物。石工。

の道に向かわされるのである。子どもたちに、夫に、家庭に、家屋敷に、祖国に、教会に献身すること、それが女の分け前、ブルジョア階級がいつも女に割り当ててきた分け前である。男は行動し、女は自分自身を与える。こうした男女の序列を神の意志の名によって聖化することは少しもこの序列を変えることにならず、逆にこれを永久に固定しようとすることである。

IV

ブルトンまたは詩

クローデルの宗教的世界とブルトンの詩的宇宙とは非常に懸け離れているにもかかわらず、彼らが女に与えている役割には似たところがある。つまり女は攪乱《かくらん》の要素なのだ。女は男を内在性[†]の眠りから引き離す。口であり、鍵《かぎ》、扉、橋である女はダンテをあの世に導き入れるベアトリーチェである。「知覚できる世界をちょっと熱心に観察すればわかるが、男から女への愛は肌色の巨大な花々で空を一杯にし続けている。女への愛は、自分が安全な場所にいるとつねに確信していたい人にとって、相変わらず最も恐ろしい躓《つまず》きの石である」。一人の他者〔女〕を愛することで〈他者〉なるものへの愛に導かれる。

「人類愛の水門が全開にされるのは一人の人間への選択的愛が絶頂に達した時である……」。しかしブルトンにとっては、あの世は見知らぬ空ではなく、まさにこの世である。それは、平凡な日常のヴェールをとり除く術《すべ》を知っている人にのみ姿を見せる。とりわけエロチシズムは偽《にせ》の知のごまかしを一掃する。「現代では、性的世界が……、私の知るかぎり、森羅万象の奥深くまで分け入ろうとするわれわれの意欲に対して、打ち砕きがたい闇《やみ》の核を対置しつづけている」。神秘にぶつかること、それが神秘を発見する唯一の方法である。女は謎《なぞ》であり、謎をかける。女のさまざまな顔が積み重なって「スフィンクスの究極の変身を見せてくれる唯一の存在」を作り上げる。だからこそ女は啓示なのだ。「お前は秘密のイメージそのものだった」とブルトンは恋人に言っている。また少し先では、「お前が私にもたらした啓示は、それがどんなものであるのかわかる前に、ともかく啓示であることが私にはわかった」〔『狂気の愛』〕と言う。つまり女は詩なのだ。それは女がジェラール・ド・ネルヴァル[*1]〔三八三頁参照〕において演じている役割と同じである。しかし、シルヴィとオーレリアにおいては女は思い出または幽霊のように漠としている。そこでは夢が現実よりも真実であり、現実と正確に一致しないからだ。ブルトンの場合は、一致は完全であって世界は一つしかない。詩は事物のなかに客観的に現存し、女はまぎれもなく肉と骨をもった生身の存在である。人は女に半分

＊1　ともにネルヴァルの作品に登場する女たち。

夢心地で出会うのでなく、はっきり目覚めている状態でカレンダーの他の日と同じように日付のある——四月五日、四月十二日、十月四日、五月二十九日——平凡な真昼間のカフェとか街角といった平凡な背景のなかで出会う。しかし女は決まってなにか変わった特色があってすぐにそれとわかる。ナジャ[*1]は「他の通行人たちとは反対に頭を上げて進む……異様に厚化粧をして……私はこんな目を見たことがなかった」。ブルトンは彼女に近づく。「彼女は微笑《ほほえ》んだ、とはいっても、とても神秘的に、そして事情をよく心得ているとでもいうように」。『狂気の愛』には「今入ってきたこの若い女は水蒸気で包まれているようだった——炎の衣をまとっていたのか？……それに断言できるが、この場所で一九三四年五月二十九日この女はあきれるばかりに美しかった」[*2]とある。ブルトンにはすぐに、彼女が自分の運命において何らかの役割を演じることがわかる。時には、『通底器』に出てくるデリラの目をした少女のように、束《つか》の間《ま》の脇役《わきやく》にすぎないこともある。そうした場合でさえ、彼女のまわりにはささやかな奇跡が起こる。ブルトンは、このデリラと会う約束があったその日に、久しく会っていなかった、しかもサムソン[*3]という名の友人の署名入りの好意的な記事を目にする。また時には奇跡が重なることもある。五月二十九日の見知らぬ女、ミュージックホールで水中ショーをやっていた水の精は、以前あるレストランで聞いた「水の精《オンディーヌ》、夕飯をたべる《オン・ディーヌ》」という言葉遊びで予告されていたし、彼女とブルトンが初めて長時間一緒にでかけた時のことは、その十一年前にブルトンが書いた詩に細部にいたるまで描かれていたのである。こうした魔女たちのうちでいちばん風変わりなのはナジャである。彼女は未来を予言し、その唇からはその瞬間ブルトンの頭のなかにある言葉やイメージが湧《わ》き出てくる。彼女の夢とデッサンは神託である。「私は彷徨《さまよ》える魂」と彼女は言う。ナジャは人生において「まったくの直感だけに基づいた、いつもまるで奇跡のような独特のやり方で」暮らしている。彼女のまわりには客観的偶然が奇妙な出来事をおびただしくふりまいている。彼女は世間体というものから驚くほど解放されているので、法や理性には見向きもしない。最後は精神病院で死ぬ。彼女は「自由な妖精《ようせい》、空気の精のようなもの、なにか魔法でも使えばしばらくの間ひきとめておくことはできても、こちらに従わせるなんて思いもよらなかった」。そのためナジャは女としての役割を十全に果たすことには失敗する。透視者、巫女、霊感を受けた者である彼女は、ネルヴァルを訪れた非現実的な女たちに近すぎたのだ。彼女は超現実の扉を開くが、超現実を与えることはできない。なぜなら彼女には自分を与えることができないから。女が自己実現するのは、それを本当に達成するのは、愛においてなのだ。ひととは違う個別の存在として自分だけの運命を受け入れる――しかも世界を根なしで漂うのではなく――、そのとき女は全体を要約するのだ。女の美しさが最高潮に達するのは、まさに夜のそのとき、「彼女が鏡になるとき、かつて存在したすべ

＊1　実在の女性でもある、『ナジャ』の女主人公。
＊2　〔原注〕強調はブルトン。
＊3　『旧約聖書』のサムソンとデリラをふまえている。

てのもの、かつて存在を約束されていたすべてのものが、今度はこれから存在しようとするものの中に見事にとけあって映る申し分のない鏡になる」ときである。ブルトンにとって「場所と表現を見つけること」と「一つの心、一つの身体《からだ》のうちに真実を把握すること」とは同じことである。そしてこうした真実の把握は相思相愛の、言うまでもなく肉体的な愛においてしか実現しない。「愛する女の肖像は、われわれが微笑みかける姿《イメージ》であるだけでなく、われわれが問いかける神託でもなければならない」。しかし、女自身が単なる観念やイメージにすぎなければ、神託にはならない。女は「現実世界の礎《いしずえ》でなければならない」し、透視者にとってはこの世そのものが〈詩〉なのであって、この世において実際にベアトリーチェを所有するのでなければならない。「相思相愛だけが、何物も左右することのできない全面的な愛の磁化作用を起こさせる。この磁化作用によって、肉体は太陽となり、肉体に焼き付けられた壮麗な刻印となる。また、精神は永遠に涸《か》れることなく湧きつづける不変の泉となり、その水はためらうことなくキンセンカとイブキジャコウソウのあいだを流れていく」〔『秘法十七』〕

こうした不滅の愛は唯一《ゆいいつ》のものでしかあり得ない。『通底器』から『秘法十七』まで、唯一永遠の愛をさまざまな女にひたすら捧げるブルトンの態度には矛盾がある。しかしブルトンによれば、選択の自由を妨げて男を間違った選択に導くのは社会状況のせいである。それに、彼はこうした選択の失敗の経験をとおして、本当は一人の女を探しているのだ。またもし彼が今まで愛した女たちの顔を思い出すとしても、「同じように、これらの女の顔全部のなかに一つの顔しか見出《みいだ》さないだろう、彼が最後に愛した女の顔しか[*1]」。「それに、これらの顔は外見はまったく似ていなくても、その下にある、特別な顔だけがもつ一つの共通点がはっきりと浮かび上がるのを私は何度見たことか」。『狂気の愛』の水の精に彼はたずねる、「僕が探していた女は一体あなたなの？　あなたはやっと今日くるはずだったの？」。しかし『秘法十七』では「お前をはじめて見たとき、すぐお前だとわかったよ」と言う。新たに完成した自分たちの世界で恋人たちはお互いを無条件に与えあい、離れがたい存在となる。愛する女がすべてなのだから、どうして別の女のための場所があろうか。愛する女はその別の女でもあるのだ。女が自分自身であればあるほど彼女はより完全に別の女である。「愛には尋常ではないことがつきものだ。お前はただ一人しかいないから、私にとってつねにもう一人の女、もう一人のお前自身なのだ。あそこに見える無数のさまざまな花のように、私が愛するのは、赤い夜着を着たり、裸だったり、グレーの夜着を着たりして、さまざまに変化するお前なのだ」。またこの女とは別の、しかし同じようにただ一人の女についてブルトンは書く。「私が思い描いている相思相愛とは、未知のものが私に対して取りうる無数の視点から、私の愛する女の忠実な像を、私自身の欲望の予感をたえず裏切り、いつもますます生き生きとした像を映し出す鏡装置のようなものである」

＊1　〔原注〕強調はブルトン。

官能的でありながら人工的、自然でありながら人間的であるこの唯一の女は、シュールレアリストたちに好まれるいかがわしい品物と同じ魅力を持っている。彼女は、ブルトンが蚤《のみ》の市《いち》で見つけたり夢で考えだしたりする〝靴スプーン〟[*1]とか〝狼《おおかみ》テーブル〟、大理石の角砂糖にそっくりである。突然その真実をあらわにされる見慣れた品物の秘密、植物や鉱石の秘密、彼女はそうした秘密を共有しているのだ。彼女はあらゆるものである。

森の火事の髪と
熱い稲妻の考えをもった
砂時計のウエストをもつ私の女
……藻と昔の飴玉《あめだま》の性器をもった私の女
……サバンナの目をした私の女

しかしとりわけ彼女はあらゆるものを越えて〈美〉である。ブルトンにとって美とは、じっと眺めるだけの観念ではなく情熱によってのみ明かされる——したがって存在する——現実である。この世には女をとおしてしか美は存在しない。

「それは、人間の坩堝《るつぼ》の奥底。この世で現実に互いを選びあった二人の男女の融合が太古の太陽の時代の失われた価値をあらゆるものに取りもどさせ、しかもなおアラスカの噴火口のまわりの火山灰の下に雪を残しておこうとするような自然の気まぐれの一つによって孤独が猛威をふるうところ、そうした矛盾にみちた領域にある人間の坩堝の奥底。私が何年も前に人々に新しい美を、ひたすら情熱的な目的で考えられる美を探しに行くよう求めたのはそこなのだ」〔『狂気の愛』〕

「痙攣《けいれん》する美は官能的でしかもヴェールに覆《おお》われ、安定していながら爆発し、状況に即していながら魔術的であるもの。そうでなければ存在しないであろうもの」〔『狂気の愛』〕

この世に存在するあらゆるものが意味を引き出すのは、女からである。「本質と実存の融合が最高度に実現するのは、まさに愛によって、愛によってのみである」。融合は恋人たちのために、そして同時に全世界に実現する。「ただ一人の人間のなかに、愛によってはじめて実現されるような世界を再創造すること、そして、その世界にたえず生彩を与えること、そうすることでおびただしい光線の前方に地上の世界が照らしだされる」。すべての――またはほとんどの――詩人にとって女は自然を体現している。しかしブルトンによれば女は自然を表わしているだけではなく、解放しているのである。なぜなら、自然は明解な言語を話さないので、その真実――それはその美でもある――を捉《とら》えるためには自然の神秘の奥深くまで浸透しなければならないからだ。詩は単に自然の反映ではなく、むしろその神秘を解く鍵である。そしてこの意味で女は詩と同じであ

＊1　柄の先に小さな靴がついている木のスプーン。

る。だからこそ女はなくてはならない仲介者であり、女がいなければ大地全体が沈黙してしまう。「愛という、それもただ一つの愛、一人の人間の愛という囲炉裏《いろり》の炎が私のために燃えあがったり弱まったりするにつれて、自然は輝いたり消えたり、私の役に立ったり害になったりする。この愛がないとき、私はまったく空がからっぽになったような経験をした。存在するものに価値を与えるためには、私自身から発する大きな虹色《にじいろ》の炎だけが欠けていた……私たちがいま火をつけたばかりの、燃えさかる小枝の炎の上にかざしたお前の両手を、私は目がくらむほど凝視する、お前の魔法の手を、私の人生の炎の上を舞っている透き通ったお前の手を」。ブルトンが愛したどの女も彼にとっては自然の驚異である。「とても古い井戸の内壁を這《は》っていた忘れがたい小さな羊歯《シダ》」「……何かわからないがまぶしいもの、あまり重々しくて、……咲き始めの、丈の高い花々の何げない風情《ふぜい》にむしろ懐《なつか》しさをおぼえつつも、自然の重大な物理的必然性を思い出させずにはおかなかったもの」。また逆に、どんな自然の驚異も愛する女と一体化する。ブルトンが洞穴、花、山に感動するとき彼が賛美するのは愛する女なのである。テーディ[*1]の岩棚の上で手を温めている女とテーディそのものとの距離はまったく取り除かれる。ブルトンは一つの祈りのなかで山と女の両方に同時に呼びかける。「素晴らしいテーディよ、私の命を取れ。天国の口であると同時に地獄の口でもあるお前、こんなふうに謎めいて、こんなふうに自然の美をたたえ、そしてすべてをのみこむことのできるお前が、私は好きなのだ」〔『狂気の愛』〕

美は美以上のものである。美は「知の深い闇」と溶け合っている。美は真理であり、永遠であり、絶対である。女が解放するのはこの世の束の間の偶然の姿ではなく、その必然的な本質である。それもプラトンが考えたような凝固した本質ではなく、「安定していながら爆発する」本質である。「私が自分のなかに見つける宝は、私がお前と知りあって以来この果てしない草原を私に開いてくれる鍵のほかにはない。この草原はそのたびに丈の高くなるたった一つの植物の反復でできている。その振り子の振幅は絶えず大きくなりつづけ、私を死に至るまで連れていく……なぜなら世の終わりまで、お前と私であるはずの女と男は、順番が来れば、けっして後ろを振り向かず道がなくなるまで、傾いた日差しのなかを忘却の境界に向かって少しずつ近づいていくだろうから……最大の希望は、そこには他のすべての希望が要約されているという意味で最大と私は言うのだが、それがすべての人のためにあること、すべての人にとってそれが続くこと、一人の人間からもう一人の人間への絶対的贈与――それは相互性なしにはあり得ない――が、すべての人の目に、生命の上に架けられた自然の、そしてまた超自然の唯一の架け橋であることである」

このように女は、男に愛を抱かせ、その愛を分かちあうことによって、どの男にも唯一の可能な救いとなる。『秘法十七』では、女の使命はもっと拡大され明確にされる。

＊1　カナリア諸島最大の島テネリフェにある高峰。

つまり女は人類を救わなければならない。ブルトンは、肉体の復権を主張して官能的な対象としての女を賛美するフーリエの系譜につねに連なっていた。再生させる者としての女というサン＝シモンの考えに彼が行く着くのは当然である。今日の社会では支配者は男であるので、グルモン〔三四〇頁参照〕がランボー[*1]を「女の子の気質だ！」というのはあざけりの意味である。しかしながら「今日では、男性思想の破綻《はたん》がさかんに話題になり、それに代わるものとして女性思想がもてはやされる時代がすでに来ているようだ……そう、それは相変わらず迷える女、男の想像の中で歌う女である。だが女にとって、男にとって、いかなる試練の果てにであろうとも、それはまた再発見された女でなければならない。だから、まず何よりも女が自分自身を再発見しなければならない。男が、一般に、女に向ける眼差《まなざ》しによって女がおぼろげな不服ひとつ言わず導き入れられる地獄、その地獄をとおして自分を再認識することを学ぶべきである」

　女が果たすべき役割は、何よりも平和をもたらす役割である。「私がいつも非常に驚いていたのは、そうしたときに女が自分の声を聞いてもらおうとしないことである。女にそなわっている魅惑的で得がたい声の抑揚、一つは男に語りかけるため、もう一つは子どもの全幅の信頼を得るための、二つの抑揚を最大限に利用しようと考えないことである。女の拒否と警告の大声が、つねに潜在的なこの叫び声が発せられていたら、どんな奇跡、どんな未来がもたらされていたことだろう……女が、ただの女が、戦おうとする男たちの間に腕を拡げて割って入り『あなた方は兄弟なのです』と言う、これまでとはまったく別の奇跡を行なうのはいつのことだろう」。今日、女が環境に適応していなかったり、バランスを失っているかのように見えるのは、男の専横が女に加えた仕打ちの結果である。しかし女は、男たちがその神秘を失ってしまった湧き出る生命の泉に今も根を浸しているので、驚くべき力を保っている。「メリュジーヌ、突然おそろしい生に半身を捕らえられて、足の付け根から下は小石か水草か夜の綿毛のメリュジーヌ、私が呼びかけるのは彼女である。私には、この粗野な時代を変えられるのは彼女しかいないと思われる。それはまるごとの女でありながら今日あるような女でもあり、人間としての基盤を奪われて、その不安定な根の囚人とも言えるが、その根をとおして自然の根源的な力との不思議な会話ができる女……男の苛立《いらだ》ちと嫉妬《しっと》から、人間の腰〔人間としての基盤〕を奪われたと言い伝えられている女」

だから今や、女の味方をすべきである。女の真価が人生のなかで女に返されるまで、「芸術において、男に反対し女に賛成する意見をはっきり述べる」時が来ている。「子ども―女。[*2] 芸術は、感覚の支配する国全体に子ども―女が君臨できるように一貫して準備しなければならない」。なぜ子ども―女なのか? ブルトンの説明では、「私が子ども―女を選んだのは、他の女に対立するものとしてでなく、子ども―女に、子ども―女だけ

＊1　一八五四－九一、フランス象徴派の詩人。

＊2　一九三〇年代にシュールレアリストたちが理想とした女性像。子ども〔少女〕特有の汚《けが》れなく怖いもの知らずの美しさの中に、すでに未来のエロチックな魅力の萌芽《ほうが》が見られるような女のイメージ。

に、別の見方をもたらすプリズムが完全な透明状態で存在すると思われるからである[*1]……」。

女が単なる人間存在として扱われているかぎりは、女も男と同様、この滅びつつある世界を救うことはできないだろう。生と詩の真実であり、人間を解放できる唯一のものであるこの別の要素を文明のなかに導き入れるのは、こうした女らしさである。

ブルトンの観点はもっぱら詩的なものであるから、女はもっぱら詩つまり他者と見なされている。女の運命について考えるかぎり、その答えは相思相愛の理想のなかにあるだろう。女は愛以外の使命をもたないのだ。だからといって女が劣っているというわけでは少しもない。男の使命もまた愛なのだから。とはいうものの、女にとっても、愛が世界の鍵《かぎ》であり美の啓示であるのかどうか、知りたいものである。女はこうした美を恋人のなかに見出すのだろうか。それとも自分自身の姿のなかにだろうか？　女も、感覚的に捉えられる存在をとおして詩を制作する詩的活動ができるのだろうか、それとも男の作品を称賛するにとどまるのだろうか？　女はそれ自体として、そのまま直接的に詩である。つまり男にとって詩である。女が自分にとっても詩であるかどうかについては明言されていない。ブルトンは女を主体としては語らない。また悪女のイメージを喚起することもない。彼の作品全体をとおして――群衆を罵倒《ばとう》するいくつかの宣言やパンフレット〔風刺攻撃文書〕を別にすると――ブルトンは世界の表面的な抵抗運動を数え上げるかわりに、世界の隠された真実を明かそうと努めている。女は特別な力をもつ「口」

であるからこそ、ブルトンの関心を引くのである。女はまた、自然のなかに深く根づき大地に密着しているので、あの世の鍵でもあるように見える。ブルトンには、ソフィア[*2]に贖罪《しょくざい》の原理、さらに創造の原理すら見ていたグノーシス派と同じ秘教的自然主義がある。それはベアトリーチェを道案内に選んだダンテにおいて、ラウラの愛によって啓示を得たペトラルカにおいても同じである。だからこそ、自然のなかに最も深く根を下ろして、大地に最も密着している女は、あの世の鍵でもあるのだ。〈真理〉であり、〈美〉であり、〈詩〉である女は、〈すべて〉である。またしても〈他者〉の姿をしたすべて、自分自身を除いた〈すべて〉である。

V

スタンダールまたは真実のロマネスク

ここでは同時代の作家たちに別れを告げ、スタンダールまでさかのぼる。〈女〉がメリュジーヌ、ニンフ、明けの明星、セイレン〔三三五頁参照〕へと、代わる代わる変装す

＊1　〔原注〕強調はブルトン。
＊2　〈知恵〉、三七八頁参照。

るカーニヴァルを出て、生身の女のあいだで生きる男に接すれば、少しは気持ちも晴れるだろう。

スタンダールは子ども時代から官能的に女たちを愛した。青春の憧《あこが》れを女に投影し、未知の美しい女を危険から救い出し、その愛をかちとる自分の姿を想像するのが好きだった。パリに出てきたばかりのころ熱烈に望んだのは「魅力的な女。私たちは互いに熱愛し、その女は私の魂を理解してくれるのだ」……。老いては、最も愛した女たちの頭文字を砂の上に書いてみる。「夢想こそ私が何よりも好んだものだった」と彼は打ち明けている。そしてその夢想を育《はぐく》んだのは女たちの姿である。女たちの思い出が風景に生気を与える。「アルボア〔フランスの地名〕に近づくあたりだと思うが、本街道に沿ってドールから来るときに見た岩壁の線は、私にとってメチルド[*1]の魂を感覚的に把握させてくれる鮮明なイメージだった」。音楽、絵画、建築、愛したものすべてを、スタンダールは不幸な恋人の心で愛した。ローマを歩けば、行く先々に女の姿が浮かんでくる。女たちによって引き起こされた後悔や欲望、悲しみ、喜びをとおして、自分自身の心の好みを知る。女たちの裁きを望んで、女たちのサロンに通い、自分の才能に気づいてもらおうとする。スタンダールにとって最大の幸福、最大の苦悩は女が原因で、心は明けても暮れても女のことで占められていた。どんな友情よりも女の愛を好み、男の友情よりも女の友情を好む。彼の本はこうした女たちから着想を得ており、女たちの姿で満たされている。大半は彼女たちのために書いているのだ。「私は、私の愛する人々、ロラン夫人〔二四二頁参照〕やメラニー・ギルベール[*2]……のような女性たちに、私の死後何十年もたった一九〇〇年に読んでもらう幸運を追い求めているのだ」。女たちはスタンダールの人生の糧《かて》そのものだった。彼女たちのこの特権は、どこから生まれたのだろうか。

　女のこの優しい友スタンダールは、女をあるがままに愛するからこそ、女の神話を信じない。どんな本質も、女を決定的に定義することはないのだ。スタンダールには「永遠の女性的なもの」という考えは、学をひけらかしたばかばかしいものに思える。「学者ぶる人たちは二千年来、女は才気煥発《かんぱつ》だが男の方が確実であるとか、女の方が考えに繊細さがあるが男には注意力がある、と繰り返している。同様に、パリのある愚か者は、かつてヴェルサイユの庭園を散歩していて、自分が目にしたことだけから、木々はもともと刈り込まれた形で生えるのだ、と結論した」。人々が気づく男女の差異は、男女の状況の相違を反映しているのだ。たとえば、女がその恋人よりロマンチックなのも無理はない。「女が刺繡台《ししゅうだい》に向かって、手だけ動かしていればいい味気ない針仕事をしながら恋人のことを夢見るとき、恋人の方は、騎兵隊とともに野原に馬を馳《は》せ、ぼんやりして動きを誤まりでもすれば謹慎処分を受ける」。同様に、人々は女が常識に欠けると非難する。「女は理性よりも感情を好む」。当たり前のことだ。つまらない慣習によって、女は家族のなかで何の仕事も任されないから理性は何の役にも立たない……。奥方にあ

＊1　スタンダールが愛したイタリア女性。
＊2　スタンダールの恋人だった女優。

なたの領地のほんの一部にしろ小作人たちとの交渉に当たらせてごらんなさい。賭《か》けてもいいが、きっとあなたより上手に帳簿をつけるだろう」。歴史上、女の天才がこれほど少ないのは、社会が女からあらゆる自己表現の方法を奪っているからである。「女に生まれた天才はみんな、公共の福祉にとって宝のもちぐされである。たまたま女が実力を発揮する手段に恵まれると、たちまち大変な才能に達するのを見てごらんなさい」[*1]。女が耐えなければならない最悪のハンディキャップは、女を愚かにする教育である。抑圧者はいつも抑圧する相手をおとしめるのに熱心である。男は意図的に、女たちの可能性《チャンス》を拒む。「私たちは、女にも男にも幸いをもたらすはずの、非常に輝かしい豊かな性質を女たちのなかに眠らせたままにしている」。十歳では、女の子は同年齢の男の子より活発で鋭敏である。二十歳では、腕白坊主は才気ある青年になり、娘は「不器用で臆病《おくびょう》でクモを怖がる大きなお馬鹿《ばか》さんになる」。その責任は娘が受けた教育にある。女にも、男とまったく同じだけの教育を受けさせなければならない。反フェミニストたちは、教養ある知的な女は怪物だと反対する。だが、そうした不都合の原因はすべて、彼女たちがまだ例外的な存在だということにある。もし女がみんな、男と同じくらい自然に教養を身につけられるなら、同じ自然さでこれを役立てるだろう。ところが女は手足をもぎ取られたうえで、自然に反する法則に隷従《れいじゅう》させられる。意に反する結婚をさせられながら貞淑を求められ、離婚さえ、不品行のように非難される。仕事の他に幸福はないというのに、女たちの大多数が無為を運命づけられる。こうした条件にスタンダールは憤慨し、そこに、女たちが非難されているあらゆる欠点の根源を見る。女は天使でもなければ悪魔でもなく、スフィンクスでもない。愚かな慣習が半奴隷にしてしまった人間なのだ。

女は被抑圧者であるからこそ、女のなかでも優れた人たちは、抑圧者たちを醜くしているのと同じ欠陥を身につけないように用心するだろう。女はもともと男の下にいるわけでもなければ上にいるわけでもない。しかし興味深い逆転によって、女の不幸な状況は女たちを有利にする。スタンダールが謹厳《くそまじめ》な精神をどれほど嫌っているかは知られている。スタンダールには、金や名誉、地位、権力は最も嘆かわしい偶像に見える。男たちの大多数が、そうしたもののために自分を見失う。学者ぶる人、勿体《もったい》ぶる人、ブルジョア、そして夫は、自分のなかの、人生と真実のどんな小さな火花も消してしまう。出来合いの考えや教えられた感情で身を固め、社会の因習に従い、その人格には空虚さだけが巣くっている。魂のないこうした人間たちが満ちている世界は退屈で荒涼としている。不幸にも、この陰気な沼地にとどまる女が大勢いる。それは「狭いパリ風の考えを身につけた」人形のような女や、偽善的なえせ信心家である。スタンダールは「貞淑な女と、貞淑な女に必要不可欠な偽善に、ひどい嫌悪《けんお》を」感じる。彼女たちは取るに足りない用事にまで、夫に勿体ぶった態度をとらせているのと同じ謹厳さをもち込むのだ。

＊1　〔原注〕強調はスタンダール。

ろくでもない教育のせいで愚かになり、ねたみ屋で、うぬぼれが強く、おしゃべりで、他にすることもないので意地悪で、冷淡で、無愛想で、気取り屋で、腹黒い女たち、そんな女たちが、パリにも地方にもあふれている。レナル夫人[*1]やシャステレル夫人[*2]の高貴な姿の背後にそうした女たちがうごめいているのが見える。おそらくスタンダールが最も憎悪を込めて入念に描いたのはグランデ夫人[*3]で、この人物はロラン夫人やメチルドなどの、まさしく陰画《ネガ》になっている。美しいが無表情で横柄《おうへい》で魅力に欠け、彼女の「有名な貞節」で威圧するが、魂から生まれる本当の恥じらいは知らない。自分に満足し、得意になって自分の役割を演じているが、偉大さをうわべだけ真似《まね》ているにすぎない。心底は俗っぽく低級である。「グランデ夫人は平凡で……退屈だ」とルーヴェン氏は思う。「申し分なく道理をわきまえ、自分の計画の成功を気にかけ」、夫を大臣にすることが野心のすべてである。「その精神は無味乾燥だった」。慎重で体制順応主義で、いつも恋愛を警戒してきた。損得を考えずには身動きできない。この干からびた魂に情熱が宿っても、輝きを与えず、ただ焼き焦《こ》がすだけである。

スタンダールが女に何を求めているかを発見するには、この像を逆さにするだけでよい。それはまず謹厳さの罠《わな》に陥らないことである。女は世間で重要と見なされているものにもともと手が届かないので、そうしたものに自分を疎外《そがい》する恐れは男より少ない。スタンダールが他のどんな美点よりも高く評価するこの自然さ、純真さ、寛大さを保つ可能性は、女の方が高い。スタンダールが女のなかに評価するのは、現在、私たちなら本来性†と呼ぶものである。彼が愛した、あるいは愛をこめて創造したすべての女の共通点はそこにある。彼女たちはみんな自由で、真実の人間である。彼女たちの自由は、何人かの女の姿をとおしてまばゆいばかりに誇示される。「イタリア風で、ルクレツィア・ボルジア風の崇高な娼婦《しょうふ》」アンジェラ・ピエトラグルアや、「デュ・バリ夫人風の娼婦で……出会ったフランス女性のなかで最も人形のようではなかった女の一人」アジュル夫人など、スタンダールが愛した女たちは公然と良俗を侵害している。ラミエル[*4]は慣習、良俗、法律をものともしない。サンセヴェリナ夫人[*5]は情熱的に陰謀に身を投じ、犯罪を前にしてもたじろがない。他にも強い精神力をもち、世俗を超えている女たちがいる。マンタ[*6]や、自分を取り巻く社会を批判し、誹謗《ひぼう》し、軽蔑《けいべつ》し、それとは一線を画したいと願うマチルド・ド・ラ・モル[*7]のような女がそうである。また、自由がまだまったく消極的な姿を取っている女たちもいる。シャステレル夫人において目を引くのは、さほど重要でないことに対して超然としていることである。彼女は父親の意志や意見に従

＊1　『赤と黒』の登場人物。
＊2　『リュシアン・ルーヴェン』の登場人物。
＊3　『リュシアン・ルーヴェン』の登場人物。
＊4　未完の小説『ラミエル』の主人公。
＊5　『パルムの僧院』の登場人物。
＊6　スタンダールが愛した女。
＊7　『赤と黒』の登場人物。

いながらも、ブルジョアの価値観への疑いを捨てはしない。こうした無頓着《むとんちやく》さは幼稚だと非難されるが、屈託《くったく》のない陽気さの源にもなっているのだ。クレリア・コンチ[*1]もまた控えめな態度で際立っている。舞踏会などの若い娘たちの通常の娯楽には冷ややかで、「周囲を軽蔑しているのか、何かありもしない妄想にふけっているのか」いつもよそよそしく見える。彼女は世間に判定を下し、その低劣さに憤慨する。レナル夫人のなかには魂の自立が非常に奥深く隠されている。彼女は、運命をあきらめきれないでいることに自分でも気づいていない。極度の繊細さ、鋭い感受性は、周囲の俗悪さに対する嫌悪となって現われる。彼女には偽善がない。寛大で、激しい感動を感じることのできる心を保ちつづけ、幸福でありたいと思っている。レナル夫人のなかにくすぶる火は、外からはその熱をほとんど感じられないが、ひと吹きの風さえあれば全身が燃え上がる。こうした女たちはひたすら生きているのだ。彼女たちは、本当の価値の源は外界の事物にあるのではなく心のなかにあることを知っている。これが彼女たちの住む世界の魅力となっている。彼女たちは夢、欲望、快楽、感動、創意を抱いてそこにいるだけで、退屈を追い払ってしまう。サンセヴェリナ夫人、この「活動的な魂」は、死よりも退屈を恐れている。退屈に甘んじること、「それは死んでないというだけで、生きていることではない」と彼女は言った。彼女は「いつも何かに熱中し、いつも活発で、おまけに陽気である」。無意識的で、子供っぽかったり考え深かったり、陽気だったり厳《いか》めしかったり、厚かましかったり控えめだったりするが、どの女も人間が引きずり込まれる鈍重な眠りを拒否している。自らの自由を用いるあてもなく守ってきたこうした女たちは、自分にふさわしい対象に出会いさえすれば、すぐにも情熱にかられて英雄的行為にまで達するだろう。彼女たちの魂の力、活力は、全面的な世界への参加《アンガージュマン》†があくまで純粋なものであることを示している。

しかし自由だけでは、彼女たちにあれほどロマネスク*2な魅力を授けるのに十分ではないだろう。純粋な自由は、敬意を払われることはあっても感動を招くことはないのだ。心を打つのは、自由が、邪魔になる障害を突き抜けて自己実現する努力である。女たちにあっては、闘いが困難であるだけに、いっそうこの努力は感動的である。外的な拘束を克服して得られる勝利だけでも、スタンダールは十分に魅了される。彼は『イタリア年代記』で、女主人公たちを修道院に隠遁《いんとん》させたり、嫉妬《しっと》深い夫の邸宅に閉じ込めたりする。彼女たちが恋人と再会するためには百計を案じなければならない。隠し扉、縄梯《なわばし》子《ご》、血まみれの櫃《ひつ》、誘拐、監禁、殺人、情熱と反抗の嵐《あらし》が、あらゆる機知をめぐらせた創意工夫に助けられて猛威をふるう。迫りくる死、恐ろしい責め苦は、スタンダールが描きだす熱狂的な魂の果敢さに、よりいっそうの輝きを添える。円熟期の作品においても、彼は相変わらず、こうしたこれ見よがしのロマネスクに惹《ひ》かれている。これは心が生み出すロマネスクの、誰の目にも見えるかたちである。微笑と唇を分けられないよう

＊1　『パルムの僧院』の登場人物。
＊2　小説的で、奇想天外なもの。

に、この二つのロマネスクを区別することはできない。クレリアはファブリスと連絡をとれるようにアルファベットを新しく工夫することで恋を一新する。サンセヴェリナ夫人は「断じて慎重な行動をせず、いまという瞬間の印象にすべてを投げ出す、いつも誠実な魂」として描かれる。陰謀を企てるとき、大公に毒を盛るとき、パルム公国を水浸しにするとき、この魂の面目躍如たるものがある。この魂は、みずから実践しようと決めた崇高で無謀な行動そのものである。マチルド・ド・ラ・モルが窓にかける梯子、それは芝居の小道具とはまったく別物である。これは高慢な無鉄砲さ、非日常的なものへの好み、挑戦的な勇気が具体的な形を取ったものである。こうした魂の美点は、牢獄《ろうごく》の壁、君主の意志、家族の厳しさなど、敵に囲まれなければ明るみに出ないだろう。

しかし最も克服しがたい拘束は、各自が自分自身のうちに見出《みいだ》す拘束である。そのとき自由の冒険は、非常におぼつかない、痛切な、胸を刺すものとなる。女主人公たちの幽閉が厳しければ厳しいほど、スタンダールがいっそう大きな共感を寄せているのは明らかである。たしかに彼は、崇高であろうとなかろうと、きっぱり慣習を踏みにじった娼婦たちを評価する。しかし、遠慮と恥じらいから控えめなメチルドにもっと愛情を感じている。リュシアン・ルーヴェンはオカンクール夫人という解放された女のそばにいるのを好みはするが、情熱的に愛しているのは、貞節で、慎み深く、ためらいがちなシャステレル夫人である。ファブリスは、何を前にしてもたじろがないサンセヴェリナ夫人の一徹な魂を賞賛する。しかし彼がもっと愛するのはクレリアであり、彼の心を得るのはこの少女の方である。また、自尊心、偏見、無知にとらわれたレナル夫人は、おそらくスタンダールが創造した女たちのうちで最も彼を驚嘆させた女である。スタンダールは女主人公たちを、好んで地方の偏狭《へんきょう》な環境に、夫や愚かな父親の支配下に置く。彼女たちには教養がなく、間違った考えがしみついているという設定さえ好む。レナル夫人とシャステレル夫人は、二人とも頑固な正統王朝主義者である。前者の精神は内気で経験に欠け、後者は輝かしい知性の持ち主だが自分ではその価値を知らない。だから彼女たちに過《あやま》ちの責任はなく、むしろ過ちの犠牲者であり、制度と慣習の犠牲者である。そして、詩が挫折《ざせつ》から生まれるように、ロマネスクは過ちからほとばしり出る。

事情をよく知ったうえでどう行動するかを決める明晰《めいせき》な精神に対しては、私たちは冷静に、是認するか非難するまでだ。だが闇《やみ》のなかに道を模索する寛大な心の勇気と策略には、恐れ、憐《あわ》れみ、皮肉、愛をこめて感服するのである。女のなかに、恥じらい、自尊心、極度の繊細さといった、役に立たないが魅力的な徳の花開くのが見られるとしたら、それは彼女たちが欺《あざむ》かれているからである。ある意味ではこうした徳は欠点である。女は嘘《うそ》をつき、神経過敏で、癇癪《かんしゃく》を起こすが、その理由は女の置かれている状況にある。「重要と見なされている」ことはすべて手に届かないところにあるから、女はささいなこと、あるいは「感情的にしか重要でないもの」にささやかな誇りを見出すようになる。女たちが慎み深いのは、耐えている従属の結果である。行動によって自分の力を発揮することが禁じられているから、自分の存在そのものを問題にするのだ。彼女たちには、他人の意識、とくに恋人の意識が、自分の真実の姿をあばきだすように思える。彼女たちはそれを恐れ、恋人から逃れようとする。逃走、躊躇《ちゅうちょ》、反抗、彼女たちがつく嘘にさえ、自らの価値を本当に気づかう気持ちが現われている。だからこそ尊敬に値するのだ。しかしその気づかいは不器用に、さらには自己欺瞞《ぎまん》となって現われる。だからこそ彼女たちには心を打つものがあり、それでいて滑稽味《こっけいみ》がただようのだ。自由が自らの罠にはまり、自らをごまかすとき、自由は最も人間的で、したがってスタンダールから見て最も愛着を感じるものになる。

スタンダールの作品に登場する女は、心のなかで思いがけない問題に直面するとき、感動的である。外部からのどんな掟《おきて》、どんな処方箋《しょほうせん》、どんな論理、どんな手本も、もう彼女たちを導くことはできない。自分一人で決めなければならない。このように独りぼっちで投げ出された状態こそは、自由であるための究極的な要因である。クレリアは自由主義的な思想のなかで育ち、明晰で判断力もある。しかし彼女が教えられてきた意見が、正しかろうが正しくなかろうが、心の葛藤《かっとう》には何の助けにもならない。レナル夫人は自らの道徳心に逆らってジュリアンを愛し、クレリアは自らの理性に反してファブリスを救う。どちらの場合も世間で認められているあらゆる価値を同じように超越している。スタンダールを熱狂させるのは、この大胆さである。しかもこの大胆さは、ほとんど自覚されていないだけにいっそう感動的である。そのため、より自然で、より自発的、より本来的である。レナル夫人の大胆さはその無邪気さに隠されている。恋愛を知らないので恋愛に気づかず、抵抗もせず恋愛に身を任せる。まるで、闇のなかで暮らしてきたので情熱の一瞬のきらめきになす術《すべ》もないかのようである。目がくらみ、たとえ神に逆らおうと地獄に逆らおうと、彼女はこの情熱を受け入れる。この炎が消えると、ふたたび夫や神父たちの支配する暗闇のなかに沈む。自分自身の判断に自信はないが、明白な事実に屈服する。ジュリアンに再会すると、ふたたび彼に魂をゆだねるのだ。彼女の後悔の言葉、聴罪司祭に無理やり書かされた手紙から、この熱烈で誠実な魂が、社会によって閉じ込められていた牢獄から抜け出して幸福の天国に達するために、どれほどの距離を越えなければならなかったかが推し測れる。

クレリアは心のなかの葛藤をもっと自覚している。父親への忠誠と恋人への憐憫《れんびん》のあいだでためらいながら、自分なりの理由を求める。スタンダールの信じる諸価値の勝利は、偽善的な文明の犠牲者には敗北と感じられるだけに、スタンダールにはいっそう輝かしく見える。そして女たちが、自分たちの信じる虚妄よりも情熱と幸福の真実を優位に立たせるために、虚偽や策略を用いるのを見て、うっとりする。もうファブリスに会わない〔見ない〕と聖母マリアに誓いながら、目をつぶったままという条件で二年間、ファブリスの接吻《せっぷん》や抱擁を受け入れたクレリアは、笑みをさそうと同時に感動的でもある。シャステレル夫人の躊躇やマチルド・ド・ラ・モルの一貫性のなさにも、スタンダールは同じ優しい皮肉の目を注ぐ。単純な当然の結末に到達するための、あれほど多くの回り道や後戻り、用心深さ、秘められた勝利と敗北。これはスタンダールにとって、喜劇のなかでも最も魅力的な喜劇である。これらのドラマにはおかしさがある。登場する女優は裁判官であると同時に当事者で、自分で自分にだまされたり、難題を解決するにはそう決心しさえすればいいのに、ことさら複雑な道を選んだりする。しかしそれは、高貴な魂がさいなまれる、最も尊敬すべき配慮の現われである。高貴な魂はいつも自分自身にふさわしくありたいと願うのである。他人にほめられるより自分自身で納得するほうを重視し、それによって自己を一つの絶対として実現する。反響のないこうした孤独な問答は、政変より重大である。シャステレル夫人がリュシアン・ルーヴェンの愛に応《こた》えるべきかどうか自問するとき、彼女は自分自身のこと、世界のことを決めるのだ。他人を信頼してもいいだろうか。自分自身の心をあてにできるだろうか。恋愛の価値、人間の誓いの価値とは何だろう。信じたり、愛したりするのは馬鹿《ばか》なのか、寛大なのか。こうした疑問は、人生の意味、一人ひとりの人生、そして万人の人生の意味そのものを問題にする。

いわゆる謹厳な男は、人生について出来合いの説明を受け入れているにすぎないから、実際は浅薄である。しかし情熱的で、深く考える女は、一瞬一瞬、既成の価値観を再検討し、支えのない自由の不断の緊張を味わう。そうしてわが身が危険にさらされているのをつねに感じている。一瞬にしてすべてを得るかもしれないし、すべてを失うかもしれない。彼女の身の上話が英雄的な冒険の色に彩《いろど》られるのは、不安のうちに引き受けるこの危険のせいである。そして賭金《かけきん》は最高に高い。各人の分け前、各人に一つだけの分け前である実存の意味そのものを賭けているのだから。ミナ・ド・ヴァンゲル[*1]はある意味で無分別に見えるかもしれない。しかし彼女は倫理全体を賭けている。「彼女の人生は誤算だったのか。幸福は八ヵ月続いた。あまりに熱烈な魂なので、人生の現実に甘んじられなかったのだ」。マチルド・ド・ラ・モルはクレリアやシャステレル夫人ほど誠実でない。恋愛や幸福という明白な事実よりも、むしろ自分がどんな人間かという考えにしたがって行動する。破壊するよりわが身を守るほうが、あるいは愛する人に抵抗するより屈服するほうが、高慢だろうか、偉大だろうか。彼女もまた疑念のただなかにたった一人で、命より大切なプライドを賭ける。無知、偏見、欺瞞の闇をつきぬけ、ゆらめく熱い情熱の光のなかに本当の生きる理由を熱烈に探求すること、幸福か死か、栄誉か屈辱かという果てしない賭けに身をさらすこと、それこそが、女の生涯にロマネスクな栄光を授けるのである。

もちろん女は自分が発散している魅力を知らない。自分自身を見つめたり、ある人物を演じたりするのは、いずれにしろ非本来的な態度[†]だ。グランデ夫人がロラン夫人と自分を比べるとき、まさにそうすることで似ていないことが立証される。マチルド・ド・ラ・モルが魅力的なのは、演じているうちに訳がわからなくなり、自分の心を制御しているつもりが、たいていはその餌食《えじき》になっているからである。マチルドが自分自身の意

＊1　『ミナ・ド・ヴァンゲル』の主人公。

のままにならない限りにおいて、私たちは彼女に感動する。しかし最も純粋な女主人公たちは自分というものに気づいていない。レナル夫人は自分の魅力を知らないし、シャステレル夫人は自分の聡明《そうめい》さを知らない。そこにこそ恋する男の深い喜びの一つがあり、作家と読者は彼に感情移入する。つまり恋する男は、女のうちに秘められている宝を明るみに出す証人なのだ。レナル夫人が人目を離れたときに示す感情の激しさ、近しい人々も知らないシャステレル夫人の「活発で、変化に富み、奥の深い精神」、恋人だけがこうしたものを味わうのである。サンセヴェリナ夫人の才気は恋人以外の人々にも評価されているにしろ、恋人だけが彼女の魂の奥底まで見抜けるのだ。男は女を前にして、見つめる快楽を味わう。風景や絵画に対するように陶酔する。女は男の心のなかで歌い、空の色に微妙な濃淡をつける。この啓示は男に自分というものを明らかにしてくれる。男の方でも繊細で感じやすく情熱的な魂をもってはじめて、女の繊細さ、感じやすさ、情熱を理解できるのだ。女の感情はさまざまな心の襞《ひだ》と要求からなる世界を創《つく》り出し、恋人はそれを発見して豊かになる。レナル夫人のそばでジュリアンは、自分がなろうと決意していた野心家とは別人になり、新たな自分を選び直す。

　男が女に対して表面的な欲望しかもたないなら、男は女を誘惑して楽しむだろう。しかし真の恋愛は人生を変貌《へんぼう》させる。「ウェルテル風[*1]の恋愛は……魂を目覚めさせ、魂が美に気づき、それを享受《きょうじゅ》するようにさせる。その美がどんな形で現われようと、たとえ粗末な毛織物を着ていようとも。富がなくても幸福を見つけさせてくれるのだ……」

「それは人生の新しい目標となり、すべてがそれに結びつき、すべての様相を一変する。情熱恋愛は男の目に、森羅万象をまるで昨日創り出された新しいもののように、崇高な姿で見せる」。恋愛はマンネリ化した日常を破り、退屈を追放する。スタンダールは退屈に非常に深刻な悪を見ている。なぜなら、退屈とは生きる理由も死ぬ理由もいっさいが欠如していることであるからだ。恋する男には目標があり、それだけで毎日が冒険となるのに十分である。マンタの館の地下室に隠れて過ごした三日間はスタンダールにとってなんという快楽であったことか。彼の小説の縄梯子、血まみれの櫃は、こうした非日常的なものへの好みを示している。恋愛すなわち女は、実存の本当の目的、つまり美、幸福、感覚や世界の新鮮さを明らかにする。恋愛は男から魂をもぎ取り、そうしたうえで、ふたたびそれを男に所有させる。恋をする男は、自分の愛する女と同じ緊張、同じ危険を体験し、レールの敷かれた人生をたどるときよりも、本来の自分を感じとる。ジュリアンは、マチルドのかけた梯子の下で躊躇するとき、全生涯を問題にしている。この瞬間にジュリアンの真価が発揮されるのだ。女をとおして、女の影響の下で、女の行為に反応することによって、ジュリアン、ファブリス、リュシアンは、世界を、自分自身を学ぶ。スタンダールにおいて、女は試練であり、褒美《ほうび》である。裁判官であり、友人である。これはまさに、ヘーゲルが一時、そういうものにしたいと考えたのと同じ女で

＊1　ゲーテの『若きウェルテルの悩み』（一七七四年）は、因習的な社会に反抗し、内面の情熱に揺すぶられる青年の恋愛を描いている。とくにフランス文学に与えた感情解放の影響は大きい。

ある。つまり、相互認識のなかにあって、自分が男から受け取るのと同じ真実を、もう一方の主体である男に与えるような、他の意識である。愛し合うことによって互いを認め合う幸福なカップルは、空間に時間に挑戦する。カップルは自足し、絶対を実現する。

しかしこれは、女が純然たる他者性でないこと、つまり女自身が主体であることを前提とする。スタンダールはけっして女主人公を男主人公との関連で描くにとどまらない。彼女たちに固有の人生を与えている。それればかりかもっと例のない、いまだかつてどんな小説家も試みたことがなかったと思われる企てを試みた。自分自身を女の登場人物に投影したのである。スタンダールがラミエルに示す関心は、ピエール・ド・マリヴォーがマリアンヌ[*1]に、サミュエル・リチャードソンがクラリッサ・ハーロウ[*2]に抱いた関心と同じではない。スタンダールは、ジュリアンの人生に共鳴したのと同じように、ラミエルの人生に共鳴するのだ。まさにそのためにラミエルの人物像は少し理論的になりすぎているが、この人物像のもつ意味は非常に重要である。スタンダールはこの少女の周囲に、考えられる限りのありとあらゆる障害を立ちはだからせた。彼女は貧乏で田舎者で無知で、あらゆる偏見のしみ込んだ人々にいい加減に育てられる。しかし、「馬鹿げてる」というこの短い言葉の意味を完全に理解した日から、自分の行く手に横たわるあらゆる道徳的な障害を退ける。自由な精神のおかげで、持ち前の好奇心や野心、陽気さを存分に発揮する。これほど毅然《きぜん》とした心を前にすれば、物質的な障害は必ず取り除かれる。唯一《ゆいいつ》の問題は、自分の寸法にふさわしい運命をつまらない世界のなかで裁断しなければならないことだ。ラミエルは罪と死のうちに自己実現しなければならなかった。だがこれはジュリアンに割り振られた運命でもある。いまあるがままの社会に偉大な魂の場所はない。男も女も同じ困難に直面しているのである。

スタンダールが、心底からあれほどロマネスクであり、同時に断固としたフェミニストであるのは、驚くべきことである。ふつうフェミニストは、万事に普遍の立場をとる合理主義的精神の持ち主である。しかしスタンダールは、一般的な自由という名においてだけでなく、個人の幸福の名においても、女の解放を要求する。そうすることで愛が失うものは何もないと彼は考える。逆に、女が男と対等ならば、男をいっそう完璧《かんぺき》に理解できるのだから、愛はそれだけ真実になるだろう。おそらく、女のものとされているいくつかの美点は消えるだろう。しかしそうした美点に価値があるのは、そこに表現される自由にかかっている。この自由は、また別の姿で現われるだろう。そしてロマネスクはけっして消え去らないだろう。異なる状況に置かれた、別個の二人の人間が、自由のうちに対立し、互いに相手をとおして実存の意義を求めながら、危険と約束に満ちた冒険を続けていくだろう。スタンダールは真実を信頼する。人は真実を逃れたとたんに、生ける屍《しかばね》となる。しかし真実が輝くところでは、美、幸福、愛、それ自体で意義をもつ歓喜が輝くのだ。こうしたわけで彼は、謹厳さの欺瞞と同じように、神話の偽りの詩も

＊1　『マリアンヌの生涯』の女主人公。
＊2　『クラリッサ』の女主人公。

拒否する。人間の現実だけで彼には十分である。スタンダールによれば女は単に人間である。現実を離れた夢想では、これほど魅力的なものは作りだせないだろう。

VI

以上の例から、主要な集合的神話が個々の作家のうちに反映されていることがわかる。女は私たちに肉体として現われているのだ。男の肉体は母親の腹から生み出され、恋人との抱擁によって再生される。このことから、女は自然と結びつけられ、自然を体現する。動物、血の谷間、咲きほこるバラ、人魚、丘の稜線《りょうせん》として、女は男に、大地、樹液、世界の知覚可能な美、世界の魂をもたらす。女は詩の鍵《かぎ》を握ることができる。この世とあの世の仲介者になることができる。恩寵《おんちょう》や巫女《みこ》、星や魔女として、女は超自然、超現実の扉を開く。女は内在性として定められ、受け身であることで平和や調和をもたらす。しかし、こうした役割を拒むと、女はたちまちカマキリや人食い鬼にされる。いずれにしても、女は、主体の自己実現の仲立ちとなる特権的な他者として現われている。つまり、男の手段の一つとして、男の均衡、救済、冒険、幸福として現われているのだ。

しかし、こうした神話は個々の作家によって非常に異なった仕方で展開する。〈他者〉は、〈一者〉が自分をどのように定めるか、その個々の選択の仕方に応じて、さまざまに定義される。男はみな自分は自由であり、超越†であると主張する。だが、彼らがみな、これらの言葉に同じ意味を与えているわけではない。モンテルランにとって、超越とは一つの身分である。彼こそは超越者であり、英雄たちの天空を飛翔《ひしょう》する。女は彼の足下の地上に埋もれている。彼は自分と女を隔てている距離をはかっては楽しむ。ときどき、女を自分の方に引き上げ、つかまえ、投げ捨てるが、自分が女のいる粘ついた闇《やみ》の領域に下りていくことはけっしてない。ロレンスは超越の場を男根《ファルス》に置く。男根が生命や力となるのは女のおかげに他ならない。したがって、内在性は好ましいし、必要である。足が地につくなどまっぴらだと言い張る偽《にせ》の英雄は、半神になるどころか、人間になることもできない。女は軽蔑《けいべつ》すべきものではなく、奥深い豊かさ、温かい泉である。しかし、女は個人的な超越をすべて断念し、自分の男の超越の糧《かて》となるにとどまらなければならない。クローデルも女に同じ献身を要求している。彼の場合も、男が行動によって生命の躍動を存続させるのに対し、女は生命を維持する者である。しかし、カトリック教徒にとっては、地上で起きることはすべて、虚《むな》しい内在性に包まれている。唯一の超越者は神である。神の見地からすれば、行動的な男も、男に仕える女もまったく同等である。各自が自分の地上の条件を乗り越えなければならない。救済は、いずれにしろ、自律的な企てなのだ。ブルトンの場合は、男女の序列が逆転する。男が自らの超越の場として位置づける行動、意識的思考は、彼には、戦争、愚行、官僚制度、人間性の否定を生み出すくだらない欺瞞《ぎまん》に思える。内在性、現実の不透明な純粋の現存こそが真実なのであり、真の超越は内在性への回帰によって成就《じょうじゅ》されるのだ。ブルトンの態度はモンテルランと正反対である。モンテルランは戦争を好む。そこには女がいなくてせいせいするからだ。ブルトンは、女が平和をもたらすからこそ、女を敬う。一方は精神と主観性を混同して、既成の世界を拒否する。他方は精神が世界の核心に客観的に存在すると考える。女はモンテルランにとって、彼の孤独を打ち砕くがゆえに、危険である。女はブルトンにとって、彼を主観性から引き離すがゆえに、啓示となる。スタンダールの場合は、すでに見たように、女は神話的な価値をほとんどおびていない。彼は女もまた超越であると考える。この人間主義者《ヒューマニスト》にとって、自由が成就するのは、男女の相互的な関係のなかでなのだ。そして、人生に、彼の言い方によれば「ぴりっとした塩味」がつくには、〈他者〉は単に一人の他者であるだけで十分なのだ。彼は「星の均衡」を追求したりはしない。嫌悪《けんお》の糧を口にすることもない。彼は奇跡を期待しない。彼は、宇宙とか詩ではなく、自由と関わりたいと思っている。

　つまり、スタンダールは自分を半透明の自由であると感じているのだ。他の作家たちは、――これが最も重要な点の一つであるが――自分を超越として定めながら、自分自身の心底にある不透明な現存の虜《とりこ》になっているのを感じている。そして、この「打ち砕きがたい闇の核」を女に投影するのだ。モンテルランにはアドラー的な劣等コンプレックス〔第一部第二章参照〕があり、そこから根深い自己欺瞞が生まれる。彼は、こうしたうぬぼれと不安のすべてを、女のなかに具現させる。彼が女にいだく嫌悪とは、彼が自分自身に感じはしまいかと恐れている嫌悪なのだ。彼はつねに、自分自身の欠陥の証拠になりそうなものを女のなかに見つけては、攻撃しようとする。軽蔑に訴えて自分を救おうとする。女は、彼のなかに宿っているあらゆる怪物を投げ捨てる穴なのである。[*1] ロレンスの生涯は、彼もまた、同じような、しかしもっと純粋に性的なコンプレックスに悩んでいたことを示している。彼の作品における女は補償[*2]の神話という意味をもっている。作中の女によって、この作家が十分に自信をもてないでいた男らしさが賛美される。ドン・シプリアーノの足下にひれふすケイトを描くとき、ロレンスはフリーダ〔ロレンスの妻〕に対して男としての勝利をおさめたように思う。彼もまた、自分の女が彼に疑問をいだくのを許さない。というのも、もし女が彼の目的に疑いの目を向けたら、彼はおそらく自分の目的を信じられなくなるだろうから。女は彼を安心させる役割を担《にな》っているのだ。女に対して、モンテルランが自分の優越性の確信を求めているように、ロレンスは平和、休息、信頼を求めている。彼らは自分たちに欠けているものを要求しているわけだ。クローデルには自信の欠如は見られない。彼が臆病《おくびょう》だとしても、それは神の

＊1　〔原注〕スタンダールは、モンテルランが悦にいっている冷酷な行為に、前もって、次のような判定を下している。「冷淡な気持ちで、いったいどうすればいいのか。趣味恋愛をすればいい。ただし嫌悪《けんお》感《かん》のない。嫌悪感はつねに、自分自身の美点に安んじる必要のある卑小な魂から生じるのだ」〔『恋愛論』〕。

＊2　身体的、精神的に劣っていると感じるときに、これを補い克服しようとする心の動き。アドラーの用語。

神秘に関わることについてだけである。したがって、彼には男と女の闘争の形跡はまったくない。男は勇敢に女という重荷を引き受ける。女は誘惑の試練、あるいは救済の機会なのだ。ブルトンの場合、男は女に宿る神秘を介してはじめて真実の存在になるように思える。彼の向かっていく星、「心のない花の心」のような星をナジャが見ているのが、彼にはうれしい。彼の夢や予感、彼の内的な言葉の無意識的な流出は、彼が自覚している意志や理性の支配をのがれた活動に属している。女は、彼の意識的な人格よりはるかに本質的な、こうした隠れた現存が知覚できる形で現われたものなのである。

スタンダールはもっと悠然と自分自身と一致している。けれども、分散した実存が一つの顔と一つの運命をもつ統一体としてまとまるためには、女が彼を必要とするのと同じように、彼も女を必要とする。男が存在に到達するのは、他者に対する存在としてである。だが、さらに、他者がその意識を貸し与えてくれる必要がある。しかし、男どうしの場合、他の男に対して、あまりにも無関心である。恋する女だけが自分の心を恋人に向かって開き、恋人をまるごと受け入れてくれるのだ。神に至高の証人を見出《みいだ》しているクローデルを除いて、これまで考察してきた作家たちはみな、マルローの言葉によれば、自分のなかの、自分だけが知っている「かけがえのない怪物」を女が愛してくれるのを期待している。男どうしは、協力するにしろ敵対するにしろ、各人の一般性の面で向きあっている。他の男にとって、モンテルランは作家であり、ロレンスは理論家、ブルトンは文学流派のリーダー、スタンダールは外交官または才人である。女だけが、モンテルランのなかの華麗で冷酷な君主の存在を明らかにし、ロレンスのなかの不気味な半獣神、ブルトンのなかの神あるいは太陽、あるいは「スフィンクスの足下で雷にうたれて死んだ男のように黒く冷たい」存在〔『ナジャ』〕、そしてスタンダールのなかの誘惑者、魅惑者、恋する男を明るみに出すのである。

　彼ら一人ひとりにとって理想の女とは、彼の本当の姿を彼自身に明らかにすることのできる〈他者〉を最も的確に体現している女ということになる。太陽のような精神であるモンテルランは女のなかに純粋な動物性を求める。男根崇拝者であるロレンスは、女も女の性《セックス》をその一般性に帰することを望む。クローデルは女を魂の伴侶《はんりょ》と定義する。ブルトンは自然のなかに根を下ろしたメリュジーヌを愛し、子ども—女〔四八五頁参照〕に望みをかける。スタンダールは自分の恋人が聡明《そうめい》で、教養があり、精神も生活態度も自由な人、つまり、自分と対等な女であってほしいと願う。しかし、対等な女、子ども—女、魂の伴侶、性《セックス》としての女、女という動物、そのどれをも待ち受けている地上での唯一の運命は、つねに男である。女をとおして自らを求める自我がどのようなものであれ、女が〔男のあらゆる願望を受け入れる〕坩堝《るつぼ》の役を果たすことに同意しなければ、その自己到達はかなわない。いずれにしろ、女には忘我と愛が求められる。モンテルランは、自分の男としての能力を教えてくれる女に優しくしてやることには同意する。ロレンスは、彼のために自己を放棄する女に熱烈な賛歌をささげる。クローデルは、男に服従することで神に服従する従者、召使い、献身者としての女を讃《たた》える。ブルトンは、女に人類の救済を期待する。なぜなら、女は自分の子ども、愛人に対して、最も全面的な愛を与えることができるから。そしてスタンダールにおいてさえ、女の主人公の方が男の主人公より感動的なのは、彼女たちが、狂おしいまでの激しさで情熱に身をまかせるからである。プルエズがロドリーグの救済のために力を尽くすように、女たちは男が自らの運命を成就するのを助ける。スタンダールの小説では、女主人公が恋人を破滅や牢《ろう》獄《ごく》や死から救い出すという場面が多い。女の献身は、モンテルラン、ロレンスからは義務として求められているが、彼らほど尊大ではないクローデル、ブルトン、スタンダールはそうした献身を寛大な選択として賛美する。彼らは女の献身を期待するが、それを当然の権利として望んでいるのではない。しかし――驚嘆すべき、スタンダールの『ラミエル』は別として――彼らの作品はすべて、彼らが女に愛他主義を期待していることを示している。この愛他主義とは、オーギュスト・コントが女にそなわっているとして賛美し、女に強要しているものである。またこれは、コントによれば、明らかな劣等性であると同時に、あいまいな優越性にもなっているものである。

もっと多くの例を示すこともできるが、いずれにしろ、それらの例は私たちを同じ結論に導くだろう。それぞれの作家は、女を定義することによって、自分の一般的な倫理と、自分自身についての個別的な考えを定義しているのだ。また、しばしば、自分の世界観と利己的な夢のあいだの隔たりを女のなかに書き込んでいるのである。ある作品全体に女性的要素が欠けていたり、取るに足りないときは、そのこと自体が暗示的である。

ロレンスの場合のように、女性的要素が〈他者〉のあらゆる側面を完全に要約しているときは、女性的要素はきわめて大きな重要性をもつ。女が単に一人の他者として捉《とら》えられている場合でも、作者が彼女の人生の個人的な事件に関心を抱いているときは、女性的要素は重要性を失わない——スタンダールの場合がそうである。現代のように各人の個別の問題が副次的な重要性しかもたない時代には、女性的要素は重要性を失う。しかしながら、それぞれの男が、たとえ自己を超越するためであろうと、いまだに自己認識を必要としているかぎり、他者としての女はいまだに一つの役割を果たしているのである。

第三章

女の神話は文学において重要な役割を演じている。しかし、日常生活ではどんな重要性をもっているだろうか。慣習や個人的な行動にはどのくらい影響をおよぼしているだろうか。こうした疑問に答えるには、女の神話が現実とのあいだに保っている関係を明確にしなければならないだろう。

神話にはさまざまな種類がある。女の神話は、人間が男女二つのカテゴリーに「区分」されているという、人間の条件の一つの不変的な側面を純化したものであり、静的な神話である。女の神話は、経験のなかで捉えられた現実、あるいは経験に基づいて概念化された現実を、プラトン的な天空に投影している。事実や価値、意味、概念、経験的法則を、超越的〔意識の外にある〕、非時間的、不変的、必然的な〈イデア〉[*1]に置き換えているのだ。こうした観念は、経験的な事実を超えたところに位置づけられていて、いかなる異論の余地もない。もともと絶対的な真理をそなえているのだ。このように、神話的な思考は、あらゆる女たちの分散的、偶然的、多面的な実存に、唯一の固定した

〈永遠の女性的なもの〉を対置させる。〈永遠の女性的なもの〉に与えられる定義が生身の女たちの行為とくい違っているときは、いつも女たちの方が間違っていることになる。〈女らしさ〉とは観念の産物にすぎないと宣告するかわりに、女たちの方が女らしくないと宣告されるのだ。経験による反証も、神話には何の効力もない。とはいえ、ある意味では、神話は経験を起源としている。たとえば、確かに女は男とは異なっており、女の他者性は欲望、抱擁、愛情において具体的に経験される。しかし、現実の関係は相互的なものである。そうであるから、そこには真のドラマが生じるのだ。現実の関係は、性愛、恋愛、友情、そしてそれらにとって代わる失望、憎しみ、対抗意識をつうじて、それぞれ自分が本質的でありたいと望む意識どうしの戦いである。互いの自由を確認しあい、認識することであり、反感から合意への漠然とした移行である。〈女〉を設定することは、相互性のない絶対的な〈他者〉を設定し、女も主体であり、同類であることを経験に反して否定することである。

具体的な現実において、女たちはさまざまな姿で現われる。しかし、女について作ら

＊1　Idée　この語は、プラトン哲学では「イデア」〔時空を越えた、非物体的、永遠の実在〕、デカルトやイギリス経験論の哲学では「観念」〔人間の心のなかにあらわれる表象、想念、意識内容〕、カントやヘーゲルなどのドイツ哲学では「理念」〔感覚や経験の世界を超えた理性の普遍的な形式〕と訳されることが多い。この章では「イデア」と訳したが、プラトン哲学に限定しているわけではない。

れる神話はそれぞれ、女をひとまとめに要約しようとする。だが、女たちはそれぞれ唯《ゆい》一《いつ》のものでありたいと望んでいる。その結果、互いに矛盾するさまざまな神話が存在することになり、男たちは〈女らしさ〉という観念のとてつもない支離滅裂さを前にして当惑するばかりだ。どの女も、それぞれ女の唯一の〈真実〉を封じこめていると主張する複数の原型にあてはまるので、男たちは自分の伴侶を前にして、かつてソフィストたち[*1]が人間は同時に金髪や褐色の髪でありうることをよく理解できなかったのと同じ驚きを感じる。絶対への移行はすでに社会的な表象のなかに現われている。幼児の精神構造において関係が物として固定するのと同じように、社会的な表象においては、関係は階級として、役割は類型として固定しやすい。たとえば、世襲財産の保存を軸とする家父長制社会では、財産を所有し伝達する人間とならんで、必ず、財産を所有者から奪い、流通させる男女が存在する。男の場合——山師、詐欺師《さぎし》、泥棒、相場師——は、一般に社会集団から否認される。女の場合は、官能的な魅力を利用して、若い男さらには家長をそそのかし、法の枠内で彼らの財産を浪費させることができる。彼女たちは彼らの資産を横取りしたり、遺産をだまし取る。こうした役柄は〔集団にとって〕有害だと見なされるので、そうした女たちは「悪女」と呼ばれる。実際は、彼女たちは、一方の家庭——彼女たちの父親や、兄弟、夫、恋人の家庭——では、逆に守護天使のように見えていることもある。金持ちの財界人を無一文にする高級娼婦《しょうふ》が、画家や作家にとっては文芸の庇護者《ひごしゃ》となる。アスパシア、ポンパドゥール夫人の人物像の両義性も具体的な経験の場では容易に理解できる。しかし、女が〈カマキリ〉、〈マンドレイク〉[*2]、〈悪魔〉であると定められているときに、同時に、女のなかに〈詩の女神〉、〈母なる女神〉、ベアトリーチェ[*3]を発見すれば、頭が混乱するだろう。

集合的表象、とりわけ社会的類型はふつう二項対立のかたちで定義されるので、両面性は〈永遠の女性的なもの〉に固有の特性であると思われる。聖なる母は残酷な継母《ままはは》の相関語であり、天使のような娘はふしだらな娘の相関語である。したがって、あるときは〈母〉＝〈生〉、あるいは〈母〉＝〈死〉であると言われ、またあるときは、すべての処女は純粋の精神、あるいは悪魔に捧《ささ》げられた肉体であると言われることになる。

もちろん、まわりの現実が社会や個人に、〔〈母〉＝〈生〉、〈母〉＝〈死〉といった〕相反する二つの統合原理のどちらを選ぶかを強いるわけではない。社会や個人がそれぞれの時代、それぞれの場合において、自らの必要に応じて決定するのである。たいていの場合、採用された神話には、その個人や社会の執着している制度や価値が投影されている。たとえば、女は家庭にとどまるべきだと要求する家父長的温情主義は、女を感情、内面性、内在†として定義する。実際は、実存者はみな、同時に内在であり超越†である。目的を示されなかったり、どんな目的もその達成をはばまれ、勝利を横取りされるなら、その実

＊1　古代ギリシアで、弁論術などを市民に教えることを職業としていた哲学者たち。
＊2　媚薬《びやく》や魔法に用いられた有毒植物。
＊3　イタリアの詩人ダンテの恋人。彼女への愛が彼の創作の原動力となった。

存者の超越は虚しく過去に陥る。すなわち、再び内在に陥る。これが家父長制において女にあてがわれる運命なのである。しかし、隷従《れいじゅう》が奴隷の天性ではないのと同じように、内在は女の天性ではない。オーギュスト・コントの著作には、こうした女の神話の展開がはっきりと見てとれる。〈女〉と〈愛他心〉を同一視することは、男に女の献身を求める絶対的権利を保証することであり、女に有無を言わせず、そうあるべきだと強いることである。

神話を意味の把握と混同してはならない。意味は、対象のうちにあり、体験をつうじて意識に示される。神話は、意識化の埒外《らちがい》にある、超越的な〈イデア〉である。ミシェル・レリスが『男ざかり』のなかで女性生殖器についての自分のイメージを描写するとき、彼は私たちに諸々《もろもろ》の意味を明らかにしているのであって、何の神話も作りあげていない。女の身体《からだ》を前にした驚嘆、経血に対する嫌悪は、ある具体的な現実の直観的理解である。女の肉体の官能的な性質を発見する体験には何ら神秘的なところはなく、この性質を花や小石にたとえて表現しようと試みても、神話にはならない。しかし、〈女〉とは〈肉体〉であると言ったり、〈肉体〉とは〈夜〉と〈死〉であるとか、〈宇宙〉の輝きであると言うのは、地上の真実を離れて、空虚な天空のかなたに飛び去ることである。なぜなら、男もまた、女にとって肉体なのだから。そして、女は単なる肉体的対象ではない。肉体はそれぞれの人にとって、また、それぞれの体験において、個別の意味をおびるのだ。同様に、女が——男と同じように——自然に根づいた存在であるというのも確かな事実である。女は男以上に種に隷属しており、女の動物性はきわめて明白である。しかし、男と同様に女においても、自然の条件は実存によって引き受けられるのであり、女もまた人間界に属しているのだ。女を〈自然〉と同一視するのは、単なる偏見である。

女の神話ほど支配カーストに都合のよい神話はめったにない。この神話は支配カーストのあらゆる特権を正当化し、さらに、それらの特権の乱用を許す。男たちは生理的に女たちの運命となっている苦痛や負担を和らげようと気づかう必要はない。それらは「〈自然〉によって求められている」のだから。男たちはこれを口実にして、女の条件の惨《みじ》めさを増大させる。たとえば、女に性的快楽の権利をいっさい認めなかったり、女を牛馬のように働かせたりするのだ。[*1]

こうした女の神話のうちでも、女の「神秘」という神話ほど男の心の奥底に深く刻み込まれているものはない。この神話には多くの利点がある。まず、この神話のおかげで、すべて説明しがたいように見えることがたやすく説明できる。女を「理解」[*2]できない男は、幸いにも主体の側の欠陥を棚に上げて客体の側の抵抗にすりかえることができる。

＊1　〔原注〕バルザック『結婚の生理学』参照。「女のつぶやき、叫び、苦痛などは、いっさい気にかけないこと。自然は女をわれわれ男のために つくったのだ。子ども、悲しみ、男の拳骨《げんこつ》、労苦、すべてを担《にな》うようにと。自分を冷酷だと思って責めないこと。いわゆる文明国のあらゆる法典において、男は、女の運命を規定する法律を、〝弱きものに不幸を！〟という情け容赦ない標語のもとに書き記している」

自分の無知を認めるかわりに、自分の外に神秘の存在を認める。これこそ、怠惰と虚栄心を同時にかきたてるアリバイである。女に夢中になった男は、こうして、多くの失望をまぬがれる。最愛の女の振る舞いが気まぐれであったり、話題がつまらなくても、神秘がそれらを弁解してくれる。要するに神秘のおかげで、キルケゴールにとって積極的な所有よりもはるかに望ましいと思えた、こうした消極的な関係が続けられていくのだ。生きた謎《なぞ》を前にして、男は孤独なままである。夢想、希望、不安、愛情、虚栄心を抱いたまま孤独でいるのだ。悪徳から神秘的な陶酔にまでいたるこの主観的なたわむれは、多くの男にとって、人間存在との本来的な†関係よりも魅力のある経験なのだ。それほど有益な幻想とは、いったいどんな基盤にもとづいているのだろうか。

たしかに、ある意味では、女は神秘的である。メーテルリンクの言葉によれば、「誰もがそうであるように神秘的」である。人はみな自分にとってのみ主体であるにすぎない。人はみな自分以外の者の内面を把握することはできない。こうした観点から見ると、他者はつねに神秘的なのだ。他者が女の場合、男の目には、対自†の不透明性はいっそう明白である。男はどんな共感の効果によっても女特有の経験を洞察することはできない。女の性的快感の性質、月経の不快さ、出産の苦痛といったものを男はけっして経験できないのだ。だが実際には、神秘は相互的である。他者として、男の性をもつ他者として、どんな男の心底にも、閉鎖的で女にはうかがい知れないものが存在する。女は男の性感を経験できないのだ。しかし、すでに指摘した普遍的法則のとおり、男が世界を考えるときに用いる諸々のカテゴリーは、男の視点から、絶対的なものとして形成されている。男たちは例によってここでも相互性を無視している。男にとっての神秘である女が、神秘そのものであると見なされるのである。

実を言うと、女がこのように神秘的なものと見なされるのは女に特有の状況のせいである。女の生理的運命は非常に複雑である。女自身が自分とは無関係な出来事のようにこの運命に耐えている。女の身体は女にとって自分自身の明白な表現ではないのだ。女は自分の身体に疎《そ》外《がい》†されていると感じている。すべての個人において、生理的生活や肉体的生活との結びつき、もっと正確に言えば、個人の事実性†とこれを引き受ける自由のあいだに存在する関係は、人間の条件によってもたらされる最大の難問である。この難問が最もやっかいなかたちで生じるのが女の場合なのだ。

しかし、神秘と呼ばれるのは、意識の主観的な孤独のことでもなければ、生物的生命の謎でもない。この言葉が本当の意味をおびるのは意思疎通《コミュニケーション》の次元である。神秘とは、完全な沈黙、闇《やみ》、欠如のことではない。それは、まだ形をなさず、自分を表現できないでいる存在を意味している。女は神秘的であるというのは、女が沈黙しているという意

＊2　（519頁）comprendre　この語には「包含する」という意味もある。つまり、男が女を「理解する」とき、対象としての女は男に対抗して存在することを止め、男のなかに取り込まれて、主人と奴隷の関係が生じる〔本書五二五－五二六頁参照〕。主人である男は、女を「理解（包含）」できないとき、それを認めないで、「神秘的だ」と言ってごまかすのだ。

味ではなく、女の言葉が聞こえないという意味である。女はいるが、ヴェールのかげに隠れている。女はこうしたぼんやりとした出現の向こう側に存在するのである。女とは何者なのだろうか。天使か、悪魔か、霊能者か、役者か。これらの問いには答えはあっても、その答えを見つけるのは不可能だと思われている。あるいはむしろ、根本的な両義性が女という存在に作用しているのだから、どんな答えも適切ではないと思われている。女とは、女自身の心のうちでも、女自身にとっても、不可解なもの、すなわち、スフィンクスなのだ。

事実、女は自分が何者であるかを決めるのに困惑するだろう。この問いには答えがないのだ。しかし、それは、隠れた真実が揺れ動きすぎて正確に捉えられないということではない。この領域には真実というものは存在しないのである。実存者とは自分がつくるもの以外の何ものでもない。可能性は現実の域を出ず、本質は実存に先行しない。単なる主観性であるかぎり、人間は無である。実存者はその行為によって評価される。農婦については、良い働き手だ、あるいは、悪い働き手だと言えるし、女優については、才能がある、あるいは、才能がないと言える。しかし、ある女をその内在的現存において考察するとなると、彼女についてまったく何も言えない、何とも形容のしようがない。ところが、恋愛関係や夫婦関係など、女が従属者、他者の立場にある関係ではいつも、女はその内在性において捉えられる。注目に値するのは、女でも友人、同僚、協力者は神秘性をおびていないことである。逆に、従属者が男であっても、たとえば、年上の裕福な男ないし女に対する若い男の場合、彼は非本質的な客体として現われ、やはり神秘に包まれている。そして、このことは、女の神秘の下部構造、つまり経済的次元のものを私たちに気づかせる。

感情もまた無である。アンドレ・ジッドは、次のように書いている。「感情の領域では、現実的なものと想像的なものは区別がつかない。だから、愛するためには愛していると想像するだけでよい。同様に、愛しているときは、愛していると想像しているのだと思うだけで、すぐさま愛し方が少し減ることになる……」。現実的なものと想像的なものとは、行動を通じてしか区別がつかない。男はこの世界で特権的な地位を占めているから、自分の愛を能動的に表明できる。男はたいてい女を扶養する、または、少なくとも援助する。男は結婚することによって、女に社会的地位を与える。男は女に贈り物をする。経済的・社会的に自立しているおかげで、男は自主的に行動することができ、創意工夫をこらすことができる。ヴィルパリジス夫人と別居しているノルポワ氏[*1]は、一日がかりの旅をしては彼女に会いにいく。たいてい彼は忙しく、彼女は暇である。彼女と過ごす時間は、彼が彼女に与えるのだ。彼女はこれを受け取る。喜んでなのか、感動してなのか、それとも単に気晴らしのためだけなのか。彼女がこの恩恵を受け入れるのは愛しているからなのか、利害からなのか。彼女は夫を愛しているのだろうか、そ

＊1　ともにプルースト『失われた時を求めて』の作中人物。

れとも結婚を愛しているのだろうか。もちろん、男の与える証《あかし》自体もあいまいである。こうした贈与は愛情から出ているのだろうか、それとも同情から出ているのだろうか。しかし、ふつう女は男との交際に多くの利益を見出《みいだ》すが、男にとって女との交際が有益なのは、男が女を愛しているかぎりにおいてである。それゆえ、男の態度から、彼の愛着の度合いをほぼ推し測ることができる。一方、女には自分自身の心でさえ探ってみる方法がほとんどない。気分しだいで自分の感情について違った見方をし、自分の感情に受動的に従うかぎり、どの解釈も同じくらい本当ということになる。かなり稀《まれ》なケースだが、女が経済的・社会的な特権をもっているときには、神秘は逆転する。このことは、神秘が他方の性よりもこの性に結びついているというわけではなく、ある状況に結びついているのだということを示している。大多数の女にとって、超越への道は阻《はば》まれている。なぜなら、彼女たちは何もしようとせず、何かになろうともしないからである。彼女たちは、自分が何になりえたかと際限なく自問したあげくに、自分が何であるか自問するにいたる。これは虚《むな》しい問いかけである。男が女の秘められた本質を発見するのに失敗するのは、ただ単に、それが存在しないからだ。世界の周縁にとどめ置かれている女は、この世界を通じて客観的に自分を定義することができず、その神秘の中味は空っぽである。

そのうえ、すべての被抑圧者と同じように、女は自分の客観的な姿をわざと隠すこともある。奴隷、召使い、原住民など、主人の気まぐれに左右される者はみな、主人に対して、いつも変わらぬ微笑や謎めいた平静さで応じる習慣が身についている。自分の本心、自分のほんとうの行動は、用心深く隠しておくのだ。女もまた、思春期の頃から、男に嘘《うそ》をつくこと、術策を弄《ろう》すること、遠回しの手段をとることを教えこまれる。女は借りものの顔で男に接する。女は用心深く、偽善者で、役者である。

しかし、神話的思考がそれと認める女の〈神秘〉は、もっと深層の現実である。事実、それは絶対的〈他者〉の神話に直接含まれている。非本質的な意識もまた〈自己意識《コギト》〉を働かせることのできる半透明の†主観性であることを認めるならば、非本質的な意識も実際は主権者であり、本質的なものにたち戻るのだということを認めることができる。あらゆる相互性が不可能に見えるためには、〈他者〉が自分自身に対して他者であり、その主観性そのものが他者性に侵されている必要がある。意識でありながら純粋の内在的存在として疎外されているといった意識は、明らかに〈神秘〉であるだろう。こうした意識は、自分自身にとって〈神秘〉であるという事実からして当然、誰にとっても〈神秘〉そのものであるだろう。こうした意識は絶対的な〈神秘〉であるだろう。たとえば、黒人や黄色人が本心を隠すことから生じる秘密の向こう側には、絶対的に彼らが非本質的な〈他者〉と見なされるかぎりにおいて、〈黒人〉の神秘、〈黄色人〉の神秘なるものがある。注目すべきなのは、アメリカ市民はふつうの〈ヨーロッパ人〉をひどく戸惑わせはするが、「神秘的」とは見なされないという点である。ヨーロッパ人は、もっと控えめに、自分はアメリカ市民を理解できないと言う。同様に、女も男も必ず「理解」できるわけではないが、男の神秘なるものはない。つまり、裕福なアメリカ人や男は〈主人〉の側にあり、〈神秘〉は奴隷の属性であるということなのだ。

もちろん、〈神秘〉のはっきりした実体については、自己欺瞞《ぎまん》の薄明かりのなかで思いをめぐらすことしかできない。ある種のあやしげな幻覚と同じように、〈神秘〉は定着させようとすると消えてしまう。文学は「神秘的な」女を描くのにいつも失敗している。そうした女は、小説の冒頭では、不可解な、謎めいた人物として登場するかもしれない。だが、物語が未完のままとならないかぎり、女は結局は秘密をあらわにして、整合性のある半透明の人物となる。たとえば、ピーター・チェイニー〔イギリスの推理作家〕の作品の主人公はたえず女たちの予想できない気まぐれに驚いている。彼女たちがどのように行動するかはけっして見抜けない。彼女たちはあらゆる予測も裏切る。だが実は、彼女たちの行為の動機が読者に明らかになったとたんに、彼女たちはごく単純なからくりとして見えてくる。この女はスパイ、あの女は泥棒だったというように。筋立てがいくら巧妙であっても、つねに鍵《かぎ》がある。たとえ作者に望みうるかぎりの才能、想像力があっても、それ以外のことはありえない。神秘なるものは蜃気楼《しんきろう》であって、見定めようとするとたんに消えてしまうのだ。

したがって、神話とは男によって利用されるものである、ということで大半の説明がつくと言える。女の神話は贅沢品《ぜいたくひん》である。女の神話は、男が生活必需品を緊急に手に入れる必要にせまられずにすむようになるとき、はじめて出現する。関係が具体的に経験される度合いが高いほど、観念化される度合いは低い。古代エジプトの農民、ベドウィンの農民、中世の職人、現代の労働者は、仕事と貧しさにせまられて、妻である特定の女とあまりにもはっきり限定された関係をもたざるをえないため、女を吉なり凶なりのオーラで飾りたてる余裕などない。黒なり白なりの女性像を仕立てあげたのは、夢想する暇ができた時代や階級である。しかし、贅沢にも効用がある。こうした夢想は否応《いやおう》なく利害に左右されているのだ。たしかに、大部分の神話は、男が自分の実存と自分を取り巻いている世界に対して示す自発的な態度に根ざしている。しかし、経験を超越的な〈イデア〉へと乗り越えること、それは家父長制社会が自己正当化のために意図的に行なったことである。神話を通じて、家父長制社会は法律や慣習をイメージ豊かな感覚的な方法で個人に押しつけた。神話のかたちをとることによって、集団的な要請が個々の意識に浸透していったのだ。宗教、伝説、言語、物語、歌謡、映画を介して、神話は物質的な現実に最も厳しく従属させられている人間の実存に浸透していく。個々の人間が自分のささやかな経験の純化したものを、神話から汲《く》みとることができる。愛する女に欺《あざむ》かれた者は、女は怒り狂った子宮だと断言する。また、自分が性的不能だという考えにつきまとわれている者にとっては、女は〈カマキリ〉であり、自分の女といっしょにいるのに満足している者にとっては、女は〈調和〉、〈休息〉、〈恵みの大地〉ということになる。安あがりの永遠、手軽な絶対を好む気持ち――これはほとんどの男に見受けられる――は、神話によって満たされる。ほんのわずかな感動、困惑さえも、永遠不変の

〈イデア〉の反映となる。こうした幻想が虚栄心を心地よくくすぐるのだ。

神話は、謹厳《くそまじめ》な精神がよく考えもせずに示す偽りの客観性の罠《わな》の一つである。ここでもまた、実体験とそれが要求する自由な判断を、固定した偶像に置き換えることが問題となる。〈女〉の神話は、自律的な実存者〔である女〕との本来的な関係の代わりに、蜃気楼を見るような不動の静観をもってくる。「蜃気楼よ！　蜃気楼！　捉《とら》えることのできないものは、消滅させなければならない。さもなければ、彼女たちを安心させ、ものを教え、宝石趣味をやめさせ、本当にわれわれの対等の配偶者、親友、現世での協力者にし、服装をかえさせ、髪を短く切らせ、何でも話しかけるようにしなければならぬ……」と、ジュール・ラフォルグは叫んでいる。女を象徴に扮装《ふんそう》させるのをあきらめても、男は何も失いはしないだろう。むしろ逆である。夢想にしても、集団的で、方向づけられたもの、型にはまったものは、生きた現実に比べ、いかにも貧弱で単調である。真の夢想者や詩人にとっては、生きた現実の方が古びた驚異よりもずっと豊かな源泉となる。女を本当に心から慈《いつく》しんだ時代、それは〔女性への服従・献身を重んじた〕騎士道的な封建時代でも、〔女性への洗練された礼儀を重んじた〕優雅な十九世紀でもない。それは──たとえば十八世紀のように──男が女を同類と見なしていた時代である。そうした時代には、女たちは実にロマネスクな姿で現われている。『危険な関係』、『赤と黒』、『武器よさらば』を読みさえすれば、それがわかる。ラクロ、スタンダール、ヘミングウェイの小説の女主人公たちは神秘的なところはないが、それでもやはり魅力的である。

女を人間として認めても、男の経験を貧弱にすることにはならない。経験が相互主観性においてなされるならば、男の経験は多様さ、豊かさ、強さを少しも失いはしないだろう。神話を拒否することは、男女間の劇的な関係すべてを壊してしまうことではないし、女の現実を通じて男の目に真に明らかになるであろう諸々《もろもろ》の意義を否定することでもない。詩、愛、冒険、幸福、夢を消し去ることでもない。それはただ、行為、感情、情熱が真実に立脚したものであるように求めることなのである。[*1]

「女がいなくなる。女はどこにいったのか。今の女たちは女ではない」。こうした謎《なぞ》めいたキャッチフレーズがどういう意味であるかは、すでに見た。男たちの目からすると――また、こうした男たちの目をとおして物事を見る多くの女たちの目からすると――「ほんとうの女」であるということは、女の身体をそなえているだけでは、恋人や母親として女の役目を引き受けるだけでは、十分でない。セクシュアリティや母性を通じて、主体は自分の自律性を主張することができる。だが、「ほんとうの女」とは、〈他者〉としての自分を受け入れる女なのである。今日の男たちの態度には表裏があり、それが女

＊1　〔原注〕ラフォルグはまた、女についてこう言っている。「女は自分の性《セックス》の他には仕事も武器もなく、奴隷《どれい》状態、怠惰のなかにとどめおかれていたために、その性を肥大させて、〈女性的なもの〉になってしまった……われわれは女が肥大するがままにしてきた。女はわれわれのためにこの世にいる……いやはや！　それは全部まちがいだ……これまで、われわれは女と人形遊びをやってきた。それもあまりに長く続きすぎた！……」

に苦痛な思いを抱かせるもとになっている。彼らは女が同類、対等者であることをかなりの程度まで認めている。しかし一方では、依然として女が非本質的なものにとどまっているよう要求している。女にとって、これら二つの運命は両立不可能である。女はどちらにもしっかり順応できないまま、どちらを取るか決めかねており、それが女の不安定の原因となっている。男の場合は、公的生活と私生活のあいだに何のずれもない。男は行動と仕事において世界への手がかりを確立すればするほど、それだけ男らしく見える。男においては、人間的な価値と生命的な価値とが一体となっている。それに対して、女が自律的な成功をおさめることは、自分が女であることと矛盾する。「ほんとうの女」は、客体になるよう、〈他者〉であるよう求められているのだ。この点については、男たちの感受性、セクシュアリティそのものが変化する可能性が大いにある。すでに一つの新しい美学が生まれている。平たい胸と細い腰——美青年スタイルの女——の流行は一時的なものだったが、それでも過去の時代に理想とされた豊満な肉体が再びもてはやされるようにはならなかった。女の身体は肉体であってほしい、ただし控えめに、と望まれている。女の身体はほっそりとしていなければならず、脂肪がついていてはだめだ。たくましく、しなやかで、頑丈で、超越を感じさせなければならない。女の身体は温室の植物のように青白くなく、労働者の上半身像のように自然の陽光に身をさらし、日焼けしているのが好ましいとされる。女の衣服も実用的にはなったが、女を性別不明に見られるようにしてはいない。逆に、丈の短いスカートは以前にもまして脛《すね》や腿《もも》を引き立たせることになった。職業をもつことがなぜ女の性的魅力を失わせることになるのかも納得がいかない。女を、社会的地位のある人物であり、かつ官能的な獲物として感じるのは、刺激的でありうる。最近刊行された美しい女性市長に魅せられて、自分の婚約者の男が、結婚式をとり行なおうとしているレイモン・ペイネの漫画集に、*1若い婚約者の女をかえりみない場面があった。女が「男の職務」を果たしながら、しかもセクシーだということは、長いあいだ、多かれ少なかれ卑猥《ひわい》な冗談のたねになっていた。世間の反感や揶揄《やゆ》は少しずつ和らいできた。そして、新しいかたちのエロチシズムが生まれつつあるようだ。おそらく、またここから新たな神話が生み出されることだろう。

確かなのは、現在、女たちには、自律した個人としての条件と女としての運命を同時に引き受けるのは非常に困難だということである。これこそが、しばしば女たちを「失われた性」と見なされるようにしているぎこちなさ、漠然とした不安の原因となっている。それに、おそらく、自由になろうと努力するよりも盲目的な隷属《れいぞく》状態に耐えている方が楽である。生者よりも死者の方が大地にしっくり合っているのと同じである。ともかく、過去へ逆戻りするのは不可能だし、望ましいことでもない。期待すべきこと、それは男たちの方でも、生まれつつある状況を全面的に引き受けてくれることである。そうなって初めて、女は、矛盾に引き裂かれることなく、この状況を生きることができる

＊1　〔原注〕一九四八年十一月刊。

ようになる。そうなれば、ラフォルグの願いが叶《かな》えられるだろう――「おお、若い娘たちよ、いつになったら君たちはわれわれの親友、人につけ入る下心のない親友になるのだろう。いつになったら、われわれは真の握手をかわすのだろう」という願いが。そうなれば、「ひとえに男のせいで彼女にふりかかった運命の重みをもう担《にな》わずにすむようになったメリュジーヌ、解放されたメリュジーヌは……人間の腰《い》[*1]」を取り戻すだろう。そうなれば、女は完全な人間となるだろう。「男――これまで忌まわしきものであった男――が女に暇を出し、女の果てしない隷属が打ち破られるとき、女が自分のために、自分自身で生きるようになるときが来れば[*2]」

＊1　〔原注〕ブルトン『秘法十七』。
＊2　〔原注〕ランボー「見者の手紙」一八七一年五月十五日付。

用語解説

投企《プロジェ》（projet）

人間の本性は存在しない。人間はまず先に実存し、その後に自らをつくるものである。人間はみずからかくあろうとして、未来に向かって自らを投げる。このようにいつも自分の可能性に対して主体的に開かれていることを「投企《プロジェ》」という。個々人が実際になんらかの計画を立てるのは、この根源的な投企があるからである。

超越（transcendance）↕内在（immanence）

人間は、根源的な投企《プロジェ》によって、現にある自分をたえず越えていく。こうしてつねに自らをつくっていく運動としてとらえられる。なお、ほぼ同じ意味で、「超越」は、dépassement が用いられていることもある。

内在（immanence）

「超越」が運動であるのに対して、自らの内にとどまっていること。

疎外《そがい》（aliénation）
1 人間が自らの自由を逃れて固定したものの安定性に閉じこもろうとすること。自主性を失い、自分以外のものに隷属《れいぞく》すること。
2 自分を自分以外のものに託すこと。子どもが、自己同一性《アイデンティティ》の確立の過程で、鏡に映った自分の姿が自分であることを認めるのも、一つの自己疎外である。

本来性（authenticité）、**本来的な**（authentique）
↕ 非本来性（inauthenticité）、非本来的な（inauthentique）
人間は一人ひとり、自らの状況のなかで、他の人間とは異なる可能性を秘めている。こうした自分独自の可能性にめざめた状態を「本来性」という。また、それに向かって、責任と危険を引き受け、自らを乗り越えて生きていく自由を「本来的な」自由という。

非本来性（inauthenticité）、**非本来的な**（inauthentique）
人間が自らの状況に目をつぶり、他の人間と同じような平均的、没個性的な状態にとどまるとき、その状態を「非本来性」という。また、こうした状態に逃避することを「非本来的な」逃避、自らの主体性や自由を放棄した生き方を「非本来的な」生き方という。ハイデガーの用語からきている。

自己欺瞞《ぎまん》（mauvaise foi）
自分に対して自分の真実や可能性をおおい隠すこと。これは、自らの自由を逃れ、責任を回避しようとする企てであり、「非本来的な」態度である。

事実性（facticité）

人間が、理由や必然性なしに世界のなかに投げ出され、状況のなかに放り出され、みずから選んだのではない条件のなかに、単に事実として存在しているあり方。ハイデガーの用語からきている。

対自（pour soi）↕即自（en soi）

サルトルは『存在と無』において、対自を「それがあるところのものであらず、それがあらぬところのものであるような存在」と言っている。すなわち、つねに現在の自分を超越し、未来の自分のあり方を意識的に選択するような存在。

即自（en soi）

対自（pour soi）である意識に対して、物のあり方を示す。自己のなかにとどまり、それ自体とぴったり粘着している存在。

本質的なもの（l'essentiel）↕非本質的なもの（l'inessentiel）

サルトルの実存主義の第一の原理は、「実存は本質に先立つ」である。人間に本性はなく、あらかじめ定められた本質はない。人間はみずからつくるところのもの以外の何ものでもない。しかし、本書で、男＝「本質的なもの」というときの本質は、右のように「定められた本質」という意味ではなく、二元対立的思考において、「主たるもの、基準となるもの」の意味で使われている。

非本質的なもの（l'inessentiel）

他者であることにあまんじて、主体である「本質的なもの」に左右される人間は「非本質的なもの」である。

だが、実際には、「本質的なもの」と「非本質的なもの」、言い換えれば「主体」と「他者」のあいだには相互性があり、固定的な関係ではない（本書二〇頁参照）。したがって、女も「非本質的なもの」としてあまんじていてはいけない、というのが『第二の性』を通じてのボーヴォワールの主張である。

一者（l'Un）

形而上学史《けいじじょうがく》にあらわれる〈一者〉は、絶対的一者を意味する。すなわち、それは絶対的に完結した全体であり、すべての根源である。これに対してボーヴォワールは、一方の者（l'un）と他方の者（l'autre）の関係は相互的なものであり、両者とも相対的一者であって、〈他者〉から〈一者〉への反転はありうるはずだと考える。しかし、歴史のなかの男女関係を見ると、男はつねに〈主体〉であり、絶対的〈一者〉であった。女はつねに〈他者〉であったと言うのである。

世界への参加《アンガージュマン》（engagement）

人間は状況によって拘束されていると同時に、自分を積極的に拘束する、すなわち受動を能動へと転換し、自由な選択によって行動し、状況に対して働きかける、というサルトルの実存主義の中心的概念。

旧版訳者あとがき

本書は一九四九年に出版されたSimone de Beauvoir, *Le Deuxième Sexe, I Les faits et les mythes*（Gallimard）の全訳である。（翻訳に際しては、一九七六年に改訂された版を用いたが、両者に大きな違いはない）

フランスでは出版されるや爆発的な売れ行きを見せ、一九五三年には英訳も出て英語圏の国々でも広く読まれるようになった。現在では、中国語、ベトナム語などを含む三十近い言語に翻訳されている。また、一九六〇年代後半に始まるアメリカの女性解放運動の理論的な拠《よ》り所となったことはよく知られている。女が自分でも気づかないうちに受け入れ、居心地の悪さを感じていた女の神話が、実は、女を他者にするためにつくられた社会・文化的な虚構にすぎないことを教え、自由という観点から女たちに自己解放の希望を与えてくれたのである。この社会・文化的につくられた性は、生物学的な性（セックス）と区別して、現在ではジェンダーという用語であらわされている。

日本でも一九五三〜五五年に生島遼一訳で新潮社から五巻本で出版されている。読者のなかにはその版で読まれた方も多いと思う。そこで、なぜ新訳なのかという理由を述べておきたい。

旧訳は、原書の刊行後四年という驚くべき速さで出版され、新しい女性論として話題になった。その功績は大きかったが、当時の日本男性の視点から訳されているせいか、原文を曲解している面があるのは否《いな》めない。そのため、日本での『第二の性』の評価にはいくつかの誤解が生じた。たとえば、ボーヴォワールは「母性を否定した」とか、『第二の性』は「女が男に対して普遍的に従属的地位を持つという前提に立つ女性論の代表である」とか、逆に「女の男並み化解放論」であると位置づけられたりしている。こうした誤解を生んでしまった旧訳の問題点を具体的に挙げると以下のようになる。

①訳書の構成の問題。原書は二巻本であるが、旧訳のⅠ～Ⅲ巻は実は原書の第Ⅱ巻にあたり（旧訳第Ⅲ巻では、章分けにも変更がある。これについては新訳第Ⅱ巻の訳者あとがきを参照いただきたい）、原書の第Ⅰ巻は旧訳のⅣ～Ⅴ巻になっている。そのため、本来なら最初に位置するべき「序文」が、旧訳ではやっとⅣ巻に現われ、「結論」がその前のⅢ巻の終わりにあるという奇妙な構成になっている。これでは、ボーヴォワールがなぜこの本を書いたのか、またどういう観点に立って書いたのかが不明瞭《ふめいりょう》になり、論理の流れがつかめなくなる。

『第二の性』の画期的な点は、第一に、女の問題を哲学の見地から検討したことである。「女とは何か」という問いに対し、「女とは他者である」と明快な答えを出し、「他者である」とは「他者にされた」のだということ、つまり、女の本性というものはなく、女の置かれてきた状況によって「他者になった」のだということを論証したのである。第二に、それを論証するのに、実存主義という一つの視点を定めて、当時の新しい学問であるレヴィ＝ストロースの文化人類学、フロイトの精神分析、メルロ＝ポンティの身体論、グラネやデュメジルの比較神話学、エンゲルスの史的唯物論《ゆいぶつろん》、さらには生物学、歴史学、文学など、幅広い領域にわたって総合的に検証したことである。しかし、結果として、実存主義の視点を超える展開も随所に見られ、矛盾をはらみつつも、逆にそれが時代を先駆ける視点を示唆《しさ》している側面も見逃せない。旧訳では体験書としての性格が前面に出て、こうした理論書としての魅力が後退している。

　なお、女の本性はないという点については少し説明が必要である。ボーヴォワールが否定したのは、永遠の女性的なものといった、男によって規定され固定された「女らしさ」であり、現実の状況のなかで生きている女が「女であること」を否定したわけではない。これは③の訳語の問題ともからんでくるが、実は「女らしさ」と「女であること」は原語では同じ単語 féminité である。新訳では、固定された本性という意味が強いときは「女らしさ」、現実の、具体的な女が問題になっているときは「女であること」と訳し分けた。「母性」と「母であること」にも同じことが言える。

　②自由間接話法の訳し方の問題。これは、話者の言葉や考えを引用するときに、接続詞や導入動詞を省略して、独立節の形で示す文体のことだが、ボーヴォワールの文には

この自由間接話法が多用されている。そこで、どこまでがボーヴォワールの考えで、どこからは他の人の考えなのかを訳し分ける必要がある。これまでボーヴォワールの考えだと誤解されてきた箇所も、実際は彼女が引用している人の考えであったり、一般に考えられていることであるのが旧訳では曖昧《あいまい》だった。新訳は、この点を明確にした。

③訳語の問題。たとえば、『第二の性』のキー・ワードでもあるかのように扱われている旧訳の「雌の屈辱」という訳語は、月経・出産・授乳といった「女の生物学的機能からくる諸拘束」を言っているにすぎない。ボーヴォワールは序文ではっきりと次のように記している。「どんな女も、自分の性を無視して自分を位置づけようとすれば、自己欺瞞《ぎまん》に陥るのは明らか」であると。

④旧訳には、訳者の誤解のせいで、文意が正反対になっている箇所がある。たとえば、序文の終わり近くで、「いうまでもなく、このような問題も、われわれが女の上にのしかかっている生理的・心理的あるいは経済的な宿命を想定しなければ、まったく無意味になってしまう」と訳されていた箇所は、「……宿命を背負っていると仮定するなら」とまったく逆に訳すべきである。ボーヴォワールは、そのような宿命はないと考えているのだ。

以上のように、旧訳には種々の問題点があり、それを原因とする誤解を解くために、私たちは原書の内容・文体をできるだけ忠実に伝えたいと思った。そして、ここに新しく訳し直す機会を新潮社が与えてくださったことは大きな意義をもっている。また、私たちの訳もいずれ乗り越えられ、さらに深く読みつがれることを願っている。『第二の性』はもう古いと思っている人もいるようだ。しかし、現実の社会は一見変わったようでいて、女を他者とする構造は変わっていない。その矛盾に気づいて奮闘している人にも、自分らしく生きられないことを自分や社会のなかにひそむ「女の神話」のせいだと気づかずに苦しんでいる人にも、ぜひ読んでほしい。一方、女の問題は男女の関係の問題でもある。ジェンダーとして負わされた自らの役割に居心地の悪さを感じている男性も増えてきている今、男女を問わず、ジェンダーの問題を自分のものとして考えてほしいのだ。だから、日本語として古くなった表現も改めて、現在の読者に読みやすいものにしたいと思った。そのために、翻訳の過程で、研究者だけでなく大学生や主婦など、複数の方に広く一般の読者の立場から、部分的ではあるが試読をお願いした。

新訳は、日仏女性資料センター（日仏女性研究学会）の「『第二の性』を原文で読み直す会」（棚沢直子の発案で一九八八年に発足した研究グループ）のメンバーが共同で作成した。

Ⅰ巻の訳者（分担）は、石川久美子（第二部Ⅴ）、井上たか子（第一部第一章、第二部Ⅰ・Ⅱ）、加藤康子（第一部第一章、第三部第二章Ⅵ・第三章）、木村信子（第一部第二章、第三部第一章）、塩川浩子（第二部Ⅲ、第三部第二章Ⅴ）、芝崎和美（第二部Ⅳ、第三部第一章・第二章Ⅰ）、杉藤雅子（第一部第三章、第二部Ⅴ）、永井光代（第二部Ⅴ）、中嶋公子（第一部第二章、第三部第一章）、支倉寿子（第三部第二章Ⅱ、Ⅲ、Ⅳ）

である。序文は会のメンバー全員が共同で訳出した。「用語解説」は井上、訳文の調整・統一作業は井上(序文、第一部、第三部第二章・第三章)と木村(第二部、第三部第一章)が担当した。

なお、原文には、当時の支配階級による差別用語的な表現や、科学の進歩によって現在では不適切となった事柄もある。翻訳にあたっては、そのまま訳出したことを、ここでお断りしておきたい。

最後に、訳稿を読んで貴重なご意見をくださった方々に心から感謝したい。また、「読み直す会」のきっかけを作ってくださった町田民世子さん、出版のきっかけを与えてくださった田中喜美子さんに、あらためてお礼を申し上げたい。

一九九七年三月

井上たか子
木村　信子

復刊によせて　訳者あとがき――一人の読者として――

人は何故、どんな時に、『第二の性』を読んでみようと思うのでしょうか。

私の場合、それは、シモーヌ・ド・ボーヴォワールのように「自立した女性」になりたいと思ったからでした。当時、というのは一九六一年ですが、私は瀬戸内海に面した地方の県立高校から東大に入学して、下宿暮らしをしていました。親元を離れて自由を謳歌《おうか》していた、と言いたいところですが、実際には、もやもやした居心地《いごこち》の悪さ、漠然とした不安に苦しんでいました。私は、三歳のときに患ったポリオの後遺症で右脚に障害があり、「結婚に不利になる」ということを母親からそれとなく聞かされていましたので、意に染まない結婚をするよりは、勉強をして経済的に自立し、ひとりで自由に暮らしたいと考えていました。でも、現実は、女の子があまり高い学歴をもつことはマイナスに評価されている、つまり女性の価値と成績の良さのあいだにはねじれがあることに気づいて、鬱々《うつうつ》としていたのです。女の子の価値は「かわいい」こと、理屈など言わず、男性の言うことに従いにこにこしていること、女性の幸せは「良い結婚」をして夫に守ってもらうこと……。

　そんな日々のなかで出会ったのが、朝吹登水子《あさぶきとみこ》さんの訳で紀伊國屋書店から出版されたばかりの『娘時代』でした。この本は、原題の「育ちの良い娘の回想」が示唆《しさ》しているように、ボーヴォワールが生まれ育ったブルジョア的道徳秩序から脱け出して、自由な知識人として巣立つまでの回想録です。この本を読んで、私の苦しみの正体は「女らしさ」という規範なのだということに、そうした規範に縛られずに自分らしく生きていくべきだということに気づくことができたのです。そして、ボーヴォワールのように自立した女性になりたいと強く思いました。卒論は、「シモーヌ・ド・ボーヴォワール――一人の自立した女性についての研究」というテーマで書くことに決めて、そのために『第二の性』を読んだのです。

　こうして、なんとか卒論を書き上げ、大学院に進学することになったのですが、面接試験で、教授から「女性に大学での就職先はないことを覚悟してください」とはっきり宣告されました。いま思えば、これは当時の社会状況の反映であって[1]、教授たちが女性を差別したわけではなかったにしても、そのときはショックでした。おまけに、「生きている人は研究対象にならない」と、指導教官も決まらず、ボーヴォワール研究は諦めて、別の選択をするしかありませんでした。もちろん現在のようなジェンダー研究は存在していませんでしたし、日本で初めて「女性学[2]」という名前の講座が開設されたのは、それから十年後です。一般企業に就職するにしても、内定の段階で、「結婚または三十五歳で退職する」という趣旨の誓約書にサインを求められる時代でした。[*3]

一九八八年に、日仏女性資料センター（日仏女性研究学会）[*4]のなかに、棚沢直子さんと中嶋公子さんの呼びかけで、「『第二の性』を原文で読み直す会」が出来たときには、迷うことなく参加しました。もう一度、きちんと読み直したいと思っていたからです。

当時、私が耳にしていた『第二の性』の評価は、ボーヴォワールは「母性を否定した」とか、「女の生理がおぞましいものであるかのような描写にはうんざりする」、「女は男に対して普遍的に従属していたという前提に立つ女性論だ」といった批判的なもの

＊1　たとえば、当時の大学進学率（四年制）は「男性一三・七％、女性二・五％。新制大学が発足して一〇年あまり、大学進学率はほとんど増加せず、女性はごくわずかなエリートであった」という。cf.広井多鶴子「女性の大学進学率の上昇と女子大学」、実践女子大学編『実践女子大学人間社会学部紀要』、二〇〇五年三月。

＊2　女性学は、アメリカで第二波フェミニズムの学問版として始まったウィメンズ・スタディーズ（女性についての学際的研究）の訳語で、社会学者の井上輝子が「女の、女による、女のための学問研究」として提唱した。

＊3　「結婚退職制訴訟」とも呼ばれる住友セメント事件で、東京地裁が、「女性結婚退職制は女性労働者の結婚の自由を制限するもので性別による差別待遇にあたり無効」とする判断を下したのは、一九六六年一二月二〇日である。

＊4　一九八三年設立。シモーヌ・ド・ボーヴォワールも、設立呼びかけ人（二五名）の一人になっている。

が大勢を占めていました。『第二の性』が翻訳出版された一九五三年から、サルトルと共に来日した一九六六年頃にかけてのような熱狂的な読者は少なくなっていたように思います。背景には、ポストモダン思想の流行による実存主義哲学の栄光の失墜もあったと思います。でも、私は、こうした批判に違和感があったので、それを確かめたいと思ったのです。

それにしても、当時、私が感じていた否定的な評価はどこからきていたのでしょうか。一九六〇年代は日本でも経済の近代化が促進され、社会構造も大きく変化しました。男性の急速なサラリーマン化が進むなかで、女性を専業主婦化させ、家事労働を担わせるという男女の分業を奨励する政策が取られたのです。性別役割分業による男女の差異化を支配の手段とする体制にとって、それを告発するボーヴォワールのような考えは脅威でもあったはずです。一九六六年に来日したとき、ボーヴォワールは三つの講演をしましたが、その中の「今日の女性の状況」では特に、家父長制的結婚制度のもとで女性が自立した個人として社会生活に参加することが困難であることに言及して、家庭と職業の両立のためになすべきことは、「女性の家庭外における仕事を減らすことではなくて、家事労働を軽減することなのです」[*1]と述べています。保育園などの施設の増設の必要性も強調していて、朝日新聞のインタビュー記事（一九六六年九月二五日付）では、サルトルまでが「男性が子どものお守をしてもいいじゃないですか。育児だって、平等に分担できます。保育所に預ける方法だってありますよ」と発言しています。けれども、当時の日本では、子どもを保育園に預けて働く母親は「母親失格」であり、保育園は貧困家庭への恩恵であるという受け止め方が一般的でした。一冊の本の評価はそれが読まれる時代の政策と無関係ではありえません。『第二の性』も、来日当時、多くの学生たちから熱狂的に受け入れられたのをピークに、六〇年代後半には、「女性の男並み化解放論」であるというレッテルを貼られ、批判されるようになります。[*2]

やがて、一九七〇年代初めにかけてウーマンリブが盛んになりますが、『第二の性』の影響は目立たないものでした。リブそのものが特定の理論的基盤に立ったものというよりは、女としての体験に基づく自然発生的な運動であったからだと思われます。当時

＊1　シモーヌ・ド・ボーヴォワール著、朝吹登水子／朝吹三吉訳『女性と知的創造』、人文書院、一九六七年、二五〜二六頁。

＊2　当時、一ツ橋大学の二年生だった、元最高裁判所判事の山浦善樹《やまうらよしき》氏は『第二の性』を読んだときのショックをまるで啓示だったと回想している。《ボーヴォワールとの出会いは、女性差別の世界を知る契機となりました。〔略〕夫婦別姓と再婚禁止期間に関する裁判のとき、『第二の性』を思い出しました。〔略〕ちなみに、ボーヴォワールが慶應義塾大学で講演したというので、慶応出身の岡《おか》部《べ》喜代子《きよこ》さん〔元最高裁判所判事〕に当時の様子を聞いたら、その講演は高校生のときで、聴きに行ったが講堂が一杯で中に入れず、大学が特設した外部スピーカーで聞いたということでした。岡部さんとその話をして、ボーヴォワールのあの含蓄《がんちく》のある言葉〔女に生まれるんじゃない。女になるんだ〕に心を動かされた裁判官は私だけではなかったと、とても嬉しかった》。山浦善樹著『お気の毒な弁護士』、弘文堂、二〇二〇年、一〇〇〜一〇二頁。

大学生だった文芸評論家の斎藤美奈子さんによると、《第二波フェミニズム（いわゆるウーマンリブ）の全盛期で、たまたま出会った活動家のお姉さまに、「ボーヴォワールが……」と水を向けてみたところ、あっさり一蹴された。「あんなエリート女性の本読んでるの？　だめだめ。もっと自分の実感を大切にしなさい。」》[*1]と怒られたそうです。

アメリカのウーマンリブの教祖的な存在だったベティ・フリーダンの女性解放運動への出発点もまた『第二の性』にあったことを考えると、日本でなぜそのように冷遇されたのか不思議です。女性解放運動は、もちろん、フランスでも盛んになっていて、ボーヴォワールも、一九七一年四月五日の『ヌーヴェル・オプセルヴァトゥール』誌に掲載されたあの有名な「三四三人宣言《マニフエスト》」[*2]を起草するなど、中心的な存在になっていたので、それが知られていなかったということはありえないと思われますが、日本のリブでは『第二の性』のような理論書は煙たがられたのでしょう。運動の理論的基盤になるものを『第二の性』から引き出そうという試みはなかったように思えます。

その後、一九八〇年代になると、フェミニズムのなかにエコロジカル・フェミニズムが登場して、「近代」＝産業社会を告発しました。その代表格、青木やよひさんは、イヴァン・イリイチのジェンダー論に依拠して、「文明化＝自然の抑圧＝肉体の疎外＝性の蔑視《べつし》＝性差別の発生」[*3]という命題を立てて、「近代以前」を性差別のない社会、「産む性」がハンディキャップではなく、再生産力として高く評価されていた社会であると称揚《しようよう》します。「近代＝産業主義＝男性原理」対「近代以前＝自然＝女性原理」という対立構造のもとに、「女性原理」を称揚したのです。こうした構図のなかでボーヴォワールは近代主義に分類され、《女の生殖機能を屈辱、醜悪と受けとめる自己否定的身体感覚》[*4]という評価が定着していきました。

こうした風潮に反撥《はんぱつ》して「原文で読み直す会」に加わったわけですが、その成果が一九九七年に『決定版 第二の性』として出版されました。二〇〇一年には文庫化もされ、初版二万部が二〇〇五年頃にはほぼ売り切れていたようです。けれどもなぜか、増刷されないまま、絶版状態になっていました。それがようやく、河出書房新社から復刊されることになったのです。その背景には、#MeToo運動などによるフェミニズムへの関心が高まってきたこともありますが、フェミニズムの「古典」ともいえる『第二の性』が読めないのは困るという作品そのものへの評価、そして再版を望む読者の声の高まりもあったと思います。それにしても、今回、数十カ所の訂正を試みたとはいえ、二十五年

＊1　斎藤美奈子「本棚の隙間」、『週刊朝日』二〇〇三年九月二六日号、一一六頁。
＊2　当時のフランスでは、一九二〇年に制定された中絶を禁止する法律が続いていた。この宣言は、ボーヴォワールをはじめ、カトリーヌ・ドヌーヴ、マルグリット・デュラス、フランソワーズ・サガンなどの有名人を含む三四三人の女性がａｂｃ順に名前を連ねて、「私は中絶したことがある、つまり法律に違反した」と証言したもので、中絶合法化を求める運動の大きなはずみになった。
＊3　青木やよひ『女性・その性の神話』、オリジン出版センター、一九八二年、一〇七頁。
＊4　荻野美穂「性差の歴史学―女性史の再生のために」、『思想』、一九八八年六月号。

もの歳月を経た翻訳がほぼそのまま使われるのは感慨無量です。ボーヴォワールが私たちに何を伝えたかったのかを、引用だけでなく、ましてや伝聞・風潮ではなく、彼女が書いたテキストに即して読み取りたいと願っていたにちがいない読者の皆様のお役に立てることを幸いに思います。

ところで、冒頭でも記しましたように、もともと私が『第二の性』を読もうと思ったのは、ボーヴォワールのように「自立した女性」になりたかったからです。けれども、読み直しをしてみても、その直接的な答えを見出すことはできないどころか、むしろ逆に、なぜ自立するのが難しいのかが執拗に記されているように思いました。

その大きな理由は、ボーヴォワールが『第二の性』で示している「女であること」には、少なくとも三つの矛盾した要素が含まれていて、そのどれにも偏《かたよ》らない、つまり曖《あい》昧《まい》／両義的であることです。三つの要素——第一に、女も男と同じように主体であり、自由である。第二に、女は歴史のはじめから〈他者〉であり、女の自由は制限されている。つまり、女が生きている状況と男の状況には序列がある。第三に、女と男の身体には差異がある——が錯綜し、複雑に絡み合っているのです。

まず、第一の要素について言えば、ボーヴォワールはI巻「序文」で、《どんな問題でも、人間の問題を中立の立場で論じるのは不可能だろう》と述べ、『第二の性』を書くにあたって採用した観点は、実存主義のモラルの観点であり、《すべての主体は、新たな自由に向かってたえず自分を乗り越えることによってはじめて、自由を実現する。果てしなく開かれた未来へ向けての発展こそが、現に生きている実存を正当なものにするのだ》[*1]と記しています。人間は前もって何ものかとして定義されているのではなく、投企《プロジェ》を通してたえず自分で自分をつくっていかなければならない、つまり、人間の実存は本質に先立つというのです。

このように、『第二の性』のバックボーンになっているのは、実存主義の人間観です。けれどもボーヴォワールは、単に、「女も男と同じ人間であり、男と同じように自由である」と言っているのではなく、右の引用のすぐ後には、《女の状況は特殊なやり方で規定されている。女は、人間として自律した自由な存在であるにもかかわらず、男たちから自分を〈他者〉として受け入れるように強いられている世界のなかで自分を発見し選択しなければならない》と記しています。つまり、一方では、「女らしさ」という本質はない、女も男と同じように主体であり、自由であると言いながら、他方では、女が生きている状況と男の状況には序列があり、女の自由は制限されている、と言っているのです。これは、ジェンダーの概念が普及した現在の視点で言えば、当たり前に思えるかもしれません。けれども『第二の性』は、しばしばこの矛盾の両極端に与するものと

＊1　『決定版 第二の性』Ⅰ、河出文庫、二〇二三年、三九頁、四一頁。以下、同書からの引用は、Ⅰ、Ⅱ上、Ⅱ下で記す。

解釈され、二重の誤解にさらされてきました。一方は、「ボーヴォワールの女性論は、徹底した男女平等化要求・性差無化要求としての女の男並み化解放論である」[*1]と批判し、他方は「女は男に対して普遍的に従属的地位を持つという前提に立つ女性論」の代表であると批判したのです。[*2]

『第二の性』の矛盾に言及している論者も、それを「女であること」の矛盾ではなく、ボーヴォワールの論証の矛盾に帰しています。たとえば、《『第二の性』においては、民族学、歴史および女性の生物学的条件と、女性の自由とのあいだの関係は、二律背反的である。〔略〕〔「歴史」の原始時代の部分は〕とりわけレヴィ＝ストロースの見解をつよく反映したものとなっている》と結論して、ボーヴォワール自身の意に反して、《しばしば当時の学問の水準や傾向に制約されている》[*3]としているのです。『第二の性』へのレヴィ＝ストロースの影響に言及したのは、日本では村上益子さんが最初であると思われますが、彼女も、「原始共産主義の社会においても、女性は男性に隷属していた〔…〕というボーヴォワールの見解は、レヴィ＝ストロースの原始社会に関する研究によっている」[*4]と記しています。これは、ボーヴォワールが回想録『或る戦後』で、『第二の性』の出版に先立って『現代』誌に発表した「女と神話」を読んだレヴィ＝ストロースが原始社会に関する記述に不正確なところがあると批判しているのを知り、ほぼ完成していた彼の論文「親族の基本構造」を参照させてもらった、と記していること[*5]に由来しています。しかし、そうであるとして、いったい『第二の性』はどの程度、レヴィ

＝ストロースの影響を受けているのでしょうか、この疑問を解明するためには『現代』誌に発表された「女と神話」におけるボーヴォワールの見解と『第二の性』におけるそれを比較する必要があります。そこで二つのテキストの比較を試みたところ[*6]、結論として、「原始時代の部分はレヴィ＝ストロースの見解をつよく反映している」というのは間違った推測であり、根拠のないものであることが分かりました。

まず、「女性の男性への隷属」という見解についての記述を比較すると、「女と神話」でも冒頭から、「どんなに歴史をさかのぼってみても、考古学や民族誌学が教えているところによれば、この世界はいつも男のものだったと思われる[*7]」と記していて、「親族の基本構造」を読む前から、そう考えていたことがわかります。『第二の性』の第二部「歴史」二章には『親族の基本構造』からの引用が六箇所加わっていますが、どのよう

＊1　金井淑子『ポストモダン・フェミニズム』、勁草書房、一九八九年、一三八頁。ただし、『フェミニズムの名著50』、平凡社、二〇〇二年では、この考えを修正しておられる。
＊2　青木やよひ『フェミニズムとエコロジー』、新評論、一九八六年、二一〇頁。
＊3　高良留美子『高群逸枝とボーヴォワール』、亜紀書房、一九七六年、一六三頁。
＊4　村上益子『ボーヴォワールの哲学』、啓隆閣、一九七二年、四二頁。
＊5　朝吹登水子・二宮フサ訳『或る戦後』上、紀伊國屋書店、一九六五年、一八六頁。
＊6　井上たか子「『第二の性』の成立過程について」（1）〜（4）『フランス文化研究』二二一〜二二五号、獨協大学、一九九一〜九四年。
＊7　Simone de Beauvoir, "La femme et les mythes", *Les Temps modernes*, no 32, 1948, p.1921.

な文脈で引用されているかを見ると、ボーヴォワールが自分の、「女はつねに男に従属していた」という見解を裏付けるためになされたものであり、「女と神話」に比べて内容的に新たな要素が加わったわけではありません。ボーヴォワール自身、「親族の基本構造」を読んだ後、《女性を他者と見る私の考え方に、彼〔レヴィ＝ストロース〕は賛成していた》[*1]と記しています。

ここで詳しく説明する紙数はありませんが、[*2]レヴィ＝ストロースが「女と神話」に関して非難したのは「不正確な点」というよりも、実は原始社会についてのもっと根本的な見解の相違であったのではないかと思われます。レヴィ＝ストロースにおいては、未開社会に見出される「男＝交換するもの、女＝交換されるもの」という対立構造は、「精神的・社会的現実の基本的かつ直接的な与件」であり、文明社会においても不変のモデルです。これに対してボーヴォワールにおいては、原始時代につくられた女の従属という「状況」は、人間がその中に生まれるという意味では避けられないものであるが、同時に、実存者としてそれを生きるという意味では変えていくことが可能なものでもある、言い換えれば、女の状況は歴史とともに変化するものなのです。現実に、女はもう「交換の対象」ではない、誰と結婚してもよいし、結婚しなくてもよくなっています。

しかし、ここで強調したいのは、ボーヴォワールが考える「女は他者である」という状況は非常に根深いものであるということです。実際、『第二の性』には次のように記されています。《女はその生理的な構造によって女である。そして、歴史がさかのぼれるかぎり昔も、女はつねに男に従属していた。この従属は事件、あるいは生成の結果ではない。それは起こったことではないのだ。女の他者性が絶対的なものに見えるのは、一つには、それが歴史的事実のもつ偶然的性格をまぬがれているからである》[*3]。これではまるで、女の男への従属は宿命であると言っているかのようですが、ボーヴォワールは、すでに一九四〇年頃から、純粋な「対自」の絶対的自由を強調するサルトルに対して、[*4]「自由の二つの面」を区別していました。つまり、存在論的には、サルトルの「人間は自由の刑に処せられており、自由をやめることについては自由でない」という考えを認めながら、現実的には、「人々の状況のあいだには序列がある」と考えたのです[*5]。

このように、女は歴史のはじめから〈他者〉であり、女の自由は制限されている。しかも女は、生まれたときからの教育によって、〈他者〉であるべく「条件づけ」られている、つまり、所与の引き受け方そのものが「条件づけ」られているのです。《青年期

＊1　『或る戦後』上、一八六頁。
＊2　cf.井上たか子「サルトルとボーヴォワール――『第二の性』の場合」、澤田直編『サルトル読本』、法政大学出版局、二〇一五年。
＊3　I、二三頁。強調、原著者。
＊4　《対自が、他の状況におけるよりもいっそう自由であるであろうような状況は、そもそも存在しない。［……］奴隷は鎖につながれていても、その主人と同様、自由である。》松浪信三郎訳『存在と無』Ⅲ、人文書院、一九六〇年、二六五頁。
＊5　cf.朝吹登水子・二宮フサ訳『女ざかり』下、紀伊國屋書店、一九六三年、六六頁、一七〇頁。

の男女をへだてる深淵は、子ども時代のごく初期の頃から周到に準備され、うがたれてきた。後になって、女がつくられたとおりのものにならないように試みてももう遅い。女はいつも背後にこの過去を引きずっている》[*1]。Ⅱ巻「体験」は、まさにそれを実証してみせるために書かれています。

さらに、第三の要素については、先の引用でも、《女はその生理的な構造によって女である》とあるように、ボーヴォワールは、人間は歴史的生成であり自然の種ではないにしても、自然的な条件の制約を免れることはできないと考えています。彼女はしばしば、生物学的条件を否定したという誤解にさらされていますが、実際にはそのような主張はしていません。『第二の性』Ⅰ巻の冒頭に近いページにも、自分の性を否定するのは自己欺瞞であると明記しています[*2]。また、Ⅱ巻の「自立した女」の章でも、男性の場合は人間としての使命が男としての運命を制約しないのに対して、女性の場合は両者の両立が困難であることを問題にしつつ、《彼女〔解放された女〕は去勢されたくないので女の役割に閉じ込められるのを拒否する。しかし、自分の性を捨てるのは去勢されることだ。男は性をもつ人間である。女もまた男と同じように性をもつ人間でなければ、完全な一人の人間であるとは言えない。自分が女であることを捨てるのは、自らの人間性の一部分を捨てることだ》[*3]と、女性が、男性との同等を焦るあまり、自分の性を否定するべきではないと警告しています。「多くのフェミニストは男女を『個人』という性を持たない存在として扱うことをめざしている」と思い込んでいる論者もいますが[*4]、ボーヴォワールには当てはまりません。

ボーヴォワールは、自由と状況の関係が人によって違っているように、異なる身体をもつ男と女の経験が同じであるということはありえないと考えているのです。たとえば、「生物学的条件」の章では、次のように記しています。《世界のなかに現存するということは、この世界にある一つの物であると同時に世界を見る一つの視点でもある身体、そうした身体の位置を絶対的に想定している》[*5]。しかも、身体のもつ意味は性によって異なっている。《女も、男と同じように、自分の身体である。しかし、女の身体は女自身とは別のモノなのである》[*6]。そして、この文章には、《したがって私は、少なくとも私がある既得物をもっているという限りにおいて、私の身体である。また逆に、私の身体は自然的な主体のようなもの、私の全的存在の暫定的な素描のようなものである》[*7]という

＊1　Ⅱ下、四六一頁。
＊2　《もちろん女も男と同じ人間である。けれどもこうした主張は抽象的だ。すべての具体的な人間はつねに一人ひとり個別の状況におかれているのが事実だ。〔略〕どんな女も、自分の性を無視して自分を位置づけようとすれば、自己欺瞞に陥るのは明らかだ。》Ⅰ、一四頁。
＊3　Ⅱ下、三八七〜三八八頁。
＊4　たとえば、中村敏子『女性差別はどう作られてきたか』、集英社新書、二〇二一年、一三〜一四頁。
＊5　Ⅰ、五二頁。
＊6　Ⅰ、八四頁。
＊7　Ⅰ、八五頁。

メルロ＝ポンティの『知覚の現象学』からの引用が原注として付されています。この引用の『知覚の現象学』での文脈を見てみると、[*1]メルロ＝ポンティはまず、デカルト的伝統による精神と物質の二元対立、「人は物として存在するか、意識として存在するかのいずれかである」という二元対立に反駁して、《私たちの身体の経験は両義的な実存様式を示す》と記しています。つまり、「私が身体である」ということは、一つの対象であると同時に意識でもある不可分の統一体として存在することであり、身体は《自由であると同時に性的存在であり、文化によって変形されると同時に自然に根づいている》と言うのです。もちろん、これは人間が身体によって規定されるという意味ではありません。身体はあくまでも主体の「暫定的な素描」なのです。ボーヴォワールは、《人類は反自然である、と言われてきた。この表現は完全に正確とは言えない。なぜなら、人間はあらかじめ与えられている条件を否定することはできないからだ。しかし人間は、その条件をどう引き受けるかによって、そこから現実を作り上げる》[*2]と記しています。

要するに、ボーヴォワールが『第二の性』で示している「女であること」は、どれか一つの要素が中心になっているのではなく、それぞれの要素が、生きている私たち個々人の多様性に応じて、意味を持つのだと思います。「自立した女性」になるということは、こうした矛盾した条件をどう生きるかにかかっているのではないでしょうか？　そのためには、まずは自分の置かれている状況をよく知ることから始めなければならない。

そこから、自由への闘いの一歩が始まるのだと考えて、生きてきました。

末筆になりましたが、長く絶版状態であった『決定版 第二の性』の復刊を企画してくださった河出書房新社編集部の石川詩悠さん、編集の労を取ってくださった島田和俊さんに、この場をお借りして深謝いたします。

二〇二二年十二月　井上たか子

＊1　M. Merleau-Ponty, Phénoménologie de la perception, Gallimard, 1945, p.231.

＊2　I、九三頁。

本書は、一九九七年四月に新潮社より刊行され、二〇〇一年四月に新潮文庫に収められた『決定版　第二の性　I　事実と神話』を、加筆修正のうえ文庫化したものです。

決定版《けっていばん》 第二《だいに》の性《せい》
I 事実《じじつ》と神話《しんわ》

二〇二三年 三月一〇日 初版印刷
二〇二三年 三月二〇日 初版発行

著　者　S・ド・ボーヴォワール
訳　者　『第二《だいに》の性《せい》』を原文《げんぶん》で読《よ》み直《なお》す会《かい》
発行者　小野寺優
発行所　株式会社河出書房新社
〒一五一-〇〇五一
東京都渋谷区千駄ヶ谷二-三二-二
電話〇三-三四〇四-八六一一（編集）
〇三-三四〇四-一二〇一（営業）
https://www.kawade.co.jp/

ロゴ・表紙デザイン　粟津潔
本文フォーマット　佐々木暁
印刷・製本　中央精版印刷株式会社

Printed in Japan ISBN978-4-309-46779-5

アメリカーナ　上

チママンダ・ンゴズィ・アディーチェ　くぼたのぞみ〔訳〕 46703-0

高校時代に永遠の愛を誓ったイフェメルとオビンゼ。米国留学を目指す二人の前に、現実の壁が立ちはだかる。世界を魅了する作家による、三大陸大河ロマン。全米批評家協会賞受賞。

アメリカーナ　下

チママンダ・ンゴズィ・アディーチェ　くぼたのぞみ〔訳〕 46704-7

アメリカに渡ったイフェメルは、失意の日々を乗り越えて人種問題を扱う先鋭的なブログの書き手として注目を集める。帰郷したオビンゼは巨万の富を得て幸せな家庭を築く。波瀾万丈の物語。

なにかが首のまわりに

C・N・アディーチェ　くぼたのぞみ〔訳〕 46498-5

異なる文化に育った男女の心の揺れを瑞々しく描く表題作のほか、文化、歴史、性差のギャップを絶妙な筆致で捉え、世界が注目する天性のストーリーテラーによる12の魅力的物語。

あなたのことが知りたくて

チョ・ナムジュ／松田青子／デュナ／西加奈子／ハン・ガン／深緑野分／イ・ラン／小山田浩子 他 46756-6

ベストセラー『82年生まれ、キム・ジヨン』のチョ・ナムジュによる、夫と別れたママ友同士の愛と連帯を描いた「離婚の妖精」をはじめ、人気作家12名の短編小説が勢ぞろい！

親指Pの修業時代　上

松浦理英子 40792-0

無邪気で平凡な女子大生、一実。眠りから目覚めると彼女の右足の親指はペニスになっていた。驚くべき奇想とユーモラスな語り口でベストセラーとなった衝撃の作品が待望の新装版に！

親指Pの修業時代　下

松浦理英子 40793-7

性的に特殊な事情を持つ人々が集まる見せ物一座“フラワー・ショー”に参加した一実。果して親指Pの行く末は？　文学とセクシャリティの関係を変えた決定的名作が待望の新装版に！

ナチュラル・ウーマン

松浦理英子 40847-7

「私、あなたを抱きしめた時、生まれて初めて自分が女だと感じたの」――二人の女性の至純の愛と実験的な性を描いた異色の傑作が、待望の新装版で甦る。

ふる

西加奈子 41412-6

池井戸花しす、二八歳。職業はＡＶのモザイクがけ。誰にも嫌われない「癒し」の存在であることに、こっそり全力をそそぐ毎日。だがそんな彼女に訪れる変化とは。日常の奇跡を祝福する「いのち」の物語。

ドレス

藤野可織 41745-5

美しい骨格標本、コートの下の甲冑……ミステリアスなモチーフと不穏なムードで描かれる、女性にまといつく“決めつけ”や“締めつけ”との静かなるバトル。わかりあえなさの先を指し示す格別の８短編。

改良

遠野遥 41862-9

女になりたいのではない、「私」でありたい――ゆるやかな絶望を生きる男が人生で唯一望んだのは、美しくなることだった。平成生まれ初の芥川賞作家、鮮烈のデビュー作。第56回文藝賞受賞作。

選んだ孤独はよい孤独

山内マリコ 41845-2

地元から出ないアラサー、女子が怖い高校生、仕事が出来ないあの先輩……“男らしさ”に馴染めない男たちの生きづらさに寄り添った、切なさとおかしみと共感に満ちた作品集。

消滅世界

村田沙耶香 41621-2

人工授精で、子供を産むことが常識となった世界。夫婦間の性行為は「近親相姦」とタブー視され、やがて世界から「セックス」も「家族」も消えていく……日本の未来を予言する芥川賞作家の圧倒的衝撃作。

異性

角田光代／穂村弘　41326-6

好きだから許せる？　好きだけど許せない!?　男と女は互いにひかれあいながら、どうしてわかりあえないのか。カクちゃん&ほむほむが、男と女についてとことん考えた、恋愛考察エッセイ。

スカートの下の劇場

上野千鶴子　41681-6

なぜ性器を隠すのか？　女はいかなる基準でパンティを選ぶのか？——女と男の非対称性に深く立ち入って、下着を通したセクシュアリティの文明史をあざやかに描ききり、大反響を呼んだ名著。新装版。

女の子は本当にピンクが好きなのか

堀越英美　41713-4

どうしてピンクを好きになる女の子が多いのか？　一方で「女の子＝ピンク」に居心地の悪さを感じるのはなぜ？　子供服から映画まで国内外の女児文化を徹底的に洗いだし、ピンクへの思いこみをときほぐす。

ボクたちのBL論

サンキュータツオ／春日太一　41648-9

ＢＬ愛好家サンキュータツオがＢＬと縁遠い男春日太一にＢＬの魅力を徹底講義！『俺たちのＢＬ論』を改題し、『ゴッドファーザー』から『おっさんずラブ』、百合まで論じる文庫特別編を加えた決定版！

夫婦という病

岡田尊司　41594-9

長年「家族」を見つめてきた精神科医が最前線の治療現場から贈る、結婚を人生の墓場にしないための傷んだ愛の処方箋。衝撃のベストセラー『母という病』著者渾身の書き下ろし話題作をついに文庫化。

奥さまは愛国

北原みのり／朴順梨　41734-9

愛国思想を持ち、活動に加わる女性が激増している。彼女たちの動機は何か、社会に何を望み、何を守ろうとしているのか？　フェミニストと元在日韓国人三世が、愛国女性たちの現場を訪ね、その実相に迫る。

ヴァギナ　女性器の文化史

キャサリン・ブラックリッジ　藤田真利子〔訳〕　46351-3

男であれ女であれ、生まれてきたその場所をもっとよく知るための、必読書！　イギリスの女性研究者が幅広い文献・資料をもとに描き出した革命的な一冊。図版多数収録。

精子戦争　性行動の謎を解く

ロビン・ベイカー　秋川百合〔訳〕　46328-5

精子と卵子、受精についての詳細な調査によって得られた著者の革命的な理論は、全世界の生物学者を驚かせた。日常の性行動を解釈し直し、性に対する常識をまったく新しい観点から捉えた衝撃作！

性愛論

橋爪大三郎　41565-9

ひとはなぜ、愛するのか。身体はなぜ、もうひとつの身体を求めるのか。猥褻論、性別論、性関係論からキリスト教圏の性愛倫理とその日本的展開まで。永遠の問いを原理的に考察。解説：上野千鶴子／大澤真幸

浄のセクソロジー

南方熊楠　中沢新一〔編〕　42063-9

両性具有、同性愛、わい雑、エロティシズム——生命の根幹にかかわり、生成しつつある生命の状態に直結する「性」の不思議をあつかう熊楠セクソロジーの全貌を、岩田準一あて書簡を中心にまとめる。

アンチ・オイディプス　上・下　資本主義と分裂症

G・ドゥルーズ／F・ガタリ　宇野邦一〔訳〕　46280-6　46281-3

最初の訳から二十年目にして“新訳”で贈るドゥルーズ＝ガタリの歴史的名著。「器官なき身体」から、国家と資本主義をラディカルに批判しつつ、分裂分析へ向かう本書は、いまこそ読みなおされなければならない。

意味の論理学　上・下

ジル・ドゥルーズ　小泉義之〔訳〕　46285-1　46286-8

『差異と反復』から『アンチ・オイディプス』への飛躍を画する哲学者ドゥルーズの主著、渇望の新訳。アリスとアルトーを伴う驚くべき思考の冒険とともにドゥルーズの核心的主題があかされる。

差異と反復　上・下

ジル・ドゥルーズ　財津理〔訳〕　46296-7 46297-4

自ら「はじめて哲学することを試みた」著と語るドゥルーズの最も重要な主著、全人文書ファン待望の文庫化。一義性の哲学によってプラトン以来の哲学を根底から覆し、永遠回帰へと開かれた不滅の名著。

千のプラトー　上・中・下　資本主義と分裂症

G・ドゥルーズ／F・ガタリ　宇野邦一／小沢秋広／田中敏彦／豊崎光一／宮林寛／守中高明〔訳〕　46342-1 46343-8 46345-2

ドゥルーズ／ガタリの最大の挑戦にして、いまだ読み解かれることのない二十世紀最大の思想書、ついに文庫化。リゾーム、抽象機械、アレンジメントなど新たな概念によって宇宙と大地をつらぬきつつ生を解き放つ。

ディアローグ　ドゥルーズの思想

G・ドゥルーズ／C・パルネ　江川隆男／増田靖彦〔訳〕　46366-7

『アンチ・オイディプス』『千のプラトー』の間に盟友パルネとともに書かれた七十年代ドゥルーズの思想を凝縮した名著。『千のプラトー』のエッセンスとともにリゾームなどの重要な概念をあきらかにする。

批評と臨床

ジル・ドゥルーズ　守中高明／谷昌親〔訳〕　46333-9

文学とは錯乱／健康の企てであり、その役割は来たるべき民衆＝人民を創造することなのだ。「神の裁き」から生を解き放つため極限の思考。ドゥルーズの思考の到達点を示す生前最後の著書にして不滅の名著。

記号と事件　1972−1990年の対話

ジル・ドゥルーズ　宮林寛〔訳〕　46288-2

『アンチ・オイディプス』『千のプラトー』『シネマ』などにふれつつ、哲学の核心、政治などについて自在に語ったドゥルーズの生涯唯一のインタヴュー集成。ドゥルーズ自身によるドゥルーズ入門。

哲学とは何か

G・ドゥルーズ／F・ガタリ　財津理〔訳〕　46375-9

ドゥルーズ＝ガタリ最後の共著。内在平面―概念的人物―哲学地理によって哲学を総括し、哲学―科学―芸術の連関を明らかにする。限りなき生成／創造へと思考を開く絶後の名著。

フーコー

ジル・ドゥルーズ　宇野邦一〔訳〕　46294-3

ドゥルーズが盟友への敬愛をこめてまとめたフーコー論の決定版。「知」「権力」「主体化」を指標にフーコーの核心を読みときながら「外」「襞」などドゥルーズ自身の哲学のエッセンスを凝縮させた比類なき名著。

言説の領界

ミシェル・フーコー　慎改康之〔訳〕　46404-6

フーコーが一九七〇年におこなった講義録。『言語表現の秩序』を没後三十年を期して四十年ぶりに新訳。言説分析から権力分析への転換をつげてフーコーのみならず現代思想の歴史を変えた重要な書。

ピエール・リヴィエール　殺人・狂気・エクリチュール

M・フーコー編著　慎改康之／柵瀬宏平／千條真知子／八幡恵一〔訳〕　46339-1

十九世紀フランスの小さな農村で一人の青年が母、妹、弟を殺害した。青年の手記と事件の考察からなる、フーコー権力論の記念碑的労作であると同時に希有の美しさにみちた名著の新訳。

知の考古学

ミシェル・フーコー　慎改康之〔訳〕　46377-3

あらゆる領域に巨大な影響を与えたフーコーの最も重要な著作を気鋭が42年ぶりに新訳。伝統的な「思想史」と訣別し、歴史の連続性と人間学的思考から解き放たれた「考古学」を開示した記念碑的名著。

内的体験

ジョルジュ・バタイユ　江澤健一郎〔訳〕　46762-7

恐るべき思想家バタイユが全ての思想を転覆させて思考の極限に挑んだ20世紀最大の問題作を50年ぶりに新訳。第一人者による鋭利な訳文と150頁の注によって絶後の名著が暗黒の21世紀に降臨する。

有罪者

ジョルジュ・バタイユ　江澤健一郎〔訳〕　46457-2

夜の思想家バタイユの代表作である破格の書物が五〇年目に新訳で復活。鋭利な文体と最新研究をふまえた膨大な訳注でよみがえるおそるべき断章群が神なき神秘を到来させる。

神の裁きと訣別するため

アントナン・アルトー　宇野邦一／鈴木創士〔訳〕 46275-2

「器官なき身体」をうたうアルトー最後の、そして究極の叫びである表題作、自身の試練のすべてを賭けて「ゴッホは狂人ではなかった」と論じる三十五年目の新訳による「ヴァン・ゴッホ」。激烈な思考を凝縮した二篇。

演劇とその分身

アントナン・アルトー　鈴木創士〔訳〕 46700-9

「残酷演劇」を宣言して20世紀演劇を変え、いまだに震源となっている歴史的名著がついに新訳。身体のアナーキーからすべてを問い直し、あらゆる領域に巨大な影響を与えたアルトーの核心をしめす代表作。

ヘリオガバルス

アントナン・アルトー　鈴木創士〔訳〕 46431-2

狂気のかぎりを尽くしてローマ少年皇帝の生を描きながら「歴史」の秘めた力としてのアナーキーを現出させる恐るべき名作を新訳。来たるべき巨星・アルトーの代表作。

イデオロギーの崇高な対象

スラヴォイ・ジジェク　鈴木晶〔訳〕 46413-8

現代思想界の奇才が英語で書いた最初の書物にして主著、待望の文庫化。難解で知られるラカン理論の可能性を根源から押し広げてみせ、全世界に衝撃を与えた。

シモーヌ・ヴェイユ　アンソロジー

シモーヌ・ヴェイユ　今村純子〔編訳〕 46474-9

最重要テクストを精選、鏤骨の新訳。その核心と全貌を凝縮した究極のアンソロジー。善と美、力、労働、神、不幸、非人格的なものをめぐる極限的にして苛烈な問いが生み出す美しくきびしい生と思考の結晶。

ベンヤミン・アンソロジー

ヴァルター・ベンヤミン　山口裕之〔編訳〕 46348-3

危機の時代にこそ読まれるべき思想家ベンヤミンの精髄を最新の研究をふまえて気鋭が全面的に新訳。重要なテクストを一冊に凝縮、その繊細にしてアクチュアルな思考の核心にせまる。